西南交通大学
师德师风经典文献导读

崔啸晨 潘喆 熊瑛 张阿支 ■ 主编

图书在版编目（ＣＩＰ）数据

西南交通大学师德师风经典文献导读 / 崔啸晨等主编 . —成都：西南交通大学出版社，2020.7
ISBN 978-7-5643-7470-9

Ⅰ . ①西… Ⅱ . ①崔… Ⅲ . ①西南交通大学 – 师德 – 文集 Ⅳ . ①G645.16-53

中国版本图书馆 CIP 数据核字（2020）第 106901 号

Xinan Jiaotong Daxue Shide Shifeng Jingdian Wenxian Daodu

西南交通大学师德师风经典文献导读

崔啸晨　潘　喆　熊　瑛　张阿支　主编

责 任 编 辑	居碧娟
助 理 编 辑	张地木
封 面 设 计	曹天擎
出 版 发 行	西南交通大学出版社 （四川省成都市金牛区二环路北一段 111 号 西南交通大学创新大厦 21 楼）
发 行 部 电 话	028-87600564　028-87600533
邮 政 编 码	610031
网　　　　址	http://www.xnjdcbs.com
印　　　　刷	四川煤田地质制图印刷厂
成 品 尺 寸	170 mm × 230 mm
印　　　　张	28.25
字　　　　数	502 千
版　　　　次	2020 年 7 月第 1 版
印　　　　次	2020 年 7 月第 1 次
书　　　　号	ISBN 978-7-5643-7470-9
定　　　　价	198.00 元

目　录

第二篇　立德树人成人师 ·········· 173

第三篇　以身传教任导师⋯⋯⋯⋯⋯259

导　读

一

近年来，随着党和国家对高等教育事业的高度重视，高校也越来越注重自身的整体发展。教师队伍作为高校存在与发展的重要支撑，其整体素质越来越影响着高校的建设与发展。当前，尤其是面临"双一流"建设的战略背景，打造高素质的教师队伍越来越成为各高校迫在眉睫的问题与任务。2015 年 10 月 24 日，国务院印发《统筹推进世界一流大学和一流学科建设总体方案》，明确了建设一流教师队伍是"双一流"建设的首要问题，并指出要遵循教师成长发展规律，加强师德师风建设，培养和造就一支有理想信念、有道德情操、有扎实学识、有仁爱之心的优秀教师队伍。由此可见，培育良好的师德师风是提升教师综合素质的重要因素，而高素质的教师队伍则是"双一流"建设的重要引擎。教师队伍整体师德师风的构建以及教师个体师德师风功能的发挥，不仅影响着高校的育人效果，也影响着高校整体大环境构建。"德高为师，身正为范"，师德是教师立身立业的基石，只有具备良好的师德师风才具备了成为优秀教师的前提和基础，也只有德配其位，教师其他工作的意义与价值才能够得到体现。良好的师德师风能够将教师的个体价值最大化，从而形成较高的群体价值，营造良好的教学环境，打造优质的高校环境，为"双一流"建设提供巨大的软实力。因此，抓好高校师德师风建设不仅是高校人才培养的需要，还是高校"双一流"建设的重要举措，更是高校立德树人工作的核心和思想政治工作取得实效性进展的关键。

目前，高校教师队伍从整体上看是积极的、健康的，但是也存在着一些不可否认的消极现象。近些年来，随着高校社会化程度的提高，一些负面影响逐渐渗透至教育领域。教师队伍中存在忽视理论学习，政治观念不强；价值观功利，看中个人利益；专业知识更新缓慢，缺乏与时俱进；片面强调科研，忽视立德树人；师生缺乏交流，教书与育人脱离；道德修养不高，生活作风败坏等师德师风方面的问题。高校传出的一些师德败坏的丑闻，在媒体大肆渲染的报道以及网络铺天盖地的评论下，引发了社会各界的强烈关注。

党的十八大以来，以习近平同志为核心的党中央高度重视师德师风建设工作。党的十八大报告明确提出，把立德树人作为教育的根本任务，培养德智体美全面发展的社会主义建设者和接班人。2014 年 3 月 30 日，教育部发布了《关于全面深化课程改革落实立德树人根本任务的意见》，并指出立德树人是中国特色社会主义教育发展的核心，是培养全面发展的社会主义合格建设者和可靠接班人的基本要求。"立德树人"作为高等教育的根本任务，是教育事业和教师职业本质的高度体现，回归教育的本源，也能够提升一流大学双重卓越人才的培养。加强师德师风建设，使得师德得以立，德高方能为范，才能够为一流大学培养出德才兼备的一流人才。2014 年 10 月 9 日，教育部首次划出针对高校教师的师德禁行行为"红七条"，对高校教师有"红七条"情形的，将依法依规分别给予警告、记过、降低专业技术职务等级、撤销专业技术职务或者行政职务、解除聘用合同或者开除等相应处分。2017 年 12 月 7 日至 8 日，全国高校思想政治工作会议在北京举行，习近平总书记出席会议并发表重要讲话。他强调，教师是人类灵魂的工程师，承担着神圣使命。传道者自己首先要明道、信道。高校教师要坚持教育者先受教育，努力成为先进思想文化的传播者、党执政的坚定支持者，更好担起学生健康成长指导者和引路人的责任。要加强师德师风建设，坚持教书和育人相统一，坚持言传和身教相统一，坚持潜心问道和关注社会相统一，坚持学术自由和学术规范相统一，引导广大教师以德立身、以德立学、以德施教。因此，高校师德师风建设不仅关乎高校改革发展稳定，还关乎党和人民的教育事业，具有重要意义。

二

西南交通大学作为一所跨越三个世纪，走过 123 年春秋的百年学府，始终坚守大学使命、服务国家社会，逐渐形成了"竢实扬华、自强不息"的交大精神，"严谨治学、严格要求"的"双严"传统和"精勤求学、敦笃励志、果毅力行、忠恕任事"的校训，培养和造就了以茅以升、竺可桢、林同炎等为代表 30 余万栋梁英才，涌现出了以罗忠忱、伍镜湖、李斐英、黄寿恒、顾宜孙形成的以"五老"群体为代表的一批名师，形成了交大传承百年的"师道与师承"。学校历史越悠久，历史文化的沉淀就越深厚，特点与传统形成的脉络、发展的过程就呈现得越清晰。因此，作为一名校史工作者，如何充分利用这座时间积淀下来的巨大宝库，发掘西南交大百廿历史中丰富的"师德师风"基因，倡导全校教师学习我校历史上的"师德师风"榜样，继承我校优良的"师德师风"传统，彰显我校"师德师风"建设的辉煌，提升我校教师整体的知识修养和文化品位，引导广大教师以德立身、以德立学、以德施教便成为我们现今加强"师德师风"建设思考的重要问题。

然而，平时一说起历史，总是容易让人想起遥远的过去，在心理上产生距离感、冷漠感，觉得太遥远，太笼统、太抽象。究其原因，实乃"历史"的过去性、不可再现性使然。同理，一提到历史文献，大家往往联想到的都是诸如《史记》《资治通鉴》《汉书》等晦涩难懂的"正史"，顿时让人望而却步，敬而远之。因此，为了拉近广大教师同历史的距离，本文献汇编特选取了诸多更加鲜活，更加生动，更加令人神往、更加具有可读性的，在校园中口口相传、代代相因的回忆文章，这些文章是交大先贤们亲自所写，写其亲身所历，见文如见其人，从而给广大教师提供一个近距离与他们神交的机会，浸入式地了解他们如何爱国、治学；如何育人、爱生；如何自律、修身、齐家，进而将这些洗尽铅华的瑰宝内化为自己的行为，从而建设具有交大文化特质的教师队伍，为我校"师德师风建设"贡献属于校史人的一份薄力。

三

2014年9月，习近平总书记在第30个教师节与北京师范大学师生代表座谈时提到，要成为一名好老师，就要做到"四有"：有理想信念，有道德情操，有扎实学识，有仁爱之心。这对新时代下高校师德师风的内涵做出了新的界定。因此，以此为思路，本书将所选取的文献分为四篇：不忘初心当良师、立德树人成人师、以身传教任导师、学识扎实做能师。下面分别就各个篇章做一简略导读。

第一篇　不忘初心当良师

123年前，在内忧外患下，山海关铁路旁的一所传统的四合院内诞生了中国近代最早的铁路高等学堂。自其建立的第一天，交大人就时刻铭记"灌输文化尚交通"的历史使命，以培养兴路之砥柱、报国之栋梁为己任，在艰苦中创业，在坎坷中前进，在曲折中发展，谱写出育人救国、科教兴国、交通报国、科技强国的壮阔史诗。因此，交大人的初心，就是坚定交通强国的理想信念，热爱祖国，热爱学校，忠诚于教育事业。

从学校第一位共产党员田玉珍到"不复原桥不丈夫"的茅以升，西南交通大学的红色基因代代传承；从跨过鸭绿江的抗美援朝工程队到3位"两弹一星"元勋，西南交通大学时刻准备着听从祖国召唤；从1900届17名毕业生到以62位海内外院士为代表的30余万栋梁英才，西南交通大学始终以立德树人为核心；从新中国自行修建的第一条铁路成渝铁路到"难于上青天"的川藏铁路，西南交通大学始终以服务国家建设为使命；从新中国自行研制的电力机车韶山号到"超级高铁"高温超导磁浮列车，西南交通大学矢志创新永攀高峰……斗转星移，不变的是一代代交大人的爱国的"初心"。

除了爱国，交大人心目中第二爱的便是学校。朱泰信教授曾提出过了一个口号——"爱校如家""视学生如子女"。抗日烽火中，为拯救母校于不散，力挽大厦之将倾，茅以升校长利用个人名望，在各大报刊上刊载"茅以升招生启事"，保障了我校生源的充足。在抗日战争最为艰难的时候，无校长（孙鸿哲校长因病去世）、无校址、无经费的母校在广大校友的悉心关照下闯过了重重难关。没有校长自己选，茅以升作为民选院长就这样诞生了；没有校址大家找，赵祖康校友腾出了其所在的湖南湘潭工务局尚未启用的房屋供上课之用；没有经费大家凑，师生们饭钱、养老钱纷纷捐给学校；道路不通，师资不足，有15位工程师校友每天坐小火车从住地到学校授课，分文不取。唐振绪校长受命于母校危难之际，殚精竭虑，在"黎明前最黑暗的岁月"苦苦支撑，才有了今天的弦歌不辍；众多校友中有些是一毕业就分配出去了，有些是在学校工作过，后来调出去了，可是他们一如既往地关心学校，关注学校的命运和发展，或焦虑担忧，或积极为此出谋划策。

…………

在历史的传承与交替中，交大人嵌刻下爱校的足迹；在中华民族伟大复兴征途上，交大人奉献着爱国的初心。

第二篇　立德树人成人师

立德树人是教育的根本任务。立德树人是我国教育的优良传统。《礼记·大学》言："大学之道，在明明德，在亲民，在止于至善"，并且提出"修身、齐家、治国、平天下"的主张。唐代韩愈说："师者，所以传道受业解惑也。""传道"的核心任务就是立德树人。虽然时代在不断发展，但教育要坚持立德树人的任务却不能变。我们党继承和发扬我国教育的优良传统，把立德树人作为教育的根本任务。习近平同志在党的十九大报告中指出，"要全面贯彻党的教育方针，落实立德树人根本任务"。"立德"是"树人"的前提和基础，"树人"是"立德"的目的与归宿。立德树人这一根本任务集中体现了党和国家对教育事业的根本定位与时代要求，是发展教育事业、办好人民满意的教育的立足点。随着中国特色社会主义进入新时代，我国教育事业发展也站在了新的历史起点上。落实立德树人根本任务，是我国教育促进人的全面发展、满足经济社会发展需要、建设教育强国的必然要求。

以我校一百二十多年历史的积淀来看，在每一个交大人耳熟能详的"精勤求学、敦笃励志、果毅力行、忠恕任事"十六字校训里，也凝结着"立德树人"的思想内涵。"精勤""敦笃""果毅""忠恕"均出自古籍经典。"精勤"，专心勤勉；"敦笃"，敦厚笃实；"果毅"，果敢坚毅。"忠恕"是儒家的一种道德规范，尽心为人谓"忠"，推己及人谓"恕"。而"求学""励志""力行""任事"涵盖做人做事的基本品格和道德情操多个方面。"求学"意为探求学问；"励志"意为胸怀大志；"力行"意为言行一致，敢作敢为；"任事"意为勇于担当。十六字校训就是要求全体师生不但要勤勉求学，胸怀大志，知行统一，更要时刻秉持"仁者爱人"的大同思想，勇于担当。由此可见，立德树人也是交大世代传承的优良传统，交大师生中口口相传、代代相因的点滴故事中更是印证着这一点。

一位上学时并不甚用功，甚至有点调皮的学生，身后却被称为"科学的良心""一生讲真话"。这应该是对学人的最高评价了。他就是1932届黄万里校友。他大学毕业后留学美国，1937年获伊利诺伊大学博士学位。回国后一生与水利打交道，先在政府水利部门工作，后又入高校水利专业培育人才，曾任四川省水利局工程师、甘肃省水利局局长兼总工程师等职。黄万里1950年回我校任教，1952年因全国院系调整去了清华大学。黄万里与清华大学和我校都有很深的渊源。1928年他本科考入清华大学，尚未就读，恰逢当年暑假政府教育部进行系科调整，将包括清华大学、青岛大学等在内大学的土木专业调入唐山交大，共有20多位学生随调，加上预科升上来的学生，当年学校没有招生却已生源即满。24年以后，本已在我校任教的黄万里，又因为国家将唐院的水利专业调至清华大学，又回到了清华大学。一位国际知名专家曾莅临校史馆参观，看到黄万里的介绍，他惊讶地问陪同人员，"黄万里是你们学校毕业的吗？"得到答案以后，他说，你们学校真是了不起，出一个黄万里就足够了。为什么说"足够了"？那是因为黄万里具有代表科学灵魂的客观、公正的精神。黄万里一生不违心、不唯上，只认真理，学术见解精辟、新颖、独树一帜，富有创新精神。

他的学生，勘测设计大师、工程院院士、1952 届校友王三一回忆，"1951年暑假，他带领我们去淮河见习，旅途十分艰苦，跋山涉水，有时夜宿农家，席地而睡，我们再见不到洋博士和大教授的模样了，他头顶草帽，背心短裤，顶着烈日登山，挥汗如雨。"这就是立德树人的人师——黄万里。

第三篇　以身传教任导师

国外著名教育家第斯多惠认为："教师本人是学校里最重要的师表，是最有教益的模范，是学生活生生的榜样。"教育家乌申斯基也说过："教师个人范例对于青年的心灵，是任何东西都不能代替的有用的阳光。"教师对学生进行教育的方式方法很多，表现为言传与身教相结合，但身教更为重要。身教是教育的法宝，身教是教师身体力行，是教师示范的实际行动，它具有很强的榜样性和效仿性，能以说服力和感染力的教学开启学生的心灵之窗，引起学生的感情共鸣，使学生在掌握知识技能的同时，思想、情感、意志、行为等方面得到同步发展。

西南交大的教师，便是以身传教的典范。茅以升做学校教师和校长时，学生毕业，他要找每一位学生谈话，给予鼓励和人生的指导，使他们受益匪浅。教师对学生在课业上循循善诱，释疑解惑，在他们走上工作岗位后，终生受用。学生编辑出版刊物和毕业纪念册，经费不足时，教授们慷慨解囊，给予 5～30个大洋不等，早期有的学生纪念册，有保存得好的，历经 80 多年，现在还是精美异常。

投桃报李，教师也受到学生极大的尊重。1912 年来校的第一位中国籍教授罗忠忱，被尊称为"祖师爷"，也被称作唐院这个大家庭的"家长"，成为全体教师的楷模。抗日战争时期学校在贵州平越（今福泉市）时，适逢罗老生日，全校放假一天以示庆贺。那天晚会上，在一片祝福声中，主人公最后致辞。他除了表示感谢以外，还说，平越生活艰苦，大家借此娱乐一下是可以的，但如果有人希望我以此放宽打分的标准，那是不可能的。学生黄万里 1992 年撰写的《先师罗公建侯讳忠忱廿年祭》，字字深情，震撼心灵。做老师有如此学生一人，足矣！

在 95 周年校庆纪念会上，有一位 60 多岁的老人来到李汶教授面前，当着全体与会人员，恭恭敬敬地向他三鞠躬。这位老人是我校 1943 届土木毕业校友、台湾荣民工程专业管理处总工程师张溥基。40 多年前，张先生就读母校时，所学画法几何（有人戏称为"头痛几何"）曾两次考试不及格，他自己都没有了信心，认为学不好了。李汶鼓励他，并多次帮助他克服学习中的具体困难，慢慢地，张先生的成绩就好起来了。他十分感谢师长当年对他的严格要求和鼓励，认为这些与他后来的成就关系极大，令他终生难忘。

1949 年中华人民共和国刚刚建立，时任校领导唐振绪即向海外发布《求贤榜》，慕于唐山交大在海外的优良声誉，以及较好的待遇，一批学有所成的才俊辗转万里，纷纷应聘来我校任教，一时间形成了群贤荟萃唐山的盛况。全校教授、副教授近 90 人，占全国的 1/19。有的是拖家带口来校，如曹建猷教授夫妇，他和夫人姚哲明均从麻省理工学院研究生毕业并曾在美国大学任教，1951 年举家来校，并终身在校执教。曹教授于 1980 年当选中科院院士，是我国电气化铁路的奠基人之一。他们来校时，住房不够，时任院长顾稀把自己原先住的小洋楼腾出来，让给他们住，而且规定，所有的校领导都要从独栋的洋楼中搬出来，让给这些从国外回来的教授们住，而他们或住单间平房，或合住。这些举动深深地打动了归来的海外学子，使他们很快融入了新唐院的温暖大家庭。

第四篇　学识扎实做能师

古语有云：“师者，所以传道、授业、解惑也。”教书育人是教师的使命，要做到这一点，教师一定要有扎实的学识。正如习近平总书记在讲话中所言，“水之积也不厚，则其负大舟也无力”，扎实的知识功底、过硬的教学能力、勤勉的教学态度、科学的教学方法是教师的基本素质。如果教师知识不扎实、能力不过硬，教学中必然会捉襟见肘，更谈不上游刃有余。我国自古以来就有“学高为师”的古训，指的是教师应在学识上高人一筹，而“学为人师、行为世范”的话语，也鲜明体现了深厚学识是好老师的必备素质之一。

我校在 123 年的办学历程中，诞生了一批又一批学识扎实的能师。在创立之初，我校基本上都是用重金礼聘外籍教师。先后来我校任教的外籍教师有 20人左右，来自英、美、德诸国。他们带来了国外先进的办学模式和科学技术，使我校一成立就站在了一个很高的起点上。

我校教授中的第一个中国人，是毕业于康奈尔大学，于 1912 年来校任教的罗忠忱。1915 年、1916 年、1922 年、1923 年，伍镜湖、李斐英、顾宜孙、黄寿恒相继来校。这 5 位教授均毕业于康奈尔大学、麻省理工学院等美国名校。其中伍镜湖、李斐英教授中学时就在美国接受教育，他们对西方的教育模式和教育理念有深刻的了解和体会。在任教的过程中，又能结合中国国情，因材施教，严格要求学生。难能可贵的是，这 5 位教授自从来到我校任教后，就以校为家，几十年如一日地在三尺讲台上辛勤耕耘，为国家培养了无数人才。即使在学校最艰难的时候，他们也始终坚持和全校师生在一起，四处奔波，颠沛流离。

罗忠忱 1905 年入康奈尔大学土木系，后又入该校的研究院攻读一年，取得土木工程师学位。40 年的教学生涯中，罗教授讲授的主要是应用力学和材料力学。罗教授以其深厚的学术造诣、对教学工作极端负责的态度和对学生严格要求的方式形成了自己的教学风格，备受我校师生尊重，被尊称为"五老"之首。罗教授讲授工程力学，注意理论和应用密切结合。他讲课极重视理论分析，为了阐释基本原理，他常广征博引，不受教科书局限，在进行了理论分析后，便列举大量典型例题来说明基本原理和基本方法的应用。罗教授讲课内容充实，不讲空话，条理清晰，分析严密，深入浅出，加之他英语极其流利，讲课时抑扬顿挫，如行云流水，使学生如沐春风。罗教授备课极其认真，他从来不用过去的讲稿讲课，每次讲课前，都认真准备，写出讲稿。讲课时，板书非常工整，边讲边在黑板上画图，推导方程，计算例题，步步井然有序，使学生一目了然。他在黑板上画圆，几乎与用圆规画的无异，这不仅是画图技巧的展示，更是他对教学工作严肃认真的表现。

伍镜湖 1912 年毕业于美国纽约州伦塞勒工科大学。主要讲授测量类课程，包括平面测量、大地测量、天文学等。1921 年，讲授铁路课程的外籍教授回国，铁路类的课程由伍教授担任，他讲授铁道工程、隧道及号志工程，铁路行政及管理，还指导学生的实习和毕业论文。他是我校土木和铁路工程的首席教授，是中国教授中讲授这类课程的第一人。他毕生从事铁路工程教育，开拓并充实了铁路工程学科的内容，为这门学科的发展做了大量基础性的工作。在教学实践中，他非常重视把新技术、新理论吸收到教学中去。他重视培养学生对基本理论的掌握，还强调基本概念的运用和对具体情况的具体分析。他擅长利用学生在野外进行测量实习时，让学生获得能力的培养。他认为测量、绘图、计算是土木工程技术人员的基本功，在教学中非常重视对这方面的培养与指导。这对当年我校毕业生能够较快承担实际工作并很快做出成绩，走在许多学校毕业生的前面起了很大作用。

李斐英 1912 年毕业于美国纽约州叙拉鸠斯大学。他在学校任教 30 多年，主要教授英语。上课时，李教授经常按学号顺序点名，要求各生朗读一段课文；其后李教授纠正学生发音中的错误，再要求同学用英语解释单词或词组的含义。上课时提问多而讲解少，态度文雅，能利用各种机会针对学生的需要进行辅导，效果很好。李教授还要求学生每学期交上几篇课文摘要作为英语课的作业。他并不详细地批改这些作业，而是让同学在课堂上回答作业中的问题，以此考查学生的英语水平。期末考试时，他出的试题量特别大，并与几篇课文摘要中涉及的主要问题关系密切，学生一般都要结合自己写课文摘要时的收获和体会来答卷，这样才能在很有限的时间内写出合格的答卷来。

顾宜孙1921年获美国康奈尔大学研究院土木科铁路工程与桥梁哲学博士学位。因学习成绩优异曾获得过金钥匙的荣誉。1922年顾宜孙回国，曾以精通拱门设计而闻名。顾教授治学严谨，教学有方。在数十年的教学生涯中，始终兢兢业业、一丝不苟，一贯重视教学质量和教学效果。他讲授构造理论（即结构力学）、高等结构理论（超静定结构和二次应力）、钢筋混凝土结构设计、钢桥设计等课程。对每堂课所要讲的内容，总是将其要点、难点、关键写成笔记。上课时，先将讲课内容的要点写在黑板上，学生都抄好后，便进行讲解，他讲解清楚，条理分明，重点突出。学生容易掌握他的思路，教学效果极佳。他有崇高的师德，重视教师在教学中的主导作用。他认为对教学基本内容，一是要讲清楚，二是要求学生的基本功一定要扎实，绝不迁就学生。同时，他也注意发挥学生在学习中的主体作用，善于调动学生学习的积极性，培养学生分析问题和解决问题的能力。他学识渊博，不断更新教学内容，开阔学生眼界。

黄寿恒，1917年获麻省理工学院及哈佛大学土木工程学士学位。1918年6月，获麻省理工学院航空工程硕士学位。黄教授主要讲授数学微积分、常微分方程、最小二乘法课程等。黄寿恒教授有独特的讲课方式，方法灵活，注意因材施教，帮助学生打好基础，并培养学生独立思考的能力。他在讲微积分课程时，用四分之一的课时讲极限理论，他认为学好了极限的概念就有了微积分学的入门钥匙。同时，也可培养学生听英语讲课的能力。对于教材，他从不照本宣科，他要求学生自学。他在提出一个要讲的问题后尽情发挥，对教材中的不恰当之处，如用词不确切，条件不足或过多，他都一一提出，要大家不要迷信洋人，不要迷信书本。他在讲课中对教材解释少而评述议论多。他喜爱有才华的学生，在教学中首先满足对全班的基本要求，然后用较多的时间因材施教。

抗日战争前，在长期的教学实践中，我校的教师中涌现出了一批大师、名师与良师。正是他们培养了一批蜚声中外的高徒，铸就了我校建校后的第一次辉煌。这批大师、良师、名师中除了"五老"之外还有茅以升、罗英俊、陈茂康、严家驺、林炳贤、范治纶等人，还有后来被称为我校"四少"的罗河、许元启、朱泰信、李汶等教师。可以说以"五老"为代表的这一批具备扎实学识的优秀教师群体，是学校的精英，也是学校的脊梁。

在他们的引领下，我校享誉中外，被称为"东方康奈尔"，吸引了广大优秀青年学子纷纷前来报考，有的甚至一家三代相继来校报考投读，其中不乏名人之家。作家冰心的弟弟，因为舅舅曾在唐山交大毕业，后在铁路方面找到不错的工作，建议他也投考，但他考上后因身体原因未能毕业。台湾地区前领导人马英九的父亲，因仰慕唐山交大而报名投考，但他同时还报考了中央大学，两校均考取，后经考量，觉得自己以后更愿意从政，最后选择了中央大学政治系。马英九在有一次接见台湾工程师协会会员时说，他的父亲年轻时也曾想做一名工程师，因而投考了唐山交大。邓小平1980年上峨眉山，经过我校时，得知就是当年的唐山交大，脱口而出，"这所学校出了不少人才"。并且说出了竺可桢、茅以升、杨杏佛的名字。

综上，高等学校的校史，是其在长则百余年、短则一二十年的办学历程中形成的兴学育人的真实轨迹，是其办学理念、办学成果及办学传统的经验总结。因此，活化校史档案与文献，充分发挥其"资政""育人"的功能，对于增强师生文化认同，引领师生成长发展，加强校园文化建设，凸显大学办学特色，传承大学办学精神，勾勒教育发展图景，推动社会文明进步，都有着重要的意义。笔者希望借由此文献汇编，可以令我校广大教师群体找到历史上同根同源的、更具影响力与感召力的鲜活榜样，从而在加强我校师德师风建设、立德树人方面起到更好的效果。

（崔啸晨）

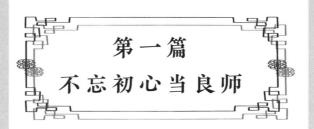

第一篇
不忘初心当良师

　　本部分主要收录交大教师不忘初心，坚定理想信念，忠诚于教育事业，热爱祖国、热爱学校、热爱工作岗位，弘扬敬业奉献精神的文献资料。

征程六十年

茅以升

1978 年 3 月 18 日，全国科学大会在北京人民大会堂隆重开幕，中央电视台通过人造地球卫星，向全世界广播了大会开幕盛况，接着介绍了到会的七位科学家，其中有我在内，在国际新闻中，我能如此附骥，深深感到惭愧。我的一生，虽然是搞科学技术的，但自问并无突出成就足以当此荣誉。所能勉强自慰的无非是问世比较早，阅事较多，特别是在中华人民共和国成立后学习了马克思列宁主义、毛泽东思想，受了社会主义的鼓舞，在党的领导下，勤于工作，力争上游，曾经做出一些微薄的贡献而已。我自 1919 年从美国留学归国开始工作迄今，正好六十年，其中 1949 年中华人民共和国成立以前和以后各 30 年，经历了两个社会两重天，迈过了崎岖征程。在这 60 年的征程中，究竟有哪些事比较值得留下一鳞半爪呢？现在扼要地写成回忆，以期自省，并求读者指正。

钱塘江桥

我过去所做的工作中，最引人注目的就是参加了杭州钱塘江桥的建设。这当然是当时工程技术人员和工人群众集体力量的产物，特别是老友罗英同志的贡献，我只是身居领导地位的一个始终其事的负责人。出于建成不久，日寇逼近杭州，这座桥即为我方自动炸毁。直到抗战胜利后才进行修复。因而我任该桥工程处处长，前后达 16 年之久。1975 年我去杭州看桥，见火车过桥速度不减，俨如过一新桥，但已有 40 年高龄，为之欣慰不已。

钱塘江桥的建成、炸毁及修复的经过情况，我曾写了一篇《钱塘回忆——新桥、炸桥、修桥》送由全国政协文史资料委员会发表，现不赘述，但将其中比较有意义的工作，整理出几项如下。

（1）从建桥来说，钱塘江潮水和流沙均为别处罕见的极难克服的自然障碍。潮水来时，不仅汹涌，而且潮头壁立，破坏力量惊人。流沙是极细极轻的沙粒，一遇水冲，即被涮走。江底石层上，悉为流沙覆盖，深达40余米，覆盖顶的流沙即江底，无稳定形状，故杭州人有谚语"钱塘江无底"。上游的山水暴发时，江水猛涨。下游的海潮涌入时，波涛险恶，遇到上下水势同时迸发，如再遇台风，则浊浪排空，翻腾激荡，故钱塘江的设计与施工，非寻常方法所能奏效。我们用了"气压沉箱法"。"沉箱"是沉入水中，覆盖在江底上的一个箱子，分为上下两半，下部为中空的工作室，放入高压空气排水，让工人进去挖江底流沙；上部为"围堰"，四面隔水，以便中间筑桥墩。沉箱下的挖沙，箱上的筑墩，同时进行，等到沉箱沉到石层时，桥墩也将近完成了，这时沉箱下达石层，工作室内填满混凝土，便成为桥墩的底座。"气压沉箱法"有一特点而为其他建筑桥墩法所无的，即在施工时期内，工程师可亲自进入沉箱工作室，察看桥墩基础的状况，以便采取措施，保障安全。

（2）当钱塘江桥进行设计时，日本帝国主义侵略凶焰已从东北深入华北。这时在江浙一带兴办巨大工程，不得不考虑到战火的来临，造桥工程，愈快愈好。因而想出一个前所未有的施工方法："上下并进，一气呵成。"平常造桥，都分"三部曲"进行：首先造桥墩的基础，然后在基础上造桥墩，最后在桥墩上架桥梁，基础—桥墩—桥梁，这个次序是从来不变的。因而桥墩等候基础，桥梁等候桥墩所费的时间，总是无法避免的。钱塘江桥则不然，沉箱下沉时，基础工程与桥墩工程并进，江中进行桥墩工程时，岸上进行钢梁装配工程。有两个相邻桥墩完工时，岸上整个装配好的钢梁，即用船承载浮运，利用潮水涨落，安装上桥墩。形成一个"生产线"，不分水中岸上，一项工程接一项，紧密衔接，一气呵成。当"八一三"上海抗战爆发时，江中还有一个桥墩，两架钢梁未完，但到9月26日，桥上铁路即能通车，可见这个"上下并进"的方法是多么有效。

（3）钱塘江桥是我国比较巨大的工程，而又为我国工程技术人员所亲自掌握，因而也是一个训练培养桥工技术人才的极好的场地。桥工处开始组织时，我与罗英先生（我在英国读研究生时同班同学）合力进行，除延聘了几位国内知名桥梁工程师外，先后吸收了29位刚从大学工科毕业的青年，一面在室内学习绘图设计，一面在室外学习勘测及各种施工。每个人都有深入第一线实地训练的机会，对于整个桥工的内容，都有头尾分明的概念，并了解每一动作在理论上的"所以然"之故。这样，就把这批人培养成为设计施工中的骨干分子。外加各种有关工程的技术人员，桥工处就组织成为一个强有力的设计施工战斗队。我们又为了为国家培养将来建桥队伍，拟定了一个计划，利用钱塘江桥的施工机会，在1935年、1936年的学校暑假假期中，分函国内有工科的各大学，请选派三年级肄业的大学生来杭州桥工处实习两个月，由处里供应食宿，每年招收 80 人，受到国内各大学热烈响应，争相推荐。这批实习生每天除上课一两小时外，均分派在各个工地，轮流实习，期满发给证书。这个训练计划当时幸能圆满执行。

中华人民共和国成立后，几座大桥工程负责人曾在钱塘江桥任职的有：武汉长江大桥总工程师汪菊潜，南京长江大桥总工程师梅旸春，郑州黄河大桥总工程师赵燧章，云南长虹大桥总工程师赵守恒等。至于当年曾在杭州工作受过训练，直到今天仍为各铁路、公路桥梁工程服务做出贡献的，为数当不在少。

（4）钱塘江桥工程种类较多，内容复杂，最后之所以能取得成功，是经历过不少次失败的。因而它的成功经验是很宝贵的。为了记录下这些成功的经验，在工程进行时，我们做了两件事：一是分段写绘出各种工程的进行情况，一是将各种工程按实际经过摄入电影。写绘的记录主要有两种，一是正式"工程报告"，连同"竣工图"，现存上海铁路局，其工程报告副本，现存浙江省档案局。所谓"竣工图"系指工程的最后实际情况，有别于"设计图"或"施工图"。一是科学普及性质的报道，除了中外报刊所登新闻外，在施工期间，每两星期送登上海出版的《科学画报》一次，分八期刊完，后在 1950 年由中国科学图书仪器公司，将这八期汇编为一本，用《钱塘江桥》名称出版。关于钱塘江桥电影，那不仅是一部纪录片，也是一部科技教育片。拍摄时，由工程师编辑并任导演，所有在场技术人员及工人都要按照工程师指挥进行工作，因而拍摄的镜头有连贯性，使观众能了解所拍工程的来龙去脉，对于桥工教育有重要意义。电影包括各种各类工程，无重大遗漏。

（5）钱塘江桥尚未完工时，日本帝国主义已经进攻上海。桥建成才三个月，杭州即遭沦陷，在沦陷这天，桥为我方自动炸毁，我负有炸桥任务。为了准备炸桥，在一个正桥桥墩内，预留了一个放炸药的空洞。造桥不易，炸桥也不简单，需要在很多钢梁爆炸点上安放充足炸药，用引线接到岸上雷管，炸桥时使雷管起爆，全桥即炸毁。因此炸药不能等到炸桥时才放进，而要在较早时候就按计划放到所有要爆炸的地点。就是说，在远离爆炸的时候，大桥里已经埋有了炸药，大桥上的铁路是 1937 年 9 月 26 日通火车的，大桥上的公路因防空袭，延至 1937 年 11 月 17 日才通汽车，开通公路这一天，过桥的人民群众在十万人以上，都是"两脚跨过钱塘江"的（这是杭州人多年的谚语，形容其不可能）。但是，从 11 月 17 日这一天起，所有过桥的火车、汽车、行人，都是在炸药上走过的，这在古今中外的桥梁史上是从未有过的！可以引为自慰的是并未因此发生任何事故，任何伤亡。

杭州于 1937 年 12 月 23 日为日寇侵占，大桥即于当日炸毁。在前一天，铁路车辆在桥上撤退的机车有三百多辆，客货车有两千多辆。其他各方面撤退的物资，更不计其数。那时大桥通车，虽只三个月，总算起了一定的作用。抗战胜利后，全桥修复，更成为永久性建筑。

（6）钱塘江桥工款来之不易，故设计力求经济，施工时的材料、人工、器具等都力防浪费。大桥的规模如下：总长 1453 米，内江上正桥 16 孔，每孔跨度 67 米，南北两岸上引桥共 381 米。桥分两层。下为铁路，上为公路，铁路火车轴重 50 吨。公路汽车载重 15 吨。公路两旁为人行道。桥的钢梁为合金钢，桥墩为钢筋混凝土。这座大桥的全部造价为当时"法币"540 万元，合当时 165 万美元。桥上工人，最多时约 900 人，为期约两个月。工程技术人员及行政事务职员共约 100 人。在施工的两年半时间内（从 1935 年 4 月到 1937 年 9 月），不问假期，不分昼夜，全桥工程未有片刻停顿。每当我回忆当时工地的紧张情况，我总为全桥职工的爱国热情所深深感动。1941 年，前"中国工程师学会"在贵州贵阳开年会时，因建桥有功，授我名誉奖章，我的答词申明："这个奖章应为罗英先生及全体职工所共有，我只是一个代表领奖人。"

教育工作

1919 年 12 月，正当我在美国加利基理工大学完成博士论文时，唐山母校罗建侯老师来信，说有一位美国教授聘满离职，邀我去顶他的缺。从此就开始了我的为期 30 余年（期中有间断）的教育生涯。在这方面，我曾担任的岗位和职务是：唐山交通大学教授、副主任，当时年 24 岁，南京东南大学教授、工科主任，南京河海工科大学教授、校长，天津北洋工学院教授、院长，贵州平越交通大学唐山工学院教授、院长，中华人民共和国成立后于 1949 年 10 月任北京北方交通大学校长。

在教育战线上，我曾倾注过不少心血，但收效不大，建树无多。唯有以下数事，尚可追忆：

（1）教学方法

从 1920 年起，我开始在教育工作的第一线服务，先后开设的课程有：结构力学、桥梁设计、桥梁基础、土力学等。最初几年，我每周担任的课程都在 20 节以上，以中华人民共和国成立后的标准来衡量，是颇为吃重的。当时，我把这 20 节课程尽量安排在四天之内，这样便可腾出一两天时间，专门从事学术、科普活动，以及进行改进教学方法的研究。

在多年的教学工作中，我一方面努力讲求概念清楚，逻辑严密；另一方面，特别注意深入浅出，尽量按照学生的知识水平，运用饶有兴味的事例来解释理论概念、力求讲清每一理论原则的实践意义，使学生能够透彻领悟，融会贯通，不但知其然，而且知其所以然。我还常常约请同学到家里来交谈，从无拘无束的谈话中，一方面建立了师生情谊，另一方面，了解学生的接受程度，尽心辅导，纠正他们的误解和错觉，并征求他们的意见，让他们帮助指出我讲课中的缺点，不断改进工作。

我的教学法中与众不同的一点，是通过考先生来考学生。每次上课的前十分钟，我先指定一名学生，让他就前次学习课程提出一个疑难问题。从他所提问题的深浅，就可得知他对课程是否做过深入的钻研和探讨，以及他的领会程度究竟如何。如果问题提得好，甚至使我也不能当堂解答，则给以满分。如果实在提不出问题，则由另一名学生提问，让前一学生作答。此法推行后，不但学生学业大进，而且也使我接触到许多以前从来未想过的问题。受到启发，深得教学相长的益趣。

这种教学方法并无奥妙，就是实行启发式教学，摒弃灌注式或称填鸭式教学。教学方法不同，成效确实两样。犹忆我所到之校，所授之课，不但受到本系本级学生的欢迎，而且本系上一年级的学生也有来听的，往往把教室挤得满满的。我在东南大学任工科主任时，校内采用"学分制"，学生可自由选课，选我课的有时在100人以上。著名教育学家陶行知先生，当时任东南大学教育科主任，也曾亲自带领教育科学生来听我的"学校建筑"课。

（2）教育改革

在多年的教育实践中，我对当时"抄袭西方"的学制本身已产生怀疑，洞悉这种教育制度的弊病以及它给学生带来的影响，从而开始了对教学改革的探索和酝酿。1926年9月，在上海交通大学（当时名南洋大学）成立三十周年纪念之际，我曾应邀为纪念刊写过一篇《工程教育之研究》的论文，指出："我国工校课程，大都抄袭欧美，在吾人习知欧美学制者，大多视为当然，不觉其利弊之所在。究其内容，是否为最良之制度，能否适合我国之现状，皆应予以充分之考虑。"又说："现时之工校课程，将各种纯粹科学（按指基础科学）置于专门学科之前，而假定理论必先于实验。""即每种课目之内容，亦必先谈理论而继以实验。此种程序，实有背于教学之原则，盖人类求知之欲发源于实践之需。今先授以精深之理论，而不使知其应用之所在，则不但减少学习之兴趣，且研习理论，亦不易得明彻之了解。"根据上述情况，我提议实行教学改革，"先授工程科目，次及理论科学，将现行程序完全倒置。"并且从学制、招生、课程、考核、教授、实习、服务等各方面，提出了我的改革方案。这篇文章，后转载于 1926 年 12 月的《工程》杂志第 2 卷第 2 号，引起了工程教育界人士的重视。但是，教育改革事属创举，我的方案又主张大破大立，在那守旧势力十分顽强的旧社会，虽然同情者大有人在，终究无法得到初步尝试。

自美返国将近 30 年以后，在中国共产党的领导下，全国欣逢解放，人民翻身。当时我在上海，庆幸之余，在 1949 年 6 月 20 日写了一篇《教育的解放》的专论投寄上海《大公报》，文中指出："我国的教育，虽经 50 年改良，仍是为教育而教育，既保留了封建的灵魂，又承袭了欧美的躯壳，因此，完全与我国社会脱节，只能造成特殊阶层。现在，我们既已在政治上得到了翻身和解放，便应对教育工作进行彻底的检讨和大胆的改革，来谋人民教育的新生。"但是，当时的《大公报》认为我"立论偏颇"，未予发表。1949 年 9 月，我北上参加人民政协会议，随着各方面的改革轰轰烈烈地展开，这种崭新的革命形势，又重新唤起了我对教育革命的憧憬与期望。1950 年 4 月 29 日，我专门为《光明日报》撰写了一篇专论《习而学的工程教育》，进一步分析了旧教育制度的特点：① 理论与实际脱节；② 通才与专才脱节；③ 科学与生产脱节；④ 片面追求理论教育的"质"严重忽视培养人才的"量"。其所以如此，是因为过去强调"知而后行""学以致用"，形成传统的"学而时习之"的教育。文章大声疾呼：这一套继承封建主义、抄袭资本主义的教育制度与教学方法，"在我们新的人民民主国家里，应当彻底改革了"！同年 6 月 4 日，我又在《光明日报》发表《工程教育的方针与方法》的文章，主张对"学而时习之"的旧教育制度来一个颠倒和革命，大胆推行"致知在格物"的"习而学"的工程教育，按照人的认识规律，由感性知识入手，进而传授理性知识，先让学生"知其然"，而后逐渐达到"知其所以然"，从而，把理论与实际、科学与生产、读书与劳动、学校与现场紧密结合起来，摒弃资本主义国家"通才教育"的老路，建立崭新的社会主义学制，为国家的现代化建设，培养造就量大质高的熟练专家！

在教育工作的另一条战线——业余教育领域内，由于把普通专业学校的教学计划、授课程序乃至教科书都成套地照搬过来，完全忽视了职工学员和脱产学生的区别，使教学效果受到严重影响，在职学员往往把业余教育当作"远水救不了近火"，学习很难坚持到底。针对这种情况，我又于 1957 年 2 月 12 日，在《光明日报》发表《业余教育要能利用业余的优越性》的专论，提倡在业余教育中，充分利用职工学员的生产知识和技术经验，从他们的现有基础出发，进行科学理论教育，使职工学员喜见乐闻，易于接受。文章指出，这种方法"是普通学校里传统教育方法的大翻身，是先理论后实践、'学而时习之'传统观念的大翻身"，应在业余教育中首先采用。

如何使大学生将"科学与生产"结合起来，如何在业余教育的理论学习中利用学员的生产知识和技术经验，这里有一共同问题，即如何教授科学的基本理论。现在所谓自然科学即关于自然界物质的知识，包括物质的性质、现象及其变化的规律。为了系统化，将自然界各个物质现象的理论，分门别类，划成各个"学科"，如物理、化学、生物等，即构成所谓"专门科学"。要学习科学，就要按各个学科的系统，分门别类来学。但是任何生产中的技术，其理论都是若干学科理论的综合，每一成品的生产过程中，都要遇到若干物质的综合现象及综合变化，因而产生综合规律。于是每一种专业的成品，在其生产过程中就遇到另一系统的自然规律，不同于分门别类的学科规律。这种系统知识我名之为"专业科学"。"专业科学"的理论，当然与专业生产是结合的，用这种理论，来进行大学教育与业余教育，就可解决上述的各种"脱离"问题。（见《光明日报》1961 年 3 月 6 日、7 日发表的《试论专门科学与专业科学》）

1962 年 5 月，我又将我的教育思想加以系统整理，写成了《建议一个为社会主义服务的教育制度》的手稿，主张形成一个人人生产、天天学习、处处研究、学用一致的社会。次年 7 月全国人大常委会的一个小组会上，我就此问题做了专题发言，和其他小组的记录，一同汇报国务院，请周总理审阅。周总理对我的这一建议评价很高，在人大常委会上说"这个制度，有共产主义思想"，指示把它铅印出来，多印几份，发交各有关部门研究。根据周总理的指示，人大常委会当即把文稿铅印出来，分发了三百份。但是，据事后了解，有关部门对我的意见仍然怀疑，唯恐打乱他们的既有秩序，此事遂无下文。

科技活动

除去在美国留学时期做研究生，为了硕士、博士学位，不得不为科研而搞科研外，在我过去的工作中，我曾断断续续地做过不少科研，来完成我承担的各种性质的任务。由于任务的不同，我的科研不可能专精于一门或一科，因而也未能写出一本专著，对某种科学做出特殊的贡献，只是在国内国外的日报和期刊上，发表过不少科学论著而已。

如前所述，我独创一个"学生考老师"的教授法，我需要问答学生提出的任何问题，而这些问题愈来愈会带有根本性，未为教科书所注意或所能解答。对我来说，这些问题就是我的科研项目，引起我的很大兴趣。例如拿"力学"

来说，"力是什么？""应力应变，孰先孰后？""作用力与反作用力，为何相等？"都涉及"力学"中的根本概念，成为一个重要的科研项目。为了钱塘江桥的设计与施工而同工程师们分工担任的科研项目，如"流沙与冲刷的关系""如何将木桩头，深深埋入江底""倾斜岩层上的沉箱，如何稳定""合金、铬铜钢杆件的性质"，等等。我对这些研究，都是在进行中参加意见，或在争执不下时做最后判断，而非独立负责完成的，其详具见"工程报告"及"钱塘江桥一年来施工之经过"（《工程》杂志，1936年12月）。

但有一事值得一提，即经过对钱塘江流沙的研究，引起我对"土力学"的兴趣，而从事研究及有关活动。先是在《工程》杂志上专文介绍，后是在唐山工学院开课讲授。1948年在上海发起"中国土力学及基础工程学会"，1953年后在北京土木工程学会，组织土力学小组，从事学术活动。1957年往英国参加国际土力学及基础工程会议。

中华人民共和国成立后，我担任了铁道科学研究工作，前后历时30年之久。对于研究规划、研究计划、研究管理、研究应用等行政工作，都费过不少时间。铁道科学本来是一门内容极其复杂而理论又比较高深的综合性的"技术科学"，而铁道研究院又是铁道部门的研究中心，因而研究院这个机构，规模大而责任重，成为我的重要的研究基地。

1955年2月，中央铁道部成立"武汉长江大桥技术顾问委员会"，委员26人（茅以升、罗英、周凤九、嵇铨、蔡方荫、余炽昌、黄文熙、陶述曾、王度、鲍鼎、李学海、汪季琦、李温平、刘恢先、金涛、张维、陈士骅、梁思成、李国豪、俞调梅、王竹亭、顾宜孙、钱令希、赵祖康、杨宽麟、谷德振、华南圭），我为主任委员。1953年，我国请苏联交通部代拟武汉长江大桥的初步设计，经过苏联"鉴定委员会"做出的"鉴定结论"正式发表。所鉴定的铁路与公路的安排（上下两层），"正桥"桥墩基础（"气压沉箱"）与上部结构（钢梁）等重要设计部分，均与钱塘江桥相似，后来经大桥工程局（局长彭敏，总工程师汪菊潜）修改，将"气压沉箱"改为"管柱基础"。工程局在大桥施工时期向大桥技术顾问委员会先后提出了14个重要技术问题，经委员会讨论答复，都得到良好效果，保证了工程的质量。

为了庆祝中华人民共和国成立十周年，1958年冬开始在北京兴建人民大会堂，规模异常宏伟。由于建筑的美术和结构设计均特别重要，北京市人民委员会于1959年2月邀请国内建筑专家37人，结构专家18人，来京审查鉴定，我为结构组组长。这时大会堂结构工程，已在紧张进行，但经调查试验，发现原来结构设计，尚有欠妥之处，特别在有关宴会厅及会堂吊台等各处。经结构组全体同志悉心研究，对所有构件及其布置，一一做了复查，建议修改及补充，拟成报告书，上陈北京市人委及周总理。周总理亲自审阅，一再询问大会堂的安全程度，最后指示："要茅以升组长签名保证。"我奉命之下，对报告书再作一次核算，最后签名送上，然而由于责任太大，总还不能放心，直至大会堂经过十周年国庆活动之后，安然无恙，方觉如释重负。

1962 年 12 月，山西省政协、科协、民盟、九三、太原工学院联合邀请我去太原讲学，我主要讲了"力学"中的一些基本概念问题，这是我历年来想写的一本"新力学"中的主要内容，并且在 1961 年 4 月 6 日在中国力学会的两个讨论会上提过，又前后在六个高等学校及日本东京大学工学部宣讲过。

我以桥梁工程为专业，当然对桥梁有特殊感情。其初致力于建桥的科学技术，后来看到的桥多了，就了解到桥梁不仅仅是运输工具，而且对一国的文化和人民的生活，也都有密切关系，表现在桥的艺术性及历史性。从当代世界上著名桥梁来看，固然如此，而从我国数千年来的古桥来看，更可证明。在抗日战争时期，我看到公路上的一些古老旧桥，竟能胜任重载汽车的安全通过，就引起我对历代古桥进行科学研究的念头。同时，与我对钱塘江桥共同负责的罗英老友，也在开始编写《中国石桥》及《中国桥梁史料》两书。他的书陆续出版了，而我因工作繁忙，只是在报刊上零碎地发表过一些关于古桥的介绍，作为罗老两书的补充。罗老认为他的书只是创始，希望能有一部很完全的中国桥梁史出现。因此，1963 年我在全国人民代表大会上提案，请政府编写《中国桥梁史》，但直到 1978 年，中国科学院自然科学史研究所才组成《中国桥梁技术史》编写委员会，正式进行工作，由我作为主编，让我有机会贡献力量，完成我的夙愿，感到十分欣幸。

我素来热爱参加学术团体的活动。1916 年到美国康奈尔大学时，就参加了我国最早的一个自然科学团体——1914 年成立的"中国科学社"（任鸿隽、章元善、秉志、杨铨、竺可桢、赵元任、周仁、胡明复等发起组织），每月出版《科学》杂志，也是我国最早的科学期刊。直到 1951 年才停刊。1917 年我参加了"中国工程学会"（陈体诚、罗英等发起组织）。每月出版《工程》杂志，也是在中华人民共和国成立后停刊的。我做过三次工程学会年会的筹备主任。1948 年，因是工程学会的会长，还到过台湾，主持该年的年会。在《科学》与《工程》月刊上，我都发表过文章。1950 年我参加了"中华全国自然科学专门学会联合会"及"中华全国科学技术普及协会"的全国委员会。1953 年"中国土木工程学会"成立，我被选任为理事长。1958 年"科联"与"科普"合并组成"中华人民共和国科学技术协会"，我被选任为副主席，1980 年续任。1963 年被选任为北京市科学技术协会主席，1980 年续任。

中华人民共和国成立前，未听有"科普"这个名词，但类似这个性质的宣传活动，当时也偶尔见于报刊，如上海科学公司出版的《科学画报》曾连载过我写的钱塘江桥工程，即属科普性质。1950 年成立"中华全国科学技术普及协会"时，我被选为副主席。1954 年，这个协会组织二十五人的"科普代表团"访问苏联达一月之久，我任团长。我后来在中外日报及期刊上发表过的近二百篇文稿中，属于科普性质的约占十分之三。对于青少年的科技读物，我也特别重视，时常参加写作。北京市的西城、东城、宣武、崇文及海淀五个区的教育局都曾约我对各区的青少年做过科技报告，和我见过面的中小学生超过两万人。

提倡一下科学道德

前不久，读了上海出版的一本关于道德修养的书，其中有一节说到要讲一点"职业道德"，引起我的注意。我们除了应当有共同的道德规范外，在各行各业的职业范围内，确实还应当有一些特殊的道德要求。医生要讲医德，演员要讲戏德，教师要为人师表，搞科学技术的人，也应当讲科学道德。

科学是真理，是来不得半点虚假和浮夸的。科学是老老实实的学问。科学家是追求真理、造福人类的人，应当是有道德的人。古今中外，凡是攀登科学高峰的道路上大有建树的人，都是具有高尚的道德修养的。比如外国的布鲁诺、居里夫人，中国的李时珍、詹天佑，他们的崇高品格堪称世人楷模。

但是，也并非每一个从事科学事业的人都很讲道德。在科研工作中，不讲道德的人与事也是存在的。比如弄虚作假、谎报成果、垄断资料、保守霸道；压低、打击别人；以邻为壑；剽窃别人的成果；沽名钓誉，等等。甚至还有个别人，不惜出卖国格、人格。科技人员思想品德的高下。虽不像科研成果的大小那样可以一望而知，但它终究要反作用于物质方面。道德不好的人，必然要做不道德的事，在工作中表现出来，危害事业，危害国家和民族的利益，最后自己也落得身败名裂。

道德是人们行为的规范和准则，是有客观是非、善恶标准的。它是不成文的法律，但又不同于法律。它主要靠教育，靠公众舆论，靠人们的自觉认识。乐于以正确的道德标准来约束自己、规范自己，是一项群众性的工作。职业道德也不例外。

我在一生从事科学技术工作中，深感提倡科学道德的重要。我经常想，除了普遍的社会道德规范外，科学道德还应当有哪些特殊的要求呢？1942年，在中国工程学会成立三十周年时，我就曾在董事会上提出过制定《中国工程师信条》。后经讨论，定为八条，内容大体是：工程师要"认识国家民族之利益高于一切""不慕虚名，不为物诱，维护职业尊严""实事求是，精益求精，努力独立创造，注重集体成就""勇于任事，忠于职守，互切互磋，精诚合作"，等等。当时，虽然还不懂得也不可能用共产主义道德标准来要求工程师，但是，就这几条，在那国难当头的岁月里，广大爱国工程师都一致拥护，自觉地以此为行动准则，还是起到了良好的作用的。

如今，时代不同了，祖国发生了翻天覆地的变化。作为工人阶级的一部分的科技工作者，更应当以共产主义道德规范来要求自己。首先要热爱社会主义祖国，坚持四项基本原则，有振兴中华的决心。同时要注意发挥集体力量，扫除私心，为提高整个中华民族的科学技术水平贡献自己的一切。我们这些老年科技人员，更应当把提携中、青年，奖掖接班人作为自己义不容辞的责任，作为我们对四化建设的一点贡献。

（本文原载于 1982 年 6 月 4 日《文汇报》）

继往开来　为振兴中华再做贡献

——纪念西南（唐山）交通大学一百周年

顾　稀

西南（唐山）交通大学创立于 1896 年，当时校址在河北省山海关，定名为"山海关铁路官学堂"。1905 年迁至河北省唐山市，改名"唐山路矿学堂"。当时满清政府反动势力当权，外国帝国主义乘机侵入中国，大肆掠夺。1911 年孙中山先生领导辛亥革命推翻了满清政府，但政权又落到了反动军阀手中。学校师生在反动政府统治下，摆脱了混乱的社会影响，勤奋努力，严谨治学，在 1916 年全国工科大学毕业生作业展览评比中被评为第一名。这事应该作为西南（唐山）交大历史上优良传统之一予以继承和发扬。但当时反动的北洋军阀政府教育总长赠送"竢实扬华"奖匾，则是另一个问题。1912 年 9 月 22 日孙中山先生到唐山，当天下午来到铁路学校（即后来的唐山交大）视察。学校师生列队欢迎孙中山先生一行。孙中山先生对师生发表了鼓舞人心的演说："国民革命需要两路大军。一路进行武装斗争，建立平等自由的中国；一路学习世界科学技术，改变祖国贫穷落后的面貌。……希望大家努力向学，以身许国，承担起历史重任。"孙中山先生的这次演说，在学生中影响极大。茅以升回忆说："听孙中山关于革命需要武装、建设两路大军之演说遂选定桥梁专业，专心攻读。"

1917 年 11 月在俄国工人阶级领导下取得了十月革命的伟大胜利。1919 年 5 月，中国工人阶级联合革命人民爆发了震惊中外的五四运动，唐山工专（1912 年起，唐山交大改名唐山工业专门学校）学生代表和北京天津学生代表在一起向全国发通电，要求严惩卖国贼，反对帝国主义侵略。5 月 24 日全校学生罢课，组织讲演团，激发全市人民的爱国热忱。1921 年 7 月中国工人阶级政党——中国共产党成立，在中国共产党领导下，中国人民反帝反封建民革命运动蓬勃发展起来了，在学校的广大师生中也开展起来。1922 年 11 月到 1923 年 1 月的唐山开滦工人罢工运动中，有学校许多学生参加。当时蔡和森同志曾在 1922 年 11 月 15 日第十期《向导》周报上赞扬《唐山学生援助罢工之模范》一文中指出：

"据今日消息，唐山路矿大学学生二百名，为援助罢工于十三日在街市巡游，募集罢工基金。这样的消息不但在劳动运动史上为重要，在民族运动史上尤为重要。而且是中国知识阶级到了真正觉悟的路上之证明。全国压在国际帝国主义之下的知识阶级和学生们都要学唐山路矿大学学生的模范呵！"从此，唐山交大除了保持严谨治学的优良传统外，又发展起来了反帝反封建的优良革命传统。曾任中华人民共和国外交部副部长的管涌泉校友回忆说："1922 年，我考入交大预科二年，秋季入学……我记得交大在 1922 年搞过两次学生运动。第一次是在我进校不久……第二次学生运动是同当时十一月中旬支援唐山开滦五矿五万工人大罢工。在党的领导下 1922 年 10 月开始的开滦五万工大罢工，斗争尖锐……学生们向校方提出了'明天停一天课，上街募捐，支援罢工工人'的要求。这样的要求遭到校方的拒绝，因此，学生就在 11 月 13 日罢了一天课，纷纷上街募捐。对这次交大援助罢工的募捐，党中央给予高度评价。"1923 年秋季，唐山大学又成立了社会主义青年团支部。1925 年，英、日帝国主义分子在上海屠杀工人、学生的"五卅"惨案发生后，唐大学生当晚召集全体学生开会，并停课举行游行示威。学生还发起组织"市民救亡大会"声讨帝国主义的暴行。很显然，唐山交大的优良传统不是来自北洋政府的鼓励，而于摆脱了北洋政府的反动统治的影响而得到发展的。

1931 年"九一八"事变，我东北三省沦陷。接着日寇又侵入华北，建立了伪冀东自治政府并占领了唐山交大的办公楼，作为伪冀东自治政府的所在地。当时的唐山交大学生，内心交织着悲愤、屈辱、苦闷和不安，迫切要求行动起来，抗击日本帝国主义的侵略。1937 年"七七"事变后，7 月 29 日北平失陷，郑大坤校友回忆当时政府自顾不暇，事没人管，又逢唐院院长孙鸿哲病逝。学生年轻幼稚，但抗日热情很高，他们自动组织起来，在几位年轻老师带领下迁到了上海，后又到了南昌，当时学生中有后来在唐院担任教授的钱冬生和郭可詹。学生们经校友推荐，请茅以升老校友出来担任院长。由于当时正在修湘黔路及湘江大桥，湖南聚集了不少有名的工程师，在唐院老教授来到之前，可请他们当教授，所以把校址暂时选定在湘潭钱家巷。北方交大史志编辑室提供资料说：1938 年 1 月 29 日国民政府教育部令平院暂改称铁道管理系合并于内迁湘潭钱家巷的唐院，由于两院合并后校舍不敷，4 月 5 日又迁至湘乡杨家滩新址上课。1938 年 5 月管理系学生刘世鹤、段清涛、吴公伟（从陕北短期学习归来）与唐院张钺（冶金系，也是从延安回来的）、武可久（从新四军返校）等人重新建立了中国共产党党支部，在党支部领导下成立了"中华民族解放先锋队"。1938 年 10 月武汉失守，11 月又发生"长沙大火"，学校决定南迁。1938 年 11 月 18

日学校离开湘乡杨家滩。郑大坤校友回忆说："我们学生组织得很好，非常自觉。八个人一班，五个大队，总领队是1939届学生戴根法，他很有权威，我们都称他戴小院长，学校的一切人，包括校工等在内都听他的指挥。"（对戴根法校友以后情况的介绍，另在本文后半段中叙述。）他还回忆说："我们这些流亡学生，不是低着头走路，我们组成了歌咏队、演出队，一路上歌声不断，一边走，一边宣传，热热闹闹迁移。"1938年12月7日从广西桂林到达两江后，茅以升院长召集大家谈话，略谓唐院历史悠久，有艰苦奋斗的光荣传统，只要大家团结一致，坚定信心，奋勇前进，唐院定会振兴的，国家前途是光明的，抗战必胜，日寇必败。1942届土木系张翼校友回忆说："我们从1938年11月18日离开杨家滩，至1939年1月28日到达平越（今贵州福泉县），共约两个月零十天，虽然备受长途跋涉、旅途劳顿、敌机轰炸惊恐和生活不定、前途茫茫之苦，但茅院院长等领导与学生会主席戴根法临危不乱，组织有方，同学们团结互助，甘苦与共，凡此种种值得称道，并使我们终生难忘。"

1942年1月17日唐山工程学院改称为国立交通大学贵州分校。1944年11月日军在广西发起进攻，桂林、柳州失陷后危及贵州。11月16日学校贴出："即日起暂行停止上课，在重庆集中"的布告。顿时学校师生人心惶惶，各奔前程。1945年1月师生们先后抵达重庆，在重庆附近璧山县丁家坳交通部技术人员训练所原址复课。1945年，日本天皇宣布无条件投降。八年的抗日战争胜利结束。

1946年6月底，唐院从四川丁家坳回唐山原址后，严谨治学的优良传统和反帝反封建的革命传统在新的历史条件下，又继承和发展起来。中国人民政治协商会议唐山市委员会文史资料委员会编印的《唐山交大学生运动》（1946年—1949年）一书的前言中说，解放战争时期，唐山交大学生在中共地下党领导下，同国民党反动派进行了不屈不挠的英勇顽强的斗争，取得了伟大成绩，迎来了唐山的解放。唐山交大进步学生运动是唐山党组织和国民党反动派进行斗争的重要环节之一。唐山交大进步学生还按照党组织指示，冒着生命危险向解放区输送了数百名知识分子。为解决我党接管城市急需的干部，做出了贡献，这些输送到解放区工作的同志，中华人民共和国成立后，成为各条战线的骨干及领导干部。这是我党领导的唐山交大学生运动又一突出成绩。唐山交大还在南迁上海中，重建了党组织，领导广大同学国民党严重白色恐怖威胁下，以大无畏的精神，阻止了学校再南迁，和上海同学并肩战斗，为上海解放写下了光辉的一页。

抗日战争胜利后，蒋介石反动政府在美帝国主义支持下，妄图在全国范围内实行反动统治。一方面发动内战，向中国共产党领导下的解放区全面进攻，另一方面，向国民党统治区的广大人民和青年学生开展的"反内战、反迫害、反饥饿"运动进行了残酷镇压。1947年5月31日清晨，唐山交大学生分批到市内散发"反内战"声明时遭到了从三青团总部跳出来的暴徒的殴打，一批同学被打伤。学校广大师生当即前往唐山市政府提出抗议，市政府秘书长表示接受，并来学校开具收据领走被俘的暴徒。第二天即6月1日下午在唐山电影院又发生类似事件。这是国民党反动政府有计划有组织地对进步学生运动进行残酷镇压的铁证。1947年6月6日顾宜孙院长又向教育部部长、次长发出翔实的报告。教育部在师生群情激愤的情况下，寄来了受伤同学的医药费。受伤同学们一致意见将这笔医药费捐向购买革命进步书籍，建立了纪念图书馆。正如陶佑卿校友所说："野火烧不尽，春风吹又生"，同学们的血没有白流，促使我们青年同学进一步地觉悟起来，走向革命的途程。

1946年6月26日，蒋介石悍然撕毁停战协定和政治协议，发动了向各个解放区的全面进攻。新的全国内战因而爆发。1946年10月11日，国民党军队攻占张家口，达到了向我解放区全面进攻的顶点。当时在张家口市的张家口铁路学院，奉命转移到平山县李家沟口一带农村。1946年11月根据晋察冀边区政府的决定，张家口铁路撤退下来的工业专门学校、张家口商业学校以及张家口铁路局的部分技职人员联合创办了晋察冀边区工业交通学院。任命唐山交大校长黎亮（曾任北京大学工学院教授）为院长，顾稀任教导主任，院党总支书记。为了支援解放战争，在黎亮校友亲自主持下，边区工业局与人民解放军相结合，承担了平山县沕沕水力发电站工程的设计和部分施工工作，1948年1月25日全部工程务完成后，举行了开车典礼，朱德总司令亲临开车典礼剪彩并题词："边区壮举"。1948年开始向党中央驻地西柏坡送电，党的七届二中全会就是这座水电站供电。该电站迄今还在运转，1988年还得到河北省石家庄地区小水电系统的奖状，这是唐山交大校友（黎亮校友为主，卢成铭校友等参加）在战争年代做出的一个突出的历史功绩。

1947年、1948年两年中国人民解放战争胜利进展十分神速。1948年9月12日开始的辽沈战役，1948年11月6日开始的淮海战役、11月29日开始的平津战役，到1949年1月31日北平解放，平津战役胜利结束。三大战役历时139天，中国人民解放军与国民党主力进行的战略决战取得了完全胜利。在"三大战役"进行期间，1948年12月12日唐山解放，施不为（化名方生，1946年唐山交大冶金系）校友回忆说："10月辽沈战役结束，大军进关，毛主席在这时发出了再用一年左右时间就可以取得全国解放的声明。国民党决定放弃唐山，撤向塘沽，同时国民党政府通逼迫学校南迁。……党组织决定动员尽可能多的同学留校或撤入解放区。……12 月唐山解放，唐山交大同学随唐山市军管会接管国民党的政府部门和工厂、学校。后四十多年来，唐山交大的学生仍是许多部门的骨干力量。"根据中国人民解放战争形势发展的需要，中共中央政治局决定：中国人民革命军事委员会成立铁道部。1949 年 1 月 10 日，中国人民革命军事委员会发出电令，成立军委铁道部，任命滕代远为部长。1 月 13 日滕代远部长在石家庄会晤了华北人民政府交通部部长武竞天，商讨了拟于 1 月 28 日至 2 月 7 日在石家庄华北人民政府交通部会议室召开第一次全国铁路工作会议事宜。第一次全国铁路工作会议由吕正操（东北）武竞天（华北）、徐雪寒（华东）、田裕民（中原）、贾炽明（西北）、黄逸峰（铁道纵队），还有武可久（当时任铁道兵总工程师、校友）和顾稀等人参加。我记得朱德总司令参加了那次会议并宣布中央军委铁道部成立，由滕代远任部长，吕正操、武竞天任副部长。今后由华北人民政府领导的华北交通学院归属中央军委铁道部领导，顾稀被委任为接管唐山工学院（即原唐山交通大学）的军代表。1949 年 3 月下旬华北交通学院奉命由石家庄市迁往唐山市。1949 年 4 月我作为军代表接管了唐院留唐部分，并成立复校委员会主持复校工作。6 月 26 日中央军委铁道部令唐山工学院唐振绪院长："向本部派定之接管代表顾稀，接管联络员周云、李泳、赵锐即日办理接管手……"1949 年 7 月 8 日中央军委铁道部令，决定唐山工学院北平铁道管理学院、华北交通学院合并组成中国交通大学（1950 年 8 月改名为北方交通大学），分设工学院及管理学院。1949 年 7 月 13 日在唐山举行了唐山工学院接管大会。唐山工学院原院长唐振绪回忆说："1949 年 5 月 27 日凌晨，上海解放了。第一个打电话告诉我消息的，是学生李南生。"六月上旬，从北方来了两位青年人，他们身穿灰色制服，提着两只大帆布箱子，一个叫李泳，一个叫赵锐，是军委铁道部派来的。打开箱子一看，满的全是解放区用的货币，是给我们返回唐山的路费。"6 月 19 日从上海出发，走走停停，停停走走，直到 6 月 27 日才到唐山，途经八天八夜。在唐山车站，我们受到了以军代表顾稀同志为首的华北交通学院师生员工和我校没有南迁的师生员工举着'热烈欢迎唐振绪院长为首的北运师生员工及家属们'的横幅标语的盛大欢迎。……1949 年 7 月 13 日，人民政府正式接管了唐山交大，举行了接管仪式，宣布成立中国交通大学。也就在这天，唐山交大与从解放来的华北交通学院合并成立了中国交通大学唐山工学院。从此，在党的领导下，新的唐山工学院诞生了。""从此，在党的领导下，我们立志要把唐院办成以铁路为重点，既是教育中心，又是科研中心的综合性现代化的理工科大学。在老唐院残破不堪的基础上，一面健全原有的土木、建筑、采矿、冶金四个系，一面又新增设了机械、电机、化工三个系，并大力加强数理化共同学科。此外还增设……专修科，还有预科一班。同时在校内还成立了铁道部铁道技术研究所。"为办好学校，必须充实师资，通过各种渠道，增聘一大批专家学者来院任教，形成了"群英集唐山"的兴盛局面。

1949年10月1日，首都北京30万军民在天安门广场集会，隆重举行开国大典。毛泽东同志向全世界庄严宣告伟大的中华人民共和国成立。1950年6月25日，朝鲜战争爆发。10月上旬，战火烧到了我国东北边境，严重威胁我国国土安全。为此，做出了抗美援朝保家国的战略决策。1951年3月23日，滕代远部长发来手示，要交大唐山工学院派出师生参加抗美援朝工程队。曾荣立集体二等功的陈国藩校友回忆说："1951年3月25日至1953年9月10日唐山交大先后组织三批抗美援朝工程队，共118人，奔赴朝鲜战场，修四个机场（朝鲜前线作战军用机场2个，朝鲜非军事区供谈判用机场1个，以及国内军用机场1个），出色地完成任务，取得了光荣的胜利。在战斗中，立下1个集体二等功，并有5人立二等功，22人立三等功。"唐院三批抗美援朝工程队入朝后都是和第一铁路工程局机械筑路队的来朝人员联合组成铁道部抗美援朝工程队。在铁道部派来的以老校友袁仲凡同志为首的领导干部和工程房的直接领导和技术指导下进行工作编制属于中国人民志愿军空军。在前后两年半时间里唐院由于有一批师生直接战斗在抗美援朝前线，使整个学院沉浸在强烈的爱国主义和国际主义热潮中。参加抗美援朝工程队受到战斗锻炼的一批同志回来后，又直接参加了学校各方面工作使整个学院增强了骨干力量，也长远地影响了学院的院风。

1953年1月，我国开始社会主义革命和社会主义建设的第一个五年计划，到1955年12月第一个五年计划胜利实现，在40多年中完成了一个又一个伟大的革命和建设任务，唐山交大数万名毕业生奋战在祖国的各条战线上，做出了许多不可磨灭的光辉业绩。全国首批命名的勘测设计大师中就有土53届的林在贯同志和土52届的邵厚坤同志。限于手头的资料，这里再举出如下一些例子。

1938年冬学校流亡在湘黔时，学生中的总领队1939届学生戴根法，大家都称他"戴小院长"。1939年毕业后，参加世界反法西斯战争亚洲战场的主要通道——中印公路的修筑工程。1949年南京解放后，他参加中国人民解放军西南服务团，担负了从西南向湘潭向西南进军抢修被国民党破坏的桥梁、路基任务。当中华人民共和国第一条铁路——成渝线兴建时，他随工程队转业到铁路，在西南铁路工程局（1962年改为铁道部第二工程局）工作。在此后的四十多年中，他的足迹遍布巴山蜀水、云贵高原、江汉平川、五岭南北。1980年5月他又以68岁高龄，放弃安定生活，从贵阳赶到工地和其他同志通力协作，把我国落后世界15～20年的隧道开挖技术，提高到国际上先进水平。他的一生非常坎坷，

"文化大革命"期间，被关进"牛棚"。但他没有因此消沉，而是充分利用这段时间，充实自己有关机械方面的知识，整整五年，他完成"牛棚"大学的自修，终于在机械学方面成为一位行家。大瑶山隧道开工，我国从国外引进一大批在当时具有先进水平的设备，他以饱满的热情承担了培训掌握先进施工机具和施工方法的艰巨任务。在他主持下，翻译了大批教材和资料，为铁道部隧道工程局培养了一大批技术骨干。1982 年他被评为全国铁路劳动模范，同年，他加入了中国共产党，评为优秀共产党员，1984 年至 1986 年连续三年被评为优秀共产党员，1982 年至 1987 年连续六年被评为局先进工作者，1986 年获河南省"五一劳动奖章"。1991 年 7 月 4 日病逝于贵阳，终年 77 岁。

在隧道工程局还有一位有突出成就的校友是现任副总工程师王梦恕校友。他在 1961 界桥隧系毕业后，又进入隧道工程专业高渠清教授任指导教师的硕士研究生学习，1964 年 12 月毕业获得硕士研究生学位。他毕业后从事铁路工程科技工作三十余年，有强烈的事业心和责任感，在隧道及地下工程的理论研究、科学试验、开发新技术、新方法、新工艺、新材料、新设备方面做了大量科学技术攻关工作。1990 年、1992 年"大瑶山长大铁路隧道修建新技术"分别荣获铁道部及国家科技进步特等奖。1990 年他被铁道部评为有突出贡献的中青年专家，同年经国家人事部批准为有突出贡献的中青年科学、技术、管理专家，1993 年 12 月他又荣获詹天佑成就奖，1994 年当选为中国工程院院士。严师出高徒，王梦恕校友的研究生指导老师是高渠清教授。高渠清教授是 1942 届校友，后去英国留学，1949 年获博士学位。1950 年底，他毅然辞去了国外的工作，回国参加教育事业的建设。自 1951 年以来，他在母校连续任教 40 余年，1993 年退休后，又返聘继续做博士生导师。1954 年学校决定发展隧道学科，委派高渠清任隧道教研组主任。将近 40 年持续努力，他先后培养了 20 多名硕士和博士研究生，数百名本科毕业生。目前我国铁路隧道及地下铁道工程方面的骨干中他的学生相当多。为了提高隧道工程在理论上的水平，他在铁路系统，率先选定岩石力学作为研究方向，他与一些国家的有关单位进行合作，对"隧道及地下铁道理论分析及设计施工新技术的开发"进行了广泛的研究。他被遴选为国际隧道及地下工程协会的执行委员之一。1990 年 9 月国际隧道协会第 16 届年会在中国成都西南交大召开，来自世界 30 多个国家的 600 多名中外隧道专家云集在成都。他作为本届年会执行主席，主持这次盛大的国际隧道专业会议，他为祖国争了光，为母校赢得了荣誉。

我国从第一个五年计划开始，西北地区铁路建设就紧张地进行，当时的西北铁路工程局和以后改组成立的铁道部第一工程局和第一勘探设计院承担了西北铁路建设的主要任务。西南（唐山）交大的大批校友为建设铁路奋战在黄土高原、河西走廊、戈壁大漠、天山南北、许多同志为西北地区铁路建设奋斗终生，从年届弱冠到年逾古稀，一直为开发建设大西北而贡献力量。现在已届退休年龄的李学瀚校友、陈正坤校友等还在第一铁路工程局发挥余热。赵德荣校友从兰新铁路建设到北疆铁路建设。连接欧亚大陆的北疆铁路从乌鲁木齐到阿拉山口全长 457.6 km，1992 年 10 月 31 日经国家验收正式交付运营。赵德荣虽已年近退休，仍在祖国的西北戈壁滩上，把北疆铁路修到祖国的西部边界，直到把这欧亚大陆桥修通。近年来在铁路工程部门为地方建设服务中，西南（唐山）交大不少校友也做出了突出的贡献。如铁一局桥梁处工程机械科科长、1967届的王学诚校友，在 1993—1995 年承担国家重点工程——"引大入秦"庄浪河渡槽施工中，独立完成 100 吨大型龙门桁车的设计、参加组装并实施渡槽吊装的新纪录，属国内首创，亚洲第一。党和国家领导人李鹏、温家宝，水利部部长钱正英、钮茂生等先后亲临工地视察给予了高度评价。世界银行中国蒙古局局长等国外专家赞叹：世界上这样大型龙门吊很少见，中国人了不起！赢得了极高的荣誉。

在我国的西北部边疆，有一批校友年复一年地奋战在内蒙古草原。曾任呼和浩特铁路局局长的蒙古族白斯楞校友，1970 年毕业后在铁路基层工作，后由段长、分局长到局长，现在又去集（宁）通（辽）铁路公司任总经理，为开拓和地方合资建设而努力奋斗。现任呼和浩特铁路局局长的王国良校友，曾任兰州铁路局局长，一直为发展西北地区铁路运输艰苦奋斗。铁 57 届校友周伯达同志从修建包兰线和呼和枢纽到担任呼和局总工程师，现已年届退休，立志为内蒙古自治区的铁路事业奋斗终生。

在铁路运输和铁路工业十分雄厚的我国东北和华北地区，集中了较多的唐山校友。现任沈阳铁路局副局长的徐起汉、刘吉奎等一大批校友一直在为繁忙的东北铁路运输努力工作。地处首都的北京铁路局副局长冯振九校友正为新建宏伟的北京西客站而贡献力量。哈尔滨铁路局总工程师朱介麟校友、齐齐哈尔机车车辆厂总工程师管志浩校友、吉林长春客车厂总工程师关明全校友、齐齐哈尔铁路分局局长王林校友、总工程师程方校友等都是在我国最寒冷地区艰苦奋斗几十年如一日。

我国现代化汽车工业的发祥地长春第一汽车制造厂，从建厂一开始就有担任副厂长的李中康校友和担任副总工程师的姚贵升校友等和广大职工在一起艰苦创业，从创造解放牌汽车到开发奥迪牌小轿车，做出了不朽的功绩。20 世纪90 年代，我国有史以来第一次建成里程最长的铁路干线——京九铁路，北起北京，连接九龙总长 2536 km。全线有特大桥 65 座、大中桥 725 座、隧道 150 座。这项浩大的工程在三年时间内建成，1995 年 11 月 16 日胜利接轨。唐山交大数以百计的校友是这支 20 万筑路大军的一部分，在工程艰巨、技术复杂、工期紧迫、施工和工作环境艰苦的条件下，奋战在京九线的各个工地上，担负中国铁路建筑总公司副总经理并兼京九铁路总指挥的（铁 59）陈嘉珍校友是这批校友的突出代表。他和广大建设者一样，以艰苦奋斗的创业精神、百折不挠的拼搏精神、争创一流的进取精神、尊重科学的求实精神，强化质量管理，以"一流速度""一流质量"和"一流效益"，取得了京九铁路大会战的胜利，圆了中华民族的"世纪梦"。

西南交大现在的土木工程院是从老唐山交大的土木工程系发展起来的，在罗忠忱、伍镜湖、顾宜孙等教授精心培育下，培养出来了像茅以升，张维等这样一批著名的教授和学者。中华人民共和国成立后，1951 年学习苏联进行教学改革期间，原土木工程系分为土木工程和结构工程两系。1952 年院系调整后又改为铁道工程和桥梁隧道两系，这期间大量的铁路建设任务摆在我国人民面前，所需的铁路工程建设人才不是一年数十人，而是数百数千人。在这样严重的任务面前，原土木工程系除了加大大学四年本科招生数量外，又创办二年制的专修科，大批招收定线设计、铁路工程、线路、桥梁、隧道等各个专修科。进入专修科学习的学生不是降低入学水平，而是和大学本科一样的入学水平，又有志于提早为祖国铁路建设服务的青年学生。这样在国家的第一个五年计划期间每年有 500 名左右志高根深的学生进入到铁路工程各个专业学习。这批前后数千名本专科学生毕业后现在大都是各铁路工程局、设计院、各铁路局的技术骨干和领导骨干。老唐院发挥出新作用，是顾宜孙、罗河、张泽熙、范治纶，杨耀乾、李汶、邵福昕、王柢、张万久、王继光、王竹亭、张鸿遽、沈智扬、吴炳焜、顾兆泰、夏孙丁、高渠清，钱冬升、劳远昌、胡春农、路湛沁、于仲凯、朱育万、黄棠、王兆祥、关燦如等各位老教授以及近年担任博士生导师的万复光、邓域才、车惠民、关宝树、何广汉、奚绍中、强士中等各位中青年教授以及广大教工共同努力做出的历史贡献。

在我国社会主义建设进入改革开放新的历史时期后，学校开设博士点。1985年 7 月强士中同志的博士论文：《动态松弛法和板件承载力》，在四川峨眉举行答辩。由钱伟长教授任答辩委员会主席，卞学鐄教授（国际著名计算力学权威，美国麻省理工学院教授、美国工程科学院院士）等为委员，答辩中强士中答复了二十多个问题，答辩委员感到满意。钱伟长主席最后宣布：该课题有重大现实意义和学术价值，为当前力学界和工程界所普遍关心，强士中对于动态松弛法有所改进。答辩委员会做出决议：给予通过。钱教授并说，这是西南交通大学（包括老唐院在内）工学博士第一名。强士中博士创造了西南（唐山）交大历史上新的光辉的一页。

中华人民共和国成立前没有电气化铁路。1952 年唐山交大（当时经院系调整后改名为唐山铁道学院）电机系主任、1951 年从麻省理工学院毅然回国的曹建猷（1980 年当选为中国科学院学部委员）着手创办了这方面的专业。开始叫"电器运输"专业，后来分为"电力机车"及"电力铁道供电"两个专业，奠定了我国铁道电气化教育的基础。1954 年我国第一条电气化铁路（宝鸡—凤州）在曹建猷教授和杜庆萱教授指导下开始设计。曹建猷首先抓住了铁道电气化电流、电压制的研究，1956 年曹建猷在《人民日报》上发表文章，对当时国内外争论不下的"交流制"和"直流制"提出了肯定"交流制"的论据和建议，被铁道部采用。1957 年经国家正式批准采用工频交流制，使我国电气化铁路从一开始就在世界先进技术水平上向前发展。1957 年曹建猷教授和杜庆萱教授主持的"我国电气化铁路电流、电压制"的研究，获得 1978 年全国科学大会成果奖。1958 年，杜庆萱教授主持了我国第一台韶山型交流电力机车的设计试制工作，获得了 1962 年铁道部科研一等奖和 1978 年全国科学大会成果奖，1992 年又获得对国家有特殊贡献的专家证书。1956 年唐山铁道学院电气运输专业第一届毕业生，正好赶上我国第一条电气化铁道建设的需要，这批毕业生以及后来的毕业生成为我国铁道电气化事业的技术骨干和领导骨干。到 1992 年底，全国累计建成投产电气化铁路 8677 km，到"八五"计划完成我国铁路电气化率已由 13% 提高 20%。在理论方面曹建猷教授发表了"交流牵引网电计算的普遍公式"及"牵引网电计算的严格公式"等论文，并编著了《电气化铁路供电系统》《电气铁道供电》及《牵引变电所》等著作，为我国在铁道电气化供电系统理论方面的研究做出了贡献。曹建猷教授对新的科学技术的发展颇有远见卓识，在学校开设的"计算机应用""自动控制"及"信息工程"等专业，他都是带头人。在他的直接带领下，计算机学科发展很快，1983 年成为我国第一批有权授予硕士学位的专业，现已培养了 100 多名该专业的硕士研究生。杜庆萱教授则在主持我国第一台韶山型交流电力机车的设计试制工作后，1963 年又任北京地铁电动车组设计组长，主持我首组地铁电动车组的设计。他的代表性著作《电力机车控制》一书，1992 年获铁道部优秀教材特殊荣誉奖，他的有关"杜氏变换""杜氏积分"论文，1985 年获铁道部优秀论文一等奖。唐山铁道学院从 1952 年创办"电气运输""电力机车""电力铁道供电"等专业，40 多年来，在曹建猷教授、杜庆萱教授为正副系主任的领导下培养了大批人才，这批人才现已是祖国铁道铁路电气化和地铁建设的骨干力量。现西南交大正以新一代的教师连级三教授为首运用高科技成果进行磁悬浮高速列车的试验研究，在国内已达领先地位。以钱清泉教授为首主持研究的运动监控系统，为我国首创，填补了该领域空白，达到国际先进水平。钱清泉教授是铁道部有突出贡献的中青年专家、全国"五一劳动奖章"获得者。1950 年，唐山交大（当时校名是中国交通大学唐山工学院）电机系成立之初是由任朗教授任系主任，他是著名的天线专家，著有《天线理论基础》一书。书中包含了他个人的许多独特贡献，被国内外学术界所推崇和引用。该书曾获国家教委全国高等学校优秀教材奖。1952 年全国高校进行院系调整，北方交通大学唐山工学院改名为唐山铁道学院时，他辞去系主任职务，专心致力于基础理论的教学、主持科研项目和指导研究生工作。

1950 年，中国交通大学唐山工学院成立电机系外，同时还成立了机械系，培养机车、车辆及机械加工方面的专业人才。系主任为史家宜教授，后来史家宜担任副教务长，孙竹生教授继续任机械系主任。1956 年，孙竹生教授和上海交大机械系程孝刚教授一起参加了国家十二年科学规划的制定工作，共同建议大力发展大功率蒸汽机车，研制、生产内燃机车。1956 年，孙竹生因改造蒸汽机车有功，被评为全国铁路先进生产者。1957 年，他在唐院机械系组建了我国第一个内燃机车专业，编写了第一部内燃机车教材。在我国进入改革开放新的历史时期后，他大力倡导发展铁路重载运输及双层客车，并和孙翔教授在一起，主持进行重载列车纵向动力学的研究，他们参加的大秦铁路万吨单元重载列车纵向动力学试验，取得了圆满成功。1989 年 8 月，我国第一列双层旅客列车在上海—南京间投入运用，双层旅客列车研制获 1991 年国家科技进步一等奖，同年孙竹生获得全国铁路优秀知识分子的荣誉称号。西南（唐山）交大机械系毕业生中，有些在 40 多年的工作中做出了突出的贡献。如西南交大现任机车车辆研究所所长沈志云教授和上海铁道大学现任轮轨系统研究所名誉所长沈培德教授。他们在轮轨动力学、车辆转向架等方面都有较高的成就。沈志云教授当选为中国科学院技术科学院院士，1994 年 6 月又当选为中国工程院院士，他的非线轮轨蠕滑理论于 1983 年在美国发表以来，被当作"沈氏理论"在国际上广泛使用。沈培德从 1972 年起参加 209-T 型客车转向架的研制工作，1978 年获得全国科学大会"重大科技成果奖"，同年他又解决了双层客车重心高容易摇晃的关键问题。1991 年、1992 年分别获铁道部和国家科技进步一等奖。1980—1983 年在南斯拉夫进修期间，为南斯拉夫戈沙客车制造厂编制了两个计算机程序，解决了当时南斯拉夫工厂的关键问题，被评为"中南友好之花"，取名为"尤基程序"（南中程序）。1994 年《人民日报》和新华社内参都进行了报道。西南交大机械系教师中还有王夏秋教授对摩擦学领域的教学与科研工作做出了突出的贡献，他克服了各种困难建立了摩擦学试验研究基地。1992年法国里昂大学校长巴库来华访问参观了西南交大摩擦学实验室后，每年选派学生来校进行结业论文工作。

1952年院系调整后，唐山交大改称为唐山铁道学院，根据苏联办学经验，铁道运输专业应是铁道学院的一个综合性专业，不可缺少。1956年起唐院成立了运输系，设置铁道运输专业，由原上海交大管理系系主任张震教授（曾获得美国宾夕法尼亚大学博士学位）转来唐院担任系主任，后来由在苏联留学，获副博士学位的较年轻的高家驹教授继任系主任工作。改革开放后顾炎教授赴美进修，高家驹系主任退休后由顾炎教授继任系主任工作。现任系主任杜文教授，1965年届唐院毕业后长期从事运筹学、运输组织优化、高速铁路运输模式及行车组织制式的研究，是运输管理工程学科、专业博士生导师。现任博士生导师朱松年教授，近年来结合铁路技术设备的综合运用及提效挖潜，建立了多种应用模型，其中对铁路网车流组织优化的理论及应用研究，已达到国际领先水平。运输系成立后，还为全校各专业开设"铁道概论"课，提高了全院师生的铁路业务知识。

根据铁道部决定，为提高干部的业务水平，1955年起开办了干部班，经过三年左右的政治文化和业务学习，提高到大专毕业水平。先后举办了公务干部班和机务干部班（包括少量电务干部）。曾任铁道部机务局局长王力同志、工程总局副局长刘文同志、第一铁路工程局局长白如峰同志、第二铁路设计院院长夏禹九同志、广州铁路局副局长靳林同志、浦镇车辆厂厂长李安民同志等都是唐院干部班毕业的校友。

1905年山海关铁路学堂迁来唐山建校，1906年增设矿科，改名为"路矿学堂"，中间历经变迁，到中华人民共和国成立，唐院除土木系和建筑系外，还有采矿系和冶金系。接管后，采矿系由何杰教授担任系主任，冶金系由张文奇教授担任系主任。1952年院系调整后，分别并入北京矿业学院和北京钢铁学院，由何杰教授担任北京矿业学院院长，张文奇教授担任北京钢铁学院院长。同时新成立的化工系调整到天津大学，化工系主任余国琮教授调任天津大学化工系系主任，1994年被选为中科院院士。建筑系则先调整到北京铁道管理学院后，后又调整到天津大学。徐中、宗国栋等教授也同时调去天津大学任教。

姚桐斌校友　1945年毕业于唐山交大迁往贵州平越后的交大贵州分校矿冶系，1947年留学英国深造，1951年获博士学位。中华人民共和国成立后，他因在公众中宣传祖国而被迫离英去德国任职，但一如既往地宣传社会主义祖国。

后来，他光荣地加入了中国共产党。1957年底，他怀着"学有所成，报效祖国"的强烈愿望，回到祖国，在导弹研究院从事高度机密性的航天材料及工艺研究，做出了重大贡献。在"文化大革命"期间，他坚守岗位，不幸于1968年6月8日惨遭歹徒残害身亡，当时他才46岁。周恩来总理得悉后极为震惊，指示一定要查明凶手，严肃处理。后经中央批准，追认姚桐斌同志为革命烈士，鉴于姚桐斌烈士生前在发展我国导弹事业方面的卓越贡献，于1985年荣获科学技术进步特等奖。

20世纪80年代初，我国为使钢铁工业赶上国际先进水平，决定建设上海宝山钢铁总厂。在建厂初期，冶金工业部为宝钢分别从鞍钢、武钢、包钢调进一批技术骨干，其中唐山交大校友有1946届的庄宗勋，1952届的汪家铮、徐愚、胡肆鋐、奚兆元、孔祥蕙等，他们在宝钢分别担任了厂副总工程师，技术部副部长、设计研究院总工程师、能源部副部长、钢研所炼铁研究室主任、焦化厂副厂长等技术领导工作。在建厂开始后的十余年中，他们和广大职工一起，在学习、引进消化国外先进技术的基础上，克服了引进工艺设备中存在的技术难点，终于把一个世界一流的现代化钢铁企业建成投产。一期工程1985年9月投产，二期工程1991年6月建成投产。按高于国际标准的内控标准组织生产。在此以后，还组织开发了一系列具有高附加值的新产品，并组织实施了许多技术改造项目，促使产品质量有所提高，生产能力有所增强。目前他们已退（离）休，但因几十年从事于钢铁工业，积累了比较丰富的知识和经验，所以仍在为宝钢（集团）公司的发展，为宝钢能跻身于民办500强发挥余热。与汪家铮、徐愚等同为1952年唐院冶金系毕业的邹世昌校友，担任上海冶金研究所所长，中国科学院院士、材料科学家、中共第十四大当选为候补中央委员。他在国防重点任务研究甲种薄膜项目中，获国家发明一等奖。在离子束材料改性、合成、加工和分析等方面进行了系统的研究工作，先后在国内外发表论文一百一十四篇，被推选为国际离子束领域两个主要学术会议国际委员会委员。

为把上海建设成为国际经济、金融、贸易三大中心和长江经济带的龙头，上海市的城市基础设施必须先行，在"八五"期间，上海市的基础设施工程取得了举世瞩目的成就，从"九五"开始，到2010年的15年内，上海的基础设施将有极大的发展。唐山交大校友对上海市的基础设施建设在半个多世纪中，持续做出显著的贡献。早在1945年，抗日战争胜利后，1922届赵祖康校友在担任上海市工务局局长期间就编制了《大上海都市规划总图》，1942年2月，他接受中国共产党地下党组织布置的任务，积极配合完成上海解放和顺利移交的任务。后来他担任上海市工务局局长，后又担任上海市副市长。"文化大革命"期间，他被迫停职，这期间他组织力量从事由他主编的《英汉道路工程词汇》的修订工作。1978 年该书被联合国教科文组织指定为专业参考工具书。1977 年起他担任上海市政协副主席和上海市副市长。1939 届张修平校友，在 1995 年 2 月 15 日悼文中说："前辈校友、交通大学校友总会名誉会长赵祖康先生于今年 1 月 19 日在上海逝世，享年 95 岁，……他是中国共产党的挚友、是民革原领导……他的一生是我们学习的楷模。"曾任上海市民用建筑设计院副总工程师的 1948 届施履祥校友悼文中说："1960 年由赵老主编的《英汉道路词汇》开始在科学会堂工作，我在 63 年才参加……于 65 年出版，赵老将稿费约二万余元全部上交给科学会堂，……由此可见赵老的廉洁精神。1972 年……由赵老再行组织人员修订再版，赵老不顾十年内乱期间的极端困难条件和自己年迈体弱，毅然担此重任，我当时兼任秘书……在此期间，我深为赵老的高尚品德所感动，……1980 年林同炎校友来沪为建议浦东开发事，由赵老……接待，林先生提出浦东是当今世界大城市中唯一未开发的一岸，并赶绘出已经计算的四份大桥方案图……即今天由上海市政设计院所设计的南浦大桥，也是唐山校友对上海的一个贡献，赵老还主持过市地面沉降的防治和控制工作……1978 年，我也恢复为对上海地面沉降控制的技术工作。"这期间施履祥校友被派去墨西哥参加地面沉降的国际会议。唐山交大土木系 1942 届毕业生周家骧同志从 1953 年开始，40 多年中一直从事上海市城市规划工作，负责主持完成了许多重大规划项目，例如，参与获 1995 年上海市优秀设计二等奖的上海铁路枢纽布局规划、铁路新客站广场总体规划，还参与编制了上海城市总体规划、城市南北快速道交通项目建议书（包括地铁 1 号线）、崇明岛经济、科技、社会发展战略规划研究报告等。周家骧校友说："我作为新中国上海第一代城市规划工程师，做了一些开拓性的规划和研究工作，对促进上海市布局合理发展，开发浦东等方面起到了积极作用。""进入 90 年代，修订上海城市总体规划，制订了 21 世纪上海新蓝图是上海的一件大事。……我将继续为上海市建设献余热，以报答国家和母校的培养与教育。"

1996 年 1 月上海市表彰了实事重点工程立功竞赛单位，其中"优秀公司"中由上海地铁运营公司。该公司经理汪松滋校友是 1961 年唐院电机系电力铁道供电专业的毕业生，在西安铁路局和郑州铁路局工作中曾多次受到奖励。1992 年转调来到这个具有国际先进水平、大运量的城市的有轨交通系统的运营管理机构——上海地铁运营公司，在公司党委领导下担任要求车辆、机电、通信信号、客运、工务等 61 个工种几百个不同岗位的职工统一指挥、协同作战的经理工作。在上海市千百个公司中表彰为"优秀公司"，可见其工作的实绩为广大市民做出重大的贡献。在受表彰的"优秀公司"中还有铁道部第三工程局张连生同志为总经理的华海工程公司，他们在唐院校友、老局长白如峰同志和副局长林道成同志亲临指挥下，在南浦大桥和杨浦大桥的引桥工程以及地下铁道的铺轨工程中，施工质量优良，收到了市人民政府的多次表扬。这里还要突出地提一下隧66届的陈妙法校友，他任中共上海市委委员、上海市公用事业局党委书记，在以他为首的公用事业局党委领导下，上海市自来水公司被表彰为"办实事先锋"。表彰为"优秀公司"的还有他们领导下的上海市煤气公司和上海公交总公司下属的第一电车公司和第二汽车公司。他对上海人民所做出的贡献是非常显著的，对母校来说可说是爱校荣校的模范了。

开发浦东是党和国家的重大决策，十年来的实践证明这不仅是对中国的经济腾飞起龙头作用的，对世界经济的发展也是众目所视，众望所归，世界各地的投资商已纷纷云集到浦东来了。浦东的基础设施，特别是交通设施必须迎头赶上。在此时刻唐山铁道学院 63 届校友吴重威同志调来浦东新区城建局主管交通建设工作，重任在身，他决心不负众望，精心规划，为浦东的交通建设适应计划要求而努力奋斗。

西南（唐山）交大一百年来所以能培养出大批爱国为民、真才实学的专业人才，首要的是由于有一批忠于教育事业，严格要求学生的教师队伍，其中起带头作用的是罗忠忱教授。罗忠忱 1906 年赴美留学，1910 年美国康奈尔大学本科毕业后，又入研究院攻读一年。1912 年到唐山铁路学院（唐山交大当时校名）任教，是当时该校教授中第一位中国人。1952 年他改任研究教授，1972 年 1 月 8 日病逝于河北唐山的交大原址，享年 92 岁。六十年来我国社会经历着翻天覆地的变化，他始终在唐山交大从事教书育人工作，被认为爱国爱校的模范。罗忠忱教授毕生从事力学教学工作，几十年来在他的带领和影响下有一批力学严师，如顾宜孙、杨耀乾、孙训方、卢孝棣、黄安基等教授，年复一年地工作在力学教学的第一线。加上数学方面的黄寿恒、郭可詹、杨荣宝、黄克欧、韩树山、赵祯等教授严格的教学训练，这就打好了工程专业人才的基础理论的根基，再加上体育方面专家徐家增教授等的严格训练，从而提高了整个培养出来的人才的质量，同时还培养出了几位数学、力学学科方面突出的人才。如工程力学方面的陈大鹏教授、材料力学方面的高庆教授、结构力学方面的路湛沁教授等。1956 年还创办了数理力学系，培养了一批基础学科的教学骨干，涌现出了闻名海内外的"侯氏定理"的发明人侯振挺教授和高校的一批领导骨干。

综上所述，西南（唐山）交大百年历程中形成了一种传统的精神力量，也就是西南（唐山）交大特有的光荣传统。1993 年 6 月黄澎同志写了一篇《西南交大的光荣传统》，他认为在近百年的发展过程中，西南（唐山）交大逐步形成了一种光荣传统，这传统由三部分组成：一是老交大的办学传统，二是爱国的革命传统，三是老解放区的革命精神和办学经验。这三部分融为一体形成了我校"严谨治学、刻苦钻研、艰苦朴素、实事求是、开拓创新"的优良校风和光荣的革命传统。我当时认为"传统的形成并不容易，开发和善于运用这方面的力量是西南交大在跨入全国重点院校先进行列的重要力量源泉。"希望学校领导能重视黄澎同志的意见。至于学校的传统如何提法更为确当，这应该进一步集思广益。在这迎接百年大庆的日子里，我阅读了一些校友亲身经历的回忆，我深感唐山交大的校友在近百年的经历中"爱国为民"是很突出的，他们有着集体主义精神，团结奋进，追求集体荣誉，而不是追求个人名利。因之优良校风和光荣传统的提法是否可用如下十六个字的词汇来表达：爱国为民、严谨治学（"刻苦钻研"也可包括在内）、朴素崇实（"艰苦朴素""实事求是"也可包括在内）、团结奋进（"开拓创新"也可包括在内）。一个学校的传统确实是这个学校的一种重要精神力量，对传统精神的科学概括，有利于这重要精神力量作用的发挥。在西南（唐山）交大百岁大庆之时，愿西南交大继往开来，为振兴中华继续做出更大贡献。

写于 1996 年 3 月 2 日

作者简介：顾稀，上海崇明人，人民教育家。1951—1957 年，1959—1966 年两度担任唐山铁道学院院长。1937 年抗日战争爆发以后，顾稀同志经武汉、西安辗转千里，到达陕北，进入陕北公学。1939 年，根据中共中央决定，陕北公学、鲁艺等四所学校合并建立华北联合大学，与抗大一起开赴晋察冀边区。1944 年调任张家口铁道学院院长。后因学校合并调整，先后任晋察冀边区工业交通学院和华北交通学院教务长。1949 年 7 月，顾稀同志代表中央军委铁道部正式接管唐山工学院，同时，华北交通学院并入唐山工学院。1973 年，顾稀同志调任上海铁道学院党委书记。1985 年离休。顾稀同志为人民的教育事业奋斗了一生。

选自杨树彦主编：《西南（唐山）交通大学校史资料选辑（第二十三辑）》（四川成都：西南交通大学校史编辑室，2002 年，第 44～55 页）

继往开来，发扬交大传统
在交通大学校友总会成立大会上的书面发言

唐振绪

各位领导、各位师长、各位学长：

今天，我们大家欢聚一堂，来参加五个母校联合起来组成的交通大学校友总会的成立大会。我们五个母校在国内外的十万校友，无论在世界何处，听到这一喜讯，都是心花怒放，不胜喜悦。我们衷心地、热烈地祝贺我们校友总会的顺利诞生，祝愿会务蒸蒸日上，为祖国、为母校不断做出贡献！

我们的母校，交通大学是举世闻名的。它之所以闻名于世界，是由于它的悠久历史、治学严谨的优良传统和人才辈出的出色成绩。正如王震同志所说："无论在海洋上的船舶，江河的高坝、发电站、灌溉系统，或是在陆地上的铁路、公路、工矿企业，城市的优美建筑，还是在宇宙空间，在核物理、计算机技术等领域中，都可以看到交大校友的辛勤劳动和卓越才华。"交通大学已由原来的上海、唐山（现迁峨眉改称西南交大）、北平（现称北方交大）三校，发展成今日之五校，济济多士，盛况空前，一片欣欣向荣的景象。今天又成立了统一的校友总会，大家加强联系，互勉互助，为加速我国四化建设、振兴中华而共同努力奋斗。我们看到母校这一崇高而宏伟的前景，心中是充满了万分的激动和欣慰之情。今天我和诸位学长们一样，真是感到无比地高兴。

我是1935年在唐山交通大学土木工程系毕业的。以后曾去美国学习和工作将近十年。回国后，又曾去台湾工作过两年。于中华人民共和国成立前夕，又由台北回到了上海。我在美国期间，除在美国康奈尔大学完成博士学位，以后又留校任助教以外，最后五年是在纽约城工作。我在纽约城期间，正是第二次世界大战后期。当时正值各种科学技术人员一批批被派去美国进修、考察和学习的时期。纽约城正是集散中心，群贤毕至，盛极一时。当时我和许多志同道合的同学、同事们，把许多中断已久的中国留美学生组织的学术性、联谊性团体，或恢复，或重新建立起来，如中国工程师学会美洲分会、中国科学社美洲分社、中国水利工程学会美洲分会，等等。我们组织学术交流、出版刊物、举办年会，并接待和帮助来自祖国的工程技术人员，安排在美国进修、考察和学习。与此同时，也恢复和重建了交通大学北美洲校友会，我被推任这期间（约1942年到1945年之间）的会长。当时大家风华正茂，壮志凌云，都想为战后祖国的复兴献出自己的全部聪明才智。此情此景，至今难忘。这一交大在美国的校友组织，今日已发展成为交通大学美洲校友总会，每五年举行一次联谊会，联合五个母校在美国和加拿大一带的校友，在王安、何惠棠、徐名朴等各位会长领导下，团结前进，已形成一支不可忽视的力量，为祖国、为母校不断做出新的贡献。这使我们校友们为此感到自豪，并对他们的努力敬佩不已。

　　1948年底，我由台湾返回大陆。到了上海以后，在茅以升、赵祖康、侯家源等老校友的督促和支持下，我在1949年和1950年这两年，返回唐山母校，主持校务。这正是中华人民共和国成立前后，唐山母校大转变的两年，也是在她历史上极不寻常的两年。我是1949年1月11日在上海就任当时的国立唐山工学院院长的。当时唐山母校七百名师生员工携带图书仪器，在南迁途中，从天津上船，由海路到达上海，一部分师生已抵达江西萍乡，一批仪器设备已运抵台湾台北。在这风雨飘摇、经费无着、食宿无处、群情惶恐的时候，我们在2月1日由我主持的院长会议上，不顾各方责难，断然决定：不去萍乡，不去台北，留在上海，以待局势的发展。2月15日，我们在上海国际饭店三楼，召开了唐山交大校友年会，一下子筹集到应急大米六百担。我们又设法参加了上海国立各大专院校的联合行动，2月27日，交大王之卓、同济夏坚白、浙大竺可桢等各位校长和我一起，联袂到南京，找到了国民政府代总统李宗仁，又争取到"三个月储粮款"。我们在上海交大王之卓校长协助下，以不影响上海交大正常工作为原则，在3月28日借上海交大校舍，正式复课。在短短的三个月中，我们在校友们的帮助下，排除了各种难以想象的艰难险阻，暂时在上海站住了脚。但不久，4月20日和谈破裂，解放军渡长江，4月21日上海淞沪警备司令部宣布全市进入战时状态，实行了全面的军事管制。我们艰难地渡过了"四二六"大搜捕。营救被捕同学，掩护进步青年。又千方百计应付了"紧急疏散"。终于在5月27日迎来了上海解放。我们全校又北返，回到了唐山原址。中华人民共和国成立后，在党的领导下，唐山母校与由解放区迁来的华北交通学院合并，成立了中国交通大学唐山工学院。铁道部滕代远部长任命我为新唐院的院务委员会主任委员，继续领导校务的进行。我们决心把唐山母校办成以铁路为重点的、既是教育中心又是科学研究中心的综合性理工科大学。在老唐院的基础上，一面健全原有的土木、建筑、采矿、冶金四个系，又新增设了机械、电机、化工三个系，并大力加强数理化基础学科建设。此外，增设了铁路工程、电讯工程、号志工程、机车工程、客货车工程共五个专修科，还有预科一班。另外，在校内还建立了铁道部铁道技术研究所。当时我向海外发表了《新唐院近景》等文章（登载在建设事业励进社《社报》第一百期和《留美科协通讯》第五期），介绍唐山母校光芒万丈的发展前景，动员海外学成的我国专家学者回国服务。在这一片好形势下，我们从海内外各地，引进许多知名的专家学者，来充实增强我们的教师队伍和研究所的科学研究队伍。当时新聘请来的教授、副教授这一级的专家学者就有八十多位。还有数量更大的讲师、助教级人员，目前也早已是副教授级以上的骨干了。今日回想起来，当时的确是唐山母校历史上空前的兴盛时期。在我离开唐山调来北京以后，研究所也接着迁来北京。今天也已发展成拥有十个专业研究所、一个实验工厂、一个环形铁道试验段和四千名职工（内有校友约五百八十人）的铁道部科学研究院了（我现任该院名誉院长）。以后全国高等院校进行了院系调整，把唐山母校的冶金、采矿、建筑、化工四个系调出，支援和建立了新的院校（冶金系迁京成立了北京钢铁学院，采矿系迁京成立了北京矿业学院，建筑系和化工系成了天津大学的重要组成部分）。唐山只留铁道专业。并更名为唐山铁道学院。1971年又迁到峨眉，在"天下名山"峨眉山下，重建校园，这就是今日的西南交通大学。我今天在这个校友聚会上，略叙往事，是以我亲身感受来说明交大校友们饮水思源，他们对母校的热爱与帮助是没有止境的。而几个母校之间的共患难、同进步，亲密无间、互相支持的优良传统，也是无与伦比的。我深信，今天五个母校联合起来，成立了交通大学校友总会，这是全体校友们的衷心愿望。这有利于我们五个母校团结战斗，在祖国现代化建设的新长征中，在振兴中华的伟大事业中，发挥它更大的光辉。

当前，我们伟大的祖国发展形势喜人。祖国要富强，中华要振兴，我们正面临着前人所没有的极其光荣伟大的任务要完成。我认为我们全民族都渴望我国成为头等国家，使中华民族屹立于世界民族之林，不仅壮大自己，而且要造福人类。这就要求早日建成一个统一、繁荣。富强的现代化国家，这就要求具备四个条件：一是强大的政治领导和国防力量；二是勤劳的人民和富饶的资源；三是高度的科学技术和教育文化水平；四是一支精明的专家队伍和大批的各方面人才。我们交通大学五个母校的全体校友，必能以我们固有的优势，兼程前进，全力以赴，为加强交通大学国内外校友与母校、祖国之间的联系、团结和合作，发扬交大优良传统，为母校的发展、为祖国四化建设，而做出我们的贡献！我的发言结束了，谢谢各位。

1984 年 4 月 8 日

（本文选自《唐山交大校友通讯》1984 年第五期）

作者简介： 唐振绪，字缵伯，江苏省无锡市人。1911 年 3 月 29 日生于南京。1926 年，他入唐山交通大学（现西南交通大学）补习班，后由预科升入大学本科习土木工程。1930 年因病休学两年，1935 年夏，取得了土木工程学士学位。1936 年 8 月去美国留学，入美国康奈尔大学研究生院攻读水利工程、铁道工程。获得土木工程硕士学位和水力及运输工程博士学位。1945 年 11 月回国后，任行政院工程计划团主任工程师兼总干事，1946 年担任钱塘江海塘工程局副总工程师兼设计处处长，1947 年去台湾担任高雄港务局副局长，台湾省林产管理局局长等职。1948 年 9 月返回大陆，在唐院南迁之际，受茅以升等校友举荐，出任国立唐山工学院（现西南交通大学）院长，为保全唐院，迎来全国解放做出重要贡献。1950 年 3 月 1 日，铁道技术研究所在唐山成立，他兼任所长。他晚年多次利用赴美探亲、访美的机会，宣传中国社会主义建设的巨大成就，动员海外学人、校友回国观光访友，进行学术交流，参加社会主义建设，为振兴中华贡献力量。他还积极促进海峡两岸交大的交往交流，为祖国的统一大业贡献力量。晚年，他先后任铁道部科学研究院名誉院长、第七届全国政协常委、民革中央监察委员会常务委员、九三学社中央委员会顾问、交通大学校友总会名誉会长、高等院校校友会北京海外联谊会荣誉会长、美国康奈尔大学中国校友会会长、宋庆龄基金会理事、中国铁道学会副理事长、中国土木工程学会常务理事、中国水利学会理事、中国大百科全书总编辑委员会委员兼交通卷编辑委员会副主任、中国科学技术咨询服务中心委员会委员、美洲中国工程师学会终身会员、欧美同学会常务副会长、中国和平统一促进会常务理事。

转引自杨树彦主编：《西南（唐山）交通大学校史资料选辑（第二十七辑）》（四川成都：西南交通大学校史编辑室，2005 年，第 5～6、16 页）。

唐山交通大学新生记

口述：唐振绪
整理：谭　湘

受命于危难之际

1948 年 9 月底，我从台湾返回江苏无锡原籍，无意任职做事，闲居家中。当时住在唐氏小学后院的一幢小楼里。这所小学，是祖父出资办起来的，后来交给了政府，学校在后院留了一幢楼房给校董居住。

12 月下旬的一天，突然接到一封电报，是南京茅以升打来的，说有很要紧的事要我即去面谈。

茅以升也是唐山交大的学生，唐山校友会会长，跟我很熟，是世交。

赶到南京陶园新村，茅以升和顾宜孙院长（唐山交大院长）已在家中等我了。他俩跟我讲了打电报要我来的原因。

1948 年 11 月，我解放大军在解放了东北全境之后，即长驱入关，直指平津，紧接着淮海战役、平津战役相继打响。北方、中原，炮声隆隆，烟尘滚滚。

唐山交大地处山海关和天津之间，解放战争打响后，师生员工惑于国民党的宣传，不明真相，心中十分不安。一小部分在唐山、北平、天津有家的师生员工陆续自行疏散回家，躲避炮火。11 月 17 日下午 3 时，学校在伍镜湖教授的主持下召开了紧急院务会议，通过"即行南迁"的议案。

全体师生员工及家属约 700 人，立即分头觅取南下的途径。他们分三批，携带着半数以上的图书、仪器、公物，从天津坐船来到上海，一路备尝辛苦。

到上海后，大家感到生活极度困难，吃住都没有着落。上海物价高昂，逐日飞涨，本院员工初到此处，既无公教人员的配给，又买不到一般市民的户口米，700 多人散落在各处，有的住在上海交大的旧文治堂里，有的借住在亲朋好友家中，还有的住在价钱便宜的小旅店里。由于教育部不拨经费，学校唯一的财源是校友们一时的资助，杯水车薪，很难维持久远。在这种情况下，大家提出了三个方案：一是去江西萍乡县，汪泰葵教授和金传炳讲师率领着 200 名学生，已于 12 月 15 日离开上海到萍乡。二是去台湾的台北市，学校一部分图书、仪器已运到台湾，存放在台湾大学里，当时联合国文教组织赠予我校的 148 箱仪器设备，已有 143 箱被运到台湾，由台大保管。三是去广西南宁，这个方案是前任院长李书田提出来的。当时随我校南迁的还有部分北洋大学（现在称天津大学）和清华大学的学生，所以他主张仿照抗战时期西南联大的办法，以唐山交大为主体，将这三个学校的学生集中起来，到广西南宁，办一个联合大学。这个方案只是一个设想，没有人去实行。

在困难重重，人心浮动，学校处于危难的时刻，唐山交大的校友们很着急。他们聚在一起，商量办法，帮助母校渡过难关。他们认为在这种时刻应推举一位年富力强、有胆量、有能力的校友回去，帮助顾院长处理问题，领导院务工作。经过磋商，校友们认为我是最合适的人选。原因是我刚从台湾回来，现在是个闲人，年轻，只有 37 岁，且学历、资历都有，曾在美国留学和工作近 10 年，获得美国康奈尔大学博士学位，是麻省理工学院和哥伦比亚大学的工程研究员，有一定的工作经验和处事决断能力，他们一致向顾院长推荐我。

顾宜孙院长是我的老师，一位文质彬彬的学者，执教多年的老教授。抗战胜利后返回唐山，由于学校经费困难、员工待遇菲薄，备极艰窘，维持院务，心力交瘁，曾多次向教育部恳辞，均被慰留。这次学校南迁，面对混乱局面，尤感辛劳难支。他再次向教育部恳请辞职，并采纳了校友们的推荐，希望我能回学校去，把我请出茅庐，继顾师出任母校院长职务。

以上是他俩讲的情况。

听了他们的话，感到返回学校是临危受命，义不容辞。我是母校培养出来的，顾院长和校友们对自己抱这样大的期望，在母校艰难时期，怎能袖手旁观呢？我同意了这个建议。如何上任呢？当时茅以升是国民党教育部顾问，他向教育部提出了这个建议，得到批准。但是，教育部不能马上发我聘书，因为渡江战役已临近，南京国民党政府慌乱动摇，处于分崩离析的境地。教育部部长杭立武此时已不在南京，部务由次长陈雪屏代理，正准备迁到广州，部印和机要档案等均已装箱待运，所以希望我先行到任，由顾院长聘请我做水利工程教授，出个聘书。

1949 年 1 月 11 日，我以水利工程教授的名义到差。就在这一天，顾宜孙院长召集了紧急教授会议。会上，他以身体欠佳，需要休息等原因已向部辞职，并推荐我以教授代理院务，等候部令。从这天起，我便接管了学校的工作。直到 3 月 12 日，才接到国民党教育部从广州发来的聘任书，文号是"穗人字 710"

号，聘任唐振绪为国立唐山工学院院长。

举步维艰的五个月

我主持校务期间，正是具有悠久历史的唐山交大决定命运的时刻。当时，我思想很明确，那就是留在上海，保住学校，等待时局发展，伺机返回唐山原址。为了实现这个目标，我和全校师生员工一起，做出了种种努力，我们克服了一个又一个困难，终于撑下来了。

接任后，1月份只剩20天了。要解决的第一个问题是：唐院向何处去。

唐山交大做出南迁决定时，并没有一个固定的迁移目标，而是走着瞧，走到哪就算哪。现在700多人流亡上海，到底向何处去？争论激烈，众说纷纭。但大家有一个总的议论是上海不能久留。原因有三点：第一，没有校址安顿师生进行复课，担心留在上海被并入上海交大（中华人民共和国成立前，交通大学是由上海、唐山、北平三校组成，原属同一个系统，但各自都有其漫长的历史和传统）；第二，上海物价飞涨，生活难以维持；第三，上海也可能遭受战火，不安全，所以得马上离开。为此，学校开了多次教授和校友的联席会，向何处去的问题一直争论不休。

我个人的看法是：不能再前进了，哪也不能动。只有下定决心，待在上海，就地克服艰难险阻，并设法在沪复课，以待时局发展。根据有四点：第一，上海、南京、杭州一带，有经验、有声望的校友很多，如茅以升等，可以帮助出谋划策，共商大事；第二，上海有十几所大专院校，并有联谊会的组织，如能挤进去，共同行动，那么，只要他们有办法，我们也就有办法了；第三，1946年，我曾在上海工作过，人地较熟，有些困难比较好解决，比如向银行透支等；第四，上海交大还有潜力可挖，只要我们做工作，便可以争取到他们的帮助。如果继续前进，到一偏僻之乡，两手空空，孤军作战，即便勉强解决了住的问题，700多人的吃饭问题，以及学校的一切开销，还是束手无策。

然而，校内（师生员工）、校外（校友们）反对留上海的仍占多数。后来，联席会做出决定，限10天之内找一个能在上海留下来的独立校址，不然就去萍乡。

这10天，我反复做大家的工作，知难而进，坚定不移。为寻求独立校舍，曾多方奔走求助，找了很多地方，甚至有些中学，我也去看了，但均成泡影。最后，得到上海交大王之卓校长的同意，在不妨碍他们教学工作的情况下，可以借用他们的课堂复课。1949年2月1日，我主持召开了第一次院务会议，不顾各方责难，做出决定：即日起，在上海借用交大校舍筹备复课。这一场争论就此结束。方针既定，校友响应，群情振奋。

2月份，全力解决另一个紧迫问题，即维持全校师生员工生有的"钱和粮"的问题。

学校留在上海后，师生员工的吃饭问题亟待解决。为此，我积极发动校友捐助，支援母校。在我到任之时，校友茅以升、侯家源为我在"蜀味腴"饭店举办了欢迎宴会，宴请本院教授和校友。为了应急之计，曾即席发动校友捐米，当时认捐踊跃，竟达210担。2月15日，在上海国际饭店，在茅以升主持下，我们召开了全国性的校友年会。校友汪菊潜、朱道丰、孙立己、许元启、赵祖康、金同武，梁伯高、侯家源等30余人参加了会议，讨论协助母校复课事宜。

会上，我汇报了母校近况，再次呼吁校友捐助，这次会议决定将筹募储粮的数字由210担扩充到600担，并摊派落实到个人。

与此同时，我想方设法加入了上海15所大专院校的校长联谊会，使我校有资格参加上海国立各大专院校的联合行动，取得他们的帮助。2月10日，上海各校公推陈望道等三位教授为代表，晋京请愿，争取到紧急支付款1亿元。这笔钱，按各校人数分配，我校也分到一份。2月27日，交大王之卓、同济夏坚白、浙大竺可桢等各位校长和我一起，联袂到南京，找到李宗仁，又争得3个月的储粮款。

此外，乘此次赴南京之便，我又去教育部找到陈雪屏次长，还争取到本院迁移费7 000万元，应变费200万元，中央银行透支80万元，以及学生全部实行公费待遇和公教人员的实物配给待遇（即员米3斗，工米2斗，食油2斤，盐4斤，煤2担，糖2斤）。

当时伪币一日三跌，经费领到后，必须立即换成黄金现洋，以保币值，使用时再换成伪币。我们组成了若干个由教授、讲师、学生和院会计人员四方面参加的小组，共同整理转换出入账手续，共同签字作证，避免了贪污弊病，较好地解决了师生员工的吃饭问题。

3月，筹备复课，解决师生住宿问题。

为了早日复课，我们各处奔走，做了多方面的准备工作。教室和实验室，经与上海交大教务处协商，在不影响他们使用的前提下，错开排用，我们晚上也排课。图书馆也建立起来了，建在新文治堂的戏台上。我们用木板将其隔成大小三间，一间充书库，一间充阅览室，一间充办公室，旋即将所有的图书开箱，并购置书架数十具，全部移放停当，正式开放。我们还添聘了教授10人，副教授2人，讲师1人，助教1人。委派本院新任秘书吴符生校友向台湾大学洽提联合国文教组织所赠予我校的仪器设备。全部准备工作中，最费周章的问题是师生的住房问题。几百名学生，起初挤住在旧文治堂里。3月中旬，我们通过校友，从上海市工务局募捐了一批洋松后，将新文治堂的门窗玻璃补充齐全，并安装了电灯，学生们便搬进新文治堂住（借给我校用的新文治堂是二幢未完工的礼堂）。教职员工及家属除自行在外居住的外，则从体育馆楼下，搬进旧文治堂，腾出体育馆给上海交大存放大米。在旧文治堂的地板上，像统舱一般，男男女女，杂处一室。我院一些老教授，如罗忠忱、伍镜湖、李斐英、黄寿恒等也和大家一样，同甘苦，共患难，过着艰苦的生活。

为了改变这种状况，我曾设法购买虹桥路颐中烟草公司的旧房子，但因对方一再抬价，终未谈成。后来，我从公路总局第一机械筑路工程队南京办事处拨到两幢活动房屋器材，在新文治堂的右侧空地搭起来，解决了部分教师的住处。我们还自行设计了一种最简易的房屋，并招商承揽，后因"疏散"事件发生，未能开工。

3月28日，准备工作基本就绪，唐山交大在上海交大徐家汇校址正式复课了。4月，发生了"四二六"大逮捕和"四二七"大疏散。

1949年4月20日夜，国共和谈破裂。21日，我百万大军强渡长江，打响了渡江战役。22日，上海淞沪警备司令部宣布全市进入战时状态，实行全面军事管制。此时上海处于白色恐怖之中，路上行人稀少，军警和特务满街巡逻，形势十分紧张。26日凌晨2时，汤恩伯的军队突然包围了上海各大专院校，搜捕进步学生。我校有5名学生（宗福腴、杜崇朴、程作渭、曹克明、李振华）因住在上海交大的学生宿舍内，被当作上海交大嫌疑生而被捕，因为这5个人是一般学生，经营救，于5月中旬全部释放。然而就在这天晚上，我校真正的地下党员和进步学生，却躲藏在我家中，平安地躲避了敌人的搜捕。

当时，我借住在善钟路同学朱道丰家的二楼上，有两间房。4月26日夜晚，细雨蒙蒙，大约9点以后，学生们每隔一段时间溜进来一个，共来了阎焘（以后任西南交大校长）等9人，要我掩护他们。当时我又惊又喜，惊的是，这副担子不轻，倘若被发现，则全家性命难保；喜的是，这些青年学生对我如此信任，在危难之时，把我看成亲人，以性命相托，顿时感动得热泪盈眶。出于正义感，我毫不犹豫地把他们留下了。这9个人，在我卧室旁的小屋里，躲过了惊险的一夜。学生自治会主席李南生，在郊外田间躲了两夜后，也来找我，于是，我又帮他找了一个僻静的地方隐藏起来。

自"四二六"大逮捕事件之后，27日，警备司令部又发布命令，限上海市15所大专院校于3天内紧急疏散，退出原址。如果逾期不完成疏散工作，即派军队强制执行。大疏散开始了。

我校虽不在 15 所院校之列，但住在上海交大校内，也必须退出校址。学校刚刚勉强安顿下来，突然又要觅地搬出，如此大的变动，一两天内就得做出部署。我原想召开紧急院务会议，商讨疏散计划。但时间紧迫，来不及开会，只好自行奔走于旧文治堂、新文治堂和临时办公室，当下做出决定：第一，教职员工和学生，尽量自己想办法疏散，没有办法的，由学校负责；第二，即时分发储备粮，员工每人一担六斗，学生每人五斗三升，由庶务组办理；第三，图书、公物由各单位自行装箱，以备起运。

4 月 28 日，我校和上海其他院校一起宣布停课，开始疏散。我校无法自行疏散的员工学生数量很大，急需房屋，以资安顿。其时，天下起雨来，眼看着上海交大的疏散工作在雨中紧急进行，三轮车、自行车、搬场汽车、小汽车蹒跚挤轧于人群之间，秩序混乱，人心惶惶，我校师生更加焦急。29 日下午，雨势更加猛烈，疏散期限只有一天半了，我最后决定将学校仅有的积蓄都拿出来，租下两处住房，开始搬迁工作。从 29 日到 30 日，在大雨中，庶务组和有关人员连夜赶搬，终于将图书、公物及校友捐赠的 180 担余粮运到虎邱路 66 号 4 楼。留校的教职员工及家属也迁至此。学生们拨到郊外一座尚未完工的启明新村居住。从此，我校师生在沪作客生涯益加困苦。

5 月，留在上海，迎来解放。

疏散后，人员分散，工作十分不便。在校友帮助下，在九江地 103 号 210 室借到一间房作为办公室。我规定学校各处、组、室每星期一、三、五，至少有一人来此办公，报告情况，处理问题。这期间，我们为学生的"菜金"募捐，并将募捐所得的钱，在校庆日为学生们打了一次"牙祭"。5 月下旬，上海解放前不久，接到国民党有关当局打来的一个电话，要我全家飞往台湾，并说飞机舱位已备好。我以校务责任重大，无法离开为理由，拒绝了。

1949 年 5 月 27 日凌晨，上海解放了，第一个打电话告诉我消息的，是学生李南生。我兴奋地推开窗，向外一看，只见解放军战士都睡在人行道上，一排排，整整齐齐，给我留下深深的印象。那时，解放军战士不坐公共汽车，到哪去都穿草鞋步行，精神抖擞。他们挑着扁担送饭，官兵一致。这种景象，过去从没见过，感到十分新鲜，不禁十分敬佩。

我当天便打电报给当时的北平市市长叶剑英，告诉他，我们正在上海待命，请他尽快派人来沪，接管唐山交大。

伟大的转变

很快，6 月上旬，从北方来了两位青年人，他们身穿灰色制服，提着两只大帆布箱子，一个叫李泳，一个叫赵锐，是军委铁道部派来的。

打开箱子一看，满满的，全是解放区用的货币，是给我们作回唐山的路费的。他们详细了解了我校流亡在沪的情况，并把我们同心协力、共同奋斗的情况汇报给铁道部领导。接着，与我们一起去见上海铁路局的负责人黄逸峰同志，解决了回唐山的车辆问题。由于长江轮渡遭破坏，淮河大桥尚未修复，南北交通还没有正式通车，我们只能先坐火车到南京，然后换船过江，再乘火车到淮河，到了淮河，还得换船过河。车皮也是现凑的：闷罐车、平板车、铁皮车，五花八门，什么都有。6 月 19 日从上海出发，走走停停，停停走走，直到 6 月 27 日才到达唐山，途经八天八夜。

在唐山车站，我们受到了以军代表顾稀同志为首的华北交通学院师生员工和我校没有南迁的师生员工举着"热烈欢迎唐振绪院长为首的北返师生员工及家属们！"的横幅标语的盛大欢迎。

看到久别的校园，虽已残破不堪，但这大小建筑物散落在万绿丛中的景色，却予人以无限的回忆、安乐与新的希望。经过半年紧张、艰苦的生活，回到了唐山，700 多人这才松了一口气。当时校园里流传着这样一句话："在上海这段患难的时日中，新任的唐院院长，不知克服了多少困难，为我们奠下了重返唐山的基础，铺平了唐院新生的大道。"

1949 年 7 月 13 日，人民政府正式接管唐山交大，举行了接管仪式，宣布成立中国交通大学。也就在这一天，唐山交大与从解放区迁来的华北交通学院合并，成立了中国交通大学唐山工学院。从此，在党的领导下，新的唐山工学院诞生了。

飞跃发展的时期

唐山交大建在唐山市郊外一角，环境清静优美，校舍古朴壮丽。师资、学生、图书、设备，均属上乘，有"东方康奈尔"之誉。可是学校饱经战乱，几度搬迁。抗日战争期间，学校辗转于湖南、四川、贵州各省达 9 年之久。美丽的唐山校址成了日军养马之地。抗日战争胜利后，刚从内地搬回来，还来不及修整，就又南迁上海。现在学校旧有的房舍、教具，残破不堪，难以应用。

在这个破烂不堪的基础上，如何逐渐恢复和发展起来，必须有个全面的规划。刚到唐山时，军代表顾稀同志就让我提复校方案，于是我提了一个长远计划。我设想成立一个全国性的中国交通大学隶属于军委铁道部，由 5 所大学组成。除原来的上海、唐山、北平三校，增设南京、哈尔滨两校，共 5 所学校，以及有研究院、图书馆、编译馆和博物馆的统一整体的"中国交通大学"的方案。这个计划草案，包括宗旨、校址、学制学程、设备、员工薪资与学生待遇五部分。并附有行政系统表、人员编制表和经费预算表，这个建议得到铁道部滕代远部长的批准，并开始执行了。

因此，接管前夕，铁道部宣布了中国交通大学唐山工学院院务委员会的委员名单，包括唐振绪、罗河、顾宜孙、黄寿恒、张文奇、郑秉璋、戈绳武、李泳（职工会代表）、王绍亭（讲助代表）、李南生（同学代表）。并以唐振绪为主任委员，罗河兼教务主任，郑秉璋兼总务主任。

从此，在党的领导下，我们立志要把新唐院办成以铁路为重点的，既是教育中心，又是科研中心的综合性、现代化的理工科大学，在老唐院残破不堪的基础上，一面健全原有的土木、建筑、采矿、冶金四个系，一面又新增设了机械、电机、化工三个系，并大力加强数理化共同学科。此外还增设了铁道工程、号志工程、电讯工程、机车工程、客货车工程等五个专修科，还有预科一班。同时在校还成立了铁道部铁道技术研究所（我被任命为院主委兼所长）。

但是办好学校和研究所的首要条件是师资和高级科技人才。此在 1949 年 8 月，在百废俱兴的繁忙工作中，我挑灯夜战，亲自撰写了《新唐院近景》一文，也就是一篇"求贤榜"，登载在建设事业励进社的社报第 100 期上。这是一个发行国内外的杂志，国内学者和海外留学生都可以看到。文章介绍了新唐院的现状，远景规划，铁道部对唐院扩大发展的政策，以及急需添聘教授和研究人才。文章最后，特别说明了来我校工作待遇从优，文章说："我们所聘的教员，来唐山就职，享有铁道部员工的福利，除本人同眷属有车免票外，行李、书籍也有免费运输证，到此有住宅，薪金待遇较一般大学为高，正教授待遇从 1000 斤到1500 斤小米（清华、北大、南开等，最高均为 1200 斤）。教授自办小灶膳团，每月每人为 150 斤小米（鱼肉俱全），除此之外，水电煤等均由学校供给，可以说是无其他开支。副教授至少每月 800 斤，讲师至少 700 斤，助教至少 400 斤。"

中华人民共和国成立后，海外很多留学生想回国服务，可又不了解国内真实情况。我的这篇文章传到美国后，大家如获至宝，广为流传，美国费城出版的《留美科协通讯》在 1950 年 2 月全文转载，动员留学生回国工作。通过这篇文章，大家知道了学校在党的领导下，得到了大发展、大扩充，了解了唐山母校无限光明的发展前景，愿意回来工作。

  这次"求贤"活动,硕果累累,在不到一年的时间内,学校从海内外各地引进许多知名的专家学者,来充实教师队伍和增强研究所的科学研究力量。如增聘了曹建猷、任朗、史家宜、邵福昕、张万久、黄万里、刘福泰、孙竹生、胡刚复、赵松鹤、张正平、沈智扬、张震、余国琮、王柢、高渠清、钱冬生、劳远昌、吴炳焜、杜庆萱、林宗彩、朱觉、袁见齐、章守华、孙训方、刘钟华、何杰、江山寿、卢焕云、张熙年、吴文泷、胡汉泉、朱淇昌、卢肇钧等八十位教授。当时母校元老:罗忠忱、伍镜湖、李斐英、顾宜孙、黄寿恒、王绍瀛、范治纶等老师均仍健在。原有的张文奇、罗河、李汶、杨耀乾、汪泰葵、杨荣宝等教授年富力强。除此,还聘请了讲师助教二百多人。因而形成了"群英集唐山"的空前未有的兴盛局面,为我校强大的教师阵容进一步打下了基础。解放初期,国内大学一下子招聘到这么多人才,恐怕我校是独占鳌头的。每忆及此,令人神往,不禁为母校的繁荣昌盛而振臂欢呼!

  1950年10月,在我离开唐山调来北京的同时,研究所也迁来北京。今天在北京西郊,也已发展成令人瞩目的中国铁道科学院,拥有10个专业研究所(分设北京、成都、兰州三地)。并设有继续教育中心,研究生部(培养硕士、博士研究生),环形铁道试验基地(主环长9公里),勘测设计部和中间实验工厂。今日之铁道科学院(在唐山创始时,只有60人),已经是一个拥有四千多名职工(其中主要科研人员有交大校友500多人),专业基本配套的铁道部的综合性科学研究和实验中心了。

  应该指出的是,在1952年,国家对全国高等院校进行院系调整时,把唐山母校的冶金、采矿、建筑、化工四个系调出,支援和建立了新的院校。如:以张文奇教授为系主任之冶金系全体师生,迁往北京钢铁学院;以何杰教授为系主任之采矿系全体师生,也调出成立了北京矿业学院;以刘福泰、徐中梁教授为系主任之建筑系,和以余国琮教授为系主任之化工系,分别并入天津大学(原北洋大学)。另外再调出两个专业和一部分知名教师,支援了中国科学院、清华大学、上海交大、北京地质学院和国防部门。还支援了铁道系统的北京、兰州、长沙三个铁道学院。唐山只留与铁道有关的土木、电机、机械三系及共同学科,并更名为唐山铁道学院。唐山母校的精华被砍去一半,元气大伤。虽然如此,但是我们是为我国各地高等教育和科学研究事业的发展贡献了力量,并且"自力更生"的潜力还是很大的。这是"母校的光荣"。以后,在1971年,唐山母校迁到峨眉,在"天下名山"峨眉山下,重建校园。现在又以雄伟的步伐,在四川成都建成总校，以峨眉为分校，这就是今日之西南交通大学。

选自杨树彦主编：《西南（唐山）交通大学校史资料选辑（第五辑）》（四川成都：西南交通大学校史编辑室，1993年，第5~12页、22页）

唐院第四十五年

——一九五〇年五月十五日在本院第四十五周年
院庆大会上的报告

唐振绪

（编者按：此文以唐院建校于 1905 年计算，故称 1950 年为第 45 周年。自 1896 年山海关建校计算，则 1950 年应为第 54 周年。）

一、伟大转变的一年

今天，全院热烈庆祝本院 45 周年院庆，这是在中华人民共和国成立后的第一个院庆，也是在这之后全院师生员工第一次欢聚一堂来盛大庆祝的院庆，我们感到十分兴奋！

回想过去的 45 年当中的前 44 年，学校受到当时历史条件的限制，日本帝国主义侵略战争与国民党反动派反革命战争的骚扰和破坏，我们几经颠沛流离，备尝千辛万苦，以致学校不但在如此长时期中没有得到应有的扩充和发展，而且曾经几度处在风雨飘摇之中。原有极其有限的教学设备也损失殆尽，旧有的房舍教具也被弄得残破不堪，难以应用。学校去年今日在上海国民党反动派的疯狂迫害下的惨状，我们应该还清楚记得，这是由于帝国主义，封建主义与官僚资本主义的长期压迫所造成的，也是国民党反动派摧残教育的反动政策所造成的。当时院庆已无法举行，反动集团下令"疏散"，全院师生员工被逐出上海交大，无家可归，学校经济更陷绝境，情况至为狼狈。学校在那种环境中得以坚持下来，则是全院师生员工竭尽心力，惨淡经营，和校友的协助及广大人民的支援的结果。那时我们已有坚定的信心，期待着今日——回到自己的院址来庆祝我们自己的节日，今天是完全实现了。

在 1949 年——人民解放战争赢得决定性胜利的年度里，我们学校也获得了解放，回到人民的怀抱中。全院师生员工以无限欢欣鼓舞的心情迎接解放，庆祝人民政府接管，同心协力，在铁道部领导下，开始学校的建设工作。一年来，学校在原有残破不堪的基础上，逐渐恢复和发展起来。除原有的土木、建筑、采矿、冶金四系以外，增添了机械、电机、化工三系，铁路、电讯、号志、机车、客货车五专修科，和预科一班。班次由 19 班增加到 27 班，学生由 231 人增加到 765 人（现有 691 人），教师由 46 人增加到 116 人，职员工友由 74 人增加到 166 人。添置了教学必需的设备和万余册图书，建立了物理、化学、水力等实验室及机械实习工厂，并协助筹备在唐山创设铁道技术研究所，使学校配合着国家建设的迫切需要，尽可能地大量培养工业技术干部而迅速发展壮大起来。这一年工作中，毋庸讳言至今仍存在着不少困难与缺点，但对这一年工作的成绩与收获估计不足也是不对的。这些成绩是与中国共产党、中央人民政府的正确教育政策、方针的指导，与铁道部、校部的英明领导和关切，与全院师生员工的艰苦奋斗和共同努力分不开的。今天在院庆之际，我们这一年工作的成绩及本院将来无限光明的发展前途，是值得我们热烈庆祝的。

1949—1950 年是本院由黑暗走向光明、由落后走向进步、由落后走向发展的一年，也可以说是本院历史上经历了划时代的伟大转变的一年，这就是本院的第 45 年。

二、一年的工作

本院一年来的工作，主要有以下三方面：

（一）政治教育与思想改造方面。人民政协共同纲领明确地规定了教育工作应以发展为人民服务的思想为主要任务，建立为人民服务的基本观点（阶级观点、劳动观点、群众观点、国家观点等）是每一个从事新中国建设工作者所必须首先具备的条件。加强学校的思想政治教育是不容忽视的，我们不仅要求每一个学生必须精通他所学习的专门科学技术，而且必须培养每一个学生建立起为人民服务的思想观点，单纯的技术观点是错误的。因此对于我们教育工作者来说，要很好地完成我们的工作任务，就必须学会马列主义、毛泽东思想，以辩证唯物论与历史唯物论的立场、观点、方法来进行教学工作，必须进行认真的思想改造。

本院的师生员工，绝大多数都是生长于旧社会的知识分子，有的有丰富的专门科学技术知识，有的正在学习某一门专门科学技术，他们都是国家建设事业必不可少的人才，都是人民的宝贵财产。他们有的思想是进步的、革命的，已经具有为人民服务的观点；有的或多或少地是接近人民的；但有的因过去的生活环境等影响，没有机会接触马列主义、毛泽东思想与人民革命事业，以致或多或少地带来旧的思想意识和工作作风。因此，政治学习与思想改造十分必要。贯彻思想政治教育与加强干部学习是学校进步的主要关键。

在学生中，去年利用暑假时间，成立了暑假学习团，组织政治学习。在较短时期内初步解决了一些基本观点问题。以后在正课中增设了政治课，上学期一年级学生学习了"辩证唯物论与历史唯物论（社会发展史）"，这学期全院学生正在学习"新民主主义论"。并结合着各种方式的课外活动（如人民助学金的评议，组织去大连等地参观，学生会、青年团的工作等）来进行思想政治教育。一般说来，多数学生的思想已经有极大进步，单纯技术观点，雇佣观点等旧思想意识初步已经克服，但全心全意为人民服务思想的充分建立，仍有待于长期的教育与今后的努力。在政治课学习与课外活动中，学生们大都表现了高度的学习热情，迫切的改造思想、追求真理的欲望，积极参加生产劳动、建设学校与各种群众工作的勤劳作风，对于推动学校进步起了极大的作用。但我们的思想政治教育，由于客观条件的限制（如全院仅有一位政治课教员）及学校行政方面有效的帮助不够，图书缺乏等，也是存在着不少困难和缺点的。

干部学习方面，上学期有学习委员会的组织，这学期已在全校范围成立了干部学习委员会，本院设立分会。在校学委会统一领导下，根据学习计划，进行理论与时事政策学习。学习组织由行政首长负责领导，规定干部学习是学校行政的重要任务之一。学习方法以自学为主，辅以集体讨论。很多干部都认真地进行学习，表现了追求真理的精神。他们愿意学会马列主义的立场、观点、方法，并把它运用到实际工作中去，获得了一定成绩，已经或逐步在进行思想改造。但也有的学习抓得不紧，因而进步也较少。在上学期学习了社会发展史、人民政协文件等，这学期学习了"学习革命理论，发展人民科学""领导方法与工作作风""苏联高等教育与科学研究"、中苏友好同盟互助条约等文件，即将展开"辩证唯物论与历史唯物论"的学习。通过学习，一年来，干部思想有了显著的进步，这表现在工作态度的积极负责，生活作风的艰苦朴素，以及热烈响应救灾、购买公债、救济失业工人等行动中。但学习中仍存在着很多缺点，主要由于领导的松懈，缺少经常的指导与检查，与教学、工作及个人思想作风的联系不够，克服这些缺点有赖于全体干部的重视与努力，尤其是各部门负责干部的亲自领导与督促。

（二）教育制度、教育内容与教学方法的改革方面。旧有的教育制度、教育内容与教学方法应坚决实行彻底的改革，这是毫无疑问的。但改革必须是有计划、有步骤、有领导而稳步地进行。改革工作是一项艰巨的任务。过去这一年，可说是改革的开端。摆在我们面前的是培养国家工业建设（尤其是铁路建设）中所需的各种高级技术干部的任务，过去我们曾经有过不少经验，我们已有45年的历史，但这些经验已经不完全适用于今天，需要批判地接受其优秀遗产，并着手创造新的切合实际的经验，也就是需要动手改革。而这些改革又是要在旧有的教育制度、教育内容与教学方法的基础上来进行的。

在教育制度上，我们仍然沿用了旧的学制，这方面的改革必须由全国最高教育领导机关——教育部来领导进行。在新的学制没有正式确定以前，我们不能粗率地贸然行动，不然就会犯错误。我们进行适当的酝酿、讨论，提出意见，供教育部参考，则是完全必要的。为适应国家建设的需要，要在较短时期内培养较大量的技术干部，去年我们创办了5个专修科，这是新的尝试。从一年的工作中，我们吸取了一些经验，也发现了一些问题。主要的经验是学生对这一新的尝试信心不足，一度相当严重。行政领导及时解除了大家思想上的顾虑，使大部分学生都能安心学习，但也有未能彻底解决的。主要的问题是设备缺乏，与实际联系不够，有时不得不陷于单纯理论的学习，反而失去侧重实际的原则。这些方面今后再加以充分的研究，总结出更多经验来，是可以推广并作为今后新教育的一个发展方向。

教育内容——课程的改革，是要求做到切合实际，合理地实行精简。过去我们在思想上准备不充分，酝酿不成熟，认识不一致。有的人，尤其是学生们比较性急一些，希望很快地完成精简课程的工作。虽然一度轰轰烈烈地展开了"运动"，大家都动员起来了，但最终没有很好的结果。最后我们明确地认识到这是一件复杂细致的工作，必须根据国家建设的实际需要，并以高度的科学知识为指导，有计划、有步骤地来进行。教育部筹开全国高等教育会议，召集京津各校讨论土木、机械、电机、化工等系课程改革方案，我们也参加了这一工作。各系都充分讨论，提出意见，派遣代表赴京出席会议。同时各系已拟定新课程表，依照教育部规定学习时间，每周不超过60小时。这做到了有领导有计划地进行。在教材方面，全院教师不但都已抛弃用英语讲课的习惯，采用汉语讲授，而且很多教师都着手编写中文著作或讲义。据不完全统计，目前从事著述或编译工作的教师有41人，共有约592万字的著作最近可以完成。这是对于人民教育事业与科学工作的重要贡献。

教学方法方面，我们已逐步走向理论与实际一致。与实际脱离的教条主义和填鸭式的教学方法是必须抛弃的。很多教师从国内实际情况中搜集材料，如建筑系以改造唐山车站来进行设计，土木系把唐山市作为都市设计教学的对象，机械系领导学生到铁路工厂实习，各系、科教师利用寒假、春假，率领学生到东北、华北各厂矿、各城市参观，教学中充分注重实习，都是教学方法初步改革的表现。在这些改革的同时，学生们的学习情绪空前地提高了，这也是与学生们政治觉悟程度的提高分不开的。学习方法除课堂听讲外，以自学为主，与小组研究相结合。这是与旧式的独善其身，死啃书本的学习方法有基本区别的。因而普遍收到较好的教学效果，这从一般学生的学业成绩可以看出来。上学期末的"温课运动"，虽然当时没有看出显著的效果，但促使学习有组织、有计划地进行，起了一定的作用。只是有些学生要求过高，对教学方法等提出了不很合理或不够成熟的意见，使师生关系一度有过不和谐的现象，则是一种认识的偏差，这种偏差已很快予以纠正。

（三）教育行政与总务工作方面。去年本院接管初期，物质条件的残破情况已如上述，同时由旧式大学过渡到新型大学，由350人迅速扩充到1000人的学校，经历一个混乱与摸索的过程也是不可避免的。如组织机构、领导关系、延聘教师、分工与工作制度、各种规章办法、院产管理、经费预算及财政开支等方面，都表现了相当不统一、思想混乱与工作效率不高的情况。行政领导方面没有也不可能有通盘计划，仅是忙乱地解决各种接踵而来的问题。如最初克服房屋困难，修缮校舍，新建学生饭厅、教员住宅，添置教具、家具，购置图书、仪器以充实图书馆，建立实验室，延聘教师等，在短时期内使教学工作能顺利展开，都是为了适应急切的需要。这种情况在当时无法避免，但长期存在则是不能容许的。以后校部成立，工作逐渐走入正轨。组织机构的确立，各种规章或暂行办法的拟定与实行，各种工作在校部领导下有计划地推动，在这学期有步骤地完成定职评薪、布置干部学习、制定学籍规程、确立会计制度、研究课程改革等工作，围绕着教学工作而逐一解决了很多问题，为教学任务的完成铺平了道路。

在工作中，由于干部学习的加强，工作人员的政治觉悟普遍提高，有的干部们，如总务处各单位，展开了工作中的批评与自我批评，使工作效率提高了，也使浪费现象逐渐减少了。如冬季用煤领取665吨，节约了287吨。油印用纸3月份为11令多，4月份不足7令（以前缺少统计）。用电节约，如去年12月用电高达6622度，今年各月用电最低为3490度，最高为4914度，这些都是显著的例证。

同时我们不能不承认，以下方面的工作仍有严重的缺点存在。主要的如财政开支仍有不分轻重缓急，使用不当的地方，建立预算有些粗枝大叶的现象。

去年开始修建学生饭厅和教员住宅，两项工程共花费小米约 200 万斤。当时没有认识到国家财政困难的严重程度，而做了永久性的打算，这在学习中央统一财经决定后才明确了，房屋是必须修建的，同时也应该符合严格节约的原则。其次，全院财产的统一与分配使用上也有缺点，各系、课、科、室对本单位的工作都抓得很紧，这在对待工作方面是好的，但很多设备是可以互相利用，有无相通的，目前不可能每个单位都有单独一套的设备，对全院现有设备予以充分利用，是完全可能和必要的。最后应当严正地指出的是，行政领导的官僚主义作风与一般工作的事务主义方式，没有很好地克服，甚至还相当严重，常常停止于一般号召而缺乏具体领导，议而不决，决而不行的现象仍然存在。有的委员会的设立有名无实，有的工作仅在文牍主义的公文、布告中兜圈子，工作没有检查或检查不深入，缺少健全的请示、报告、汇报、总结的工作制度，有的同志经常忙忙碌碌，辛辛苦苦，却抓不住中心环节，或抓得不紧，工作效率显得不高。对于这些官僚主义与事务主义的思想作风，必须运用批评与自我批评的武器与之进行不调和斗争，为建立崭新的、科学化的工作制度和培养良好工作作风而奋斗。

三、我们的任务

一年过去了，我们今后的任务是什么呢？应有计划地为适应国家生产建设需要，发挥最大潜在力量，大量培养技术干部，并实际解决铁道建设中的科学技术问题，另一方面在现有的基础上，巩固成绩，克服缺点，加强团结，稳步前进。

国家走向工业化的道路是确定不移的。要发挥最大潜在力量，大量培养技术干部，并实际解决铁道建设中的科学技术问题。全国开展工业建设，技术干部问题便显得日益严重了。以铁道建设而论，今后几年内将新修的铁路就不下几千千米。其他如重工业，燃料工业等建设，目前所需技术干部即以千计。如果我们眼光稍远一点，看到 5 年、10 年后的情景，那时我们每年毕业一二百个学生，将远不能满足实际的需要。苏联革命胜利后初期，各高等技术学校培养了 2 万名专门技术人员，仍不够需要。苏联政府因而大胆决定，以非常的努力，在短时期内，使大学生的数量增加到几十万人，这是我们应当吸取的经验。我们必须根据国家建设的实际需要，有计划地培养干部。如铁道部在 5 年或 10 年内需要的技术干部，其数量、性质及程度等能及早决定，则我们应克服一切困难来完成这个任务。过去那种无计划地招收学生的错误不应重复。根据苏联经验，大量开设专修班也是必要的。苏联各大学专修班的数目都比系多，足见其重视程度。同时实施面向工农的教育方针，有意识地吸收优秀的青年铁路职工和工农青年入学，并为他们开办工农预科或先修班，使之达到可能接受高等教育的程度。此外，使学校与铁道技术研究所的工作，在铁道部的统一领导下，集中人力、物力，使教学研究与实践相结合。

成为全国铁道技术的科学中心，学习苏联先进经验，使教学工作与科学研究密切联系，并为铁道建设解决实际问题。完成上述任务，我们有没有足够的条件呢？要大量招生，首先校舍就不够。房屋如果不添盖，房荒不解决，则其他问题都谈不到了。只要能以少量的钱，修筑极其简单的学生宿舍和教室，基本的困难就可以克服了。其他如师资，设备的困难，我们相信，在铁道部英明而统一的领导下，各局、厂、铁路予以充分帮助，并使技术干部与师资互相交流，理论与实际可以真正结合，则问题不难得到解决。当然困难是仍然有的，我们竭尽一切可能的力量，来克服随着学校扩充与发展而产生的困难。房子不够住，只好暂时挤一点。现在学生宿舍每间住的人数增加了一倍，有的教授全家挤住一间小屋子，单身职工三四人合住一室，大家都无怨言，而且积极工作和学习，这是政治觉悟提高和战胜困难的精神表现。只要胜利渡过目前的困难，在全国财经情况好转以后，我们就会有比较宽敞的屋子住。但暂时忍受困难，是必不可免的。图书、仪器、各种设备的缺乏，也是事实，应尽可能设法充实，但在短时期内也比较难得到十分完满的解决。学校的某些建筑工作，是可以动员群众的力量来完成的。比如学生自己动手来开辟运动场，工友自己动手来修建马棚，就是很好的例子。只要大家想办法，大家动起手来，有些困难是可以克服的。

在行政领导方面，贯彻群众路线的工作方法，抓紧每一时期工作的中心环节。开有准备、有内容的会。做出决议，必须贯彻执行，深入检查与具体领导。实行统一的工作制度，制定工作细则，以明确职权和责任。改进工作作风，减少浪费，并提高效率。

在教学工作方面，学生数量增加的同时，也注重其质量的提高。一定做到教好学好。达成这个任务的中心环节在于提高师资。提高师资的关键则是组织学习与研究。加强马列主义，毛泽东思想的学习与业务的钻研，逐步实际运用辩证唯物论的观点、方法，贯彻到教学内容、教材编制、教学方法及研究和分析问题上去。强调有教师指导的校内实习和组织到校外厂矿现场的参观，以提高教学的实际效果。

我们的任务是十分光荣而艰巨的。

（原载《交大唐院》1950 年 5 月 14 日，转载时有个别文字修改。）

转引自杨树彦主编：《西南（唐山）交通大学校史资料选辑（第六辑）》（四川成都：西南交通大学校史编辑室，1994 年，第 3～7 页）

一个革命救国教育家

——为孙揆百先生逝世九周年纪念作

朱皆平

　　远在 27 年前"五四"学生救国运动初传播到唐山的时候，我便熟知这一位"革命救国教育家"的姓名，可是在他的生前，却没有人为他加上这个称号。原因很简单，他不是一个要虚名的人。我记得他在第三次担任唐山工程学院院长的时候，在公事房中偶尔翻看某氏所辑之"近代中国名人录"发现有他的名字，他很愤怒地说道："什么人把我的名字列入，和那些不相干的所谓名流并在一起！"他这两句话至今刺激着我的回忆。在五四运动时期，我为唐山工校（唐山工业专门学校）学生救国团所发行救国月刊总编辑，收到用笔名"寒松"的来函和投稿，主张在唐山办铅印厂，印行报志，以启发民智。我们起初都以为是他的大儿子投稿，一直到他死前的 3 年，才知道是他自己的手笔。

　　他在那时是以美国留学机械工程毕业生的资格，为唐山"京奉铁路机厂副总管"（按照条约，总管须为英国人）。就常情而论，这样投稿未免有失身份，但是作为一个革命救国教育家来看，这正是应有的作风。他期望青年，爱护青年，同时愿意指导青年向革命救国的大道上走去。所以孙先生在那个时候虽与唐山工校发生关系，但在校墙以外不知不觉地已成为我们的"无名导师"。然而他始终未对我说过他是老同盟会员，他在中华革命史上有什么贡献。倒是我从吴稚晖先生的文字中偶尔发现他是介绍吴先生与孙中山见面的人物，并且以"我不入地狱，谁入地狱"的成语，说动吴老先生加入同盟会。又有一次我在北平晋谒前唐山校长刘嗣春先生，谈及孙先生三长唐院，刘老先生向来说话迟缓，这次却忽然打断我的话头，很兴奋地说："揆百是我的师兄，提到他，我是最佩服的了！您看，他的尊大人为北洋武备学堂算学教习，冯国璋是他的学生。揆百在回国的时候，正是冯最得势的时候，那时有多少朋友劝他找冯国璋，并且冯也有意要借重他。可是他不去，他却只愿意到唐山机械厂做工程师，埋头实干，一干就十多年，许多人替他可惜错过做官机会。其实他是有主张，有本领的，我最佩服这样的人，他做唐山校长，再好不过了。"真的，孙先生三次做唐山校长，原非偶然，那是由校墙外的导师，为适应环境，而进入校墙以内，所以三次受命都可以说是在危难之际。尤以最后一次，那是在"九一八"事变后的半年，一直到1937年10月孙先生病逝于北平协和医院为止，一共是5年。

愈是环境艰险，愈显出他"寒松"式的性格。因此我衷心地说出："孙揆百孙先生才是一个真正的'革命救国教育家'，别的人均不免有些'声闻过情，君子耻之'了！'唐山工校'在'九一八'事变后，成为最前线的一个学府，不仅是当时首都人士都知道唐山情形如何危险，便是平津的学者也视唐山为畏途。"但是孙先生却坚决地对校内外师友及同学表示道："中国现在已处在'置之死地而后生'的地步，我们的教育也只有跟着走，要置之死地而后生。只有在这种艰苦危险的环境中，才能培养出耐得风寒的种子！"所以他不管外面的环境如何，都要留着一片净土，在这里容许师生们不仅高谈，且要准备如何打倒日本，如何铲除奸伪，如何改进政治，如何提倡思想自由……这一片净土，不仅是象征的，也是实在的。那便是说，唐山校墙之内，在他的第三任期中，自校园到宿舍，自礼堂到讲堂，均修整得空前地雅洁而美观。因为他在晚年是以建筑及园庭布置为其功课与消遣的，无论冬夏，他总是一早便走遍校园各处一次，发现有不整洁的地方，即刻纠正。同时图书馆，试验室乃至学生体育运动的设备，无日无时不在积极充实与改进中。所以有一次，一位英国使馆的参赞，因调解开滦矿工风潮来唐山，顺便参观唐校，说道："我怎么也未想到这个市镇里，有这样好的学府，那在英国也极难寻得的！"但是有些短见的人们也批评过孙先生不该这样不顾外部恶劣环境，而只管改进内部，将来给敌人拿去，岂不可惜。他对这种批评者向来不介意，但有时也轻松地解答道："国土果然沦陷于敌人手的话，该有多少宝贵东西牺牲了，这一种校址还值得计算在内，真是小气得可怜。"他常常爱引"英国某军舰下沉，船上全体英国人唱着歌有秩序地沉没下去"这个故事，来说明他对于学校和国家负责到底的态度。

他在第三次任期内，发生过两次绝大的事件，一回是"滦东之战"及其前后影响，另一回是伪冀东政府成立。在第一回，唐院是被敌伪兵力逼迫迁到上海交大去上课，后来塘沽协定签字，唐院又迁回旧址复课。在这前后八个月中，唐院师生只受了短时的惊吓，倒享受了长时期的假日，虽然是一切似乎顺利成功，但对内对外，他不仅费尽心思，且也冒着生命的危险。他交涉要回唐山复课，日本人很不愿意，曾质问他为什么中国学生一定要来唐山工校读书，他回答得非常巧妙，说道："便是因为这是一个有名的工业学校，学生在这个学校里读书毕业出来，容易得到饭碗呀！"于是日人意解，而唐校一直能在敌伪包围之中，弦诵不辍，实得力于孙先生词令之妙。但是他的好朋友劝他迁校，以为唐山毕竟不是安全地带，不宜于教学，他便严正地解说道："我们不在前线挺着，谁应去挺，我认为只有在唐山这险恶环境，才可以培养出真正的救国人才。"可是，他在伪冀东政府成立的那一个关头，校内学生一方面受着爱国心的驱使，一方面受着反动分子的宣传，罢课开会要离开唐山去到南京请愿，他便严厉地训斥学生道："你们倘使离开唐校去南京请愿，便无异为伪冀东政府撤出一个最好的办公处所，你们去得回不得，你们无端地放弃了这块'国土'，所以我敢说，谁主张放弃这块'国土'，谁离开学校，谁就是汉奸！我现在已将校门封锁，围墙四周派警卫守起，谁要冲出去，我让他在校内流血，免得在校外流血。"他的声调沉痛而激昂、即刻有顽廉懦立的效果，因而压下这一幕"毁校请愿"运动，那时孙先生原知道有一两个反动分子在校内捣乱，但是一方面为爱惜青年生命，另一方面为不使外面注意到校内有政治意味，所以一概从宽，只要求他们在校内安心上"最后一课"。因之，在那一次全国广大的学生请愿风潮中，唐山工校学生没有参加这一桩事恐怕是永远地留在孙先生的记忆里了！因为民国 26 年（1937 年）夏，在他的病床上，他答复我道（那时我代表全体教授去慰问他，并劝他打消辞意）："学校那样大的风波已过去了，以后只要国际局面无变动，学校是可以安定下去了。我这个人要来去清白。现在病了这许久，不能返唐校，自应辞职，何劳诸位来留。且我要上辞呈，只嘱总务主任一人承办，他怎么可以告诉诸位。"他说到此处，愤怒地加重说道："他怕我辞职，打破饭碗，唉，小官僚不可与共事！"即在这小节上，也可以看出孙先生倔强到底！而他的"来去清白"，不仅是其个人的要求，同时对在敌伪包围圈内唐山学校，也是一样的。

在滦东之战的前期，唐山的工程界组织了"义勇工程队"，在敌伪发动绥远攻势时，唐山学校全体师生工友都捐款援绥，并将真实姓名公布于报端，都是孙先生领导着做的。后来他提到说："我们上次援绥捐款，将我们的姓名披露在天津报章上，便有一个矿务局的朋友警告我道：'你真大胆，你看在天津的学校，捐款只写张先生，无名氏。真姓名露了，不怕危险！'我说这有什么可怕，最大危险不过勒令这学校关门，我想学校要因为这光明正大的爱国行为而关门，也关得值价了！"毕竟学校不曾关门，倒是因为孙先生在抗日战争前为唐山工学院留下这不可抹杀的一段光荣历史，使我们 8 年前在湘潭的校友们有强硬理由，向当时教育部要求复校成功。但是孙先生确是为这个学校操心过度，致得肺痈而于 9 年前的今日去世的。我在"七七"事变前 2 个月，曾到北平两次去看他，那时他虽病而仍有精神，并且谈锋尚锐，我仍觉得他的病似是无望了。他对我说："我看中日战争是不可免的了，结果胜利一定属于我们，但是我们的国家准备太差，这也不知道要牺牲多少人民生命，才能换取胜利。我是一个爱国主义者——狭义爱国主义者，我只知道先把中国弄好，才能谈到全世界，我们怎样能减少我国的牺牲呢？"他说这些话时，是那样悲天悯人，沉痛到了极点！

在这 9 年中，孙先生的预言，一点也没有错，尤其是他的"置之死地而后生"的教育政策，有了事实表现。因为这次大战后期的公路与飞机场建筑，是以唐山民二十一班至民二十六班毕业同学为其主要工程干部。他们忠勇工作，迅速完成任务，博得国际信誉，更足以证明孙揆百先生是一个"革命救国教育家"。过去在校毕业的学生们，对孙先生倔强的个性表示不满，现在都一致承认他是一个真正的精神上的导师。孙先生精神不死，将永为"唐山氏系"的灵感源泉。而他的"爱国主义"，便是竭诚为国。他觉得在中国未获得国际名誉之前，一切个人的名望都是虚荣。然而，盖棺论定，有谁不承认孙先生能担得起这个"革命救国教育家"的名称，愿他另举一位来和孙先生比一比！

民国 35 年（1946 年）10 月 23 日于长沙浣花山庄
[原载《唐院月刊》民国 36 年（1947 年）1 月 1 日]

注：孙鸿哲（1876—1937），字揆百，号寒松，江苏无锡人，早年入北洋大学铁路专科，后赴英国留学，毕业于爱丁堡大学机械系。回国后，三次出任唐山交通大学校长。特别是在"九一八"事变之后，唐院处在抗日最前线，孙院长带领师生员工临危不惧，坚持办学，坚守民族气节，深受师生爱戴。

作者简介：朱泰信（1898—1964），字皆平，1924 年毕业于我校土木工程系，曾留学英、法，1931—1942 年在我校任教授。

转引自杨树彦主编：《西南（唐山）交通大学校史资料选辑（第四辑）》（四川成都：西南交通大学校史编辑室，1993 年，第 34～36 页）

发扬优良传统，攀登科技高峰
——2004 年 3 月向研究生介绍学校传统校风的提要

赫瀛

两课领导小组派我向大家介绍优良校风，任务很光荣，但自己知道的很少，信心不足，耽误大家宝贵时间。我谈不出什么大道理，只能谈一点切身感受和经历事实。介绍得有用，大家参考，介绍得不好，大家谅解，介绍得不当，大家批评指正。

一、扬华斋与眷诚斋

扬华斋是研究生的宿舍，眷诚斋是大学生的宿舍，两种宿舍的命名，与学校的优良校风有关，大家身居其中，不能不了解它的来龙去脉。

1. 扬华斋

来源于"竢实扬华"匾额，那是在 1916 年，当时北洋政府的教育部举行全国工业专科学校（工科高等学校）学生作业展览评比，我校参加展览的是 1915 届毕业生王节尧和 1916 届毕业生茅以升的作业（两人均为全校第一名）。评比结果，全国 74 所高等工科学校，唐山工业专科学校被评为全国第一，得分为 94 分，教育总长特授"竢实扬华"匾额，1946 年入学时，似乎记得悬于唐山明诚堂，扬华斋命名由此而来。

扬华斋在唐山就有，1946 年唐山复校，我们作为新生就住在扬华斋，那是日本人在侵华战争中在我校驻军的马棚，我们开玩笑称之为养马斋。所以"扬华斋"这个名字，不但体现了我校的光荣历史，也是国家遭受侵略的悲惨历史的见证。

2. 眷诚斋

眷诚是詹天佑的字，眷诚斋是为纪念詹天佑而命名的。1931 年我校在唐山时，新建的学生宿舍就命名为眷诚斋。眷诚斋是詹天佑家属捐款修建的。1900 届本校毕业生邱鼎汾说捐款 8 万元（银圆），1934 届毕业生李温平说捐款 10 万元，1933 届毕业生李汶说眷诚斋建成，他们班首先入驻，都知道是詹天佑家属捐款修建的。

詹公并非本校毕业生，为什么捐款，他和我校有什么渊源？詹天佑基金会曾托我查询，找到了以下资料。这些资料曾在 1966 年詹天佑 135 周年诞辰时，在纪念会上展览。1919 年 2 月 9 日唐山交大在北京成立校友会，选举詹天佑为理事，刊载于《唐山工业专科学校杂志》1919 年第一期第 90 页。校友会简章的第五条、第六条为校友资格，规定"本校之教职员及学生之离校者皆为本会会员""本会公推相当之人为名誉会长及会员"。公推相当之人为名誉会长及名誉会员的原因是 1918 年 12 月 12 日临时会员会议共同决议：本会宗旨为兼有同学会与学会两重性质，统其名为校友会。詹以其铁路泰斗之声望，被选为我校名誉校友与北京分会理事。

二、什么是校风

校者，西南交通大学也；风者，空之流动谓之风。校风当然不是西南交大刮的风，校风之风，我体会有以下含义：

风气——长时间形成的爱好和习惯，如严谨治学是西南交大的好校风；

作风——一贯表现来的态度和做法，如严格要求是西南交大的好教风；

风尚——大家推崇向往的奋斗方向，如刻苦钻研是西南交大的好学风；

风貌——共同体现出来的风气和特点，如艰苦朴素是西南交大的好风气。

总之，校风是一个学校精神面貌、工作作风、教风学风的总概括，它是在较长的历史发展过程中逐步形成的，并且在不断发展变化。好的校风是学校几代人身体力行、辛勤培育的成果。

校风虽然看不见、摸不着，但作用很大，影响到学校工作的各个方面，无形中会对每一个成员的工作、学习和成就，产生潜移默化的作用。

大家可能认为说得太玄了，有那么大的作用吗？我讲不透彻，举个例子，一个球队也有个队风的问题，老女排五连冠，她们的顽强拼搏精神，刻苦训练劲头，为国争光的凌云壮志，值得敬仰，值得学习。现在的女排，学习老女排的精神风貌，赢得了第六个世界冠军，优秀队风起了重要作用。我国体育界出了那么多世界冠军，哪一个不是刻苦训练、顽强拼搏、为国争光，在强手如林的世界大赛中拼杀出来的。

在座的每一个同学也都有自己的作风、风格和精神面貌，它对自己的成长影响很大，譬如对校风介绍，就可能有两种态度。

（1）大多数同学可能认为优良校风可以学习借鉴，可以激励自己前进，因之认真听、联系自己、找出差距，拟定自己的奋斗目标，这样就会有所帮助，有所收获。

（2）少数同学可能认为校风是全校的事，我能起什么作用，校风还不是讲空话、做宣传，听不听无关大局，于是人在教室心在太空，只是完成开会任务而已，这就谈不到什么效果了。

三、爱祖国、爱母校、读书救国是我校的光荣传统

我校 1896 年创立，到今年的 2004 年，有 108 年历史，其中前 53 年在旧中国度过，那时国家内忧外患、列强侵略，学校在逃亡搬迁、颠沛流离中，惨淡经营，困难重重，共搬迁九次。搬迁中全校师生员工爱校如家，在校友的大力协助下，为了读书救国为国育才，总能够众志成城开学复课。用第四次搬迁为例来说明师生校友爱国爱校的感人情况。

1937 年"七七"事变后，7 月 17 日，日本侵略军占领校园，时值暑假，校内师生很少，国家无力顾及，学校形同解散，师生流亡星散。学生少部分（如武可久、袁乃康等）到延安参加抗日军政大学或陕北公学，40 余名同学（如戴根法、尤经远等）到上海交大借读，部分学生在长沙西南临时联合大学借读。部分教授如许元启、黄寿恒等与上海、南昌校友联络，筹备复校。许元启学长将家中仅有的 7000 元养老金倾囊捐赠学校，全家老小仅能糊口度日。由教师、校友、学生组成上海、南昌两个办事处，以便星散的学生进行登记。

10 月原院长孙鸿哲在北平协和医院病逝，由许、黄与校友会协商，拥戴德高望重的校友茅以升出任民选院长，11 月初在报上以"茅以升招生启事"为标题招生，招收新生 77 名。没有经费，靠向校友募捐来维持。校长要民选，招生用启事，经费靠募捐，体现了我校师生爱国爱校的优良传统，也说明了国家贫弱国土沦丧的悲惨处境。

原拟在南昌复校，因上海沦陷，南昌震动，不得不改变地址，于 12 月 25 日在湖南湘潭复校，一无所有怎能复校上课呢？一句话概括：全靠校友的鼎力协助。

湘黔铁路局校友：局长侯家源、副局长裴益祥、总工程师庆承道等在物力、人力、财力的大力支持下用已完工尚未使用的站房为校舍，湘黔铁路局校友先后有 15 人义务讲课，其中汪菊潜、庆承道、王世桢、李温平等都是新中国的著名专家。因教育部开始不拨经费，只得向校友募集复校基金，杜镇远等共捐献一万二千余元（银圆），使学校得以维持。

第四次搬迁情况如此，其他八次搬迁靠的也是师生的凝聚力和校友的支持。

校友对母校的爱戴支持，是真诚感人的，我曾在火车上碰到一个老校友，他当时是工程局的总工程师，他在平越毕业、拿着校友捐赠的大洋作路费，去重庆报到。重庆校友开校友会为母校募集基金，他将刚领到的当月工资全部捐出，再借钱交纳伙食费。

1994 年孙翔校长到台湾参加五所交大的校长联席会议，商讨百年校庆的筹备事宜。我校 1945 届毕业生吴伯桢已去世两年了，吴是工薪阶层，并非富豪大款，他的夫人江秀珠女士交给孙校长一封信，信是这样写的："校长你好，我是吴伯桢（唐山交大矿冶系第 45 届）的妻子，为了持续他生前热爱母校的一贯精神，特捐美金一千元，明召心意。"信中附有一张支票。孙校长接信后，感动得热泪盈眶。类似的事例很多，体现了海内外校友对母校的深厚情谊。

中华人民共和国成立前 53 年的校史说明什么呢？1900 年八国联军侵华，山海关校址被俄军占领；八年抗日战争，我校在外流亡九年。国土沦丧学校遭殃，国家稍微安定，学校就发展壮大，学校的命运和国家的命运是息息相关的。作为一个知识分子，个人的命运是和祖国的命运联系在一起的，个人的前途也是和学校的发展壮大分不开的。在学校长期的颠沛流离当中，唐山交大的师生员工培养出爱祖国，爱学校，追求进步，报效国家的优良传统。当年老校友的志愿是读书救国，现在国家号召要科教兴国，都要求我们学好本领报效国家，衷心希望在座诸君，珍惜大好年华，好自为之。

四、严谨治学、刻苦钻研、艰苦朴素、实事求是是我校的优良校风

1. 严谨治学、严格要求

唐山交大的严谨治学是有口皆碑、名声在外的，我当时是学生，了解得不多，体会到的是：教学态度上的严肃认真；教学风格上的严谨踏实；对待同学上的严格要求；举一些例子来说明。

（1）严谨治学

顾宜孙教授教我们结构力学，讲授体系、原理阐述，讲课效果同学们都很佩服；特别是板书美观工整，画的图那真叫漂亮，这种一丝不苟的认真态度，潜移默化，对同学的影响是很大的。

还听老校友谈到，1941 年毕业班同学宴请土木系老师，谈到圆周率 π 时，学生们只能说出 3.14159265，黄寿恒教授在黑板上默写至小数点后 295 位，茅以升院长默写至小数点后 300 位，传为校史佳话，说明了老教师朴实无华的治学精神。

（2）严格要求

至于严格要求，老师们认为正式工作时应当怎么做，在教学上就应当怎么要求。从工程师素质锻炼出发，从实践要求着眼，对测量、绘图、计算三项基本功，要求都是十分严格的。

先说测量，我们第二次测量实习是测定步幅，即测定自己一步的距离是多少，在西讲堂前的道路上用钢尺量出 60 m 的距离，要求往返走 10 个来回，算出每走一步的平均步幅。有的同学不够严肃认真，实习报告交上后，老师要求重做。我的步幅是 0.82 m，以后的实际工作中，的确方便实用，得到实惠。

再说绘图和计算，一个大作业（现在的课程设计）也就十几页，都得用工程字书写，图纸要求整洁美观，一人一套数据，计算结果老师都要校核，关键数字一错，老师用红笔打"×"，批上 repeat（重做）或 revise（修改），就得重做，两三个晚上的时间得再搭上去。交上作业，人人怕"re"。在老师的严格要求下，学生们在绘图、计算、书写方面，就练就了一套过硬的本领。

再举一个例子，1970 年，学校指派邵福昕教授领着我们把铁道部交来的一批中文教材译为英文，作为援建坦赞铁路，到坦桑尼亚办学的教材。邵老是我校 1915 年毕业生，当时已是 76 岁高龄了，他端茶杯、穿衣服时，手抖得很厉害，但偏偏写英文稿子时，手就不抖了，而且写得很漂亮。我们好奇地询问他。邵老笑着说，他也说不出原因，拿起笔写工程字，手就不敢发抖了，大概是习惯成自然吧。这个习惯成自然，说明了训练有素，表明了我校测绘算基本功的真实工夫。

再谈谈早期毕业生毕业论文的基本功，我向图书馆特藏室借出了几本三十年代的毕业设计，复印了几页请大家欣赏一下，看看当时唐山交大毕业生的基本技能。能找找差距，看自己今后如何努力，那就更好了。

最后说考试与补考方面。先说考试，罗忠忱教授的两门力学，评分严格是国内知名的，不但要求公式演算正确，并且三位有效数字准确（用计算尺计算可准确到三位数）。譬如公式演算都正确无误，结果本应是 6.37，却拉成 6.32，卷面再不工整或涂改太多，很可能是 0 分。那时理论力学是每周五节课，第五节课是小考，每学期要小考十多次，还有期中和期末两次大考。老师并不布置习题，学生却千方百计找习题去做，否则是过不了关的。期末在布告栏公布分数，及格的写蓝字，不及格的写红字，红字往往在一半以上。

我们听说王兆祥教授当时理论力学得 100 分，那就是说近 20 次考试没出过一次错，大家都很佩服。以后和王兆祥老师一起工作，凡是王老师经手的数字，大家都是信得过的。经纬距计算、抄平复核，大家都要问一声王老师看过没有，要是看过是找不出错的，要是没看过，就必须认真校核。严师出高徒千真万确。

再举一例，1938 年在平越时，武可久、池际咸由新四军返校，校方认为他们参加抗日活动，破格准予自修课程，参加毕业考试，考试结果武可久各课均及格，只有号志学（信号学）得了 36 分，成绩不到 40 分不准补考，需要重修。武可久只得留校补修号志学，直到 1939 年才得以毕业。

（3）师生情谊

老师对同学在教学上是严格要求决不通融，在生活上是关心爱护犹如家人，就说伍镜湖教授，学校在平越时没有电灯，下午考试时，伍教授自费买蜡烛，为学生燃烛照明。1938 年 12 月学校在桂林遭到日机轰炸，不少学生的衣物行李全被炸毁，寒凝大地，伍教授预支个人薪金，为同学添置衣被。

伍教授是 1884 年农历端午节出生的，1939 年 6 月 21 日是农历五月五日，毕业班为恩师祝寿，原打算敬献对联一副，上联是"五月五日端午节伍教授五十五岁大寿"，下联还未拟出，但却传为佳话，体现了亲密和谐的师生情谊。

2. 艰苦朴素、实事求是

艰苦朴素、实事求是也是我校的优良校风。在战争的艰苦年代中，老师们安贫乐道，同学们苦中求乐。平越时期，学生住民房，点桐油灯照明，一张小图板是绘图计算做作业的书桌，条件虽然艰苦，但勤奋学习一丝不苟。那时伙食很差，八个人一桌先上菜后上饭，同学们上完课后饥肠辘辘，菜一端上来，秋风扫落叶一般很快吃光，饭端上来时，菜已经所剩无几，有一首打油诗流传下来，诗曰：

> 菜来饭未到，饭来菜已空。
> 可怜饭与菜，何时得相逢。

在长期艰苦环境中养成了我校同学埋头苦干、踏踏实实的优良作风，在西南铁路勘测设计中做出杰出贡献的郭彝老校友，当选为全国人大代表，回母校看望老师，向全院师生做汇报，题目是"平凡平凡再平凡"，表述他不怕吃苦受累，翻山越岭，风餐露宿，多跑路，多调查的工作经历，在平凡的勘测设计工作中做出了不平凡的贡献，得出了"伟大出于平凡"的真知灼见。郭彝老校友的报告，用他的亲身经历说明了我校艰苦朴素、实事求是的优良校风。

3. 刻苦钻研、竢实扬华

刻苦钻研不是死啃书本，它是既有"钻"又有"研"，既要认真读书深入理解，又要融会贯通灵活运用，提高分析问题、解决问题的能力，也需要具有举一反三、触类旁通的思维本领。而这些素质正是那时我校毕业生取得优异成就，在国内外享有较高声誉的基础。

竢实扬华。我体会是期待毕业生开花结果，扬名中华之意。如何竢实扬华呢？

（1）毕业生就业

1912 年 7 月詹天佑被任命为粤汉铁路会办（副局长）。8 月粤汉铁路招考工程练习生，报考者达五六百人，发榜时只录取 28 名，本校毕业生应试的为 23 人，全部被录取，从此本校声誉更加提高。

1946 年杜镇远学长时为粤汉铁路局局长，一方面认为唐山交大毕业生学有专长，能力超群，一方面出于对母校的关爱，在那特殊的年代，特致函本校说母校土木系、矿冶系毕业生，凡找不到工作的，均可到路局报到。当年毕业生庄宗勋就是这样进入粤汉铁路局衡阳铁路机修厂的，庄退休前曾任上海宝钢总厂副总工程师。

（2）官费留学

由于唐山交大毕业生成绩优秀，交通部于 1919 年决定本校毕业生前两名可由交通部直接派赴国外留学，1925 年起减为一名，直到 1929 年，持续了 11 年。当时我校毕业生人数很少，有六届每届仅 10 多人，其他五届也就是 30 人左右，出国留学的比例是很高的，大约是 10：1 左右吧。

20 世纪 30 年代起，出国留学都要经过考试，1934 年我校毕业生有 7 名考取公费留学，1935 年全国庚款留学名额仅有 2 名，全由本校 1933 届毕业生考取，第二名张维，第一名严凯，这两位学长 1955 年同时被选为中国科学院院士，以后又都被选为中国工程院院士。1933 届土木系毕业生共 65 名，有 4 位被选为院士，他们是张维、严恺、刘恢先、林同骅，该班毕业生与院士的比例是 15：1。

（3）院士与大师

说起院士，土木工程学院有个统计，该院毕业生有 12 人是中国科学院院士，有 9 人是中国工程院院士，有 7 人是中国工程建设及勘测设计大师。

（4）茅以升的光辉成就

茅老是我校 1916 届毕业生，曾五次出任我校校长，校园内的唐臣路就是以茅老的号命名的。茅老先后当选为中国科学院学部委员（现称"中国科学院院士"），美国国家工程科学院士；先后担任过中国工程学会会长，中国土木工程学会理事长，中国科协副主席和名誉主席；并出任过东南大学、河海大学、北洋大学等大学校长。茅老担任过一至六届全国人大代表和人大常委会委员，一至六届全国政协委员和第六届政协副主席，九三学社副主席和名誉主席。

我校 1896 年创办于山海关，茅老 1896 年 1 月 9 日诞生于江苏省丹徒县（镇江市），茅老与我校同寿。今年是我校 108 周年校庆，也是茅老 108 周年诞辰。

（5）两个"特优"

1916 年我校 1916 届毕业生茅以升报考官费留学，被录取。茅去美国康奈尔大学，该校不承认我校毕业证书，首先考了茅以升的大学课程，成绩为"特优"，再考研究生入学考试，成绩又是"特优"。从此康奈尔大学决定凡是唐山工业专门学校毕业生一律免试入学为研究生。茅以升在不到一年的时间内，于 1917 年取得硕士学位，又用两年时间于 1919 年在美国取得博士学位。

（6）茅以升为什么攻读桥梁

茅老是桥梁专家，他立志攻读桥梁专业，时在 1912 年秋。当时袁世凯授权孙中山筹划全国铁路建设，9 月 22 日下午孙中山到我校视察，向师生发表演说，他说："国民革命需要两路大军，一路进行武装斗争，建立平等自由的中国；一路学习世界科学技术，改变祖国贫穷落后的面貌。在座诸君不都投身于锋镝之间，但学习采矿、筑路、建桥，也是为了革命。""要中国富强起来，就需要修铁路十万英里，公路一百万英里。希望大家努力学习，以身许国，承担起历史重任。"茅以升听了讲演，深受鼓舞，选定桥梁，立志攻读。

（7）钱塘江桥"五行缺火"真来火

1937 年 9 月 26 日茅老主持修建的钱塘江桥下层铁路桥通车，当时"8·13"上海抗战已经开始，铁路运送了大量的军用物资和撤退物资。11 月中旬日军逼近杭州，11 月 16 日就接到了炸毁桥梁的命令。由于在建桥时就在南岸 2 号桥墩里预设了一个埋设炸药的长方形空洞，推迟了炸桥时间，直到 12 月 23 日桥头隐隐约约发现敌人骑兵时，才在下午 5 时将桥炸毁，推迟了 37 天炸桥，对沪杭抗敌和撤退起到了巨大作用，11 月 17 日上层公路桥开通当天，就撤退 10 万多难民，炸桥的前一天 12 月 22 日通过铁路桥撤退的机车有 300 多台，客货车 2000 多辆。茅老预留埋置炸药空洞的举措，赢得了时间，建立了功勋。

炸桥后茅老曾赋诗三首，名叫《别钱塘》，其中第三首诗曰：

陡地风云突变色，炸桥挥泪断通途。

"五行缺火"真来火，不复原桥不丈夫。

五行是指"金木水火土"，钱塘江桥四字的偏旁为"金土水木"而缺"火"。大桥施工中，总工程师罗英曾出过一个上联，文曰"钱塘江桥五行缺火"，无人能对。茅老在诗中用"五行缺火"暗示钱塘江桥，"真来火"指炸桥的火光。"不复原桥不丈夫"，表明茅老一定要修复钱塘江桥的决心。抗日战争胜利后，1946年茅老带领桥工处职工，修复了钱塘江桥，实现了"不复原桥不丈夫"的诺言。

五、继往开来勇攀高峰把我校建成世界一流大学

20 世纪 50 年代前后，我校是全国十所重点大学之一。1956 年大学招生时，院务委员会曾讨论录取分数线，认为要向清华大学看齐，每门课程的平均分数不宜比清华大学低 3 分，宁缺毋滥，这反映了我校当时的定位思想。

1994 年海峡两岸五所交通大学校长在台湾集会，研究百年校庆的筹备工作。唐山交大校友聚会时，孙翔校长介绍了我校争取进入"211"工程的情况，"211"工程是在 21 世纪重点建设 100 所一流的高等院校。校友们认为母校应是中国高校的前几名，进入前 100 名怎么还要如此争取，对此感到不能理解，不能接受，这反映了校友对我校的定位思想。

近五年网上的大学排行榜，我校的综合排序都在 50 位左右徘徊。2003 年年底，报纸上披露出教育部准备重点扶持 34 所高等院校，将其建设成世界一流大学，四川省有四川大学与电子科技大学，没有西南交大。海内外校友闻讯，既震惊又焦虑，纷纷来电来函，要为母校创建世界一流大学贡献力量。学校各级领导正根据我校党代会决议，制定规划采取举措，"走特色强校之路，奋力推进学校跨越式发展"。

衷心希望在座诸位按照江泽民同志为我校百周年校庆题词"继往开来，勇攀高峰，把交通大学建设成世界一流大学"而努力奋斗吧。

优良校风所举的事例，都是我校值得称道的光荣历史，应当充分肯定，并继续发扬光大。我们不能躺在过去的功劳簿上睡大觉，毕竟"数风流人物还看今朝"。

你们好比是八九点钟的太阳；

风华正茂、英姿飒爽；

前程似锦，道路康壮；

希望寄托在你们身上。

继往开来望你们登上科技殿堂；

优良校风，望你们继承发扬；

光荣传统，望你们做出榜样。

刻苦钻研，发奋图强；

严谨研读，学有专长；

为祖国繁荣昌盛贡献力量；

为母校重振声威创造辉煌。

汇报到此结束，谢谢大家。

郝瀛

2004 年 1 月 30 日（草稿）

2004 年 2 月 28 日（定稿）

作者简介：郝瀛，1928 年 1 月 11 日生于河南省南阳县（今南阳市），1942 年至 1945 年就读于河南开封高中，1946 年至 1951 年在唐山工学院（现西南交通大学）土木系学习。1951 年、1952 年、1953 年三次赴朝参加抗美援朝工程队，修建军用机场，任工区主任。1953 年回国后，在唐山铁道学院（现西南交通大学）从事铁路选线设计教学科研工作，先后担任铁道系助教、讲师。1958 年至 1960 年在唐山铁道学院勘测设计总队任勘测队长，参加通县（今北京市通州区）古冶线、滦县青龙线、文登成山线的勘测设计工作。"文化大革命"后，他全身心投入教学科研工作，1979 年晋升副教授，1985 年晋升教授。1994 年退休后，仍被返聘在教学科研岗位，辛勤在教坛耕耘了半个多世纪。他兼任中国铁道学会学术委员会委员、铁道部线路站场科技情报中心顾问、国家开发银行专家组成员等职。1986 年获西南交通大学首次教学优秀奖，1987 年获首次教书育人奖，1992 年享受国务院特殊津贴，1993 年获宏宇优秀教师奖，1993 年、1997 年两次获四川省优秀教学成果二等奖，1997 年获詹天佑教学成果专项奖，1999 年获茅以升铁道科技奖和西南交通大学研究生教学成果二等奖，2002 年被中国铁道学会授予"先进个人"荣誉称号，同年获得第五届詹天佑铁道科技成就奖。

选自杨树彦主编：《西南（唐山）交通大学校史资料选辑（第二十六辑）》（四川成都：西南交通大学校史编辑室，2004 年，第 20～26 页）

茅以升在唐山交大
——纪念茅老 110 周年华诞

郝 瀛

1896 年 1 月 9 日茅以升诞生于江苏省丹徒县（今镇江市）。茅老先后当选中国科学院学部委员、美国国家工程科学院院士。先后担任过中国工程学会会长、中国土木工程学会董事长、中国科协副主席和名誉主席等职。出任过南京东南大学、南京河海大学、天津北洋大学等大学的校长。此外，茅老还担任过第一至六届全国人大代表和人大常委会委员；第一至六届全国政协委员和第六届政协副主席，以及九三学社中央副主席和名誉主席。茅老取得的业绩都有文献论述，本文只介绍他在唐山交大的业绩。

1896 年我校创办于山海关，茅老与我校同庚。2006 年是我校 110 周年校庆，也是茅老 110 周年华诞。茅老是我校 1916 届毕业生，曾四次担任我校的院长和校长，对我校的迁校建校，发展振兴，贡献良多。关心母校，爱护母校，风范可敬，楷模长存。

一、心系桥梁报效国家

（一）立志学桥

1903 年春茅以升在南京进入新型小学——思益学堂念书。端午节那天，秦淮河上有龙舟比赛，茅老肚子痛，没有去看。因为赛龙舟的人太多，把文德桥挤塌了，很多人掉进河里，思益学堂也有同学坠河淹死了。一个念头闪现在茅的心头：长大了一定要造座结实的大桥。从此，茅老对桥产生了浓厚的兴趣，看到石桥木桥都流连观赏。不论诗词画册，上面只要有桥，都广为收录，体现了他从小就对桥梁有着浓厚的兴趣。

1911 年，茅老考入唐山路矿学堂预科。1912 年秋，袁世凯授权孙中山先生筹划全国铁路建设，9月22日下午孙中山先生到我校视察，向师生发表演说，他说："国民革命需要两路大军，一路进行武装斗争，建立平等自由的中国；一路学习世界科学技术，改变祖国贫穷落后的面貌。在座诸君不都投身于锋镝之间，但学习采矿、筑路、建桥、也是为了革命。""要中国富强起来，就需要修铁路十万英里，公路一百万英里，希望大家努力向学，以身许国，承担起历史重任。"茅以升听了演讲，深受鼓舞，选定桥梁，立志攻读，决心建设大桥，报效国家。

（二）竢实扬华

1916年茅以升毕业于唐山工业专门学校（本校前称），成绩全校第一。当时北洋政府的教育部举行全国高等学校学生作业展览评比，我校参加展览的除茅以升的作业外，还有1915届毕业生王节尧的作业。评比结果，全国74所高等学校，唐山工业专门学校评为全国第一，得了94分。教育总长特授予"竢实扬华"匾额。茅老为母校争了光，现在的"扬华斋"就是为纪念此事而命名的。

（三）两个特优

1916年茅以升报考清华官费留美，被录取。茅老去美国康奈尔大学（今译作"康奈尔大学"）攻读硕士学位，但该校不承认唐山工业专门学校的毕业证书。于是首先考了茅以升的大学课程，成绩为特优；再考研究生入学考试，成绩又是特优。事实提醒了康奈尔大学，该大学决定：今后凡是唐山工业专门学校的毕业生，可一律免试注册为研究生。茅老以其优异成绩为母校赢得了荣誉。

（四）两个学位

1917年6月茅老完成了500页的硕士论文（英文），题目是"双铰拱桥的次应力研究"，在不到一年的期间内，取得了康奈尔大学硕士学位。

紧接着，茅老一方面到匹兹堡桥梁公司实习，一方面又考入匹兹堡市卡内基理工学院桥梁系夜校学习。茅老每天很早起床，跑步去乘火车赶往桥梁公司，在火车上排除干扰学习外语。在桥梁公司工地休息时，茅老抓紧时间做夜校的功课，晚上在夜校学习，其余休息时间，茅老随时将想到的问题、心得体会写在纸条上，并钉在墙上，以便进一步思考和解决。

在茅老的刻苦勤奋学习下，博士学位必须学习的课程：一门主课——桥梁，两门副课——高等数学和城市建筑，以及两门外语——英文和法文，1918年年底都合格通过。1919年，茅老完成了30万字的博士论文《桥梁桁架的次应力》，获得了卡内基理工学院第一个工学博士学位，此论文后获康奈尔大学"斐蒂士"金质奖章。

茅以升在三年期间内，获得了硕士、博士两个学位是难能可贵的，他取得的成就为母校争了光，他勤奋刻苦的学习态度，值得我们学习。

（五）钱塘江桥

钱塘江，上游山洪来时水流湍急，下游杭州湾来潮怒潮倒灌；江底河床为淤泥质细沙，厚达40 m，冲刷与淤积多变，最大变化幅度在10 m以上。江上建桥，难度很大。

1933年8月，茅以升承接了建桥任务，决心实现为祖国建造现代化大桥的志愿。茅老提出铁路公路两用的双层大桥方案，既好又省，优于美国专家的设计。

1935年3月正式开工，茅老废寝忘食，深入现场，经常在水下高压沉箱中指导施工。采用了"沉箱法"，箱长17.7 m，宽11.3 m，高6.1 m，重约600 t，克服了深水水下施工的困难，采用了10 t重的钢筋混凝土大锚，克服了沉箱用6个3 t重铁锚在洪水与风浪下向上下游漂浮、不能就位的困难；采用了"高压射水法"，克服了在密实硬层上难以打桩的困难；采用了沉没大面积石笼和柴排来防护基底，克服了沉箱下河床变动的困难；采用了"浮运法"，利用江潮涨落，在桥墩上架设钢梁。茅老率领桥工处64名员工，克服了重重困难，仅花费540万元投资，就建成了我国自己设计、自己施工的第一座现代化大桥，功勋卓著，声名远扬，为中国工程师争了气，为中华民族争了光。

1937年9月26日，钱塘江大桥下层铁路桥通车，支援了上海保卫战。11月11日上海沦陷，杭州危急，11月16日接到炸毁桥梁的指令。由于在建桥时茅老就在南岸二号桥墩墩身上预留了埋设炸药的暗洞，推迟了实施炸桥的时间。直到12月23日在桥头隐隐约约发现日寇骑兵时，才在下午5时将桥炸毁。37天推迟炸桥的时间，对浙东抗敌、物资撤退和难民疏散，发挥了巨大作用。11月17日上层公路桥开通当天，就撤退难民十万多人，后来杭州陷落时，城内只剩下很少市民，避免了一场大屠杀。炸桥的前一天12月22日，通过铁路桥撤退的机车有300多台，客货车2000多辆。茅老在桥墩上预留埋设炸药的暗洞，赢得了时间，建立了功勋。

炸桥后，茅老曾赋诗三首，名叫《别钱塘》，其中第三首诗曰：

陡地风云突变色，炸桥挥泪断通途。

"五行缺火"真来火，不复原桥不丈夫。

五行是指"金木水火土"，"钱塘江桥"四字的偏旁为"金木水土"而缺"火"，"五行缺火"暗示"钱塘江桥"，"真来火"指"炸桥的火光"。"不复原桥不丈夫"表明茅老一定要修复钱塘江桥的决心。抗战胜利后，1946年茅老带领桥工处的职工，修复了钱塘江桥，实现了"不复原桥不丈夫"的诺言，钱塘江桥的建造、炸毁和修复，是茅老热爱祖国现身桥梁事业的光辉写照。

（六）心系桥梁

茅老是中国现代桥梁的奠基人，著名的桥梁专家，20世纪中国很多宏大的桥梁工程都凝聚有茅老的智慧和辛劳，他还为中国桥梁工程的实践、研究和人才培养做出了卓越的贡献。茅老深知科技人才是国家建设的中坚力量，应当未雨绸缪。茅老在中华人民共和国成立前先后担任过钱塘江桥工程处长，交通部桥梁设计工程处处长，国营中国桥梁公司总经理。在战乱中茅老都惨淡经营，目的是储备并培养一批桥梁技术骨干。武汉长江大桥总工程师汪菊潜、南京长江大桥总工程师梅旸春、郑州黄河大桥的总工程师赵燧章、南昌赣江大桥的总工程师戴尔宾和很多桥梁专家，都来自这三个单位。有人献诗称颂道："雄跨长河与大川，半出公门桃李间"，恰当地评价了茅老为国家培育储备人才的深谋远虑。

茅老先后对桥梁的著述非常丰富，如《钱塘江桥》《钱塘江建桥回忆》《武汉长江大桥》《中国桥梁从古桥到今桥》《中国古桥技术史》《茅以升桥话》等，在报纸刊物上发表的桥梁论著，更是琳琅满目，有数十篇之多。这些著述推动了我国桥梁技术的开拓与发展，对我国桥梁工程做出了卓越的贡献。

二、荣任民选院长，母校弦歌不辍

茅老对母校关爱备至，贡献良多，曾四次担任我校领导。

茅老在1919年10月获得博士学位后，由罗忠忱教授敦促，于1920年初返国，8月回唐山工业专门学校任教授。第一次担任我校领导在1921年至1922年，任交通大学唐山学校（1920年12月唐山工业专门学校、上海工业专门学校、北京铁路管理学校、北京邮电学校合并为交通大学，当时的交通总长叶恭绰任校长）副主任，罗忠忱教授为主任。

茅老第二次担任我校领导在1926年1月—3月，任交通部唐山大学（1922

年 9 月我校独立分设，更名为交通部唐山大学）校长，处理学校事务。

茅老第三次担任我校领导，时间最长，自 1937 年 11 月至 1942 年 4 月，达 5 年之久。条件最艰苦，那时正值抗日战争、学校流亡搬迁时期，国家危亡，茅老爱祖国爱母校，不畏艰险，毅然担当起领导学校的重任，在校友的支持协助下，团结师生员工，克服重重困难，使学校得以弦歌不辍，培养出大批建设人才。功绩卓著，风范永存。

茅老第四次担任我校领导，在 1949 年 10 月到 1952 年 5 月，先后任中国交通大学校长、北方交通大学校长，（1949 年 7 月军委铁道部决定唐山工学院、北平铁道管理学院、华北交通学院合并组成中国交通大学，1950 年 9 月更名为北方交通大学）。1951 年 4 月茅老恭请毛泽东主席为北方交通大学题写校名，并制成校徽，京唐两院师生员工欢欣鼓舞。1952 年 5 月北方交通大学撤销，本校更名为唐山铁道学院。

（一）湘潭复校，惨淡经营

1937 年"七七"事变之后，7 月 17 日日本侵略军占领校园，时值暑假，师生流亡星散，学校形同解散。加之那时行政院决定，全国大学均归教育部管理，交通部所属交通大学各院校，自 8 月 1 日起，改由教育部领导，但由于抗战爆发，迟迟未能落实，我校处于没有管理部门负责的状态。另外，那时本院院长孙鸿哲病重住院，于 10 月 23 日在北京协和医院逝世。学校当时上无管理部门，又无负责领导，校舍沦丧，绝续存亡，全靠自己。

九月至十月间，少部分学生（如武可久、袁乃康等）到延安参加抗日军政大学或陕北公学，部分学生（如戴根法、尤经远等）到上海交大借读，部分学生到长沙西南临时联合大学借读。部分教授如许元启、顾宜孙、黄寿恒等在上海、九江与校友联系，酝酿复校。由教授、校友、学生组成上海、南昌两个办事处，以便星散的学生进行登记、集中。

十一月中旬，得悉院长孙鸿哲已经病逝，许元启、黄寿恒等教授与部分校友会商，推举德高望重的茅以升为"民选院长"，在复校未取得教育部和交通部承认的情况下，为了不使本年招生工作中断，乃以民选院长茅以升博士名义，在报纸上刊登"茅以升招生启事"，以及时招收新生。原打算在南昌复校，因 11 月 11 日上海沦陷，南昌震动，不得不改变复校地点。在湘黔铁路局校友（局长侯家源、副局长裴益祥、总工程师庆承道等）的大力支持下，经许元启教授联系磋商，决定 12 月 15 日在湖南湘潭（湘黔铁路局驻地）复校，并将复校消息通过电台广播。12月15日在湘潭钱家巷临时校址由校友、副局长裴益祥自任临时院长，主持了开学典礼。利用已经完工尚未使用的站房作为教室，动员湘黔铁路局校友王君理、裴益祥、汪菊潜、庆承道、王世桢等15人先后为学生义务讲课，教育部不同意在湘潭复校，一致坚持不拨经费，许元启、黄寿恒、朱觉等教授只有在湘潭、衡阳等地，奔走呼吁，向校友募集复校基金，得到杜镇远等众多校友的鼎力捐助，共募得一万两千余元，使学校得以维持。

回顾那段校史，院长要民选，招生要启事，经费靠募捐，上课依靠校友义务讲课，说明了国家贫弱、国土沦丧的悲惨处境，体现了我校爱国爱校的光荣传统，说明了我校师生们坚如磐石的凝聚力和搏斗困难的顽强意志。

1938年1月教授代表朱觉赴汉口，向教育部、交通部请求，尽快遴聘院长，拨发经费。2月初，交通大学校长黎照寰来电，聘罗忠忱教授为本院院长，罗一时不能来校，敦请茅以升校友代理。茅代理院长2月11日到湘潭就职，受到师生的热烈欢迎。茅老就职后，迅速处理了聘请教师、请拨经费、矿冶系学生转入土木系等重大事体。3月末奉部令：北平铁道管理学院并入本院，成为铁道管理系。5月末，罗忠忱、伍镜湖、贝馥如教授等历尽艰险，由唐山到达湘潭，罗坚持不当院长，黎改聘茅以升为本院院长。当时本院有土木工程、矿冶工程和铁道管理三系，学生有四百余人，仍沿用交通大学唐山工程学院的校名。

（二）迁校平越，多有建树

1938年10月武汉沦陷，11月12日国民党军队在长沙纵火后逃窜。湘潭地近长沙，人心慌乱，学校决定西迁，但迁往何处，不能决定。11月17日师生徒步向西逃难。11月27日到达桂林，受到校友们的热情照顾。12月2日寇飞机轰炸桂林，学校的图书、仪器、档案和80多名同学的行李衣物均被炸毁（以后茅院长决定给无棉被者每人发大洋10元，各做棉大衣一件御寒），次日急忙搬到距桂林30千米的两江师范学院暂住。12月7日茅以升院长召集大家讲话，他鼓励大家说："我们学校历史悠久，有艰苦奋斗的光荣传统，有强大的凝聚力，有百折不挠的生命力。只要大家坚定信心，团结一致，奋勇向前，唐院一定会振兴。抗战必胜，日寇必败，国家前途是光明的。"他还说："中国不会亡，唐院不会亡，我们一定能找到我们读书的地方。"讲话铿锵有力，感人至深，对大家鼓舞很大。

12月9日师生分批启程，向柳州进发。途中困苦异常，倍受艰辛，但师生齐心合力，团结互助，并得到湘桂黔铁路局校友的大力帮助，得以克服重重困难。同学们常说，"校友""铁路"这两个词，在我们心中扎了根，只要说出"我们是唐山的"，很多困难就可以得到解决。同学们虽然非常疲累，饥寒交迫，但斗志昂扬，沿途仍广泛地进行抗日救亡的宣传活动。长途跋涉 1000 多千米，经历 70 多天，终于在 1939 年 1 月 28 日到达贵州平越县城（现称福泉县）。

在师生尚在逃难途中艰苦跋涉时，茅以升院长已多方奔走，上下联系，决定在贵州平越复校，贵州省政府命令平越对交通大学唐山工程学院内迁平越做好安排。平越县政府将文庙内的县立中学腾出，作为本院的教师和办公室，将旧考场屋的县立小学腾出，作为学生宿舍，后被命名为天佑斋、鸿哲斋、木兰斋。本院又租赁了一些民房，略加修缮，充作教授与家属宿舍。后又在福泉山上建起了简易图书馆，开辟了大小两个操场。1939 年 3 月教授们陆续到达，准备基本就绪，本院在平越又得到膏油继晷，弦歌再续。

此时本院原有教师罗忠忱、伍镜湖、黄寿恒、顾宜孙、李斐英、朱泰信、林炳贤、许元启、范治纶、邵福昕、罗河、李汶、杨耀乾等 20 多位教授陆续到校，茅院长又延聘了何杰、陈茂康、谌湛溪等教授，师资力量甚为雄厚，保证了教学质量的提高。茅院长又多次邀请校外学者来校讲演，以开拓学生思路。茅院长也亲自开出土壤力学讲座，1942 年 2 月 15 日（农历正月初一），茅院长对学生作了"挡土墙应力"的学术报告来欢度春节，受到同学们的欢迎。

本院在平越期间，以中华民族解放先锋队（民先）队员为骨干，带动全院学生开展了广泛的抗日救亡工作和各种进步的学生活动。当时在重庆中共南方负责青年工作的余莫文（即蒋南翔）认为：唐山交大还有这样好的革命形势，是西南地区高等院校少有的。

1939 年 11 月，1939 届毕业生 74 人毕业。1941 年 1 月，本校更名为交通大学贵州分校。1940 年夏，1940 届毕业生 79 人毕业。1942 年 4 月，茅以升院长辞职。茅老此次长校五年，正值国家抗战、学校搬迁时期，前途艰辛，苦难重重。茅老受命于危难之时，奋力经营，使母校转危为安，对学校贡献甚大。

1938 年 2 月至 1942 年 11 月的五年间，通过茅老多方努力，采取种种举措，使当时就读我校的学生，学有专长，质量很高，毕业后逐步成为国家的栋梁之材。其中选为学部委员和院士的有：佘畯南、林秉南、肖纪美、徐采栋、谭靖夷、陈能宽、庄育智；命名为建筑和勘测设计大师的有：佘畯南、胡惠泉；"两弹一星"功勋奖章获得者有：陈能宽、姚桐斌；参加省级领导工作的有杨纪珂、徐采栋；目前在我校任教的教授有钱冬生、郭可詹、路湛沁等十多位，在工程设计部门担任总工程师等技术领导工作的更有很多很多。他们都在不同的岗位上，为祖国做出了贡献，他们的业绩也都渗透着茅老培育英才的辛勤劳动，也昭示了茅老为国育才的爱国热忱。

三、关爱母校、风范永存

（一）扶持母校

1944年11月，日寇攻占贵州独山，黔东一片混乱，平越告急，学校决定就地解散，到重庆集中，复课日期见报纸。12月4日，师生离开惨淡经营六年的平越校舍，长途跋涉奔赴重庆。幸有茅以升等校友在重庆组织校友会与沿途联系，解决了师生沿途吃住问题。1945年1月3日，茅以升热情接待本校罗忠忱校长，当晚又邀集唐、平两院校友，商讨复校地点。因璧山县丁家坳原有一处交通部交通技术人员训练所，有房屋可供使用，决定在该地复课，2月15日，师生大部分赶到，得以复课。茅老的关爱支持，使母校顺利渡过难关。

1948年11月17日，院务会议错误决定学校南迁，师生开始分批南下。12月底，部分学生西去江西萍乡，部分师生暂住上海交大，顾宜孙院长因病辞职，学校何去何从议论纷纷。1948年1月，茅老在母校急需匡救之时，与校友赵祖康、侯家源等会商，茅老并打电话敦促刚刚从台湾返回江苏无锡原籍的唐振绪校友（1935年毕业，1936年留学美国，1937年获土木工程硕士学位，1940年获水力及运输工程博士学位）回到母校，主持校务。1月11日以水利学教授身份到职视事。直到3月28日逃到广州的教育部才正式任命唐振绪为唐山工学院院长。因此，茅老又一次挽救了唐院的危机。2月中旬茅以升、侯家源诸校友又发动校友捐米，接济本校师生员工，筹集大米600担，解决了当时师生员工的困难。

20世纪80年代，茅老出于对母校的关爱，对学校迁建成都，作了种种努力。在全国人代会提出方案，在校友会多次呼吁，向铁道部提出建议，使在成都建设总校的方案，得以早日实现，茅老又为母校发展做出了重大贡献。

1986年我校90周年校庆，茅老曾题词祝贺，词曰："竣实扬华　日新月异"，体现了茅老对母校光荣历史的颂扬和发展壮大的赞誉。

（二）怀念恩师

茅老曾受业于罗忠忱教授和伍镜湖教授，茅老掌校时，他们又是亲密的同事。1980年在罗忠忱教授的追悼会上，84岁高龄的茅老敬献挽联：

从学为严师，相知如契友，犹记隔海传书，力促归舟虚左待；

无意求闻达，有功在树人，此日高山仰止，长怀遗范悼思深。

上联怀念往事：1919 年茅老在美国获博士学位时，罗老去信催其回国，并有意让茅主持校务。1921 年罗老任交通大学唐山学校主任，茅老任副主任。下联怀念恩师的道德风范。

1980 年茅老献给伍镜湖教授的挽联：

六十年以校为家，安危不移，一生律己严，课业勤，治学谨；

三千里经湘历桂，风雨共济，长忆梅林秀，漓江碧，黔山青。

上联怀念恩师的教学风范，下联会议湘潭、平越间迁校复校的艰辛。

（三）风范永存

西南交通大学成都九里校区图书馆前，绿树掩映着茅以升的铜像。镜湖西侧的大道命名为唐臣路（茅以升字唐臣），体现了母校对茅老的怀念。2002 年我校创建了茅以升班，此班每年从大一新生中抽调品学兼优的同学组建，以鼓励众多学子向茅老学习。

茅老是爱国知识分子的楷模，为了继承和发扬茅老热爱祖国、献身科技的高风亮节，为了缅怀茅老对桥梁工程和铁道建设做出的卓越贡献，茅以升科技发展基金会、茅以升科学教育基金委员会，对铁路建设做出贡献的专家学者，历年来都进行评选并加以奖励。西南交通大学获奖的教授有：除 1997 年获大奖的钱冬生教授外，获铁道科技奖的，1992 年有钱清泉、孙翔、靳蕃；1994 年有严隽耄、强士中、诸昌钤；1996 年有连级三、郭耀煌、徐扬；1998 年有杨立中、张卫华、郝瀛、陈小川；2000 年有张世昌、关宝树、周文祥；2002 年有王家素、万复光、冯全源。

茅老的道德风范，严谨治学精神，刻苦学习态度，是我们学习的榜样。

选自杨树彦主编：《西南（唐山）交通大学校史资料选辑（第二十八辑）》（四川成都：西南交通大学校史编辑室，2006 年，第 2～8 页）

半世纪在老校（诗八首）

王柢

经风险 到唐山①

归来兴建探研业，不谙仕途不时宜。
幸有恩师提助力，更得好友借枝栖。
官方论令急又切，警吏威胁倍相逼。
子弟兵员解救日，轻松北上课新题。

朴实无华的老校②

低楼窄院砾石路，中外古今藏书库。
四载寒窗柱石坚，百年英才兹培树。

传统风范 ③

严谨治学，终身事业。爱国护校，艰苦卓绝。
朴素无华，不求名利。不畏权势，一身正气。
似酷要求，追求真理。淡泊宁静，身体力行。
相约互勉，勿失风范。永葆高节，前途无限。

赠越南同学

负笈万里渤海边，为复国疆建故园。
颖捷努力超人智，成绩年年列前沿。
常提实践躬相问，可见运筹志胸间。
不愧重托人民愿，建国事业史无前。

毕业班铁路勘测队

任你燕山高万丈，蜿蜒布径路自通。
今朝测手挥汗雨，他日列车声隆隆。

悼尧茂书

长江万里天际来，凿谷穿岩浪澎湃。
亘古无人入虎穴，尧君有勇跨惊崖。
奔流千里艰险过，百仞水跌葬英骸。
壮志未酬催泣泪，爱国烈迹激群才。

祝贺西南（唐山）交大校庆

科技先驱世纪前，坎坷颠沛砥柱坚。
勤学古朴校风衍，恪谨竦实师道严。
陶育栋才千万数，英杰美誉五湖间。
渤涛西涌芙蓉月，新秀精华数百年。

闲步新校园扬华斋

蓬竹细柳雀喳喳，错落屋宅映梅花。
对岸楼台成倒影，琴声断续自人家。

注释：

① 1947 年受旧交通部任命，在上海兴建一所从无到有的材料试验单位。1949 年上海解放前夕，因违反迁离大陆的命令，遭到军警特务的威胁，处境险恶。幸得上海交大程孝刚校长与同学赵九章帮助，更幸上海及时解放，得以安全转移到唐山工学院。当时并无政治概念，只从试验所人员与设备的安全出发，认为共产党是得人心的，对国家财产必然物尽其用。数年之后，经过学习，尤其是在 50 年后的今天，庆幸自己当年的决定是正确的。

② 初到唐山，第一个印象就是这所多年有名的学校，没想到是这样的简朴。怪不得十几年来，所遇到的唐院毕业的朋友、同事们，无论是前辈还是中青年人，都是那么勤俭努力、认真钻研。东、西楼之间的图书馆在土木工程、矿冶工程方面的书刊，从百余年前到现代的，相当丰富。古典书籍与外国名著也不少。三四十年代老唐院多次搬迁，图书有些损失。可是劫后仍有这样的藏书，可见创办与保存管理精神十分可贵。纵然不比综合性大学，但是奠定了后来发展的良好基础。

③ 中华人民共和国成立前的唐山交大，学生只有二三百人，这比北洋（今天津大学）、上海交通大学、清华大学等校少得多，但是名声闻于全国和国外。其中重要原因之一，就是有诸位献身于工科教育，严格要求学生的老师。早年

多次听到老唐山校友谈及罗忠忱、顾宜孙、伍镜湖、黄寿恒诸位的风范。

老唐院在抗日战争中，多次迁徙，历沪、赣、湘、黔、渝，在全国高校中是流离时间最长的。如果没有坚韧不拔的毅力和优良的校誉，没有遍地桃李的支持，后来的复校与发展是不可想象的。

一到唐山，我与外来的新教师不约而同地拜访几位老前辈。他们仍在担任教学工作，顾先生还兼任行政工作与社会活动。中华人民共和国成立后，扩大招生，并从工程界增聘不少缺乏教学经验的新教师，于是大家都有一种自励的感觉。记得50年代与史家宜、孙竹生、张万久闲谈时，都觉得唐山朴实、严谨的作风，在我们这一代人的工作中，不能丢失。

那时，还结识了不少老唐山校友，多是博学多闻（如邵福旰）、正直不阿（如罗忠忱、黄寿恒）、聪颖勤奋（如沈智扬等），在共事中合作得很好，受益匪浅。

作者简介：王柢，铁路工程专家。1933年毕业于清华大学土木工程系。1946—1949年任交通部材料试验所所长。1949年上海解放前夕，王柢教授拒绝国民党撤往台湾的命令，试验所由铁道部唐山工学院接管。中华人民共和国成立后，担任我校铁道工程系主任、教授。

选自杨树彦主编：《西南（唐山）交通大学校史资料选辑（第十七辑）》，（四川成都：西南交通大学校史编辑室，1999年，第15～17页）。

传统、成就与展望

钱冬生

1936—1937 年，我在上海交通大学读一年级。抗日战争爆发后，1938 年 3 月，转入交通大学唐山工程学院，在土木工程系读本科二至四年级，得到了学院"五老"（罗、伍、李、顾、黄）和"四少"（朱、许、罗、李）以及茅老等老师的亲切教诲，给我毕生工作奠定了坚实的基础。1949 年 3 月，当母校暂迁上海时，我来到母校任教，对于母校的沧桑，深有体会。1996 年，为了纪念 100 周年校庆，土木学院曾编印《西南（唐山）交通大学土木学科发展 100 年纪念册》，当时，我曾把母校的优良传统归纳为四句话：爱国爱校，敬业尽职，勤学深思，务实求索。得到不少校友的赞同，因而就公开了。1996 年，母校出版了《姝实扬华，桃李春风》（第一卷），刊载了不少校友的杰出成就。母校之所以取得巨大成就，也可归纳为两句话"找准主题方向，进行扎实工作"。

一、爱国爱校，敬业尽职，勤学深思，务实求索

在抗日战争时期，国破家亡，流离失所。为了有一条出路，学校全体师生只有一种想法，就是尽心尽力，办好学校，团结抗日，把日寇赶出中国。爱国、爱校是一致的。这就是当时大家共同的人生理想。敬业尽职是工作态度。要办好学校，每一个教师员工，都必须具有这种工作态度。由此，母校培养的学生大都是学有专长，工作可以信赖的人。勤学深思是治学方法，务实是治学目的，而求索则是不满于现状，继续探索进取，开拓创新。每一个正直的知识分子，都应具有这样的品质，在这方面，我校不少老教师为我们做出了光辉的榜样。

二、找准主题方向，进行扎实工作，这是我们取得成就 的正路

为使主题方向正确，必须以爱国思想为指导，急国家之所急，想国家之所

想，为了找准方向，必须勤学深思。巨大的战果不能只靠孤军作战取得，正确的主题方向也要随形势变化而调整，这就需要各个方面敬业尽职，也需要总体的务实求索，扎扎实实地进行工作。

中华人民共和国成立之前，我国铁路处在起步阶段，培养实用型的铁路工程师是我校土木工程的主题方向。让毕业生一走出校门就能担负起测量、绘图、计算工作，并且在数学、外语等方面有一定的根基，可以进一步深造。这便是切合实际的培养目标。在那时，全国高校不多，能够与铁路工程这样对口的更为少见，因此，当时母校能够蜚声于国内外。

解放前后，学校引进了不少新教师。1956 年，我国颁布了全国科技发展十二年规划，我校孙竹生、曹建猷、张万久等教授参加了规划的制定工作。通过讨论，将各个专业的发展方向搞清楚，是很有益的。如铁路机车，当时通用的是蒸汽机车，但为了"多拉快跑"，首先需要发展内燃机车。就电气化铁道来讲，虽然采用直流电牵引较为有把握，但为了经济合理，却应该采用交流电制。就桥隧讲，虽然大跨桥、长隧道必须适应铁路建设而发展，但在一般桥梁中采用预应力混凝土，以期经济实用，却更应提倡。这便是主题方向。

在机车动力方面，1957 年，我校便筹建内燃机车专业，培养出不少人才；20 世纪 80 年代，提出重载运输问题；1990 年，铁道部在大秦铁路进行了我国第一次万吨重载列车试验。在电气化铁道方面，1952 年，我校就开办了电气化运输专业；1956 年，曹建猷教授就电气化铁道的供电制问题进行了论证，他提出的单相、工频、交流制得到同行专家的支持，使这项供电制成为我国的一项国家标准。至今，这种供电制和相应的电力机车已普遍应用在重载运输之中。在桥隧方面，1954 年，我校便成立了桥梁教研室和隧道教研室。1955 年，铁道部试制了跨度 12 米的预应力混凝土试验梁。1956 年，陇海铁路新沂河桥便采用了预应力混凝土梁。随后，编制了这方面的标准设计，修订了相应的设计规范。在南（宁）昆（明）铁路，清水河桥采用的预应力混凝土梁，跨度 128米，墩高 100 米。长隧道的设计和施工技术也在不断发展，1987 年，京广铁路建成了长度为 14.3 千米的大瑶山双线隧道；2000 年，又在西安至安康铁路建成了两座长度为 18.5 千米的单线隧道。随着大跨桥、长隧道技术的发展，我国兴建山区铁路的自由度大大地提高了。

在铁路界取得这样巨大成就的同时，我校还进行了不少扎实的工作。车辆三大件（车钩、缓冲器、制动装置）改造研究，双层客车研制。在电气化铁道方面，进行了远动系统研究，牵引供电系统计算机仿真，电气化铁道寻优设计。1978 年还恢复了计算机专业。在桥隧方面，开展了桥渡设计、新型桥及大跨桥的理论与试验、设计规范、混凝土结构强度理论、部分预应力混凝土、压杆理论、疲劳设计、隧道围岩、岩石力学等方面的研究。

学校虽然在"文化大革命"中遭逢摧残与减员，但通过在峨眉十多年的惨淡经营，1988年，我校"桥梁、隧道及结构工程""铁道牵引电气化与自动化""机车车辆"三个专业被国家教委评定为全国高校重点专业，也不能不算是一个成就。

三、展望

随着科技（特别是交通和信息）的发展，地球越来越小，人口越来越多。世界多极化、经济全球化，科学技术突飞猛进，竞争日趋激烈。一个单位要想在某方面取得成就，找准发展方向，进行扎实工作，仍然是十分必要的。

在历史上，相对于国内各高校，我校的师资是高素质的，也是稳定的。目前，多种经济成分、多种组织方式并存，国际之间的人才争夺更是厉害。如何能够拥有一支稳定的高素质的教师队伍，希望能引起领导的高度注意，因为解决这个问题并不容易。人才总有一个成长过程，如何能在其比较年轻、相对不够成熟时进行识别，并且保证有一个起码的成才条件，予以重点培养，这都是领导上要下硬功夫才能解决的。

我们是社会主义国家，重要的发展方向大家可以谈论，最后必须要经过主管单位批准。而在批准时所考虑的，主要还是看各单位的人才队伍、试验设备和学术水平。

必须要重视学术发展规律，处理好创新与继承的关系。创新的基础是继承，继承是创新的前提；继承有赖于创新，创新是最好的继承。

作者简介：钱冬生，我国著名桥梁专家，我校土木工程学院教授。1940年毕业于交通大学唐山工程学院。1945—1946年在美国伊利铁路公司实习。1949年以后，回母校工作。

选自贾志良主编：《流金岁月——西南交通大学百年故事集》（成都：西南交通大学出版社，2006年，第444~447页）

继承和发扬唐山土木优良办学传统

范文田

我校从 1896 年在山海关创办时起，至新世纪初的 2001 年，已跨越了 106 个年头。其中前一半时间经历了清末封建统治、八国联军入侵、辛亥革命成功、北洋军阀混战、"九一八"事变东北沦陷、抗日战争逃难和临解放时几乎南迁台湾等对我校发展有很大影响的峥嵘岁月。后一半时间是从 1949 年在中华人民共和国成立后走过的。在中国共产党领导下，学校建设确有较大发展，但在 1949 —1989 年的 40 年中，由于院系不断调整、校址始终不稳、历次运动冲击和峨眉山办学等各种影响，也使学校几经磨难而影响了学校的发展。

我于 1946 年考入本院，1951 年毕业后一直留校工作，算来已经有半个多世纪，算得上是"献了青春、又献终生"。现就以一个老学生、老教师和老校友的身份来介绍我校，特别是"唐山土木"百余年来在办学过程中的一世优良传统，并愿与全校师生共勉。

百余年来，土木各系科一直伴随着学校的存在而前进着。在我校已培养的近 10 万名毕业生中，土木各系科约占一半。从我校毕业的 30 余名中国科学院和工程院以及美国工程院院士中，出自土木的也超过半数，有 15 名之多，位居全国设有土木类系科的高校之冠。入传《中国大百科全书》中土木、水利、建筑、机械、交通和数学等各类的土木系毕业生也有 13 名之多，亦名列全国同类高校榜首。从 1990 年起，我国政府公布的数百名设计大师中，土木系毕业生有 9 名，为全校绝无仅有。这些学者和大师都是我校优良校风所结出的丰硕成果，使唐山土木不仅蜚声海内外，也始终成为支撑我校发展的一支重要力量。"土木兴，学校荣"已为百余年来学校的发展所证实。

据我体会，唐山土木在办学上的优良传统，可概括为"门槛高、基础厚、知识宽、治学严"等 12 个字。

"门槛高"是指考入学校难，进校后想要毕业、跨出校门也难。众所周知，高校是培养高级建设人才的加工厂，没有好的"原料"，很难生产出优质"产品"。

唐山土木一贯重视招生质量，坚持择优录取，宁缺毋滥。因此入学新生是一批经过严格选拔、素质很好的优秀中学生。不然，唐山交大这个门槛就跨不进来，常常是百里挑一，而且有不少新生，曾同时考取国内其他一流大学，但仍来唐山交大攻读。

进校后，经过几年的严格训练，能毕业的人数，常常不及原来招生人数的一半，甚至是三分之四分之一，淘汰率之高，国内罕见。

"基础厚"是指基础理论课多，比重大。理论指导实践，是现代技术发展的一个特点。没有理论的指导，是盲目的实践。基础理论深厚的学生，后劲大，有利于适应科学技术的发展和工作性质的变换，善于解决工作中出现的新问题，蕴藏着创新的潜力。

唐山土木四年学习的课程中，特别注重基础课的设置，其中数、理、化和语文（汉语和英语）等课的学分约占四年总学分的 30%，再加上力学、测量、制图等技术基础课和专业基础课的学分比例达到了 80%以上，而专业课只占10%左右。例如以专业课"隧道工程"而论，只有 2 个学分共 36 学时，只是现在近 20 个学分的十分之一，还不包括毕业设计在内。

"知识宽"是指供学习的课程较多且广。因为当今科学技术的发展，在纵向是发展速度加快，横向则是学科日益综合化。学科间相互渗透，相互促进，共融共长。所要解决的重大课题多半是些没有学科界限的问题。这就要求高等学校培养出知识面较为宽广的人。这种人容易产生联想和独到的见解，他们思路开阔且灵活，有利于在宽广的科学视野中找寻到科学技术的突破口。因此，现代的许多科学家，往往以博取胜而获得开创性成果。知识宽的人在工作中的适应性也强，常常能够比较顺利地从一个专业领域转移到另一个专业领域。

唐山交大在 20 世纪的 20 年代到 50 年代这 30 余年中，虽历经战乱，环境艰苦，但这一时期培养出的院士和大师最多。这首先要归功于她是一所设有土木、机械、电机、管理、采矿、冶金、化工、建筑等多种系科的多科性高校，而不是在 50 年代院系调整后的单科性学院。其次是每个系科的专业范围也较宽广，就以土木而言，其专业范围涉及铁路、公路、结构、水利、市政、港工、建筑等诸多学科，而不是在 50 年代经院系调整后以工程为对象而设置的桥梁、隧道、土建、铁道、房建、给排水等专业范围和知识面较为狭窄的学科。

课程门类多，特别是选修课程多，是唐山土木拓宽学生知识面的另一重要措施。四年内共要必修和选修 50 余门课程共计约 190 个学分，除了前述的基础课之外，还要学习天文、测地、经济和契约规范等方面的课程，而且还可以选其他系科的课程，照顾到学生的兴趣和智能上的差异。如前述的从唐山土木毕业的一些院士和大师中，涉及的学科面很广。除桥梁及结构，隧道及地下铁道，水利水工，岩土工程，测绘等专业外，还有机械甚至是数学方面的院士出现，这与他们在大学学习期间打下雄厚基础和拥有宽广知识面有很大关系。

严谨的治学态度、严格的考试纪律和严密的规章制度，是交大唐山土木治学严的主要表现，而关键的问题是要有一批要求严格的教师和各级领导。在整个教学过程中，教师既是科学知识的开拓者和传授者，又是大学生成才的引路人。高水平而又严格要求的教师，往往能够培养出出类拔萃的人才。"教不严、师之惰"和"名（严）师出高徒"等规律，自古皆然。例如常常被称之为以"五老四少"为代表的教授，是为唐山土木讲授主要课程的一批严师。他们进校执教时，大多不到而立之年，以校为家，终身在校从事教育事业，直至逝世，不愧是"献了青春献终生"。他们严以律己，为人师表，使受教育者终生难忘。20世纪 20 年代至 50 年代学校的强盛不衰，就是由于治学严谨要求严格而使人才辈出的盛誉，吸引了莘莘学子负笈唐山土木，而且在这段时间内曾出长我校的几任领导如茅以升、罗忠忱、孙鸿哲、顾宜孙、顾稀、钱应麟等人中，有些本身就是教授，并曾多次出任，拯救学校于危难之中，他们严格治校，做事而不做官。

治学严还表现在教学方法、考试制度和管理体制等方面，限于篇幅，不再详述。

总之，根据个人体会，唐山土木优良的办学传统可初步归纳如下：

> 门槛高，基础厚，知识宽，治学严。
>
> 课程多，门类全，专业广，重实践。
>
> 讲英语，书原版，靠自学，苦钻研。
>
> 作业题，自己选，基本功，绘测算。
>
> 勤测验，题目难，答案准，给分紧。
>
> 不及格，要重念，若作弊，必遭撵。
>
> 名师众，要求严，为学校，毕生献。
>
> 我土木，声誉隆，是一流，贯西中。

选自杨树彦主编：《西南（唐山）交通大学校史资料选辑（第二十三辑）》（四川成都：西南交通大学校史编辑室，2002 年，第 71～72 页）

校风优良　人才辈出

王彦鹏　整理

　　山海关铁路学堂从创办之初，其主要课程就采用英文教材，聘用英籍老师，以口授、笔记为主要教学形式，因此对英文水平要求比较高。1907 年，学监规定，学堂的文告、榜文咸用英文。

　　1899 年，铁路学堂在天津招生 20 名，这批学生因文化程度参差不齐，与教习梁子丰（留美学生，普通话讲得不好）发生矛盾，铁路总局电令将学生送天津（路局所在地）复试甄别，6 名合格学生回校学习，其余的遣送回家，这是学校为坚持入学条件，保证招生质量而采取的首次严格措施。

　　学堂很重视学生的理论与实践相结合。1900 年 5 月，学堂因八国联军入侵提前放了暑假，在校学生在总教习带领下到锦州小凌河路段、大凌河工地参观。该路段工程师詹天佑亲自陪同参观并讲解路桥工程。为实习方便，学校迁址到唐山，并于 1910 年建成实习工厂，添置设备，装备起机械工程、水利工程两个实验室。

　　清政府对唐山路矿学堂也十分重视。1908 年，军机大臣刘坤一奏请慈禧太后，光绪皇帝批准颁赠路矿学堂《古今图书集成》一部，该图书被史学家称为"康熙百科全书"。

　　为严把学生入学质量关，提高教学水平，从 1912 年起，学校开设了预科班，时为一年，1914 年改为两年。1918 年又改为中学，分设四个年级。

　　1914 年，原清廷工程顾问英国人老山德培之子，遵父遗嘱捐款 1000 英镑，建立老山德培奖学金。以其利息每年奖励唐山、上海工业专门学校的前五名优秀毕业生，这是唐山工业专门学校首次设立奖学金，这项奖金一直持续到"七七"事变前。

　　经过近十年的发展，唐山工业专门学校取得了令人瞩目的成绩。1912 年夏秋间，粤汉铁路招收工程技术人员（练习生），全国各地 500 多名高校毕业生前往投考，发榜录取 28 人，唐山工业专门学校 23 名应试者全部被录取。

1916 年 3 月 15 日至 4 月 14 日，北洋政府教育部在北京举行全国专门以上学校成绩展览评比，74 所各类高等学校将历年学生成绩呈送展评。会后，由教育部专门人员评定分数，唐山工业专门学校以 94 分的优异成绩获得第一名。同年秋，教育部授予学校"优等奖状"一个。12 月，教育总长范源濂特奖"竢实扬华"匾额一方。

1916 年 6 月，1914 届毕业生黄寿恒、1916 届毕业生茅以升，考取官费留学美国。黄去麻省理工学院攻读飞机制造硕士学位。茅去康奈尔大学进修土木工程硕士学位。康大不承认唐山工业专门学校的毕业文凭，首先出题考核茅以升的大学课程，继而又进行入学考试，结果茅以升两次都取得优异成绩。为此，康大决定，凡是唐山工业专门学校的学生，一律免试来校进修研究生。由于茅以升等留美学生的影响，该校的文凭逐渐为美国一些大学认可。在康大期间，茅以升用一年的时间就完成了通常几年才能学完的课程，获得了康奈尔大学的硕士学位。

唐山工业专门学校获得非同凡响的荣誉，得益于学校采取的一系列措施：

（一）"不惜重金延聘国内外名家教授执教把关"。山海关铁路学堂和山海关内外路矿学堂聘请的总教习史卜雷、葛尔飞，月俸白银 400 两，（当时清廷皇妃一年的例银仅 300 两）。由此可见学校当局对师资的重视和为此付出的高昂代价。

（二）"教学体制的确定具有远见"。从在唐山复校起，就比照英国工科大学的模式，确定学制为四年，并制定四年制课程表，课程内容与国外工科大学大同小异。注重基础，稳健求新。当时制定的学制一直延续至今，确定的教学内容构想至今仍有参考价值。

（三）"制订严格的办学规程"。学校从创办到复校初期，就制定了以"分数把关"为特点的办学章程。1907 年 4 月，制定的《山海关内外路矿学堂章程》，共 227 条，315 款，对行政与教学管理，考试与升留级制度，生活与文娱体育活动都做了详细而严格的规定。《章程》明确：平时考试均包括以前所学内容，毕业考试则包括四年所学的内容，不及格者留级或退学。如此严格的规定，使所有学生从入学开始就不敢有所松懈。

（四）"早期确定撰写论文的教学环节"。为使教学与学术研究相结合，活跃学术空气，1910 年暑期添设了撰写论文的教学环节。从四年级开始，本科学生均需撰写论文，每周课时内不得少于 6 小时用于撰写论文。论文由指导教师评阅，监督存案，报邮传部核查。这样早地添设毕业论文教学环节，在中国教育史上是罕见的。1916 年，全国专门以上学校成绩展览评比会上，该校展出的用英文撰写的毕业论文图文并茂，备受称誉。1919 年春，鉴于过去学生论文题目仅限于铁道工程或桥梁工程一个局部，经英籍教师麦克里提议，扩展了论文范围，以激发学生多方面的研究兴趣。同时校方以校友会的名义创办学术刊物《唐山工业专门学校杂志》，以促进学术交流，这是学校历史上一次颇有见地的改革。

（五）"不断改革，从严治学"。1921 年学校仿照美国康奈尔大学模式调整课程，增设科目，采用美国工科大学教材，改进教学和考试方法，加强对学生的课外辅导。这是自 1910 年以后学校进行的第二次改革。其特点一是由学习英国模式改为学习美国模式，美籍教授增多；二是加强了对学生的课外辅导，使教与学形成了一个统一的整体，改变了教与学脱节的旧习，教学质量进一步提高。由于历届留美学生均取得优异成绩，学校享有"东方康奈尔"的美称。从这时起，美国决定每年接受两名该校学生留学美国并形成制度。

1925 年暑期，为更细致地进行专业分工，提高教学质量，土木工程科分成铁路工程、构造工程、水利工程、市政卫生工程 4 个专门。并制定各专门课程表，这是该校历史上第三次重大改革。

同年 8 月，奉系军阀张作霖保送一批奉天省学生入学，学校坚持入学条件，为此特开设补习班，准其补习一年再升入二年制预科，预科考试合格，才能升入本科学习，这是学校从严治学的又一例证。

1930 年 6 月 7 日，唐山工学院院长、著名水利专家李书田教授提出土木工程科新课程表，并确定 1930 年为过渡期，次年采用新课表。6 月 17 日制定了《交通大学唐山土木工程学院专章》六编十八章。专章第一编通则规定设铁路工程、构造工程、市政卫生工程三系，学制仍为四年。但因师资、设备、经费等原因，实际只设了土木工程一个系，下设铁路工程、构造工程、水利工程、市政卫生工程专门。这四个专门课程大同小异，虽尚无明确的分工，但却是学校设系之始。专章第二编是考核成绩规则，概括了学校开办以来有关成绩考核的宝贵经验。同年 7 月，为纪念在唐山建校二十五周年，出版了《交通大学唐山工学院二十五周年纪念刊》，对校史和现状做了较为全面的简单介绍，铁道部部长兼交通大学校长孙科特为之作序。

1930 年 9 月，为促进学术交流，创办了学校历史上发行时间最长、内容最丰富的学术刊物《交大唐院季刊》。1936 年 1 月，因日军进攻华北被迫停刊。三十年代初期的教学改革，把行政、教学工作推向了一个新的高度，是学校第四次卓有成效的改革。

"七七"事变前夕，虽然时局动荡，但学校的教学工作仍然取得好成绩。1935 年，全国"庚款"公费留学仅有两个名额，全部被学校学生考取，一个是张维，一个是严恺。

20 世纪 20 年代至 30 年代初期，学校的学术气氛十分活跃。1921 年成立的"斐陶斐励学会"唐山分会，会员有罗忠忱、茅以升、李斐英、伍镜湖、陈茂康、嵇銓、黄霭如、黄寿恒、薛卓斌、谭真等著名教授组成，罗忠忱任会长，李斐英任书记。学会先后邀请美国铁路桥梁专家华岱尔、铁路专家门岱尔等来校做学术报告。为学以致用，顾宜孙、华凤翔、伍镜湖等教授每年都率领三、四年级学生去塘沽进行水文测量实习，去山海关、皇姑屯、沈阳、天津等地参观实习。林斯澄、张正军教授率学生去天津参观矿展。1937 年 6 月中旬，伍镜湖教授率领土木系 1938 届学生去塘沽进行水文测量实习，实习未完就发生了"七七"事变，但伍教授仍带领学生坚持完成了实习任务。

20 世纪 30 年代的唐山土木工程学院，形成了强大的教授阵容。有 1912 年来校任教的罗忠忱教授（是我国最早的土木工程学教授之一），1915 年来校任教的伍镜湖教授，1922 年来校的顾宜孙教授，1923 年来校任教的黄寿恒教授等。他们爱校如家，既教书又育人，深得学生爱戴，被尊为唐院"五元老"。1931 年，该校林炳贤教授被三榜定案考取英国皇家学会会员资格，我国仅有五人获此殊荣。同年刘仙洲教授来校任教（著名教授、著名教育家、机械工程专家），更加强了师资力量。在校训"精勤求学、敦笃励志、果毅力行、忠恕任事"的激励下，全体师生共同努力，使唐山工学院跻身于全国第一流高等学府之列。

1932 年中华文化基金会赠给唐山工学院的万年材料试验机安装并投入使用，该机容量为 40 万磅，8 英尺以内的横梁、直柱均可试验，此机堪称东亚地区第一，为我国所仅有。同年铁道部、教育部为表彰罗忠忱教授来唐执教 20 年，特颁奖状。校友们为此发起募捐，建立"建侯奖学金"，每年奖励 5 名优秀学生，这是该校第二种奖学金。

"七七"事变后，唐山工学院辗转多处，在十分艰苦的条件下，仍锐意办学。1939 年学校在贵州平越县复学后，迅速恢复了"斐陶斐励学会"，1941 年 2 月，土木系学生为发扬已往"自由研究之精神"，恢复了"力行土木工程学会"（曾建于 1928 年），聘请教授茅以升、罗忠忱、伍镜湖、顾宜孙、李斐英、黄寿恒、陈茂康、林炳贤、朱泰信、许元启，副教授范治纶，讲师罗河、李汶、杨耀乾为名誉会员，出版土木工程学会会刊《土木》。经常聘请国内外著名专家学者到校做学术报告，使学校的教学、科研和学术活动又重新活跃起来。在平越的 6 年间，培养毕业生 638 人，他们大多数投身于抗日后方的交通建设和经济建设。

在贵州平越期间的 1942 年 10 月，该校又新增了一种奖学金，名为"李太夫人奖学金"。这是该校 1915 届毕业生李忠框遵其母命捐款 10 万元（旧币）作为奖励基金，以其利息每年奖励贫寒学生 2 人。

1947 年 5 月校庆之际，重新确定原交通大学校训为学校校训，即"精勤求学、敦笃励志；果毅力行，忠恕任事"。同时公布新的院歌（1934 年已有此院歌，此次公布时略有修改）："翼翼唐山，灵秀钟，我学院，声誉隆，灌输文化尚交通。习矿冶，土木工，窥学术，贯西中，相期同造最高峰。璀兮如金在熔，璨兮如玉相攻，桃浓李郁广座被春风。宜诚果，宜勤补，基础坚，事功崇，文轨车书郅大同。"

中华人民共和国成立前，唐山工学院的办学规模一直比较小。1931 年以前虽增开矿科、机械科，但时间短暂，实际上仅设土木工程科，在学校学生仅 200 名左右。1941 年以前，大体上维持两三个专业的办学规模，在校学生多在 200 至 300 名之间，至多未超过 800 人。

中华人民共和国成立后，这个饱经沧桑的高等学府才获得新生。学校逐步由英语授课改为汉语授课，取消了"党义""公民"等课程。学习借鉴苏联经验，设立了 37 个教研组，各系教师按教研组进行教学活动。1949 年 8 月，学校有 7 个本科专业，5 个专科专业。1972 年，迁往四川峨眉时，共有 12 个本科专业。

唐山交通大学从创办到 1972 年离开唐山，共毕业研究生 49 人，本科生 11682 人，专科生 2069 人，为中国革命和经济建设，特别是铁路、工矿事业的发展，培养了大批专业技术人员。他们之中涌现出大批专家学者、社会活动家、党政领导人。据不完全统计，仅中国科学院学部委员就有 15 名：何杰、竺可桢、李俨、茅以升、方俊、汪菊潜、周惠久、张维、严恺、刘恢先、张沛霖、徐采栋、肖纪美、陈能宽、庄育智。曾任省部级领导干部的专家教授有 9 名（不含兼职的学部委员）：谭真、赵祖康、武怀让、曾涌泉、冯寅、蒋崇璟、杨纪珂、马麟。其他著名学者、专家、社会活动家、革命干部有：杨杏佛（民主革命先驱、著名社会活动家）、林同炎（著名建筑学家、被美国誉为"预应力混凝土先生"，曾获里根总统颁发的国家科学技术奖）、张馥葵（美国悬索桥权威、纽约最高摩天大楼顾问工程师）、罗河（著名航空测量学家）、刘文华（曾任延安抗日军政大学政治部副主任）、李温平（著名土木工程专家、抗战时期曾获盟军授予的"自由勋章"）、刘大中（经济学家）、侯振庭（著名教育家）、佘畯南（著名建筑学家、广州白天鹅饭店总设计师）、许宁（著名工程爆破专家）等。

（选自《唐山文史资料》教育史料专辑之一，第 12 辑，1991 年版，第 36～42 页。）

转引自杨树彦主编：《西南（唐山）交通大学校史资料选辑（第五辑）》（四川成都：西南交通大学校史编辑室，1993 年，第 25～28 页）

继承革命传统　弘扬交大精神

王　彤

在百年的发展中，西南（唐山）交通大学逐步形成优良传统。这传统可以归纳为三部分：一是老交大的办学传统，二是爱国爱校传统，三是老解放区学校的革命传统。这三部分融成一体，铸成了交大精神。我仅就其组成部分之一的老解放区办学的革命传统做些简述。

1949年3月23日，老解放区的华北交通学院由石家庄迁入唐山，4月军代表顾稀接管了唐院留唐部分，并成立复校委员会。上海解放后即派员赴沪接回南迁的唐院师生。

1949年7月8日，中央军委铁道部决定唐山工学院、北平铁道管理学院、华北交通学院合并组成中国交通大学（后改为北方交通大学），分设唐山工学院和北平管理学院。1949年7月13日，在唐院举行了中国交通大学唐山工学院成立庆祝仪式，至此老解放区来的华北交通学院融入了新唐院。

华北交通学院是老解放区铁路交通教育的院校，其历史可以溯源到延安的工科教育，为了发扬革命传统，继承延安精神，回顾这段历史是十分必要的。

1939年5月，中共中央为促进工业生产和国防经济建设，决定创办延安自然科学院。抗战胜利后，延安自然科学院向华北迁移，于1945年底到达张家口市并留在华北办学。1946年与晋察冀工业职业学校合并，改名为晋察冀工业专门学校。1946年11月与张家口铁路学院合并成立晋察冀工业交通学院。（张家口铁路学院于1945年10月成立，以教育铁路在职员工为主，是培养技术人员和管理人员的学校）。任命唐山交大校友黎亮（曾任北大工学院教授）为工业交通学院院长，顾稀为教导主任，设立土木、机电与预科。

随着解放战争的胜利发展，1948年8月，晋察冀与晋冀鲁豫两大战略区合并为华北解放区。原晋察冀华北联大与晋冀鲁豫北方大学合并成立华北大学。北方大学工学部交通学院的工业部分合并建立华北大学工学院（即现在的北京理工大学）。并在晋察冀工业交通学院的铁道交通部分的基础上筹建交通学院。

　　由于华北大学工学院土木班是原北方大学土木班，主要学习铁道工程，又在太行山长治附近参加过铁路建设的实习，决定全班学员及教职工调入华北交通学院。1948 年 11 月 29 日，华北人民政府任命陈武仲为院长，顾稀为教务长，华北交通学院正式成立，并扩大招生，专业除土木外尚有机车车辆、运输管理等。

　　1949 年 1 月中央军委铁道部成立。华北交通学院改属中央军委铁道部领导，顾稀被委任为接管唐山工学院的军代表，为接管唐院做好准备。

　　回顾这段老解放区工科教育的历史，对于理解交大精神的革命传统是必要的。现将这种办学精神与革命传统分四个方面简述如下。

一、重视思想政治教育，以德治校

　　这是最重要的革命传统，学生都要走向社会从事各种工作，人是生产力最积极、最活跃的因素，人的思想政治素质，即人的思想水平、道德面貌、劳动态度以及事业心、责任感等不仅直接影响生产力各要素的作用，而且决定人们科学文化素质的性质和方向，影响人的智力和体力的发挥程度，正确的思想理论可以转化为物质，决定和影响生产力的提高和经济的发展。德育正是提供思想理论，是智育的生命线。

　　重视思想政治教育，使学生爱祖国，爱社会主义，全心全意为人民服务。国家、人民的需要就是我们的学习目标，因此，不论在解放战争，抗美援朝，国家各条建设战线，只要国家需要，交大学生就不怕艰苦困难，不怕牺牲，勇于承担祖国交给的各项任务，做出自己的贡献。

　　加强学生中党团组织的建设和作用一个重要的方面，是培养和教育青年的一个重要方向。在新时期加强思想教育，以德治校，应是头等重要的工作。

二、理论联系实际，学以致用

　　在战争时代也发扬了这种学风。例如，1947 年在晋察冀工业交通学院院长黎亮的主持下，学院师生和解放军结合，承担了平山县沕沕水水力发电站的设计和部分施工，1948 年 1 月 25 日工程完成后，举行了开车典礼，朱德总司令亲临大会剪彩，并题词"边区创举"，随即向党中央驻地西柏坡送电，党的七届二中全会就是由这座水电站供电的，该电站迄今还在运转，1988 年还得到河北省小水电奖状。这也是学院在战争年代做出的一个历史贡献。

晋察鲁豫边区军工部门，担负着为刘邓大军和华北部队提供军用物资的重任，为把铁厂、焦化厂、煤矿用铁路连接起来，尽快把物资运到前线，决定修建长治至邯郸的铁路。1948 年初，北方大学工学院四班转为土木班，学习铁道工程及测量等专业课，1948 年 3—5 月在陈武仲、郭冰等老师领导下，全班师生参加了一段铁路的勘测设计和修建工作。现在太焦线店上至五阳段的铁路就是当时设计和施工的一段铁路。

理论联系实际，除掌握书本理论外注重实际操作，克服只动脑不动手现象，也是老交大的优良传统。在毕业论文中实际的铁路设计工程也是经常的题目，例如现在图书馆保存的论文中就有 1931 届崔宗培、林同炎、肖瑾、庄永基四同学合写的"齐克铁路之片段计划"的论文。我校毕业生，能在各条战线发挥作用做出贡献，并理论联系实际，与注重实用这一教学指导原则有密切关系。

三、艰苦奋斗，勤俭治校

在战争年代诞生的老解放区科院校，继承和发扬延安精神，走边筹建边学习的艰苦奋斗、勤俭治校的创业道路，在太行山区北方大学工学院土木班同学就住在老乡多年无人住的旧房里，五六人挤在一铺土炕上睡觉，晚上借着微弱的油灯光学习。教室是一处存放农具和堆置杂物用的苇席捆扎的房子，草屋顶、烂泥墙，课桌坐凳是同学们搬青砖、运石板垒起来的，就在这样的教室里，同学们学习铁道工程等专业课。

交大老校也是这样。抗战时期交大迁到四川璧山丁家坳复课，当时新生在距离五公里路的白鹤林，校舍是借用一所旧式的大屋，前庭成了教室，没有挡风门窗，架起图板就制图，宿舍在左边的耳房内，一室有六七人，房间阴暗潮湿。

又如，20 世纪 60 年代，在成昆铁路现场教学中，在陡峭的山坡上，简陋的房间里，老师讲授隧道和地下铁道课程，并带领学生在隧道施工现场实习，风餐露宿，这种艰苦劳动教育锻炼了学生。我国很多长大隧道、地下铁道、过江隧道等著名工程的技术骨干和领导者，就是在这种艰苦的环境里培养成长起来的。

这是我们交大的传家宝，在艰苦奋斗、勤俭治校精神中培养出来的人，才能够在艰苦的岗位上创造出优异成绩，为国家做出较大的贡献。

四、严谨治学，务实创新

教师严谨治学，循循善诱，学生勤恳学习，刻苦探索，并有严格的教学纪律，直至毕业。百年来共培养出 6 万多毕业生，成为国家各条战线的科技骨干和领导，涌现出 30 多位中国科学院、中国工程院院士和勘测设计大师，并取得多项科研成果。如为铁路建设奋战在黄土高原、河西走廊、戈壁大漠、天山南北及林海雪原的，如新完工的长大干线京九铁路。从钱塘江大桥、武汉长江大桥到九江长大桥，从大瑶山隧道到上海地下铁道过江隧道，以及电气化铁路建设，万吨单元重载列车运输及磁悬浮高速列车试验研究等项目都有交大校友的贡献。从上海城市规划到广州白天鹅宾馆，从鞍钢、宝钢的建设到水利工程、港口建设、煤炭基地开发，也都有交大校友做出的贡献，取得的优异成果。

严谨治学是交大的老传统。1952 届土木系结构专业，在临近毕业时，中央人事部根据国家建设需要，要把这个班分配到建工、冶金、燃料等部门工作。顾宜孙教授专门为我们增开了厂房结构课程，准备新的教材，并延长两个月毕业，使这批毕业生走上新的岗位后能发挥更大的作用。

在务实创新方面，交大也从未落后。例如，吴炳焜教授在 20 世纪 50 年代初开了土力学、地基基础课，用国际上最新的土力学理论教育学生，这在全国也是比较早的。因此，当国家建设急需岩土木工程勘测人才时，一批校友走上这种艰苦岗位，做出优秀成绩，出现了林在贯、王步云、陈雨生等首批勘测大师，和一批活跃在岩土工程勘测战线的技术骨干和领导。我们要继续发扬这种优良校风，培养出更多的院士、大师。

值此中国共产党建党八十周年之际，我们要更好地继承革命传统，弘扬交大精神。

1989 年

作者简介：王彤，1931 年生，1946 年参加革命工作。1948 年进入华北交通学院，中华人民共和国成立后转入唐山工学院，1952 年毕业于唐山铁道学院结构工程系。毕业后历任煤炭工业部山西省煤炭管理局基本建设局总工程师，煤炭管理局副总工程师。

选自杨树彦主编：《西南（唐山）交通大学校史资料选辑（第二十八辑）》（四川成都：西南交通大学校史编辑室，2006 年，第 67～69 页）

谈西南交大的光荣传统

黄　澎

在将近百年的发展过程中，我校逐步形成了一种光荣传统。我认为，我校的光荣传统由以下三部分组成：

其一是老交大的办学传统，如"严谨治学、刻苦钻研"，有关这方面的论述已有很多，本文不再赘述。

其二是爱国的、革命的传统。从大革命时期到全国解放，我校都有共产党、共青团和党的外围组织，团结师生员工，从事爱国反帝革命活动。1919年五四运动爆发，5月5日交大唐山学校学生就奋起响应。他们游行示威，发动群众，发行《救国报》，推动唐山的反帝爱国运动蓬勃发展，给予帝国主义和反动当局以无情的痛击。周恩来主编的《天津学生联合会报》评价交大唐山学校学生"积极主动，与工商各界有真正的联合"。1922年10月，开滦煤矿工人为反对英国资本家压榨工人举行大罢工，唐校学生始终与工人并肩战斗，受到蔡和森同志的高度评价。

在解放战争时期，唐校的共产党员、新青联成员团结师生员工积极参加了推翻"三座大山"的斗争。

1951年，学校师生又分三批奔赴抗美援朝前线，经历了枪林弹雨、生与死的严峻考验，进一步锤炼了爱国主义的革命精神。

其三是老解放区的革命精神和办学经验。在中华人民共和国成立之前，军委铁道部下令，将唐山工学院、北平铁道管理学院和华北交通学院合并组成中国交通大学。华北交通学院（其前身为晋察冀边区工交学院）并入我校，为我校带来了老解放区的革命精神（延安精神）和办学经验。

以上三个部分融为一体，形成我校"严谨治学、刻苦钻研、艰苦朴素、实事求是、开拓创新"的优良校风和光荣的革命传统。

在改革开放、建设有中国特色的社会主义进程中，高等院校应成为精神文明建设的坚强阵地，我校在加强老唐院光荣传统的教育时，更应加强后两个部分的教育。

传统是一种精神力量，它是我校师生员工取之不尽用之不竭的源泉。根据党的十四大精神，为实现我校改革建设与发展的总目标——到下世纪一二十年代，把我校建设成为更加适应铁路现代化、社会进步及科技发展的需要，国内先进、国际知名，以工为主，工、理、管、经、文多科综合发展，具有铁路特色的一流理工大学而努力奋斗。

（原载 1992 年 12 月《西南唐山交通大学校友通讯》总第 5 期，本刊发表时作者作了一些补充、修改）

转引自杨树彦主编：《西南（唐山）交通大学校史资料选辑（第七辑）》（四川成都：西南交通大学校史编辑室，1994 年，第 76 页）

肖纪美教授谈校史校风

（根据录音整理）

（编者按：肖纪美教授是我校矿冶 44 届校友，供职于北京钢铁学院，学部委员。去年 10 月应学校之邀，来校讲学，借此机会，我们请他谈谈校史校风，现整理如下。）

我 1939 年进入学校，1944 年毕业。我是搞材料的。人才的才和材料的材是通用的。材料叫性能，人才叫才能。在固定的环境条件下，才能取决于它的知识结构，材料性能取决于它的内部结构，原子啦，电子啦，等等，特别是工艺过程。搞教育的，教育工程，通过教育各个环节，相当于工业上的工序。工厂的设备就是炼钢炉啦，轧钢机啦，教育工程，教育工序，它的设备，一个是硬件，一个是软件——教师，两个都重要。

根据这个思路，唐院为什么能培养那么多优秀人才，一是原料好。炼铁要有好矿石，那时大家都知道唐院是个好学校，都来报考，考进的学生质量好。二是知识结构比较合理（现在看来有缺点），教师要求严，学生学得扎实。工程力学罗忠忱教授，要求就是很严格的！一个班三十几个人，考试下来，不及格是红的，几乎是满堂红，没几个及格的。力学不仅要求答案正确，还要方法对，小数点要求精确到三位。他说，你要是当工程师的话，算错了一点，就不得了。那时大家考试都是战战兢兢的，他的降班比例是很高的。那时降班是很自觉的，不像现在，降班很麻烦，家长来找，省教育局来找。一定要严，不严不行，像工厂的产品，不合格是不能出去的。我今年 72 岁，1983 年还上课，那时舞弊风有点凶。我就给学生打招呼，我教的这门课，你千万别试，我这个人脾气不好，说好听点是要求严格，我抓住一次，没完没了地斗你，你找院长、书记也没用。我讲了两次，他们打听了确实是这样，现在考试没人敢舞弊了。那时唐院设备不行，尽是旧的。软件——教师是好的。如李汶教授，那时是助教，讲画法几何，很清楚。老师要敢于严格要求，敢管。总结起来，原料好，教师好，待遇好。

我是矿冶系的，矿冶系有个王教和教授，教得好。还有一个是陈万喜教授，考试舞弊抓到就开除。有个同学成绩很好的，他想考得更好，让李秉贤教授给抓住了，那是很严的。我们班还好，进来40多个，出去（毕业）30多个。学校今后怎么办？一个要保持唐院的声誉，把学校办好，国家教委要办30所重点院校，要争取，至少要争取排在100名之内。现在校长就要抓这个，抓学术声誉。现在学校扩大了好多系，单科办学校不适合现代化要求。古代的、外国有用的东西，都要用。办大学不仅工科要搞，尽量做到理工结合，文理渗透。单科办学，满足于做一个铁路工程师，对宏观的东西了解不够。现时代，多学科，多渗透，要多选课，包括人文课，这样才思路开阔。你看，唐院的人当领导的不多，一个是徐采栋，九三学社中央委员会常务副主席，原来是贵州省副省长，现在是全国人大常委会委员，我们是同班同学。一个是矿冶系安徽省副省长杨纪珂，现调人大常委会，再往上就没有了。学得太窄。过去讲工程管理，不讲经济学，搞工程必须有经济学知识，还要学习马列主义、辩证唯物主义、历史唯物主义。学了哲学，对思想有帮助。

今后办学就要保持和提高学校声誉。茅老反对搬到峨眉，校庆时，张维给茅老讲，校庆了，打个电报吧，茅老说，我作为交大校友打电报。关键是怎样能招到好学生，平越没啥设备，地方很小，条件很艰苦，招到不少好学生，搬到峨眉后招不到好学生。第二是抓教育质量，保持唐院的学风，敢于、善于严格要求学生。现在的学生18～19岁，没定型，管不严，不好好学习，搞第二职业，我反对。搞第二职业怎么能好好念书？

现在的学部委员，采矿的人不少，搞工程材料的偏向自然科学，容易选上。搞工程的，有工程贡献，对学科不是很有发展，现在还是要培养理工结合的人才。铁道能办什么大学嘛，文理结合，交大不仅有铁道，还有其他，办经济，办财贸，办社会科学。国外的工程师，有经济观点，国外工程师不仅学经济，还要学法律，美国好几个州，工程事故工程师要承担法律责任，有了法律知识，终身受益。

教育要三个面向，抓三个方面：一是抓基础，只有注意抓基础才有未来前途；二是要掌握方法，以马列为指导，学会一系列方法，学习做人、处世方法，终身受益；三是外语，要面向世界，至少一门，不求多，专业课可少一些。

整理人：韩琴英
1992年10月

注：肖纪美，男，汉族，湖南省凤凰县人，中国科学院院士，北京科技大

学教授，生于 1920 年 12 月，2014 年 4 月 23 日上午 6 时在北京逝世，享年 94
岁。1939 年考入唐山交通大学（现西南交通大学）矿冶系。材料科学家、金属
学专家和冶金教育家，中国科学院院士。长期从事钢铁冶金、金属材料和金属
物理的教学和科研工作。在发展铬锰氮不锈耐热钢中，提出合金设计新方法，
开创节镍不锈钢的研究；开展工程结构件断裂分析，发展断裂学科；在材料应
力腐蚀和氢致开裂研究中获得新成果。在教育事业上，提倡用自然辩证法和科
学方法论指导，教学、科研，学术思想不断创新和发展，为中国冶金科技事业
和冶金教育事业的发展做出了重要贡献。

　　选自杨树彦主编：《西南（唐山）交通大学校史资料选辑（第五辑）》（四川
成都：西南交通大学校史编辑室，1993 年，第 29、50 页）

回忆与思考

王元良

50 多年的在校经历，真是一言难尽。历经盛世与波折，如今灿烂辉煌，思绪万千，历历在目。现随想随谈，实话实说，简述零散记忆，以飨读者。如记忆有误，敬请校正。

渡过黎明前的黑暗

我是 1948 年考入本校的。慕唐山交大之名，舍弃了一年大学学籍，只身从国民党统治区四川，乘船到上海转天津，再乘火车于 10 月初到达即将解放的唐山。当时正值学校南迁，随即跟着队伍到天津、上海、江西，经过几个月的奔波，最后落脚在上海交大。大家住在大礼堂的大通铺上，借上海交大的教室上了一个月课，同时也经历了国民党军警大搜捕，经历了物价飞涨、工商瘫痪、民不聊生的局面。参加了"反饥饿、要自由、要民主"的学运活动，在"团结就是力量"的歌声中呐喊。最后，国民党军警强占了上海交大，我们也被迫停课并迁到附近的启明新村。1949 年 5 月 25 日凌晨，我们终于迎来了上海的解放。这一天，我和几个同学，从徐家汇步行穿城到外滩，亲眼看到纪律严明、和善可亲的解放军，随即投入工厂的宣传活动。6 月，由唐山学校军管会把我们这群游子又从上海接回唐山。临行时，茅以升、赵祖康等校友在上海国际饭店举行了欢送会，虽仅清茶一杯，但校友之情重如山，寄语深情永不忘。回校后，经过组织学习，参观工厂，到大连参观工业博览会，并在大连参加了开国典礼的游行，真正体会到"解放区的天是明朗的天""没有共产党就没有新中国"。

学校旧貌换新颜

1949 年 10 月初，学校正式开学。当时学校已由铁道部接管，由唐山工学院，在唐院的铁道科学研究所和北京铁道管理学院共同组成中国交通大学（后改为北方交通大学），茅以升校友担任校长，唐振绪校友担任唐院院长。学校由土木、建筑、采矿，冶金4个系扩展为7个系（增加机械、电机、化工三个系）。学生人数由几百人增加到一千多人。这时基本按英美学校模式办学，大系小学组课学分制，教材，讲课和板书全用英文。后来在新形势下，除名词外，一律改用中文讲课。因为冶金系教师实力特别强，我们制组的班友就奔名师选修一些材料、热加工的课以补充制造方面之不足。即使够了学分，也照选不误。这时，学校大批引进人才，其中不少是从海外归来，他们舍弃了国内外著名高校和京津沪宁的聘请来到充其量也只能算一个中等城市的唐山工学院执教，学校教授人数突增至80多人，可说是全国工学院之冠。在校学生也迅速增至3000人，真是"旧貌换新颜"，迎来了我校一个新的鼎盛时期。这得益于国家的政策好和师生员工的爱国爱校、无私奉献的精神，得益于团结协作、严谨治学、艰苦创业和开拓创新的实干精神。

我们这个班

我校曾有过机械系，很早就调整到上海交大去了。我们是1949年恢复机械系的本科第一班，因此，也是继往开来的一个班。我们这个班学生来源很复杂，主体是 1949 年考入机械系或 1948 年考入我校其他系就读，后转入机械系的。其中有的是同时考上清华或其他名校就读一年后重新考入我校的。有一位是1947 年考入我校建筑系重新转入机械系的老大哥，还有华北交通学院并入的老革命学友，说明当时机械系是很兴旺的。

我们这样一个结构复杂的群体，内部相当和睦团结，学习上刻苦努力，思想上奋发向上，生活上艰苦朴素，社会活动上积极争先。从团委到学生会，从广播台到校报，从读书会到研究会，从舞蹈队到腰鼓队，处处都有我们的班友在那里参与或负责，到校外宣传和参军参干，更是一马当先。在没有教师带领的情况下，由学生自己带队联系和组织生产实习，其中的好人好事不胜枚举。

我们班入学时 50 余人，最后一年分机车车辆和机械制造两组学习，毕业时40 多人。有三分之二分配到铁道部工厂和路外单位（机械制造组大部分分到当时的二机部保密单位）。后来，他们大多成了一些大厂、大院、大所和行政市、司局、学院的技术或行政的领导者。有三分之一分到本校、上海交大、北方交大和几个铁道学院任教。其中有的在老专家的带领下，发展优势学科，自身迅速成长，成为博士生导师，成为院士。其他人也都能独当一面，边学边干，成为一些新专业、新学科的创建者。为我校机械类各个学科的创建与发展做出了贡献。其所以如此，得益于中华人民共和国成立以后振兴教育的新局面，得益于恩师的教导，得益于班集体的团结互助，得益于优良的校风和学风，至今难忘。

怀念恩师

1. 史家宜教授

在唐山，我第一个接触到的就是机械系的创建者史家宜教授。他早期毕业于上海交大，后留学英国，是英国皇家学会会员。1949 年来到我校，担任机械系系主任，并从南京、上海等地聘请了近十位教授和几位讲师来我校任教。当时，我的一位老乡找到他，要求转入机械系学习，立即得到他的同意。他的慈颜笑貌和努力学习共建机械系的嘱托，永远留在我们的脑海里。史家宜教授，团结系内的老师一起编制教学计划，准备新课及相应的实践环节，建立实验室及实习工厂，一切都要从头做起，一片生气勃勃，有条不紊，使机械系迅速发展壮大。史教授还积极参与社会活动，是中国机械工程学会第一届理事。积极参加校外活动，扩大了校系在国内的影响。即使在历次运动中受到一些冲击，但其爱国、爱校、爱系、爱生从不动摇，一直奋斗在教学第一线和学科建设上。

在机械系与史家宜教授一起奋斗的还有孙竹生、刘钟华、陈忠金、毛家训等教授，在学习苏联的热潮中，带领青年教师，破除旧的东西，学习新的教育制度、教学内容、教学方法。由于学校已成为铁道学院，机械系设置蒸汽机车和铁道车辆两个专业（后又增加内燃机车专业），迅速发展了机车、车辆两个学科。随即又建立从未接触过的工程机械专业和起重运输专业。建立了很多相应的试验室，很多老师夜以继日地在新知识中努力攀登，在试验室中刻苦钻研，正因为有老一代的培养和年轻一代的努力，使新生的机械系迅速发展成为我校专业最多、人数最多的大系。

2. 刘钟华教授

在学校教授中，我接触最多也最难忘的一位，就是我们机械制造组和机械制造专业的创建者刘钟华教授。我做学生时，刘教授教我们机械制造工艺和金属切削机床课。院系调整后，成立机械制造教研组，刘教授成了教研室主任。要按新的教学计划和教学大纲开出长达 200 学时延续 5 个学期的金属工学课（包括金属材料及热处理、铸造、压力加工、焊接、切削加工及公差技术测量五部分）。他首先组织我们认真参加全校的俄文突击学习，随即组织全组教师与金属热处理教研组联合翻译苏联的金属工学教材，并在龙门书局出版，最先在全国推出。与此同时，刘教授还兼任实习工厂主任。我一毕业就留校做了他建设和管理工厂的副手，同时准备一年后开出焊接课。他要求新教师都要迅速开出新课。刘教授亲自指导青年教师备课，讨论教案和试讲。他经常做检查性听课，组织教学法研究，组织工厂实习、认识实习、生产实习。在刘教授精心策划，领导和具体组织下，教研室成为一个生气勃勃、有条不紊、团结协作、奋发向上的集体。以后，由于工作需要，刘教授又去主持新成立的内燃机车教研室的工作。以后又创建了摩擦学科，成立了摩擦学研究所。他辛勤而有创造性地工作着，直到病逝。刘钟平教授不仅亲手创建和发展了机械方面很多个学科方向，也培养了大批年轻教师成才。他的艰苦创业，凡事争先，敬业奉献、开拓创新的精神，叫我永世难忘。

3. 杨荣宝教授

杨教授教我们高等数学，他不只讲课和板书非常清楚，也是为人的楷模。回忆在郑州装卸机械厂开门办学的年月，这位老教授与我们年轻的教师、学生，同吃同住同劳动，乐于助人，艰苦朴素，和蔼可亲。经常赞助我们乒乓球和羽毛球用。经常给我们讲一些治校、治家、做人的道理。他认为，传给后人的更为重要的东西是一种独立自主、敬业创业的精神。正是这种精神，使他曾经领导过的数学力学系得以发展壮大，使他的学生成才，使他的后代成为我校数学系和材料系的出色年轻教授和一些部门的领导者。不幸这位德高望重的老教授早逝于唐山大地震之中。

4. 李汶教授

李汶教授教我们画法几何课。学生们把这门课叫作头疼几何，原因是这门课思维性强，作业多，要求又严，考试不容易过关。其实，李汶教授课讲得很好，善于启发，坚持老唐山交大严格要求的好传统，使我们学了这门课以后，可以医治日后在学习、工作上的"头疼"。李汶教授不仅培养了一代又一代的学生，年过七旬以后，还在为筹建建筑系而忙碌，还为建筑系的学生上专业外语课。他伴随着我校度过历史上的辉煌、苦难和坡坡坎坎，把毕生精力都献给了学校。

5. 曹建猷教授

曹教授教过我们电工学。那时，我们对电工学不是很重视。毕业以后，到处都遇到电的焊接才知不足。我下狠心去电机系从头到尾听了任朗教授的电工原理和工业电子学两门课，还听了姚晢明教授的电机课。我非常钦佩这几位教授的课堂表达和教学方法，不只充实了电工、电子和电机方面的知识，还成为我日后教学工作的榜样，至今受益匪浅。姚晢明教授是曹建猷教授的夫人，夫妻双双辞去了美国著名大学麻省理工学院教授职位，解放初期返回新中国参加祖国建设，来我校任教。曹建猷教授是我校电机系及电气化铁道运输专业的创建者，也是创建我国电气化铁道的功臣。姚晢明教授是全国人大代表，是妇女界的杰出人物。在"文化大革命"初期，姚教授就被迫死于峨眉山下，实在令人惋惜。曹建猷教授压制住失去亲人的无限悲痛，度过了无数的凌辱、打击和长期孤寂的单身生活。改革开放以后，他又以忘我的热情投身于我国铁道电气化事业，为我校办好电气工程系、创建计算机系以及为学校的发展做出了巨大的贡献，成为我校第一名中科院院士。

还有就是在 20 世纪 50 年代末引导我走向科研大门的钱冬生教授和孙训方教授。他们是全国著名的桥梁专家和力学专家，都是解放初期来我校任教的。他们没有教过我们的课，但是，他们引导我进入最早的焊接桥梁研究，提供思路和技术基础的支持，进行研究方法的指导，使我能将焊接—桥梁—力学结合起来，研究桥梁焊接结构力学行为及强度。他们还安排我为桥梁专业的本科生上桥梁焊接及加工或焊接及焊接结构课，为力学研究生上焊接力学课。与此同时，我编写了相应的内部使用教材。我与这两位老前辈始终保持了友好的联系，形成了私下的跨系、跨学科的联合，这个联合使我长期受益不浅。

以上是我亲身经历的熟悉的例子。正是这些恩师和引路人，创建了我校的学科、教研室、系所和实验室，培养了一批教学科研骨干，并带领这些人为国家培养输送了大批建设人才，而且传下了优良的校风、学风和作风。

发展起伏与十年"文化大革命"

中华人民共和国成立后的几年大发展，叫人终生难忘。以后就迎来了"一边倒"地学习苏联，进行院系调整。我校的铁道科研所迁到北京。学校由茅以升和唐振绪分别担任正副院长。在院系调整中，我校的采矿系、冶金系、化工系、地质组、水利组、建筑组被调整到其他院校，大量的名教授和优秀学生随之而去。他们最后都成为那些学校的领导、教学骨干、首届博导，有些还成为院士。院系调整后，我校仅剩下土木方面的两个系，改为铁道系和桥隧系，还有刚办三年的电机系和机械系。1956 年，办起了铁道运输系。按苏联铁道学院的模式设置专业，这些专业在以后的年代里也得到了很大的发展，基本上都是全国领先。学生人数由大量减少而迅速增加到 4 000 人左右，并且开始招收研究生，成为全国首批确定的二十几所重点大学之一。应该说，我校的实力调出壮大了不少院校，如北京矿业学院、北京钢铁学院等，以后又创建兰州铁道学院，我校支援上海、大连、长沙、北京和兰州等铁道学院的领导干部、教师骨干人数众多，为其他高校所不及，为新中国的高校建设做出了重大贡献。但是，自己学校的规模与发展却大受影响。同时，由于那时建设速度在地区间、城市间发展不平衡，也有不少教学骨干流失，出现了"一流变三流"的呼声并非危言耸听。要求建校于交通枢纽的大城市、恢复交通大学的名称、建立多科性的理工大学并非无理要求。

实际上，这种要求成为我校很多教师的梦想，并在为实现这一梦想而坚持不懈地努力着。在"大跃进"的年代里，学校先后办起了计算机、自动控制、机械制造、工程地质、物理、力学、数学专业，并陆续招生。同时准备开办材料及热处理、铸造、压力加工、焊接等专业，使学校能向多科性的理工大学推进。但好景不长，随着"调整、巩固、充实、提高"八字方针的贯彻、实施，这些新办的通用性的专业更是困难重重，即使这样，当时的理科专业还是培养出侯振挺那样的全国知名的数学家和大批就职于各个铁道学院的优秀数学、物理、力学教师。

紧接着的就是教师干部下放劳动和参加"四清"运动，接受工农再教育。1966 年，"文化大革命"开始了。6 月 18 日，上面一声令下，留下妻儿老小，留下一切家私，三天内出发，到峨眉山下"边革命、边建校、边教学"。在峨眉住庙宇、工棚，吃大锅饭，睡大通铺，走泥浆路，干重体力劳动，这就是一天的建校和教学；写大字报，看大字报，批斗"牛鬼蛇神"，这就是一天的"闹革命"。就是在这样的疾风暴雨中，机械系系主任史家宜教授，全国人大代表姚哲明教授，机械系党总支副书记姚宝根同志，建校总设计师姚富洲同志先后含冤去世。即使在这样的情况下，还是有不少有识之士，在实验室中辛勤工作，往家里学习英语，反思学校的教学改革，后在复课"闹革命"中备课上讲台，准备重新恢复北方交通大学。大家都在为国外科技飞速发展的时代浪费自己的宝贵时光而惋惜，都在等待能重新在教育科技战线上大显身手，都在为使母校再度辉煌而储备力量，迎接新的明天，迎接新的交大。

梦想成真　再创辉煌

1971 年 11 月，交通部军管会决定学校全迁峨眉。1972 年，定名为西南交通大学，圆了我们第一个梦。一切都得从头开始，一家人挤在一间小房子里，要到马路桥小镇买米买菜往山上背，烧的煤要自己用蜂窝煤模子打。同年，招收了第一批工农兵学员。面对这批年龄和程度参差不齐而又渴望学习的大学生，多年挨批斗的老师们仍然是那样辛勤地工作，编教材，写教案，刻钢板，深入浅出地讲解，在开门办学中去联系实际。有时还要为一些程度较差的学生加开课程。虽然很辛苦，老师们还是为恢复了交通大学的校名和重新走上讲台而高兴。

1977 年，十年"文化大革命"终于过去了。邓小平同志抓科技、抓教育、恢复了高考，学校从此进入了一个新阶段。学校又恢复了机械制造、计算机、自动控制、数学、物理、力学等理工科专业，陆续建立了管理、材料、焊接、工程结构、建筑学、交通工程等工科专业和外语、思想政治教育等文科专业。还建立了不少的硕士点和几个博士点。把学校定位于立足铁路，面向全国，以工为主，工理管文相结合的综合性大学，圆了我们的第二个梦。峨眉办学条件虽然不好，交通不便，对外协作困难，生活艰苦，但我校仍然在全国力学竞赛和英语统考中位居前列。在十年"文化大革命"中，我校教师流失约三分之一（我们教研室是二分之一），引进人才又十分困难，但在 1986 年全国高校正教授名录上，却是四川省（包括重庆）唯一一所正教授超过百人的学校。按在校学生人数平均正教授数全国领先。这一切说明我校具有一支多么好的高素质的教师队伍。几十年来，经过了多少从头开始，经过了多少风风雨雨，经过了多少艰辛曲折，始终是那样认真负责，爱校爱生，敬业创业，在任何条件下，都在始终如一的辛勤工作。

1990 年，用成都人的话来说，成都西郊飞来了一个大学城。西南交大搬到了我国西部特大城市——成都。圆了我们第三个梦。到了成都，学校得到了更快的发展。铁道部大量投资，房舍与设备居全国一流。在西南地区，我校首先进入"211"工程建设，并首先通过了"211"工程验收。从 2000 年起，学校划归教育部领导，又逢西部大开发的大好机遇，学校得到了快速发展。原有的系扩展为十个学院，近期又成立了理学院、外语学院、环保学院、材料学院和网络教育学院。这时我校硕士点、博士点和博士后流动站数量大增，成立了研究生院。全校招生数大增，2001 年新生达到 6400 人，其中研究生就有 1034 人（其中博士生有 215 人）。2001 年又在西南首先通过本科优秀教学评估。最近全国 MBA 教学评估专家组对我校 MBA 教学进行了评估，认为西南交大领导及教师，对 MBA 专业非常重视。学校对 MBA 的支持力度大，毕业生和在校生都对 MBA 教学表现出很高的满意度，体现了西南交大严谨治学的校风和学风。MBA 和经济管理学院内部管理有序，规章制度健全，软件条件好。学校到成都以后，科研与校产发展很快。在中华人民共和国成立 50 周年送京参展的常导磁悬浮列车是四川高校送展的唯一展品，深受全国人民的欢迎与赞赏。2001 年，全国"863"科技成果展览会上，我校送展的世界领先的高温超导磁悬浮列车，得到国人更大的重视。江泽民同志亲自乘坐了这辆车，并且详细向科研人员询问了研制情况。我校校办产业产值处于全川第一。现在，我校在国家和西部大开发的大好形势下，又在成都高新西区之侧再建新校区，在全校师生员工的共同努力下，定会在新的世纪，再创辉煌。

作者简介： 王元良，西南交通大学材料科学与工程学院教授。1948 年考入唐山工学院，1949 年就读机械系，1952 年毕业留校任教至今。

选自贾志良主编：《流金岁月——西南交通大学百年故事集》（成都：西南交通大学出版社，2006 年，第 453～461 页）

投身革命　忠于教育

——顾稀同志从事教育工作 55 周年

上海铁道学院老干部

一、到中国共产党领导的革命根据地去探索救国之道

　　顾稀同志 1919 年 6 月 15 日出生于上海市崇明县（今上海市崇明区）。1932 年。"一·二八"淞沪抗战时，他正在崇明中学读书，目睹日寇军舰、飞机在长江口横行肆虐，十分愤慨。当时人民群众抗日情绪高涨，他曾和群众一起进行抵制日货的活动。1934 年秋他去苏州工业学校读书，从崇明经上海到苏州，看到黄浦江上外国军舰列队向中国人民示威，外国警察在租界横行霸道。帝国主义者讥笑中国是"一盘散沙"，中国人是"东亚病夫"。这期间，他深感"国家兴亡，匹夫有责"，曾订阅邹韬奋主编的《生活周刊》《抗战周刊》《全民抗战周刊》和艾思奇主编的《通俗文化》月刊等，受到了抗日进步思潮的影响，知道了中国共产党领导的革命根据地抗日救国、除暴爱民的一些情况。

　　1937 年夏，由学校老师介绍到福建公路总工程处福田路、宁石路担任工程员职务。在宁（化）石（牛）路进行选线测量时，住在沿线农村中，那个地带是属于原中央苏区管辖的地方，红军撤离后，沿线农村中留下的标语传单很多，受到了难得的思想影响。1938 年，日寇侵略军已迫近武汉，福建局势动荡，人民群众中印有"福建省省长陈仪卖国罪状"等传单，宁石路工程处内部也人心浮动。当时由于顾稀同志长期阅读进步刊物，向往共产党地区朝气蓬勃的生活，他决心到陕北去，打算在武汉被日寇占领前穿过武汉去北方。

　　1938 年 8 月，日寇已入侵到武汉附近。当时他在福建辞去了工作，辗转闽、赣、粤、鄂数省，来到武汉。在"十八集团军（八路军）驻武汉办事处"同志的介绍下，又来到陕西省西安七贤庄二号找"西安八路军办事处"联系。该办事处介绍他去陕甘宁边区关中分区栒邑看花宫陕北公学分校学习。他在填写登记表时，将原名顾乾熙改为顾稀。

他回忆说："1938年9月20日，当我去西安汽车站排队买票时，有一人走来，问我去哪里？我说到邠县。他要我代买一张同程的汽车票。我们一起上车后，他问我到邠县后再去哪里。我说，到陕北上学去。车到邠县后，他自我介绍姓柴，也要去陕北，并说在邠县住一夜，第二天一天就可到达。他告诉我，夜间警察要查夜，他有一张十八集团军的护照，上面写有两个人的名字，有人查问时，要我说护照上那个名字。这样，在他的掩护下，那天半夜来查夜就顺利地混过去了。第二天，我们二人合雇了一头毛驴，驮上行李就出发。走到中午时，我拿出饼干请他吃，他说，路上我们可买点烧饼吃，把饼干带到陕北公学就是珍贵的礼品了。下午三点多钟，我们走过一道农民拿着红缨枪的岗哨，柴同志告诉我，走过这岗哨就是陕甘宁边区了。这时我兴奋极了，终于从福建来到陕北革命根据地，实现了自己的愿望。"

帮助我顺利到达陕北革命根据地的柴同志是谁呢？四十多年来我一直在思忖着这个问题，经多方打听，有同志告诉我，当时柴树藩同志在陕北公学工作，可以向他打听一下。1986年，我贸然向当时担任国家计委副主任的柴树藩同志写了一封信。1986年6月中旬，柴树藩同志给我写来了回信，信中说："你1938年9月从西安经邠县到栒邑路遇的那个人就是我。"我真喜出望外，40多年来我一直在寻找曾给予我帮助的同志，终于找到了。1987年6月12日，我和柴树藩同志在上海锦江饭店重又相会，我们畅叙了五十年前陕北的情景，兴奋之余还拍了两张照片作为永久的留念。

我在陕北公学分校报到后，编入四区队42队。我的人生也揭开了新的一页。正如陕北公学校歌歌词中所阐述的："这儿是我们的祖先发祥之地，今天我们又在这儿团聚，民族的命运承担在我们双肩，抗日救国要我们加倍努力。"

当年辗转千里，奔赴陕北投身革命的往事，虽然已经过去几十年了，但这段经历仍时时激励我为革命事业矢志不渝的豪情。

1938年9月—12月，顾稀在陕公42队学习时，学习了社会科学概论、中国问题、游击战争等课程，阅读了《共产党宣言》《社会主义从空想到科学的发展》等马、恩著作，开始树立了共产主义的世界观和人生观。1938年12月加入了中国共产党。

1939年1月顾稀在陕北公学普通班42队学习，这时陕北公学成立大学部，普通班学习结束后，可经过考试进入大学部继续学习，顾稀经过考试被录取进入大学部，编入第5队学习。1939年3月转调到第6队时已被任命为教育干事，并当选为党的支部委员会委员，在革命队伍里开始从事革命工作。

二、到敌人后方去，行军三千里到达晋察冀边区

1992 年 8 月，为纪念成仿吾校长 95 周年诞辰，顾稀同志在纪念文章中回忆当年他在成仿吾校长带领下挺进敌后的情景时说：

"1939 年 6 月初，为坚持敌后抗战，党中央决定陕甘宁边区几所主要的大学向华北敌后抗日根据地挺进。抗日军政大学总校由罗瑞卿同志任校长，陕北公学、鲁迅艺术学校、安吴堡战时青年训练班、延安工人学校等四校联合，成立华北联合大学，由成仿吾同志任校长，一起开赴敌人后方。中央军委决定，抗大总校和华北联大两校合编为一个纵队，番号为八路军第五纵队，由罗瑞卿同志任司令员兼政委，成仿吾同志任副司令员。华北联大编为纵队下一个独立旅，由成仿吾同志兼任旅长和政委。我编在独立旅的一团一连二排担任政治战士、党支部委员。

1939 年 6 月下旬，我们陕北公学的队伍一千多人在成仿吾同志带领下，从枸邑看花宫出发，穿越陕甘边境地区，经宜君、黄陵、洛川、富县、甘泉，1939 年 7 月初到达了延安。到达延安后，稍事休息，毛主席和中央书记处的几位负责同志即先后给我们做报告。1939 年 7 月 7 日，我们全体人员集中在一个天主教堂西侧的广场上，成仿吾同志向大家宣布说：'今天是 1939 年 7 月 7 日，根据党中央的决定，宣告华北联合大学正式成立，并请毛泽东同志讲话。'毛主席谈笑风生地说：'当年姜子牙下昆仑山，元始天尊赠了他杏黄旗、四不像、打神鞭等三样法宝，现在你们出发上前线，我也赠你们三样法宝，这就是统一战线、武装斗争、党的建设。'主席讲话三天后，周恩来同志做报告，讲'中国抗战形势'，讲了四个多小时，讲完后，大家欢迎周恩来同志唱歌。周恩来同志指挥大家唱了《热血滔滔》和《到敌人后方去》，7 月 11 日晚上，党中央举行欢送晚会，在只能容纳八百人的陕北公学礼堂举行。由于受礼堂容量影响，只能由排以上的干部作为代表参加，我有幸参加了这次欢送晚会。晚会开始，由李富春同志代表党中央致欢送词，成仿吾同志代表上前线师生致答词而后演出节目。但节目只演了两个就宣布结束了。后来知道，周恩来同志骑马来参加晚会的途中，由于骑的马滑下沟里，摔伤了右臂。毛主席和中央同志们都很震惊，要去看望周恩来同志，所以晚会提前就结束了。

这事成仿吾同志回忆说：'当时延安的医疗条件很差，不能接骨，恩来同志飞去莫斯科去治疗，虽然接上了骨头，但伤了筋。从此，他的这只右臂就不能伸直。几十年来，他就以这只伤残的右臂做着极其繁重的工作，从写文章、批改文件，直到纺线、种地，他是为送我们联大师生而受伤的。'

1939年7月12日，我们的队伍浩浩荡荡地从延安出发了。这时成仿吾同志骑着马走在队伍前面，他回忆说：这时他'壮怀激烈，思绪万千'。'啊，别了，延安！回首宝塔，延安城，延安河水，清凉山，胸臆填满了无限的依恋之情！但是，奉中央之命，到敌后战场去办大学，这是历史上从来没有过的英雄事业、是崭新创造！想到这里，又信心百倍地挥鞭前进。'我们队伍从延安出发，经延长到延川，原定直去晋东南，后由于大雨滂沱，黄河、汾河水涨，大部队渡河困难，经请示中央批准，决定改道北上。经清涧、绥德、米脂到佳县。过佳县城后，队伍沿黄河边北行，蜿蜒曲折地行进在靠山傍水的山腰小道上，一天行军过后，回首一望，清早出发时的景观，似乎还在眼前。一路上我们十分难得地饱览了这九曲黄河的壮丽景色。

1939年8月17日我们在佳县的盘堂——黑峪口渡过黄河，成仿吾同志回忆说：'我经历过乌江、金沙江、大渡河的天险，这次又带领这几千名中华民族的优秀儿女渡河东进，驰骋在华北广阔的战场上与敌人周旋，感觉心情也恰似黄河一样的豪迈和宽广。'我们顺利渡过黄河后，当天晚上到达了兴县曹家坡村。在曹家坡村一带，我们队伍休整了二十天。为了冲破敌人同蒲铁路两旁的'封锁面'，我们进行了多次夜行军、急行军训练，准备了充足的干粮和每人各自编了两双草鞋。9月16日我们队伍从兴县出发，为封锁消息，一路都是夜行军。我们翻过了著名的吕梁山，在娄烦镇东涉渡汾河。过汾河后又爬登了高耸入云的云中山，翻过云中山就接近敌占区的同蒲铁路'封锁面'了。9月23日夜急速行军，走的全是乱石小路，急行了七十里后，在9月24日凌晨放下背包就躺倒在地下睡着了。这时成仿吾同志和掩护我们过'封锁线'的八路军三五八旅旅长彭绍辉同志却摊开地图研究如何带领大家突破这个敌人的'封锁面'。大家一觉睡到了中午，吃过午饭，成仿吾同志下令'继续午休，准备下午五点钟出发'，在下午两点钟的时候，成仿吾同志召开了一个党员干部、积极分子会议，他讲了敌情和我们冲破同蒲铁路封锁线的部署。他说：'经过两个多月的行军，我们是锻炼出来了。一会儿就要过封锁线，得连续急行军七八十里，才能达到路东的山下，翻过山就是晋察冀边区的游击区了。敌人也可能发现我们，向我们冲击，我们千万不要慌乱，无论如何，我们只应前进，决不能后退，我们一定要爬过路东的大山，到达晋察冀边区。'会后，我们各连队召开全连大会，进行传达并做好一切准备工作。我们连队党支部确定由我背负全连的组织材料，并向我交代，如遇到紧急情况时，要把材料的副本处理掉，特别危急时要把材料吃下肚去。我除了按党支部的决定，背负连队组织材料外，把我自己背负的行装按旅部规定，也分成了必须保留和危急时刻可以丢弃的两部分。9月24日下午五点，队伍出发了，我们个个精神抖擞，紧张严肃，除脚步声外，不发出其他响声。入夜，我们队伍从大山上下到平川，经过敌人的一个个'爱护村'，我们以急行军的速度跑过这些村庄。这夜行军，我们连担任全旅的后卫，由于行走在队伍的最后边，所以行军速度很不均匀，或者是长时间停留不动，或者是长时间疾跑。当走出一个村庄，队伍长时间疾跑一段后，队伍前面传来情况，说前面队伍不见了，又急跑了一段，还是见不到前面的队伍，这时连长下令队伍暂停。当时在一起失掉联系的有我们连的连长、指导员，还有二排大部分和三排的全部。经连队党支部讨论，肯定我们走错了路，决定从原路后退，在三岔路口分路找寻走在部队最后的运输大队通过后撤掉下来的路标纸，找到路标之后再前进。这样经过几个三岔路口后，我们发现了我们部队的行进路线。我们这支失掉联络的三四十人的小队伍以十分紧张的心情跑步行进，想尽可能缩短与大队之间的距离。但时间已经丧失了，当我们这支小队伍过铁道路口时，我们的掩护部队已经撤走，但敌人仍未敢行动。过铁路线后，我们一直是跑步前进。这时天色已微明，我们进了一个村庄想弄点水喝，敌人从村口冲过来，我们队伍被冲散了，我和另外四人跑到了村庄外的一个沟沟里。按成校长的指导，任何时候我们都要持有组织有纪律的队伍，大家推选了一个班长和一个政治战士，我被选为政治战士。我们决定白天停留在沟沟里，夜间行动。这时我把负责背负的组织材料，按规定进行了清理。这天我们在沟沟里吃干粮吃不下，只能吃点生豆子，后来天下雨，接了点雨水喝。这天黑夜，我们从沟沟出来，用指南针按向东方向前进，在一个小路上行进时，又遇到了我们失掉联络的一位同志，这样我们的队伍就增加为 6 个人了。我们在系舟山地区连续走了三个黑夜后遇到我们的掩护部队，他们告诉我们行进的路线，并给了我们几天的路费。这天我们是白天行进，西烟据点的敌人向我们部队盲目开炮，我们六个人在隆隆炮声中翻山越岭。当我们走在滹沱河边时，成校长派司风皋（师唯三）同志来接我们，我们多么高兴啊！终于在山西省孟县和河北省平山县交界的赵庄村我们又重回到了部队，胜利地到达晋察冀边区。"

从 1936 年 6 月下旬，从陕西枸邑县看花宫出发，到 1939 年 9 月下旬到达晋察冀边区，顾稀同志和华北联合大学的队伍经过历时三个月，行程三千里的"小长征"，达到了预定的目标。

三、忠诚党的教育事业，为敌后抗日根据地培养干部

1939 年 10 月初，华北联大和抗大总校到达晋察冀边区的时候，正值贺龙同

志和聂荣臻同志率领的八路军部队经过六天五夜的战斗，围歼进犯之敌两千人于灵寿县陈庄。晋察冀军区召开了庆祝陈庄战斗胜利、欢迎联大、抗大到达的祝捷和欢迎大会。盛大的万人大会，一连开了三天。会后抗大总校师生继续行军去晋东南，华北联大原定也要过正太线去晋东南，后党中央同意北方分局的要求，华北联大留在晋察冀边区。北方分局决定，分局和军区机关的驻地搬到恒山脚下，把原驻地阜平县城南庄让给了华北联大。华北联大就在这丛林村庄中，建校开课。成仿吾校长写了个《华北联合大学校歌》歌词，文艺部副部长吕骥同志谱了曲。歌词叙述了华北联大的战斗经历和战斗任务，写道："跨过祖国的万水千山，突破敌人一层层的封锁线！民族的儿女们，联合起来到敌后方开展国防教育。为了坚持华北的抗战，同志们我们团结，我们前进，我们刻苦，我们坚定！国土要收复，人民要自由，新社会的创造，要我们担任！努力学习革命的理论，培养我们革命的品质，我们誓死决不妥协投降，战斗啊！胜利就在明日！"这个歌声随着华北联大师生的足迹，传遍了晋察冀的山山水水。李公朴先生带了一个敌后教育考察团来到晋察冀边区，他和成仿吾校长在敌后相见，感到格外高兴和亲切。他说，华北联合大学是英雄的事业，是插在敌人心脏上的一把剑。

1939年11月7日，在阜平县城南庄的打麦场上举行了盛大的华北联合大学开学典礼，成立了第一届学生总会，由汪志天（项子明）担任主任，顾稀担任主任。大会在刚开始演出文艺节目时，从东方远处传来了隐隐的炮声。这是接到军区紧急通知：敌人的冬季"扫荡"开始，正向阜平方向进犯，军区命令华北联大的队伍向西南方的平山、五台山一带转移，要求第二天上午就出发。第二天上午，师生们在驻村集合，身穿刚发下的八路军棉军装，辞别了老乡，向灵寿、平山与五台交界的大山——漫山进发。学校提出了"背起背包行军，放下背包上课"的口号。每天白天行军休息时，就集结隐蔽在树林里上课。这样行军走了三天，雪越下越大，山上的积雪越积越厚，第三天傍晚走到了五台山山脉的漫山，这是一个高寒的大风口，刺骨的寒风，夹着积雪，从山岭的风口猛烈地刮来，同志们好不容易走过了山岭，到一个暖和的屋子里才慢慢暖过来。越过漫山后，学校决定组织两个参战实习总队去第四军分区和第二军分区，顾稀同志到了第四军分区，在山西省平定县和河北省井陉县参加了扩军工作。这次秋冬季反"扫荡"，敌人抽调两万余兵力进犯我边区东北部的一、三军分区。1939年11月间，第一军分区杨成武部，全歼敌军北路总指挥阿部中将及其部下五百余人于涞源县黄土岭。日本报纸大标题："名将之花谢落在太行山上"，语气十分沮丧。这次反"扫荡"共毙敌人四千余人，到十二月中旬结束。

　　1940 年 1 月，华北联大按照北方分局的通知，把校址迁到未被敌人破坏过的、比较富庶的平山县元坊村一带。从 1940 年 1 月至 11 月，局势比较稳定，华北联大进行了有秩序的教学活动。学生总会把成校长规定的"团结、前进、刻苦、坚定"的校风在学生中传播和发扬起来。1940 年 1 月，学校选拔抽调了一批学员组成研究班，也称干部队，顾稀同志当时是党建研究室的成员，还担任了该班的教育干事、党支部委员。1940 年 2 月，为使学校工作和敌后抗日根据地的实际密切结合，成校长决定派两个考察团分赴第一军分区和第三军分区考察学习。第一军分区考察团由文艺院院长沙可夫同志任团长，顾稀同志任党支部书记。顾稀同志回忆说："我们在 1940 年 2 月中旬从平山元坊出发，在一军分区受到杨成武司令员的热诚接待，列席参加了他们部队召开的党员代表大会。"

　　1940 年 3 月—1940 年 9 月，顾稀在社会科学部第三队担任政治指导员、党支部书记。1940 年 10 根据分局指示，华北联大向正规化方向发展，将各部改为学院。当时共设有文艺、教育、法政三个学院和群工部、中学部两个部，全校教职学员发展到 4000 余人，分住十多个村庄，是华北联大发展壮大的最盛时期。

　　1940 年 10 月，工人部改为工学院，院长成仿吾（兼），院部增设秘书，由顾稀担任。1941 年 2 月工学院停办后，顾稀调到教育学院担任教七队队主任、党支部书记。1941 年 8 月，日伪集中 10 多万兵力进行疯狂"扫荡"。华北联大师生高度分散在六个县的农村参加游击战争，斗争极其残酷。边区中心地带遭受惨重破坏，1941 年 12 月，反"扫荡"胜利结束。教七队完成教学计划后，分配工作。1942 年 1 月顾稀担任教育学院教育科长兼高级队队主任、党支部书记。1942 年 8 月高级队结束后，顾稀任教育学院党的分总支副书记兼高中班班主任。

　　1942 年是晋察冀边区最困难的一年，由于敌人的疯狂"扫荡"和封锁蚕食，根据地缩小了，伙食供应困难，华北联大师生只能日夜两顿高粱粥，黑豆饼，生活十分艰苦。在这种情况下，晋察冀分局决定华北联大缩编为只保留教育学院，由于力（原名董鲁安，曾任北京大学文学系主任，日军发动太平洋战争后，由北平来到晋察冀解放区工作）任院长，李常青任副院长兼党团书记，顾稀任院党总书记，1943 年晋察冀边区对敌斗争仍十分艰苦、残酷。4 月下旬，日寇对华北联大所在北岳区进行分区"辗转扫荡"。9 月 16 日至 12 月 20 日，日伪集结四万兵力，对北岳区进行了历时三个多月的"扫荡"。华北联大教育学院师生编成实习中队，分组疏散打游击，反"扫荡"结束后，又返回原地。这期间，顾稀兼任院反"扫荡"委员会主任。

　　1944 年初敌后抗战形势好转，在党中央的统一部署下，各地各单位都展开了大生产运动，发动群众进行种菜、纺纱、运输、制糖等生产活动，以实现"人人动手、丰衣足食"的目标，1944 年 2 月顾稀又兼任高中班班主任，高中班党支部书记。这期间高中班分为文科和理科，进行了正常的教学工作。顾稀同志除讲解时事政治外，还兼任文科的数学教员。1944 年 2 月，根据晋察冀北方分局决定，华北联大教育学院增设了政治班，以适应平津一带青年学生冲破敌人封锁，进入边区日益增多的需要。1944 年 4 月顾稀去北方分局党校参加整风学习，1945 年 8 月又回到华北联大教育学院，担任党总支委员兼政治班主任、党支部书记。这时，政治班学员已发展到四个队三百来人。日本投降后，华北联大教育学院的大部分人员，于 1945 年 9 月奉命进入张家口，并恢复了华北联合大学的全称。学校除继续开办政治班外，还接受晋察冀边区政府委托，开办行政人员训练所，教育改造伪蒙疆系统的行政、教职人员。华北联大校务主任狄子才兼任所长，顾稀任副所长。

《中国人民大学组织史资料》对抗日战争时期的华北联合大学做了如下概括性的总结："抗日战争时期，华北联合大学坚持敌后办学整整六年，'敌人扫荡我转移，放下背包就学习''在战斗中学习，在学习中战斗'，在极端艰苦的环境中，为抗日战争和解放区建设共培养了 800 多名干部，连同短期培训的干部，总数超过万人。此外，还培养了几百名政治理论、文学艺术、教育、政法、财政等方面的骨干教师和专门人才。华北联大培养的干部，有的已在残酷的战争年代贡献出自己的宝贵生命，更多的人在斗争中受到锻炼，成为抗日战争、人民解放战争和社会主义革命和建设的骨干，为中国人民的解放和国家建设做出了重大贡献外。"

四、为人民的交通事业培养人才四十年如一日

1945 年日本投降，晋察冀边区政府接管了敌伪蒙疆政府领导的平绥铁路局，成立了张家口铁路局。顾稀同志于 1945 年 10 月 10 日，由华北联合大学调到张家口铁路局领导的张家口铁路学院任代院长、院长、党支部书记，从而开始了为交通建设培养人才的工作。1946 年 10 月，解放战争开始，我军撤离张家口市，张家口铁路学院奉命转移到平山县李家沟口一带农村。1946 年 11 月，根据边区政府的决定，张家口铁路学院和从张家口撤退下来的张家口工业专门学校、张家口商业学校以及张家口铁路局的部分人员联合创办了晋察冀边区工业交通学院，任命黎亮（曾任北京大学工学院教授）为院长，侯薪和韩子毅先后任副院长，顾稀为教导主任、党总支书记。晋察冀边区工业交通学院下设三个部（一

部是铁路业务班和铁路机务班,二部是水利工程班和道路工程班,三部是预科),一个直属会计班、一个研究室(主要由张家口铁路局撤退下来的高级技术人员和研究人员组成)。学院在教学过程中,为了支援解放战争,还承担或参加边区一些工程项目的勘测、设计和施工工作,其中突出的是平山县沕沕水水电站工程。学院和边区工业局与人民解放军相结合,1948 年 1 月 25 日完成工程任务后,举行开车典礼。朱德总司令亲临开车典礼剪彩并题词"边区创举"。1948 年 7月,发电站开始向党中央驻地西柏坡送电,党的七届二中全会就是由这座水电站供电。该电站已正常运转四十多年,1988 年还得到河北省石家庄地区小水电系统的奖状。这事是高等学校理论联系实际,教育和生产劳动相结合的一个突出的历史实例。

1947 年 11 月 12 日石家庄解放。晋察冀边区工业交通学院的大部分师生,大批分赴各地参加新解放区的工作。校部工作人员按上级指示,在教导主任顾稀同志带领下,于 1947 年 12 月 21 日进入石家庄。根据中共石家庄市委决定,从石家庄市的工人中培养一批工人干部,创办了"晋察冀边区石家庄市职工学校"、由石家庄市总工会主任、石家庄铁路局政委栗再温兼任校长,顾稀任副校长,先后培训青年工人 160 人,于 1948 年 9 月初毕业分配工作。1948 年 9 月 3日在华北人民政府领导下,成立以张国坚、顾稀为正副主任的"华北交通学院筹备处",原石家庄市职工学校的工作人员全部参加了华北交通学院的筹备工作。1948 年 11 月,华北人民政府委任陈武仲(前晋冀鲁豫边区北方大学教授)为华北交通学院院长,顾稀为华北交通学院教务长。该院办学宗旨是培养交通建设及管理人员,设有速成班、预科、本科等班次。1949 年 3 月,华北交通学院奉命由石家庄市迁往唐山。

1949 年 2 月,中央军委铁道部委派顾稀担任接管唐山学院(即唐山交通大学)军代表。顾稀随即和留唐师生、唐山工学院教授罗河为首的复校委员会取得了联系,后又和迁沪师生代表王效通等取得了联系,5 月 27 日上海解放后,即派联络员李泳和赵锐二人去上海,和迁沪师生商讨返唐的计划。1949 年 7 月13 日在唐山召开了接管唐山工学院的大会,宣布成立以唐振绪为主任委员会的新的唐山工学院院务委员会,负责领导院行政日常工作。

1949 年 7 月 8 日,中央军委铁道部令,决定唐山工学院、北京铁道管理学院、华北交通学院合并组成中国交通大学,分设工学院及管理学院。1949 年 7月 8 日,又令华北交通学院办理结束。工作人员,除陈武仲院长、顾稀教务长之外,可由陈、顾提出,分别分配到唐山工学院或北平管理学院。中国交通大学北京校部成立后,由茅以升任校长、金士宣任副校长。顾稀任教育处长。1949

年 9 月，顾稀被派到北京铁道管理学院任铁道部代表，协助院务维持委员会主任委员工作。

1950 年 8 月，中国交通大学改名为北方交通大学。1950 年 9 月，顾稀被派到北方交通大学唐山工学院任副院长，10 月任代院长。1950 年 11 月兼任该院抗美援朝委员会主席。美帝国主义于 1950 年 6 月 25 日发动侵朝战争，妄图侵占朝鲜，扼杀中国。1950 年 10 月 8 日，毛泽东主席发出《给中国人民志愿军入朝作战的命令》。1950 年 10 月 19 日，中国人民志愿军雄赳赳、气昂昂，跨过鸭绿江，奔赴朝鲜前线，同朝鲜人民军并肩作战，抗击美国侵略者。1951 年 3 月 23 日晚，顾稀代院长从北京返校，带回铁道部滕代远部长的指示：有一紧急国防建设任务，需唐山工学院土木系四年级学生六十名，教职员工十名，共七十名参加，希及早准备，待命出发。第二天一早，顾代院长向土木系师生传达了滕代远部长的指示，经师生们充分讨论后，最后批准了 60 名 1946 级土四学生，10 名教工，共 70 名组成抗美援朝工程队，由王泽洲任大队长，阎焘任政治指导员。1951 年 3 月 25 日，他们离校出发时受到全院师生的热烈欢送。建筑系归国华侨陶德坚女同学捐出了自己心爱的皮大衣，剪裁成几十副皮手套，送给老大哥们。抗美援朝工程队入朝后，在战火中修建了朝鲜顺川机场和介川机场，许多同志立了战功。1951 年 12 月回国休整，补上未学完的课程，编为"土五"班，后来大家称他们为"土老五"。1952 年 4 月 19 日北方交大唐山工学院第二批抗美援朝工程队成立，由土木系 1946 级毕业生陈国藩等 20 名和土木系 1948 级王润霖等 20 名，以及教职工霍肖陆等 12 名共 52 人组成，仍由王泽洲任队长，景岩任政治指导员。1952 年 5 月 2 日他们跨过鸭绿江，为了配合朝鲜停战谈判遣返战俘的需要，修建板门店的我方机场。由于谈判未能按预计时间达成协议，只好回国待命。在待命期间，在我国阜新修建一个军用机场。1953 年 7 月 23 日，唐山铁道学院（1952 年 5 月起改名为唐山铁道学院）第三批抗美援朝工程队宣布成立。由桥隧系 1950 级张鍼等 18 名，铁道系 1950 级沈大元等 10 名，土木系 1948、1949 级王润霖等 11 名，土木系 1946 级毕业生秦杰等 6 名及教职工景岩等 6 名共 51 人组成。由秦杰任队长，景岩任政治指导员。由于停战谈判达成了协议，立即紧急出发，突击抢修了板门店北方机场，保证了遣返战俘的顺利进行。整个施工都是在雨季稻田中铺成跑道。经过紧张的战斗，同志们终于按期完成了任务。1953 年 9 月 12 日下午凯旋回到唐山，受到全院师生的热烈欢迎。北方交大唐山工学院三批抗美援朝工程队入朝后，都是和第一铁路工程局机械筑路队的来朝人员联合组成铁道部抗美援朝工程队。在铁道部派来的以老校友袁仲凡同志等领导干部和工程师的直接领导和技术指导下进行工作，编制属于中国人民志愿空军。在前后两年半时间里，唐院由于有一批师生直接战斗在抗美援朝前线，使整个学院沉浸在强烈的爱国主义和国际主义热潮中，参加抗美援朝工程队受到了战斗锻炼的一批同志回来后，又直接参加了学院各方面工作，使整个学院增强了骨干力量，也长远地影响了学院的院风。

中华人民共和国成立后，在三年恢复期和准备实施第一个五年计划期间，急需大批铁路建设人才。顾稀在任唐山工学院军代表和代院长期间，认真贯彻党的知识分子政策，在接管中团结一切可以团结的力量，并通过各方面的关系（包括院务委员会主任委员唐振绪在北美交大校友总会和欧美同学会的关系）积极争取国内流散的和从国外回国的专家学者，在唐山交通大学、唐山工学院的基础上，增强了原有的土木、建筑、采矿、冶金四个系，又新增了机械、电机、化工、材料四个系，为培养急需人才还增设了铁路工程、定线设计、线路、机车、车辆、信号等专修科；并争取把铁道技术研究所迁到唐院，以实现教学与研究的结合、人才和设备的互相利用。在设备建设方面，滕代远部长还亲自支持，派出章守华教授直接到瑞士采购了一大批先进的教学科研设备。

经过以上种种努力，北方交大唐山工学院在三年恢复期末在师资、设备、校风等方面都达到了国内高等学校的领先地位。

1952年5月，根据国家统一的高等院校院系调整的部署，北方交通大学校部撤销，北方、唐山两院分设为北京铁道学院和唐山铁道学院。唐院的采矿工程系调整到北京矿业学院，由何杰系主任担任北京矿业学院院长；唐院的冶金工程系（材料工程系停办）调整到北京钢铁学院，由张文奇系主任担任北京钢铁学院院长；唐院的建筑工程系先已调整到北京铁道管理学院，后又调整到天津大学，徐中系主任担任了天津大学建筑工程系主任；唐院的化学工程系调整到天津大学，余国琮系主任担任了天津大学化学工程系主任，现为中科院院士；地质教研组袁见齐教授调整到北京地质学院，现为中科院院士；土木工程系水利组和市政组调整到清华大学，黄万里教授随调到清华大学，同时清华大学的铁路组调整到唐山铁道学院，张泽熙教授等调整到唐山铁道学院，还有重庆大学的铁道工程系、哈尔滨铁道学院的铁道工程系和机械工程系调整到了唐山铁道学院。这期间，铁道技术研究所迁移到北京，扩大组成铁道部铁道科学研究院。

1952年11月15日，中央人民政府主席毛泽东签署任命顾稀为唐山铁道学院院长。1954年5月，唐山铁道学院党委会建立后，顾稀任院长、党委书记。1956年中共唐山市党员代表大会上，顾稀当选为中共唐山市委第一届委员会成员。

1953年抗美援朝战争胜利结束后，唐山铁道学院在铁道部统一安排下举办了抗美援朝归国人员补习班，经过短期补习后再进入本科或专修科深造。1955
年又根据铁道部的决定，在唐山铁道学院举办局、处干部为主的干部班，以学
习铁路技术业务为主，经过二、三年的正规化学习，达到专修科毕业水平，以
适应人民铁道事业对领导干部的新要求。为了学习苏联先进的铁路技术，培养
研究生从1955年起，经过铁道部和高教部批准，先后延聘了十三位苏联专家来
院讲学，同时派出两批青年教师留学苏联，作为苏联副博士研究生继续深造。

　　1956年1月14日到20日，党中央召开知识分子问题会议，顾稀参加了这
次会议，会上周总理代表党中央做了报告，毛主席做了重要讲话。会议总结贯
彻执行党的知识分子政策的情况和经验，传达和阐述了毛主席"向科学进军"
的号召，提出了制定12年科学技术发展规划的任务。顾稀回院传达后，全体师
生员工群情激奋，铁路电气化教授曹建猷（中科院院士）等参加了国家十二年
科学技术发展规划的起草工作，各系、各教研组都积极开展了科学研究和技术
革新工作。党委根据党中央的要求，加强党的建设，各党总支、支部抓紧进行
了在知识分子中发展新党员的工作，一批高级知识分子参加了党的组织。1958
年9月全院举办了科研成果展览会，刘少奇副主席、周恩来总理等亲临唐院，
给予了高度评价，进一步鼓舞了师生员工向科学进军的热情。

　　1956年4月，唐山铁道学院第一次党员代表大会召开，选举顾稀任党委书
记。1956年9月，顾稀去中共中央直属高级党校参加轮训学习，1957年6月返
回唐院，参加了唐院的整风与反右派斗争。1957年10月，铁道部部长助理钱应
麟调来唐院任院长，顾稀改任副院长。1958年9月唐院第二次党员代表大会选
举钱应麟任党委第一书记，顾稀任党委第二书记。1959年12月，钱应麟调去北
京铁道学院任院长，顾稀仍担任唐山铁道学院院长。1960年4月，院第三次党
员代表大会，又选举顾稀为党委书记。1960年8月15日，中华人民共和国国务
院总理周恩来签署"任命书"，正式任命顾稀为唐山铁道学院院长。

　　1958年，在高举"三面红旗"（社会主义建设总路线、"大跃进"、人民公社）
的群众运动中，高等学校进行了无产阶级教育革命，贯彻执行"教育为无产阶
级政治服务，教育与生产劳动相结合"的方针，进行了开门办学、参加"双革"
（技术革命和技术革新）运动和劳动锻炼等，在这些工作和活动中，既贯彻执行
了党中央的正确政策，但也受到了严重的"左"倾干扰，损害了党和群众的关
系，破坏了教育工作的正常秩序，影响了教育质量和科研成果。1960年，党中
央提出"调整、巩固、充实、提高"八字方针，陆续制定了《农村六十条》等，
解决了部分"左"倾干扰的不良后果。但在"阶级斗争"为纲的思想指导下，"左"
倾思潮仍继续发展，直到"文化大革命"的全面爆发。顾稀在"文化大革命"

全面展开前的 1966 年 1 月已被批判并调动工作，1966 年 6 月"文化大革命"在高等学校首先开展后，又调回唐山铁道学院作为"顽固不化走资派"被批斗。1969 年 8 月底又定为"犯走资派错误"的好人，经批判和检讨后宣布"解放"。

　　从 1956 年 5 月到 1967 年 1 月"一月风暴"被夺权，顾稀一直担任中共唐山市委委员。1971 年 9 月，顾稀由铁道部调出唐山，参加筹办"华东交通大学"的工作。1973 年 3 月，又由铁道部调上海铁道学院，担任院党的核心小组组长工作。1974 年 1 月 17 日，召开院党代表大会，顾稀被选为院党委书记。在这期间，顾稀为国务院决定把上海交通大学的机车车辆和同济大学的铁道工程专业调整到上海铁道学院做了大量的工作，为上海铁道学院继续在上海发展、提高，广罗人才，增加专业，清除"文化大革命"的影响，增强干部职工的团结，为铁路事业的现代化，为铁路事业在上海建立培养人才和科研基地，做出了极大的贡献。顾稀同志 1985 年离休。从 1945 年 10 月调往张家口铁路学院工作一直到 1985 年 5 月离休，近四十年的时间，顾稀同志一直为人民铁道教育事业贡献自己的力量。离休后，他仍在继续为人民的事业发挥余热，做出一个共产党员应有的贡献。

1994 年

　　选自杨树彦主编：《西南（唐山）交通大学校史资料选辑（第八辑）》（四川成都：西南交通大学校史编辑室，1995 年，第 9～17 页，下转 8 页）

继承光荣传统　发扬优良校风

　　校风是所学校精神面貌与作风的集中表现，它常常在无形中影响着每一个成员，支配着学校生活与工作的各个方面，影响着学校在一定时期内的发展。校风是在较长的历史发展过程中形成并不断发展的，注意保持与发扬好的校风就可以顺应历史发展的方向，更好地完成培养人才的任务；如果不加注意，听任不良倾向的蔓延，一个良好的校风也会褪色变质，并产生严重危害。正因为这样，自觉地维护与发扬优良校风是我们大家的共同职责。

　　我校是一所已有88年历史的高等学校，广大师生员工在漫长的岁月中，形成了热爱祖国、爱护学校、追求进步的光荣传统。也形成了"严谨治学、刻苦钻研、艰苦奋斗、实事求是"的优良校风。中华人民共和国成立后，在党的教育下，又进一步树立了全心全意为人民服务的思想。在这些思想、传统与校风的影响下，我校培养出了一大批出色的科学技术人才，为祖国的社会主义建设做出了应有的贡献。

一、维护与发扬优良校风的重要性

　　学校从来就是培育人才、倡导风气的场所。一个社会的统治阶级、领导集团或人物，必然要根据自己的需要和自身的道德规范通过学校来培养自己的接班人。学校不能脱离社会，社会风气必然要影响学校。但是学校又是知识文化的荟萃点与道德规范的示范区，对社会风气的发展变化有很大的影响。在正常情况下，学校应当对不正之风有更强的抵抗力，对精神文明有更强的推动力。从这个意义上来讲，学校是建设社会主义精神文明的重要基地。

　　"文化大革命"中，学校是重灾区就是一个例证。在此期间，我校的校风也受到了很大的破坏。自从党的十一届三中全会拨乱反正以来，我校各项工作有了很大的恢复和发展，但是我校的优良校风还未完全恢复。因此，我们还必须下大力量恢复与发扬我校的优良校风，在精神文明建设中发挥学校应有的作用。

　　目前我们肩负着四个现代化建设的光荣任务，而整个世界又处在"新的技术革命"的前夕。我们培养的人才要担负四化重任，要站到世界科学技术发展的前列，不仅要有过硬的科学发术，而且要有过硬的思想作风。要做到这一点，就必须维护和发扬我校固有的优良校风，而且还要适应飞跃发展的时代提出的更高要求。

校风对学生具有熏陶感染、潜移默化的教育作用。一所学校，提倡什么，反对什么，尊重什么，鄙视什么，在学校工作的教职工的一言一行，一举一动，以及学校的环境、气氛、习惯、传统等，对广大学生的精神面貌和思想作风，都会产生无形的影响。这种无声的命令，往往力量很大，特别是对于正处在世界观形成过程中的青年学生来讲，作用尤其明显。所以，一个学校的校风如何，我们还可以常常从这个学校培养出来的毕业生的身上看出来。从我校数十年的毕业生身上，从我校多数教职工身上，都可以找到我校校风的印痕。从这个意义上来讲，树立优良校风，对于培养学生具有良好的素质，也有十分重要的意义。

二、热爱祖国，爱护学校，追求进步，是我校的光荣传统

我校自 1896 年开创以来，已有 88 年的历史了。中华人民共和国成立前的 53 年，学校饱经沧桑，历经艰险。帝国主义的侵略炮火，封建军阀的内战烽烟，反动统治的欺骗压迫，多次使学校流离失所，易地上课，甚至暂时停课，但是热爱祖国、爱护学校、追求进步一直是我校的主流。

1919 年 5 月 4 日，北京学生三千余人在天安门举行盛大游行示威，点燃了"五四"反帝爱国的火炬。5 月 12 日，我校学生二百多人集会，决定派代表分赴天津、北京参加学生会议，向全国发通电要求严惩卖国贼，反对帝国主义侵略。同时发行白话文的《救国报》，组织讲演团。5 月 24 日，全校学生罢课，并成立了学生"救国团"，在唐山及市郊开展了救国宣传活动，激发了全市人民的爱国热忱。

唐山是我国早期北方重工业城市之一，有数量相当多的产业工人。1921 年 7 月，中国共产党成立后，集中力量领导工人运动。党很重视在唐山的工作，1921 年 7 月在唐山建立了"社会主义青年团"，首批团员中就有我校学生（周树梧）参加。1922 年 3 月，"中国共产党唐山地方执行委员会"正式成立，我校也建立了党支部（党员有许元启、董宏猷等人）。10 月，开滦的林西、唐家庄、赵各庄、唐山等煤矿的工人和秦皇岛的码头工人，要求增加工资，改善生活待遇，改善劳动条件，举行了全国闻名的五矿大罢工。为了支援开滦工人的正义行动，我

校学生成立了"唐山大学学生赈工会"。上街募捐支援开滦工人罢工。这次交大援助罢工的募捐，党中央给予了高度评价。我们党的早期杰出理论家和中央负责人蔡和森同志，1922年11月15日在党刊《向导》第十期上用《唐山学生援助罢工之模范》的鲜明标题撰写文章，高度赞扬了我校学生的这种正义行动。他指出："唐山路矿大学学生三百余名，为支援罢工于十三日在街市巡游，募集罢工基金。这样的消息不但在劳动史上重要，在民族运动史上尤为重要。而且是中国知识阶级到了真正觉悟的路上之证明。全国压在国际帝国主义之下的知识阶级和学生们，都要学唐山大学学生的模范啊！"这样高度的评价，是值得我们永远引以为荣的，当时学生们的革命精神，也是永远值得我们学习的。

1928年5月，日本帝国主义侵占济南，杀死杀伤中国军民一万多人，制造了"济南惨案"。消息传来后，我校学生万分愤怒，成立了"济南惨案支援委员会"并开展了宣传活动，动员各界群众捐款进行支援。

1931年，"九一八"事变后，唐院的学生热血沸腾，纷纷组织起来，进行游行示威，开展抗日宣传，并组织了救国义勇军，从事军事训练，准备随时奔赴疆场，以身殉国。

1935年"一二·九"运动爆发后，唐院学生立刻罢课响应。当时，唐山处于日寇势力的控制下，校外就是日本侵略军的兵营，校内办公厅等房屋驻扎着"冀东防共自治政府"的汉奸部队。在这样的环境下读书的唐院学生，内心交织着悲愤、屈辱、苦闷和不安，迫切要求行动起来，抗击日本帝国主义的侵略。1937年"七七"事变后，唐院校舍被日寇占领，我校师生被迫向南迁移。当时国民党政府根本不管我校师生的死活和前途，经过老教师的奔走呼吁，并在各地校友的大力支持协助下，我校的流亡师生辗转迁徙，在战火纷飞中先集中到湖南湘潭，后又迁至贵州平越、四川丁家坳等地，在极其艰难的条件下，继续上课。

在解放战争时期，我校学生积极参加了反内战的爱国民主运动。如1946年在北平东单广场发生的美军强奸北京大学女学生沈崇的暴行后，我校学生积极参加了"抗暴运动"，组织了各种抗美反蒋活动。1947年又开展了"反内战、反饥饿"斗争，在斗争中发生了"五三一"血案。在5月31日这一天，唐院学生组织了六个宣传组到市内宣传"反内战、反饥饿"，在回校途中遭到了预先埋伏的三青团暴徒的毒打，有不少同学受伤。暴徒的无耻行为，激起了同学们的无比愤怒，于是大家包围并砸向了当时的三青团唐山市团部。

回顾唐院师生所经历的道路，概括起来则是"读书不忘救国，为救国而努力读书"。在我们的老校友中，有许多值得我们学习的榜样。如1911年入校的杨杏佛。投身于孙中山先生领导的辛亥革命，1932 年他与宋庆龄、蔡元培等人发起组织了中国民权保障同盟，任副会长兼总干事，后遭国民党特务的暗杀，光荣牺牲。在五四运动前后，曾涌泉、黎亮等校友积极参加了革命活动；在抗日战争时期，袁仲凡、武可久等同志直奔延安，走上抗日战争最前线；在解放战争时期，也有一大批同学走向解放区，参加了解放战争。我校老教授罗忠忱、伍镜湖、李斐英、顾宜孙、黄寿恒诸先生，"无意求闻达，有功在育人"，在我校辛勤劳动了一辈子，他们在抗日战争时期，很多人只身到后方上课，刚正不阿，行止有节，同情学生的爱国活动，并在力所能及的范围内加以保护，他们也是值得我们纪念和学习的楷模。在整个历史发展过程中，我们可以看到，我校广大师生员工始终是和学校同呼吸、共命运、同甘共苦、荣辱与共的，始终是热爱学校、关心学校的，他们为了母校的生存与发展，不惜颠沛流离，忍受艰难困苦，始终和母校联系在一起，战斗在一起。

中华人民共和国成立以来，在党的领导下，我校有了很大的发展，广大师生的思想境界也有很大的提高。大家清楚地认识到，学校的命运与祖国的兴衰紧密相连。在祖国任人宰割的年代，学校只能在艰难困苦中挣扎。只有在中华人民共和国成立以后，国家蒸蒸日上，学校才迅速发展，规模扩大将近十倍。而当"文化大革命"给祖国带来灾难的时候，学校也遭了殃。可见爱校的前提是爱国。我校校友热爱母校，首先是热爱祖国的。过去，我校的毕业生大批走向铁路建设工地，不计个人得失，一心为祖国的建设献身的精神，正是这一思想的体现。今天，我们一定要继承我校师生"热爱祖国、爱护学校、追求进步"的光荣传统。为了祖国的四化大业，为了学校的进步发展，我们一定要努力工作、奋发图强、同心同德、埋头实干、力争把学校各方面的工作搞得更好。

三、发扬"严谨治学、刻苦钻研、艰苦奋斗、实事求是"的优良校风

在爱国进步的思想指导下，在漫长的岁月里，我校逐步形成了"严谨治学、刻苦钻研、艰苦奋斗、实事求是"的校风。几十年来，在这种优良校风的熏陶下，我校不仅培养出万余名合格的高级建设人才，遍布全国铁路与工厂企业单位。而且培养出像茅以升、竺可桢、汪菊潜、庆承道等老一辈的著名科学家及很多科学技术专家和干部。在现任的科学院学部委员中，有我校毕业生 13 人和曾在我校任过教的教师 7 人。这个优良校风的形成，是我校战胜困难，坚持教

学，不断前进的有力武器。

我校历来就有一批热爱本职工作，认真教学，数十年如一日的老教职工。目前，执教三十年上的教师就有一百多人。我校绝大多数教师备课认真，治学严谨，一丝不苟，习题作业、平时测验都抓得较紧，即使在抗日战争逃难的岁月里也不放松，对于测量、绘图、计算等基本技能训练一直很重视，在桐油灯下照样画图，测量仪器虽然陈旧，操作要求仍不马虎。由于一些主干课考试要求严格，计算结果要求准确到三位有效数字，使学生重视计算技能的训练，对培养准确严谨的作风很有帮助。

我校优良校风中的"严谨治学"是从教学上严格要求发展起来的，实际上在当前还包括有工作态度上的严肃认真，风格上的严密等内容。现在我们讲"严谨治学"，必须把全面贯彻党的教育方针和教书育人作为根本指导思想，要从建设"两个文明"的思想高度来认识学校和教师的责任。教师要以自己"严谨治学"的态度为学生做出表率，培养学生良好的学风和严格的科学态度。"严谨治学"对教师本身来说，就是要严于律己。做学问，要追根究底，正本清源，毫不含糊；做研究，要认真论证，周密试验，一丝不苟；在教学工作上，要精心组织教学内容，备好课，讲好课，最大限度地提高课堂效果。"满堂灌"和讲得过细是当前影响教学效果的一个突出问题，值得注意。应提倡启发式和讨论式的教学方法。课堂讲授是大学教学的基本形式，教师讲授内容的科学性、系统性和思想性，是对学生进行辩证唯物主义教育、培养学生正确的思维方法和实事求是的科学态度的重要一环。在教学过程中对学生要严格要求，凡是课程教学大纲所规定的各个教学环节，都要对学生严格要求。这个问题绝大多数教师在思想上是明确的，多年来也是这样做的。

以严治校对职工来讲，则是忠于职守，认真负责。我校过去各项工作取得的成就，没有实验室职工的辛勤劳动，没有后勤职工的可靠保证，没有机关职工的安排调度，也是不可能取得的。以严治学对学生来讲，就是要刻苦钻研。刻苦钻研包含着认真读书、用心思考、深入理解、融会贯通、灵活运用等含意。我校学生历来有认真读书的好学风，学习态度比较端正，知识比较扎实。这一点在工程界是为人熟知的。但从时代发展的要求来看，还应当增加解放思想，敢于创新的要求。要注意学好政治理论课，加强马克思主义理论修养，从而使自己能够坚持正确的政治方向。

在业务学习方面，要进一步提倡勤奋学习。发扬刻苦钻研的优良学风。当前应突出注意"能力"的培养。我们的学生是理工科的学生，毕业之后要从事一些探索性的工作，这就要求同学们在大学期间逐步地培养起能独立地提出问题、分析问题、解决问题和从事探索性工作的能力。这是大学教育中非常重要的一个问题，应当作为教学的一个重要的指导思想。

还有一个问题值得注意，即如何处理好德、智、体的关系问题。有的同学参加社会工作，参加各种社团，这是很好的，是必要的，对锻炼同学的组织管理能力，开阔思路都有很好的作用。但是要适量，不应过多的占用业务学习时间（一周三小时左右的社团活动和社会工作时间比较合适，不宜过多）。我们在强调勤奋学习、刻苦钻研的同时，还要注意加强体育锻炼，注意身体健康。

我校"艰苦奋斗"的校风，可以从历来毕业生不仅业务水平较高，动手能力较强，而且能够服从分配，埋头苦干，吃苦耐劳，工作踏实的共同特点上体现出来，我校的毕业生有很多艰苦奋斗中锻炼出来的先进模范人物，他们中有老一辈的全国劳动模范、老工程师蓝田、郭彝；铁道兵的知名专家朱忠节（爆破专家）、刘英智；有名的工程技术专家庆承道、施嘉干；劳动模范、全国人大代表缪松元（山西）、许宁（四川）等，在铁路系统中，担任工程师职务的技术人员，我校毕业生占有很高的比例。据全国63项重点建设工程的统计，我校毕业生5人担任技术总负责人。这些都说明了我校毕业生的实干精神是有历史传统的。

过去我校长期办在朴实的工业城市唐山，在战争年代又曾辗转迁移于湖南、贵州、四川等省的山乡农村。解放初老解放区的石家庄交通学院并入我院，也带来了艰苦朴素的好风气。因此勤俭朴实的生活作风始终渗透于全校师生之中。大家历来以工作上精益求精，生活上艰苦朴素为荣。回忆抗战期间，学生住农舍，点油灯，伙食缺盐少油，但勤奋学习之风不变，上课教材全靠买旧书，画图也用简陋的代用仪器，而刻苦钻研之志不移，这种精神是我们要永远发扬的。

"实事求是"是我们党的优良传统之一。我校在这方面也有显著的表现。"实事求是"本来是指从实际出发，有的放矢，追求真理；同时也有扎扎实实，不图虚名，不装腔作势的含意。我校毕业生为铁路建设跋山涉水，探勘线路，常年奋战在工地；我校很多老师几十年如一日，忠诚党的教育事业，一点一滴地改进工作，不正是这种精神的体现吗？在"文化大革命"中，我校受灾很严重，近年来经过拨乱反正，落实政策，分清是非，各项工作恢复较快。这是我校教职工发扬党的优良传统，坚持实事求是校风的结果。因此，从实际出发，敢于追求真理，努力做到理论联系实际，踏踏实实地工作、学习，一步步地前进，是我们今后还应继续坚持和发扬的。

选自《西南交大校报》

转引自杨树彦主编:《西南（唐山）交通大学校史资料选辑（第七辑）》（四川成都：西南交通大学校史编辑室，1994 年，第 72~75、77、82 页）

不忘初心，带病坚守的交大材料人

"师者也，教之以事而喻诸德也。"教师，是一份塑造生命乃至灵魂的工作。一个学生遇到好老师是人生的幸运；一个学校拥有好老师是学校的光荣；一个民族源源不断涌现出一批又一批优秀老师则是民族的希望。一个优秀的教师，有着坚定不移的理想信念与教书育人的道德情操，有着"捧着一颗心来，不带半根草去"的仁爱之心和奉献精神。

西南交通大学材料科学与工程学院副院长朱德贵副教授正是这样一位优秀教师。他一直扎根在教学科研的第一线，三十年如一日，始终把师德修养放在首位，以高尚的人格感染人，以和蔼的态度对待人，以丰富的知识教育人。在与病魔做斗争的日子里，他坚守自己的信念，用生命诠释着爱国爱校、敬业爱生、淡泊名利、甘于奉献的真谛。2019 年 5 月 6 日，西南交通大学 2018 年度感动交大十大年度人物揭晓，朱德贵老师位列其中。但令我们无比悲痛的是，朱德贵老师最终没能抵挡病魔的侵蚀，于 2019 年 5 月 7 日 0 时 32 分永远地离开了我们。

"勤如弓弩，学如箭镞"，带病坚守岗位

2018 年 9 月，朱德贵老师身体就已经出现了各种不适的症状，但由于 9 月正是高校最繁忙的时候，分管材料学院本科生教学工作的朱德贵老师毅然选择暂时忘却病痛，坚守在工作一线。

"他总是放不下手上的工作，即使在最痛苦的时候！"朱德贵老师的夫人，黄萍建老师眼中含着泪花，"我很担心，但见到他开心地干着自己喜欢的事情，攻克一项又一项科研难题后流露出的那种幸福的满足感，总又不忍心强行制止。"

到了 9 月底，迎新工作暂告一段落，疼痛难忍的朱德贵老师经过几番辗转，来到四川省肿瘤医院就医。随后，他被确诊为直肠癌。这突如其来的病情，无异于晴天霹雳。家人、医生，还有学院领导、老师和同学们在得知病情后，都劝他好好休养，将工作暂时放在一边。但教学和科研已然成了朱德贵老师生命

中不可或缺的一部分，如同身体中奔腾的血液，哪里是可以轻易放下的呢？

"朱德贵老师患病后仍保持积极乐观心态，即使在病重期间，对于院系及学科事务仍然很关注，令人敬佩。"从金属材料系蒋小松老师处得知，2019 年 2 月 26 日，学院召开 2019 级专业培养方案的修订会议，因为病痛折磨急剧消瘦的朱德贵老师，即使行走不便依然带病全程参与了一整个上午的会议。中途，朱老师的爱人黄老师担心其身体，专程送药到会议室，喝完药的朱老师示意爱人赶快回家，而后又集中精力投入到讨论中。"朱老师只想着如何把自己多年积累的教学与管理经验贡献到培养方案的修订中，却完全没有考虑自己的病情。"

蒋小松老师继续说道，声音有些哽咽："朱老师非常关注专业建设和培养方案修订的进展情况，在 3 月和 4 月后续的几次讨论中，朱老师只要时间或者身体条件允许，都会积极参与，即使参加不了，都会让我以微信的方式将文件或材料发给他，他看后总会提出自己的意见。直到后期，他的视力渐渐连看手机都比较困难了，就让我把材料打印出来给他，逐字逐句的审阅，一丝不苟。我们很心痛朱老师的身体，但也由衷地敬佩他。"

翻阅材料学院的教工微信群，可以看到朱德贵老师一直关注着学院发展、学生成长的各项工作。无论是参与材料学子就业方向的讨论，还是学生 SRTP 科研项目的申报情况，都能看到他用心的回复。笔者从其他渠道了解到，那段时间朱德贵老师每天都要吃止痛药，甚至打止痛针，眼睛其实已经很难看清手机上的文字了。微信聊天记录里众多的真知灼见，不知消耗了他多少宝贵的精力！

面对穷追不舍的病魔，朱德贵老师默默地忍受着数次放化疗的折磨，从来不抱怨命运的不公，不曾露出丝毫悲伤之色。尽管形容憔悴、声音沙哑、身体虚弱，但朱德贵老师始终以乐观积极的心态去对待，并以己为例，鼓励他人。当朋友家人们为他难过痛心之时，他从不多言，而是用行动、用坦诚率真之态面对人世间的苦难，用充满着对美好生活憧憬的微笑抚慰着身边每一个人。

屹守本职，教书为先，尽显责任担当

1989 年，朱德贵老师从西南交通大学材料系毕业之后，怀着对母校和材料学院的真挚情感，他选择留校任教，而这一教，就是整整三十年。一直与朱德贵老师共事的本科教务员邱慧老师这样评价自己的老领导："德贵院长一辈子公正无私，为人随和，关心同事，具有很强的亲和力！"

三十年来，朱德贵老师始终坚守在教学一线，承担了大量的本科生和研究生教学课程，从不因身份或年岁对基础教学工作有任何怠慢。其主讲的课程"材料科学基础"更是被评选为校级精品课程，并在 2013 年获评西南交通大学教学成果一等奖，朱德贵老师先后获得了国家教委科技进步三等奖、西南交通大学陆氏青年教师奖、四川省科技进步特等奖、四川省教学成果三等奖及西南交通大学教学成果一等奖等，这足以证明他的教学水平之高。

"师者，传道授业解惑也"，朱德贵老师一直将授业育人摆在首位，他总是教导学生要会"选择"、懂"成长"、知"敬畏"，无论是与谁探讨知识，只要是涉及材料学领域或是学生成长，他必定是殚精竭虑、倾囊相助，绝不草草了事。

也因此，朱德贵老师在学生中威望极高，本科生罗逸这样评价自己的恩师："一提到朱德贵老师，我脑海中就浮现出他的笑容。老师非常和蔼可亲，每一次见到他，他脸上总带着笑容。老师上课非常耐心地为我们解答疑惑，关注班上每一位学生。春风沐浴了大地，而他润物了整个材院。"

为了切实履行当初对茅以升学院材料班同学的承诺，朱德贵老师不顾一己之身，常常废寝忘食、挑灯夜战，带病坚持到教室为同学们讲授"最后一课"。

"2019 年 3 月 1 日下午第一讲课，茅以升学院材料科学与工程专业班'材料科学研究方法'来了一位'不寻常'的老师。"茅材 2016 级学生李永梅和陈子回忆道，"那是个星期五，天气依旧严寒料峭，朱老师穿着一件齐膝黑色羽绒服，戴着一顶深色绒帽早早地来到教室，但依旧可以隐约看出其中隐藏着的厚实的家居服。开课前，朱老师简短提及自己身体抱恙，暂时难以继续为我们上课，却为接下来每周安排了课程大纲，同学们这才了解到他身处遥远的医院而心依旧紧紧牵挂着教室里的学生。课堂上，老师面带和蔼微笑，充满激情地为我们讲授课程，他用简单易懂、轻松愉快的方式引领我们学习这门课程，所有同学无不听得津津有味，同时也向我们展示了优秀的专业素养和高尚的师德。难以想象那第一节课，成了朱老师为我们上的最后一堂课。"

对他而言，最放不下的便是那些即将毕业的学生，虽然学院已经安排妥当，但他依旧希望可以自己坚持指导学生顺利毕业，组会、课题报告他都会参与。由于实验进程和学生毕业论文时间上的紧张，过度的疲劳工作使得他错过了最佳的治疗时间，病情急剧恶化。对于朱德贵老师，最大的遗憾不是疾病缠身，而是不能再为大家付出更多。

他付出的每一分辛苦，每一滴汗水都没有白费，深深地激励着身边的学生和同事。"朱老师从来不跟我们提及他的病情，虽然我们都非常清楚他的身体状况不能再继续工作下去！"朱德贵老师的研究生赵梓有眼中含着泪花，"无论何时，他见到我都会关心我的实验进度和论文情况，生怕自己的病情影响到我的研究进展，这对我也是强大的支撑。我是跨专业的学生，研一时，有很多实验都不会，老师就亲自带我做实验，从早到晚。病重期间，有时深夜疼痛睡不着时，还在想着为我完善实验方案。在治疗间歇期，叫我去他家里指导我论文写作，直到去世前一周，还在叮嘱我要好好修改论文。"2019 年初，在朱德贵老师兢兢业业、孜孜不倦的指导下，赵梓有的实验取得重大突破，科研获得重大进展，顺利在期刊 *Ceramics International*（SCI 1 区）上发表了高水平论文。

对于自己的导师，赵梓有还有好多好多的回忆："朱老师对科研工作不辞辛劳又细致严谨，总是在晚上 11 点后还能经常见到他在实验室工作。对学生是亦师亦父般的关爱、包容和耐心，把学生的学业、前途和安全放在首位，无论是自己学生还是其他研究生请教，他永远都和蔼地耐心作答。朱老师对指导学生的热爱超乎常人的想象，我们课题组学生去医院看望朱老师，老师竟然在病房里给我们讨论起了学术问题，满脸笑容，完全忘记了病痛。"

而后，在数次放化治疗期间，朱德贵老师毅然决然的不顾医生劝阻，利用治疗间隙坚持科研教学和实验工作。朱德贵老师的工作地点和教学阵地也因此遍布了每一个他曾踏足的角落，无论是在医院的床边，还是在家里的沙发上，抑或是在实验室那一张熟悉的小桌旁，他都认真、逐一地听取学生汇报，耐心答疑解惑，甚至亲自动手指导实验。有时，即使到了深夜，朱德贵老师的办公室也依旧灯火通明，仿佛是那黑暗中坚定不灭的萤火。他把论文修改了一遍又一遍，实验重复了一轮又一轮，数据论证了一次又一次，只为心中那永恒的追求。

在儿子眼里，朱德贵老师是一位人见人爱的厚德慈父、是一位乐于行善的好人，更是一位献身科教的好老师。"父亲一生酷爱教学科研，在课堂教书育人、在实验室专注研究是他最大的爱好，也是他生活中最不可或缺的部分，早出晚归，几十年如一日，无论寒暑。"朱德贵老师的儿子告诉前来吊唁的师生，"治疗期间，父亲仍然坚持去上了最后一堂课，就连病情恶化的最后几天，他也要赶赴实验室亲力亲为，带学生修设备、做试验。"

学高为师，身正为范，身教重于言传

"父亲一生行善助人，总是不求回报地负重前行，宁可苦自己，也不愿大家受苦受累。"朱德贵老师的儿子回忆，"只要知道您有难，他一定会挺身而出、全力付出，为您排忧解难、共渡难关。不论您是他的学生还是有缘的晚辈，他都会给予慈父一般的爱，让大家感受到家的温暖。"

"我们在医院陪护时，朱老师总是替我们着想，每次他难受或者要从病床上起来，看到我们要起身去帮他时，他总会虚弱地说：'我没事，你睡吧'。即使身体特别虚弱的放化疗期间，朱老师也总是担心耽误我们的学业，催着我们回校，说自己可以自己搞定，不用担心。"他的学生哽咽着道，"朱老师很关心学生的生活，生病前经常请学生聚餐，生病住院后也惦记我们，记得有两次他对我说：'老师生病了，不能请你们吃饭，我叫孙老师给你发了点钱，你们几个出去聚一聚，等老师好了再请你们。'"

研究生廖楠追忆自己的导师，一切都还历历在目："学高为师，身正为范。朱老师不仅是我学业上的引路人，也是我人生道路上不断学习和努力的榜样。他也是一位乐观、开朗、爱学生的老师，已毕业师兄师姐们的毕业论文致谢里，常常提到一些朱老师的工作和生活片段，令人感动。我们课题组互帮互助，团结投身于科研，离不开朱老师对课题组全体学生的关爱与帮助。"

"朱老师，是一个很敬业、很幽默、很亲切的老师。对工作，认真负责，几乎每天都待在实验室，经常半夜了，实验室灯还亮着，很多事都是亲力亲为。指导学生工作，极其耐心，并且都是亲自操作演示。生病期间也是亲自指导，对每个学生的课题一遍一遍地讲解。即使身体很虚弱，只要他回学校了，他就要到实验室看着我们做实验。"说到这里，研究生吕兰有点儿控制不住自己的情绪，"作为朱老师学生，我很惭愧经常把仪器弄坏，记得有一次操作失误导致高压气体爆出来把玻璃窗都打碎了，当时很怕，怕被骂，结果朱老师却问我有没有被吓着并且让师姐们安慰我，还开玩笑着说师姐们没好好教我，并教育我们做事胆要大心要细。"

朱德贵老师十分关心学生和实验室的安全，即使是在病重期间，他依然会经常叮嘱学生使用某些设备的注意事项，尤其在北京交通大学实验室事故发生后，还要求学生在使用犀浦的热压炉前必须事先给他打电话。

学以广才，志以成学，青魂永垂不朽

除了教书育人、管理学院教学工作，朱德贵老师在科研方面也是成果斐然。他攻克了先进陶瓷及其复合材料领域的多项难题，主持和参与了多项"863"计划、国家科技支撑计划、国家自然科学基金和国家重大需求项目的研究，硕果累累，成果颇丰。此外，朱德贵老师还以联系作者身份在 *Ceramics International*，*Journal of the European Ceramic Society*，*Journal of the Ceramic Society of Japan*，*Vacuum*，*Journal of Inorganic Materials* 等期刊发表论文数十篇。

材料学院朱旻昊院长在重点实验室学术委员会会议结束后立即赶往朱德贵老师的家中："德贵院长是我的师兄，在我读书时亦师亦友，后来又一同工作，一起搭班子。他对工作的兢兢业业、对科教的专注严谨、对学生的关怀仁爱、对家人对朋友的赤诚热爱，一直影响着我和我身边的人。即使在自己病重时候，都坚持在工作和科研的第一线，不忘自己热爱的讲台，不忘自己的学生，不忘一直奋斗的实验室。他是当代的责任担当、淡泊名利、坚守奉献的教师典范，是一位可亲可敬的好老师！"

材料学院党委书记贺剑这样评价朱德贵老师："印象最深的，是德贵院长的两种神态：工作时的一丝不苟，以及闲聊时的谈笑风生。正直、敬业、豁达，一位值得我们尊敬和怀念的人！"

学生刘义彰回忆道："朱老师给我印象最深的就是他的笑容。不管什么时候，老师的脸上都挂着笑容。聊天时的微笑，我们上课回答出问题时他欣慰的笑，我们遇到难题时他鼓励的笑，就算在老师最痛苦的时候，他给予我们的也是最爽朗的笑容。朱老师留给我的精神是他永远的乐观、开朗，在我遇到困难时中只要想起老师的微笑，就又充满的动力，有着克服一切困难的信心。"

"幽默风趣、耐心负责、亲力亲为、责任担当"这样的词语几乎出现在每个人对朱德贵老师的评价之中。材雄德茂、爱国荣校，他用责任与担当努力在为国为校奉献的过程中实现自己的人生价值；敢为人先、夙夜在公，他潜心教学，不知疲倦地在人才培养的道路上勇攀高峰；淡泊名利、甘于奉献，他孑然一身把自己生命最绚丽的部分献给了祖国教育和科研事业；重品德、守承诺，以身作则、道德崇高，他甘愿化为实现交大梦、中国梦路上的一盏明灯，照亮莘莘学子未来的方向。学高为师，身正为范！我们坚信，朱德贵老师的精神将会永远陪伴每一位交大人，激励我们继续脚踏实地，努力奋斗，继往开来！

本期编辑：交大新媒体 曾蕙心

注：本文由朱德贵老师家属及材料学院师生共同完成。

伴随西南交大 57 年

王元良

　　我于 1929 年出生在重庆市万州区。九岁就到百里以外住读，完成小学及中学学业。1948 年夏，在重庆考入我校土木系，克服了家庭、亲友的阻力，只身坐船经由上海转天津塘沽，第一次乘火车到唐山，伴随西南交通大学直到现在。我妻也在校工作，三个子女及其配偶，除一人就读外校，余均就读西南交大，六人中有五人曾在校任教，现仍有三位在校任正副教授。

难忘交大唐院的大学生活

　　我于 1948 年 10 月上旬到当时的国立唐山工学院，这时已是雪封大地，到后住在两人一间的西楼学生宿舍，像进入了人间天堂。可是学校已停课并决定南迁，我随迁上海、萍乡，经几个月流浪后，于 1949 年 3 月回上海，借住上海交大新文治堂，复课约一个月，在不断的枪炮声和白色恐怖中，在反饥饿、反迫害、争民主、争自由的斗争洪流中经历了黎明前的黑暗，迎接了 1949 年 5 月 26 日的上海解放。同年 6 月 21 日离别上海回到唐山，7 月 12 日铁道部宣布我校（华北交通学院并入）与京管院、铁科所，组成中国交通大学，由茅以升校友任校长，唐振绪校友任唐山工学院院长。在原土木、结构、采矿、冶金外增设电机、机械、化工三系和六个专科。随后我参加了各种学习并赴北京、大连参观。回校后，获得批准由土木系转入机械系成了复系后的首届学生。这时学生及教师迅速增加，除原有随校患难与共的老教授外，海内外名流纷纷来校任教，当时引进的名教授不少是那时的海归派和洋博士，学生入学质量很高，在招生中是一枝独秀，以我们班为例就有多位考入清华等名校而选读我校，甚至还有在武大等校读了一年后重考我校的，高质量的师生济济一堂，真是盛极一时。学校专门派教授到国外采购设备，在唐山时期的主要设备都是当时采购的东德产品（包括我在从教后工作受益的材料力学、金相和焊接实验室），设备也曾一度领先。在这样的环境学习 3 年，名校的熏陶、名师的培养和学友的共勉，叫我终身受益永志难忘。在学生时代，与众多同学一样，除了繁重的功课外，还要承担一些社会工作，我从参加编辑出版手抄小报"每日新闻"到校报编辑和总编，从通讯组长到学生会宣传部部长，还被聘为党的宣传员和人民日报通讯员。在交大唐院这个大熔炉中，学会了学习、做事和做人的本领。

由唐山铁道学院到西南交通大学

1952 年院系调整，在全国颇有名气的许多系科成建制调出支持了其他院校，为中华人民共和国的教育事业奠基做出了贡献，但对我校却元气大伤，成为一个规模甚小、学科领域比较单一的唐山铁道学院。这年我留校当助教，并兼任工厂副主任和小报总编。学校广大教师一方面按苏联模式发展铁道科学技术和相关专业人才的培养，但还是觉得必须向多科性、通用性发展。在 50 年代末起，先后开办了运输、数学、力学、物理、化学、地质、计算机、电信、自动控制等新专业，我们教研室还送了一部分教师和学生到钢铁学院和哈工大学金属材料及热处理、压力加工、铸造和焊接，准备办这些专业（曾办过一届焊接和铸造两个专修科），学校到 1961 年发展到多达 20 个专业，学生人数近 4000，开始向多科性大学迈进，同时成为全国第一批 61 所重点大学之一，如果这个势头发展下去，不只是铁道部属院校的领头羊，上述很多学科也会走到全国的前列。可是到了 1962 年大学调整巩固的声浪中，只保留了运输和地质专业，取消各工科新专业和延期停办各理科专业，又回到了只有 12 个专业的铁道学院。1966 年"文化大革命"开始，奉命迁到峨眉，住工棚、大庙，劳动建校。1971 年才正式复课，更名为西南交通大学。接下来又是一次艰苦的创业，这时我参加到起重专业连队，面对一批批入学文化程度差异极大但又十分渴望获得知识的工农兵学员，老师们在极端艰苦的条件下以辛勤工作来提高他们的知识和能力。直至 1977 年末恢复高考，又是一次重新创业，几乎是一切都重来，学生在全国多项竞赛中还名列前茅。从 1981 年起我校成为我国首批获得博士及硕士学位授权的单位之一，金属材料及热处理获得硕士学位授予权，我也开始在此专业培养材料焊接性方向的研究生，从这时起，各学科开始培养了一批研究生加入教师队伍，扩展了文、理、工各类学科，专业学科门类和在校生学生人数都有较快增加，奠定了学校向多科性发展的基础。以我所在的教研室为例，冷加工教师恢复了机械制造专业，材料及锻、铸方向的教师联合筹办金属材料及热处理本科和硕士专业，先后于 1979 和 1981 年招生，并在 1984 年由机械一系分出成立材料系，焊接的老师筹办焊接专业，1986 年招生。同时单独以焊接学科招收研究生，也转移到材料系，奠定了日后材料学院发展的基础。1986 年，校址定位在三中心两枢纽的西南重镇成都，随即选址新建，1990 年在成都北站附近飞来了一座大学城，至此才圆了我们的恢复交通大学校名、向多科发展和在中心城市和交通枢纽建校的梦想。又经过了在成都十几年的艰苦奋斗，学校进入了快速发展阶段，学校划归教育部、成立研究生院，首批进入"211 工程"建设和在四川最先评为全国优秀教学单位的高校。2002 年又在离总校 9 公里的犀浦建新校区形成两地三校区办学格局。如果没有 1952 年院系调整和以后多次人才输出，没有几十年迁校建校的折腾，如能获得了教育部、铁道部和地方共建资助，这所百年老校会发展更快更好。

由基础技术课教学到筹办新专业和新学科

1952—1961 年，我任助教，那时的志向是一切服从祖国需要，在自己工作照旁写下"把终身献给教育事业"。1953 年确定我从事焊接教学时，在焊接试验室工作照片旁写下"把焊接事业作为终身事业"。我所在的机械制造专业再办一届后停办，机械制造教研室与冶金系留下的 3 位助教一起组成教研室，负责工厂及生产实习和基础技术课金属工学教学，马上就翻译教学计划、大纲，集体翻译了一本俄文《金属工艺学》，由龙门书局出版，为全国相关译著的第一部。同时建设实习工厂、试验室和校外生产实习基地，开出新课程、新试验、新实习。我从学生到教学时期，工厂实习和生产实习都是 6 周，每天 8 小时，而且必须亲自动手，教师也是大部分时间在工厂或试验室，对实践特别重视。1953 年起就主讲机械系的焊接、焊接生产、桥隧系的材料加工及焊接和电机系的金工，1955 年为铁道部工厂局开办了一期自动焊训练班，培养了工厂第一批自动焊人员。1958—1959 年还带领部分学生在学校工厂自制和改造设备。

1961—1979 年任讲师，应车辆专业要求开出多学时的焊接及焊接结构课，还准备办焊接专业，未成，只办了一届焊接专科，为其主讲物理化学及焊接原理、焊接结构及结构生产课程。"文化大革命"期间先后在校工厂焊接及热处理车间劳动，既做工人又做技术员，完成多项设备改造，进行电机风扇罩的下料、成型和焊接，完成了一种精密军工部件的分级淬火和等温淬火的设备和工艺，还研制了电抛光、磷化等表面处理设备和工艺，投入了生产。在参加起重教学连队时，在郑州、上海、武汉等地开门办学，自己在实践中学习也参与技术服务，获益颇多。1979—1986 年任副教授，主讲力学专业研究生的焊接力学（以后发展为焊接、起重专业研究生课程）和指导研究生论文，1982 起招研究生，并陆续主讲焊接冶金、焊接物理、焊接传热、焊接力学等研究生课程，同时主持筹办焊接专业及硕士点，承接并主持完成了较多的科研任务。

1986 年到现在，我担任教授，并任材料工程研究所首任所长和材料高新技术研究开发中心主任，从 1986 年建立焊接专业起，就特别注意校际交叉和学科交叉，从本校和从国内各著名高校吸收一些硕士加盟，同时征集了一些 1985 级自愿从材料专业转入焊接专业的学生，使我校提前在 1989 年就提供焊接专业毕业生，与此同时还主办了一届焊接设备专修科，以满足各电焊机厂的专门需要，这使我们焊接专业课教师迅速成长。焊接专业虽然在一段时间与金属材料及热处理专业合并为材料科学与工程专业为焊接方向，后又分出为材料成型及控制专业，但一直保持了焊接特色，到目前为止，已培养焊接学科学士近 600 人，年年供不应求。同时在 1986 年开办研究学科，单独以焊接学科（分焊接力学及强度、焊接金相及材料焊接性、焊接方法、焊接设备及微计算机控制）招生，到目前为止，已培养硕士 65 名（我在任时指导的有 20 名），有近 20% 考入中科院、天大、东南、华南及国外大学的博士或出国留学，有不少已成高级技术负责人。

力求教学与科研和社会服务结合

在我校钢桥专家钱冬生和胡春农教授带领下，从 1956 年起我就参与我国第一座 16q 和第二座 16 Mnq 钢 24 m 焊接板梁桥的焊接试验工作。在 1959 年到 1965 年先后主持我国最早两座栓焊铁路钢桥"浪江桥 16 Mn 钢焊接工艺和接头韧性及强度的研究"，和"嫩江（低寒地区）桥 16 MnCu 钢焊接工艺和接头低温韧性及疲劳强度的研究"，在研究中最早将桥梁—焊接—力学三者结合起来，提供了桥梁焊接的基础文件，用于实桥建造，开展了学校与钢厂和桥梁厂联合研究的先例，还代表铁道部起草"低合金钢在铁路桥梁上的应用"，总结并成文在全国低合金钢应用会上做了大会报告（该文发表于《钢铁》），在标准上建议采用 V 型缺口试件作焊接接头各区的韧性评定，是铁道部门甚至全国研究焊接接头韧性及强度最早的单位之一。"文化大革命"中科研停止。

20 世纪 70 年代末到 80 年代初，我主持国家攻关项目中"15MnMoVNRe 钢焊接接头韧性及强度的研究"，吸收了当时三名焊接和材料方向的研究生和老师参加了研究工作，做出模拟焊接热影响区和母材的 SHCCT 和 CCT 曲线及其组织变化规律分析，研究了世纪焊接接头焊缝及热影响区的强度、低温韧性和疲劳强度，为当时的总项目的国家鉴定会提供了 12 篇研究报告，并获得国家科委、国家经委、冶金部、财政部联合发给的"完成国家六五攻关纪念证"。80年代前期又承担部重点项目西江桥项目中"15MnVN 钢宽板韧性及焊接接头韧性及断裂韧性研究"，部项目"焊接接头裂纹扩展率研究"等。有国家攻关及省部级项目十余项通过验收和鉴定。在国内最先采用微区断裂韧性测试并用于 15MnVNq 钢的焊接接头韧性研究，获铁道部科技成果二等奖。在此期间，根据多项鉴定的评审结论，西南交大 1986—1990 年发展规划总结中对焊接学科的评价是属于第二层次，即已有较好研究基础的学科，在国内处于领先地位。

从 1990 年到 1994 年，我在高速列车试制项目论证中极力主张发展铝合金高速列车，并主持了铝合金高速列车选材及材料匹配和铝合金焊接材料研究两个国家攻关子项目。此时还结合多个省部项目进行焊接残余应力的测试分析及调整研究，主持了部项目桥梁钢与焊接接头宽板断裂韧性及安全评定中焊接残余应力对宽板断裂韧性的影响专题研究，参加了孙口黄河桥日韩进口 SM490C 钢的焊接工艺及材料研究、焊接材料及焊接接头强韧匹配的研究。这段时期有近十项省部级项目通过了部局级验收及鉴定。多次参加部内钢桥焊接的评审鉴定。

在退休前的 42 年中，曾任工厂主任、科长、教研室主任、副系主任、研究所长、研究中心主任等职务。开出本科、专科及研究生课程十余种，编写本科及研究生教材十余部，筹建了焊接实验室、焊接专业和硕士点学科。完成国家及省部项目 20 余项及更多横向项目，大多在验收及鉴定中获得较高的评价，其中获部、省级二、三等奖共 3 项。主编及参编出版著作 3 部，发表论文近 100篇。曾任全国焊接教学指导委员会委员及全国和省市学会十多项学术职务，积极参与各种学会活动，并为省市学会在成都、重庆、自贡、泸州、绵阳等地多次举办焊接力学训练班，曾多次评为优秀学会工作者。曾获校先进科技工作者、宏宇奖金。获全国优秀教师、国务院专家津贴等证书。事迹曾在国内外十余种名人录中刊载。

发挥余热　实现诺言

1994 年下半年，我满 65 岁退休，我的教学任务已逐渐转移到年轻教师担任，只是还有一部分科研任务收尾和与之相应的研究生培养在 1999 年才结束。另外还做一些有一定创新和有益学科发展的工作。在国内率先研究双丝多弧焊接，改装了各种双丝多弧焊接进行了相应的基础试验。主持为一车辆厂研制了一套机电液一体化全由可编程控制计算机自动控制的一个小型容器自动焊接系统。组织参与了成都电焊机研究所委托的机械部基金项目梯形动铁新式弧焊变压器优化程序设计。组织参与了四川建筑科学研究院委托的省重点基金项目中钢筋闪光焊机自动化，采用了全新的机构和电器控制，于 2002 年和 2003 年分别获得国家专利和四川省科技成果三等奖，我室部分参研人员获得了专利和科技奖证书。1998 年至 2000 年受聘为宝鸡桥梁厂技术顾问，参与芜湖桥钢梁制造焊接科研和部、局焊接技术评审工作，先后推荐我教研室教师作焊接监理，并任《芜湖桥钢梁制造技术总结》编委会顾问，参加出版大样的评审。在此期间抽出更多时间总结近期的科研工作，完成了近 10 项科研的结题验收和鉴定，在验收和鉴定中获得好评，在中国有色金属学报、中国机械工程、机械、焊管、电焊机和焊接技术等杂志发表论文 30 余篇。这时，自己想用更多的时间从事一些软科学研究，首先注意的是工业工程，注意这个技术与管理相结合的新学科研究内容和发展方向，著文在有关刊物发表。与此同时还提出书面意见《在我校发展工业工程专业及学科的建议》给校院领导，还给成教院建议办成人教育班，最后都得以实现。从 2002 年开始，我特别注意我国高校和我校的发展，从网上查阅有关资料，对我校的现状及发展以"一丁"为笔名写了 10 多篇文章（约 10 多万字），大部分贴在近三年的前沿网站，其中一部分提交校 12 次党代会，真希望我校越办越好，尽快进入名校先进行列。另一方面也特别注意我所在的学科发展出谋划策，提出发展意见。2004 年 1 月至 2007 年 12 月受聘为学院教学督导组专家。同时我还继续参加一些学会活动和一些专家论证会、评审会和鉴定会，利用有生之年，力所能及的发挥一点余热，实现我 50 年前许下"把终身献给教育事业"和"把焊接事业作为终身事业"的诺言。

选自杨树彦主编:《西南（唐山）交通大学校史资料选辑（第二十九辑）》(四川成都：西南交通大学校史编辑室，2006 年，第 33～38 页）

唐经世：祖国、科学、讲坛、学子是我心中的依恋

毕淑娟

初识唐经世教授，是在 2003 年秋第七届北京国际工程机械展览暨技术交流会上。年逾古稀的唐教授背着一个大书包，里面装满了收集来的各种资料，红光满面，步履稳健地穿行在人群中。

当得知他就是我国著名的铁道工程机械与施工机械化专家、西南交通大学年高德劭老教授唐经世先生——一个颇具传奇色彩的人物时，唐教授就这样走进了记者的视野。

2005 年春节前夕，在铁道部组织的铁路无碴轨道成套设备方案设计评审会上，记者再次见到精神依然矍铄的唐经世教授。在晚宴后的畅谈中，唐教授娓娓讲述了自己 70 余年坎坷而丰富的人生道路。

众里寻他千百度

1931 年秋，长江中下游地区遭受了百年不遇的洪涝灾害，扬州这座历史文化名城也未能幸免。在洪水滔滔中母亲怀着他临产。接着，震惊中外的"九一八"事变发生。也许是天意，唐经世这一生注定要经历坎坷和不平。

1937 年，卢沟桥事变后，日本侵略者大举入侵中国，抗战全面爆发。在国民党政府资源委员会任技正（相当于现在的教授级高级工程师），同时兼任东南大学、复旦大学等大学教授的父亲唐启宇先生，是美国康奈尔大学农业经济学博士。因资源委员会解散，唐先生不愿做亡国奴，携带全家从扬州到南京再到武汉，一路逃难到重庆。在日本侵略者肆无忌惮、惨绝人寰的大轰炸中，唐先生携全家只好躲到重庆永兴场，谁知这一躲就是 9 年。在乡下，原本体弱多病的唐经世，又染上了可怕的疟疾，在缺医少药的战乱年代，时常挣扎在死亡线上。在战乱与病魔的双重折磨下，唐经世仍然以顽强的毅力读完小学，然后升入中央大学附属中学。

抗战期间，唐启宇先生把家小留在重庆乡下，只身赴江西担任安置江浙难民的江西省垦务处处长。一天深夜，唐先生因拒绝将农垦专款交给劫匪而遭枪击刀砍，枪弹从前胸入，后背出，洞穿肺部，险些丧命。痊愈后被国民党政府擢升为农林部垦务总局副局长。抗战胜利后全家 6 人分 4 批从重庆回到了阔别 9 年的扬州。唐经世因体质较弱，没有前往南京大附中，而是留在了扬州老家，由慈爱的祖母和母亲悉心照顾，就读于著名的扬州中学，并曾被同学们推选为学校土风歌咏队队长，演唱革命歌曲迎接解放。这时的唐经世，已朦胧地意识到只有中国共产党才能救中国。

清正廉洁、耿直不阿的唐启宇先生，被明升暗降，由农林部垦务总局副局长调任农林部首席参事这一闲职。中华人民共和国成立前，已看透国民党腐败无能的唐启宇先生没有去台湾，而是留在了大陆，受聘为私立南通学院院长。中华人民共和国成立后，唐启宇先生执教于上海粮食干部学校。此后，由于其在国民党政府中的特殊经历，在历次运动中屡受冲击，但仍潜心于中国农业史以及中国农业栽培史的撰写与研究，直到 1977 年谢世。后其遗稿由唐经世整理成《中国农史稿》和《中国作物栽培史稿》，并由农业出版社精装出版。

外敌的入侵，时局的动荡，家庭的变故和世态的炎凉，让唐经世过早地品尝到生活的苦涩和艰辛。他发奋读书，自强不息，1949 年从扬州中学毕业后，以卓尔不群的成绩连中五元，同时被南京金陵大学、上海同济大学、江苏医学院、上海纺织工学院及中国交通大学唐山工学院（西南交通大学的前身）5 所著名的大学录取。最后，唐经世众里寻"她"千百度，毅然锁定了当时由茅以升先生任校长，因治学严谨而名扬海内外的唐山工学院，从此与工程机械结下了不解之缘。

衣带渐宽终不悔

1952 年，由于中华人民共和国实施第一个五年计划需要大批人才，全国理工科大学的学生一律不放寒暑假，尽早修完课程提前毕业，支援国家的经济建设。唐经世也提前 9 个月从大学毕业，分配到铁道部戚墅堰工厂实习，接着又调转到铁道部丰台桥梁厂、铁道部南口筑路机械厂、铁四局丰台机械站担任实习生和技术员。此时，唐经世已下定决心，一生要跟着铁路新线建设走。

然而，1954 年，铁道部部长滕代远亲自签发的一纸调令，打破了唐经世一生跟着铁路新线建设走的梦想。铁道部从全国铁路系统抽调十余名优秀人才到唐山铁道学院，包括创办全国第一个工程（筑路）机械专业。在铁四局丰台机械站担任技术员的青年才俊唐经世被慧眼识中，调回母校参与工程（筑路）机械专业的创建与教学工作。

由于当时国内高校尚无工程机械专业与专业课教材，铁道部将翻译苏联教科书的任务交给唐山铁道学院，唐山铁道学院又将此重任交给机械系。为此，唐经世等人通宵达旦查阅资料、笔耕不辍，终于翻译编著出版了《土方工程机械》等教材，受到了铁道部和唐山铁道学院的好评。

当唐经世站在讲坛上，为莘莘学子传道、授业、解惑时，他深入浅出地将工程机械理论与实践有机结合起来，赢得了学子们的尊敬和爱戴。从此，唐经世开始了 50 余年的执教生涯。

1957 年初，受极左思潮的影响，有人提出中国人口众多，劳动力过剩，铁路工程不需要机械化。为此，教育部决定取消唐山铁道学院的工程（筑路）机械专业。听此消息后，唐经世十分愕然，坚决不同意取消工程（筑路）机械专业，并以个人名义直接向教育部打报告陈述意见。然而，教育部给他的回复是："你的意见很好，关心工程机械专业，但是我们已经决定了。"随后唐山铁道学院遵照教育部的指示，取消了工程（筑路）机械专业。然而时隔半年多，院长顾稀兴冲冲地找到他说："工程（筑路）机械专业取消是错误的，要立即恢复这个专业！"正在参加全院劳动的唐经世听后，立即和大家着手恢复工程（筑路）机械专业的工作。不久，唐山铁道学院工程（筑路）机械专业重振雄风，这其中唐经世功不可没。

在国际上颇负盛名的唐山铁道学院却是命途多舛的。1964 年，遵照铁道部的指示，学校迁往四川的峨眉。1966 年，"文化大革命"开始，铁道部决定让留在唐山的师生员工都去峨眉闹革命。周恩来总理得知情况后，说既然是斗、批、改，那就两地闹革命吧。可以在峨眉，也可以在唐山。这样学校再次分为两部分，一部分留在峨眉，一部分又回到唐山。几度风雨，几度春秋，学校实在不堪重负，1971 年铁道部再次决定，将学校全部迁往峨眉，并更名为西南交通大学。

在西南交通大学，唐经世终于可以专心致志地从事他所钟爱的工程机械教学和科研工作了。他一丝不苟、治学严谨、教艺精湛，总是将业界最新的知识传授给学生们。与此同时，他还把深厚的专业知识和丰富的实践经验编写进教材《工程机械》（上、下册）、《工程机械底盘》等。他提出的制动器制动效能分析、履带机械转向理论、防止铁路架桥机横向倾覆技术措施等被业界广泛赞同和采用，其参加的新型架桥机科研项目，还获得了全国科学大会奖。1986 年，由于唐经世在教学和科研中的成绩斐然，被西南交通大学选派去美国做访问学者。

在美国的 1 年间，世界工程机械巨头卡特彼勒等四家跨国公司纷纷邀请他前往访问考察。在考察访问中，唐经世深切地感受到中国工程机械与世界工程机械之差距，默默发誓回国后将加倍努力，为祖国培养出更多的工程机械人才，振兴中国的工程机械产业。

正当唐经世在工程机械教学领域一展抱负时，西南交通大学的工程机械专业又一次面临着严峻考验。1985 年，教育部制定专业目录，将起重机运输机械专业与工程机械专业进行合并，改为起重运输与工程机械专业。此时，学校却欲将唐经世调去西南交通大学出版社担任副总编辑。对于这份"美差"，唐经世婉言谢绝了。他知道，一旦自己离开，工程机械专业将不复存在。为此，校长大光其火，公然当着学生的面指责他说："唐经世同志，你能不能委屈一点，到出版社去！"唐经世却心平气和地据理力争："我现在后院失火，工程机械专业都要丢了，这个专业可是学校的支柱之一啊！这个时候我这么能走呢？"校长见状只好让步。就这样，唐经世得以继续留下来，同时留下来的还有他视若生命的工程机械专业和学子们。

在 50 余年的执教生涯中，唐经世先后开设了《土方工程机械》《筑路机械》《桥梁隧道施工机械》《工程机械》《工程机械底盘学》《施工技术与机械》《桥隧线工程与机械》《环境科学与工程》《高速铁路工程机械》及《工程机械理论》等 10 余门本科和研究生学位课程，为国家培养了 3000 多名优秀的工程机械专业人才。然而，最让他感到骄傲和自豪的是曾两度挺身而出协同各方为西南交通大学保住了工程（筑路）机械专业。2004 年 10 月，在西南交大工程（筑路）机械专业成立 50 周年的庆祝大会上，两鬓斑白的唐经世高兴得像个孩子。他说，这一生虽然很苦很累，但感到很欣慰。

同时，让唐经世感到欣慰的还有他相濡以沫、患难与共、执教于西南交通大学的妻子吴铮副教授。2005 年 1 月 20 日，唐经世和吴铮副教授共同走过了50 载春秋。他们引以为豪的一双儿女，也是学有所成。儿子唐元冀毕业于南京大学物理系，后自费赴美国留学，获得美国田纳西大学物理学博士学位，现在美国加州硅谷工作。女儿唐元宁，毕业于西南交大，获得硕士学位，现在西南交大出版社任副编审。温馨和睦的书香之家，让唐经世得以全身心地投入到教学、科研和实践中去。

春蚕吐丝丝未尽

1995 年，已经桃李满天下的唐经世教授退休后，由于西南交大成都总校和峨眉分校教学工作的需要，仍继续留在讲坛，这一留就是 10 年。

10 年里，唐经世在师资力量相对薄弱的峨眉校区辛勤耕耘，风雨无阻地往返于成都与峨眉之间，为发扬光大工程机械对国家建设的重要作用，培养工程机械专业人才，继续呕心沥血，孜孜不倦。

10 年里，唐经世仍然笔耕不辍，先后编著了高等学校教材《工程机械》（上、下册）、《桥隧线工程与机械》《隧道与地下工程机械——掘进机》《桥隧线工程与机械文选》《工程机械底盘学》等 6 部高校教材与专著，在全国核心科技期刊发表了 60 多篇论文。为此，他不知查阅了多少资料，跑了多少施工现场，熬了多少个通宵，用秃了多少支笔！

10 年里，唐经世依然钟情于铁路工程建设，无数次来到施工现场；曾两到米花岭、三到东秦岭、六到秦沈客运专线、十到秦岭隧道，而桃花铺隧道、磨沟岭隧道、终南山隧道、乌鞘岭隧道道、昆仑山隧道、青藏铁路、台湾高速铁路、石长线湘江大桥、芜湖长江大桥、杭州湾跨海大桥、广州、南京上海地铁盾构隧道工程等也都留下了他的足迹。

10 年里，唐经世依旧每年 10 余次出川为铁道部、高校、企业等做专题报告，主持、参与方案设计研讨、论证、审定、技术设计审查，科研成果鉴定及专业书籍评审等工作；同时担任中铁三局集团、中铁四局集团、中铁隧道集团及山东方圆集团等专家委员会、高级顾问。

在记者的案头，有一张别致的新年贺卡，这是唐经世教授 2005 年送给记者的昔年贺卡。在贺卡中，唐教授写道："在 2005 年新年来临之际，我在成都恭祝海内外师友和亲人们好梦常圆、心想事成、健康幸福、吉祥如意，并借此向大家述说我的 2004……"贺卡看起来极为平常，但其别致之处在于贺词下面的一个大表格。这是 73 岁高龄的唐教授在 2004 年 17 次出川的列表。唐教授做了一个统计：这一年中先后 17 次出差完成不同的工作，出差累计达 120 多天，全年有 1/3 的时间云游在外。而 2005 年新年刚过，唐教授又两度进京，参加铁道部组织的铁路无碴轨道成套设备方案设计评审会。

"2005 年是我健康工作的地 53 个年头了，足以达到体育场大标语上'争取健康工作 50 年'的要求了！"唐经世教授笑声朗朗地对记者说："但我还能继续干！"在有生之年，唐教授还要做 3 件事：一是只要学校工作需要，继续为学生们上课，教书育人；二是如果铁道部等各单位需要，将继续不辞劳苦，积极参与；三是及时把积累的经验总结出来，著书立说，奉献给社会。这充分体现了一名老知识分子和普通共产党员诲人不倦、鞠躬尽瘁的博大胸襟和崇高精神。

"春蚕到死丝方尽，蜡炬成灰泪始干。"在母校扬州中学百年校庆的校友录中，唐经世教授这样写道"只要我一息尚存，还有劳动能力，祖国、科学、讲坛、学子是我心中的依恋，我愿为此奉献余生。"而今，壮心不已、志在千里的唐经世教授正用他不懈的行动履行着自己的诺言。

选自杨树彦主编：《西南（唐山）交通大学校史资料选辑（第二十九辑）》（四川成都：西南交通大学校史编辑室，2006 年，第 62～64、58 页）

无悔的青春　无悔的事业

邓介曾

水木清华

这里讲的不是清华大学，而是清华中学，但它们之间也多少有些渊源。

1946 年秋起，我就读于重庆清华中学，前后六年时光。这所学校是根据当时中共南方局的指示创办的。学校坐落在重庆南岸土桥镇的花滩溪畔。校长是知名的教育家，不少教师是清华大学的校友，教风严谨，学风朴实。学校修建有"工字厅"，模仿了清华园内的建筑，在校歌中写进"自强不息"的歌词，传承了清华大学的校训，成绩优等的应届毕业生可以保送清华大学。学校里地下党和进步势力较强，我受到进步思想的一定影响，加入过争民主、争自由、反饥饿的学生运动的行列，在进步学生社团《学风周报》社抄写过壁报。在中学时期，我非常爱好文体活动，喜欢踢皮球、打垒球和游泳，还在一出独幕话剧《婴儿杀戮》中担任一个男扮女装的角色。1949 年底，在学校地下党的领导下顺利应变，欢天喜地地迎接了解放。

1950 年"五四"那天，我加入了中国新民主主义青年团（共青团前身）。不久，担任了班团支部的学习辅导员，经常参加上级团组织举办的培训班，定期在团支部里讲团课，直到高中毕业前夕。这段学习辅导员的经历，初步培养了我学理论的兴趣，锻炼了我的口才和写作能力，真没想到，这段经历竟然是我后来长期（不，是终生）从事马克思主义理论宣传、教学和研究的启蒙准备。

朝鲜战争爆发，全国掀起了轰轰烈烈的抗美援朝、保家卫国运动。我倾注了一个青年人火热的爱国热忱投身于其中。当时，我最爱看来自朝鲜前线的报道和特写，几乎是每篇必读，手不释卷。魏巍写的《谁是最可爱的人》等震撼心灵、发人深省的文章，至今还历历在目，萦怀在心。突然，有一天传来个消息，让同学们报名参加军事干部学校。这顿时令我兴奋不已，因为从小就想当兵，尤其想当飞行员，这下机会来了，我当天就报了名。可是，在指定医院体检时，被查出眼睛有"色弱"缺陷。医生对我说："你当陆军不行，当空军更不行。"我大失所望，扫兴而归。我只好自我安慰：当个"后勤兵"，照样抗美援朝、保家卫国！经历这场运动，我受到了生动而又深刻的爱国主义、革命英雄主义和国际主义教育，在我思想上产生了深远的影响，甚至在相当程度上影响了我对今后所走道路的选择。

记得五十年前，我去北京参观清华园时在工字厅见过一块匾，上书四个大字："水木清华"。我粗浅地理解其有"水清木华"之意，但它并不是单纯描绘景观，其真谛在育人，是教诲学生做人要像水一样清澈透明，干事业要像树木一样繁华茂盛，使我很受教益。我想，"水木清华"之精神，它适合清华大学，也适合清华中学，是具有普适意义的。

考入唐院

1952 年高中毕业，考入铁道部属唐山铁道学院。是年夏末秋初，我告别家人和乡亲，搭轮船顺扬子江东下，取道汉口乘火车北上，迎着从地平线上冉冉升起的朝阳，来到了冀东重镇唐山。坐长途船，过三峡乘火车，穿越平原，漫步天安门广场，这一切都是我生平的第一次，使我感到鲜活、新奇和振奋。

由于国家实施第一个五年计划建设，急需各种技术人才，我入学后被分配到铁道系铁路定线设计专修科学习。当时，全面向苏联学习，高等教育也照搬照抄苏联的一套，大班上课小班辅导，每周上习题课、搞"席明纳尔"（设有中心发言人的课堂讨论），考试采用抽签口试（学生称之为"三堂会审"），评分是"5、4、3、2"四级分制，非常严格。我各科基础较好，且注重学习计划、课堂听课效率和学习方法，所以在学习上总能收到事半功倍的效果，成绩在全班一直是名列前茅。我担任班团支部书记，是"班三角"（班团支书、班长和班主席联席会）的召集人，还兼有别的社会工作，尽管有"三多"（工作多、会议多、作业多），但因学会了"弹钢琴"，也能处理好工学之间的矛盾。当时不少同学都喊学习负荷太重，说"没有星期日，只有'星期七'"，可我每天下午课余时间和周末照样打篮球、踢足球，参加文娱社团活动，还当过学生会舞蹈队队长哩！

在唐院学习的两年中，给我留下很深影响的是三次实习：唐山附近的铁路认识实习、北京潭柘寺的测量实习和兰州的毕业实习。记得那天去北京郊门头沟潭柘寺的半山坡上，遭遇了一场瓢泼大雨，待我们进到寺庙时，一个个都被淋成了落汤鸡，当夜的任务是烘烤衣服被褥和晾干书籍，大家彻夜未眠，可第二天仍然精神抖擞地投入了实习。这次实习的要求是测一张 1/2000 比例尺的地形图。同学们朝出暮归，自带仪器、干粮和饮水，负重行走，头顶烈日，汗流浃背，在老师的悉心指导下胜利地完成了野外测量和室内作业。还锻炼了吃苦耐劳精神，掌握了测绘技能，是我这次实习的收获。

在兰州的毕业实习更是别开生面，学也在其中，乐也在其中。我从未来过祖国的大西北，兰州给我的第一印象是风沙、贫瘠、荒凉，但又正在大兴土木搞建设。这里辛勤劳动的建设者们和大片的建设工地，像磁铁一样地吸引了我。这次实习是真刀真枪的，任务是初测一条由兰州至阿干镇煤矿的铁路专用线，全长约 30 km。老师主要是铁道部第一设计院勘测大队的工程师和工人师傅。我们住帐篷，睡行军床，吃大锅饭，清晨乘大卡车迎着朝阳出工，晌午用冷馍馍就咸菜充饥，晚上点煤油灯做作业，就这样经过数十个日日夜夜，我们把一卷精心绘制的地形图和翔实的测量资料交给了设计院，为大西北的铁路建设做出一点贡献。在实习中，我还首次体验了一次有感地震的全过程，先是莫名其妙、不知所措，接着是惊慌地跑出屋外，在露天里等待着要发生什么，最后是长舒一口气，如释重负。

两次服从

1954 年夏，我结束了两年专科阶段的学习，等待分配工作。当时有两句流行的口号："到祖国最需要、最艰苦的地方去！""站出来让祖国挑选！"我的志愿是到祖国的大西南、大西北去修铁路。有一天，政治辅导员张德仲找我谈话："组织决定你留校工作，你有什么意见？""服从组织决定！"我回答得很干脆。从此，我疏远了自己所学的专业，改行做了六年思想政治工作，先后担任过铁道系学生政治辅导员、校团委专职宣传部部长和校党委宣传部干事。我以极高的热情全身心地投入工作，可以毫不夸张地说，那时我除了睡觉几乎都是在办公室里和在同学当中度过的。其间，我还下放到唐山近郊农村河沿庄劳动锻炼约一年，与农民同吃、同住、同劳动，冰天冻地挖河泥，挑灯夜战修水库。这几年的实践，磨炼了我的意志，开启了我的智慧，提高了我的工作能力，使我受益匪浅。1955 年 5 月 25 日，我在党旗下庄严宣誓，成为一名光荣的共产党员。这一天，是我一生中最难忘的日子，它是我走向崇高理想的新的起点。

1960 年伊始，我又一次服从工作需要，被调到马列主义教研室任教。我深知，自己过去是学工科的，现要转行学习马列主义理论，唯一的办法是从头学起。经过组织批准，我在当年秋季考取了中国人民大学马列主义基础系研究生班，作为在职干部带薪学习，在人大度过了宝贵的三年时间。当时，人大的校长是党内德高望重的吴老（吴玉章）。人大办学传承了解放区学校的优良传统，重视基础理论，注重联系实际，治学严谨，而且知名学者云集。科社和国际共运史专家高放教授、中共党史专家王琪教授、法学专家杨化南教授等都是我的恩师。

在人大学习期间，我经常去馆藏丰富的校图书馆自学，基本上通读了马、恩、列的有关经典文献和毛泽东著作，精读了其中若干重点篇目，随手做卡片，积累资料，做笔记，写心得，还常与同窗研讨政治学、经济学、哲学问题，有时竟争得面红耳赤，不欢而散。在人大的三年，正值我国经济困难时期，连首都北京的物资供应也很紧张，研究生每人每月粮食定量32斤，上面还要求节约3斤，缺少油、肉、糖、豆类及其他副食品供给，有少数同学因营养不良，身患浮肿病而休学，而一贯瘦削的我却坚持到了毕业。我在人大的最大收获是打下了较扎实的理论基础，养成了理性思维的习惯，学会了分析演绎和归纳概括的研究方法，真使我终生受用。

1963年夏，毕业回到唐院，我以新的姿态登上讲台，继续任教。约一年半之后，唐院决定内迁，在四川峨眉山麓选址建校。我随学生轻装来到峨眉，住工棚，睡通铺，穿雨靴，学生搞半工半读，教师搞半工半教，师生一同摸爬滚打，生活虽然又苦又累，但也觉得轻松愉快。然而，好景不长，没过多少时日便刮起了那场史无前例的政治风暴，建校停了，课不上了，我随同大多数师生又回到唐山闹起了所谓的"革命"。到1971年底，铁道部军管会一声令下，全校教职员工分期分批乘专列举家搬迁，我也是其中一员，从此在峨眉山下安营扎寨，弹指一挥将近二十年。次年秋起，学校连续招收了四届工农兵学员，我长期下班蹲点，辅导他们学习"最高指示"和"毛选"，还参加铁道系、机械系组建的教学连队，先后到粤北山区连县、南京栖霞机务段、成都机车车辆厂等地开门办学，既做学生工作又讲理论课，直到"四人帮"垮台。这是"文化大革命"带来的一段特殊教学经历，我虽自感对工作是认真执着的，但也令人哭笑不得。

1977年，全国恢复高考制度。次年9月，学校经上级批准招收了马列师资班。我们教研室决定主要依靠自己的力量培养理论人才，以解决因"文化大革命"而中断多年的师资来源问题。我和黄通玉同志共同承担了一门文科重头课"国际共运通史"。由于时间紧、课时多、任务重、难度大，我来了个"笨鸟先飞"，从暑假前便开始收集资料，研究教材，请教同行，准备教案，几易其稿，真是到了夜以继日、废寝忘食的程度。"欲知我辛苦，内助最清楚。"这次教学任务完成后，我深深地感到：学而后知不足，教而后知不易，教学是永无止境的。大概是从这时开始，我在肩挑教学担子的同时，迈步搞起了科学研究。一个多年的"教书匠"如今要搞科研，真有点"丈二和尚摸不着头脑"。万事开头难！我先是"各自为战"学着写理论文章，继而便通过"以文会友"途径，多次参加地方性的和全国性的学术活动，接着是与高校同行合作编教材，协作搞课题。在实践中，确实尝到了科研促进教学、提升学术的甜头。我曾两次出席全国高规格的学术盛会——纪念建党七十周年学术讨论会、纪念中国抗日战争暨世界反法西斯战争胜利五十周年学术讨论会，受到江泽民总书记等党和国家领导人的亲切接见，还留下了两幅（卷）珍贵的照片。自1986年起，我走上阶梯教室讲台，为全校研究生讲授公共学位课"科学社会主义的理论与实践"。1991年社会科学系获得硕士学位授权点后，我被遴选为研究生导师，接连培养了四届研究生，他们现正在党政机关或企事业单位工作，为改革和建设贡献着自己的聪明才智。我从一个"教学"型教师，逐渐转变成为"教学—科研"型教师，感到自己的发展空间更广阔了，人生也更丰富多彩了。

退而未休

　　1996年底，我"超期服役"两年后从教学岗位上正式退下来，至今已整整十年。老实说，在办理退休手续时是很有失落感的。但由于工作需要，我接受了学校五年返聘，继续担任研究生教学工作，指导毕业论文，参加论文答辩，撰写科研文章，参加校内外各种业务活动。记得在1997年底，我和研究生合作的一篇关于社会主义市场经济条件下精神文明建设的论文，顺利入选全国第一届软科学学术讨论会，并被列为大会宣读交流的文章。退休后的工作原本可以"量力而行"，但似乎还是在"尽力而为"，仍然是比较紧张的。多多少少的成就感取代了失落感，使我感到十分欣慰。五年之后，进到了一个没有返聘的"返聘"期，一晃又是五年。在这段时间，我除了接受少量临时性讲课任务外，主要做了三桩事：一是参加学校巡视组工作，为加强和改进思想政治理论课程进行巡视、调研、建言献策，当好校党委的参谋；二是参加学校师资培训中心工作，通过听课、恳谈、交流、示范等途径，对二十几名相关专业的青年教师进行"传、帮、带"，使他们尽快成为高校合格的主讲教师；三是为大学生上党课、讲形势政策课、开讲座，指导学生社团活动，寓教其中、潜移默化，帮助青年学子健康成长。我意识到，这些都是自己义不容辞的历史责任，应该努力去做，并且做好它。一个"花（甲）古（稀）队员"，如今退而未休，也算是老有所为、老有所学、老有所乐吧！从一个十七岁的学生娃到年轻的政工干部到教授，我的大半生都是在母校度过的。一生一个工作单位——大写的"唐山交大"。我和唐山交大结下了不解之缘。在母校 110 周年华诞之际，已经年逾古稀的我，回首往事，确乎感到无愧于自己的青春，无愧于自己的事业。如果人生真有轮回，我仍要选择做一个真信、真行的马列主义教师。

2005 年 8 月 20 日定稿

选自杨树彦主编:《西南（唐山）交通大学校史资料选辑（第二十九辑）》（四川成都：西南交通大学校史编辑室，2006 年，第 76～79 页）

回顾岁月　平生"四幸"

——朱怀芳自述

朱怀芳，1935 年 12 月 4 日生，广西桂林人。自考入唐山铁道学院，半个世纪的人生就与母校联系在一起，平生"四幸"的后"三幸"就从此开始。

一幸翻身得解放

我五岁丧父，靠母亲替人织补浆洗，街边小卖维持赤贫的生活。由于桂林是一个历史悠久、重视教育的文化小城，加上抗战高潮之时，全国文化机构和文化精英云集桂林，教育更是得到普及，因此童年的我未失去读书的机会。1949年，桂林获得解放，人民政府重视教育，设立帮助贫困学生的助学金，在助学金的资助我顺利完成了初中的学业。读高中时，两位姐姐就业工作，生活有了保障，学业有了支持。

我高中就读于桂林第一中学。桂林一中的前身是国民党元老胡汉民先生创办的"汉民中学"。汉民先生属国民党左派，受蒋介石排挤，愤而潜心致力于教育，在桂林创办了以他名字命名的"汉民中学"，中华人民共和国成立后改名为"桂林第一中学"。桂林一中坐落在桂林市郊的穿山脚下，依山傍水，优美宁静，是一个读书的好地方。它不仅环境好，教学设施也是一流的：有两层楼的图书馆，藏书颇丰；有仪器设备完备的物理、化学实验室；生物陈列室内有琳琅满目的挂图和栩栩如生的生物标本；校内有标准的足球场和各种运动器件。每一班有一个独立的教室，它们错落有致地排列于小丘之上。教室后面有两间小屋，一间是班主任办公室，班主任随时可以召见学生，学生也可以随时向班主任请教；另一间是摆放劳动工具（锄、耙、铲等）的，每周有两小时的劳作课，它不仅培养我们劳动的习惯，收获之物还可以补贴伙食。给我们上课的老师也都是很有学问的。我在这个学校学习了两年半（提前毕业），受到了极好的教育，使我从一个不懂事的少年成长为一个有理想有追求的青年。毕业时班主任给我的评语是"实是可造之才"。

二幸高考进唐院

参加全国统一高考之后，如何填报志愿？当时，我非常想走出桂林周游世界，于是，按专业大类填报志愿时，我所有的志愿都填写了"运输类"，报考学校的顺序是"大连海运学院""唐山铁道学院"和"武汉河运学院"。我不知道"大连海运学院"录取新生是有硬性限制的，那就是每个新生的体重必须超过50公斤，而瘦弱的我就被挡在了大连海运学院的校门外，结束了我想当海员周游世界的美梦。幸运的是我被唐山铁道学院录取了。我的班主任得知这一消息后，很兴奋，在我和我的同学面前夸唐山铁道学院是一所好学校，并祝贺我，使我心情非常愉快地到唐山铁道学院报到。到学校后，运输大类的新生还要分系，我被分到电机系"铁道电气化"专业学习，这是我们年轻人向往的专业，因为我们都牢记列宁同志的一句话：共产主义等于苏维埃政权加全国电气化。我所学的"铁道电气化"专业是全国电气化的一部分，我也就为实现共产主义直接添砖加瓦了，自觉是一个十分幸运人。

进入电机系学习，打开了我人生的又一扇大门。在系里的迎新会上，系主任曹建猷教授高唱"满江红"，勉励青年学子"壮怀激烈""莫等闲、白了少年头""待从头、收拾旧山河"。这生动的第一课让我记忆一生。四年的大学学习又得到电机系四大名教授的教导和指点，知识和思想上的收获是车拉不尽、船装不完的。

当年所学课程涵盖"电力机车"专业和"电力铁道供电"专业，所以既有电气工程类的，也有机械工程类和土木工程类的专业基础课：如理论力学、材料力学、机械原理、机械设计、机械制图等。虽然功课十分繁重，学习十分紧张，但宽厚的基础理论知识给我以后涉足多个专业领域有很大的帮助。

大学期间的考试是多种形式的，我们的专业基础课和专业课采取的是口试。口试是老师直接面对一个学生考试提问，除两、三个主要考题是考前十几分钟知道的外，其余问题都是老师根据学生回答时临场追加提问的，这要求学生对所学知识要概念清楚、表达正确、推算准确，如果概念模糊，想在口试中混过关是十分困难的。我很喜欢口试，几年来的口试结果，几乎全是5分（当时实行5、4、3、2四级计分制，最高为5分，最低为2分）。四年的努力学习使自己的知识水平和动手能力有很大的长进。我的毕业实习和毕业设计是在湖南湘潭电机厂完成的，我参与了电力机车牵引电动机的设计，周密的思考和细心的计算，我的设计受到现场工程师和指导教师的好评。

1958年的金秋时节，我成为一名光荣的中国共产党员。同时，我服从组织分配留校当了一名光荣的人民教师。

三幸 参建多个专业

留校工作初期，我任校团委宣传部部长兼电机系团总支书记。1960年，为配合国家经济建设和科学事业的发展，满足铁道建设和铁路运输实现技术革命的需要，电机系增设"无线电电子学"和"计算机"两专业。我有幸被派往北京邮电学院（现北京邮电大学）无线电系进修，历时两年，学成后，于1962年回校给学生讲授"微波通信"课程。

在北邮进修期间，根据当时中央的"调整、巩固、充实、提高"的八字方针，我校新增的两个新专业将在应届学生毕业后即停办，何去何从？当时，我的户口已迁入北京，北京邮电学院也有意留我，但我感恩母校，知恩图报，毅然回到母校，回归电机系工作，任教研室政治协理员和助教。在杜庆萱教授的指导下，在《电机机车》杂志上发表了我的第一篇论文："整流电路平波电抗器电感值计算的研究"。

"文化大革命"期间，在"大学还是要办的"指示下，为适应铁路运输内燃化的发展，我主持建立了"机车电传动"专业，培养了一批内燃机车电气控制方向的工农兵大学生。

拨乱反正以后，教育得到振兴和发展，自动控制技术迅速渗透到铁路运输的各个领域，我又主持建立了"自动控制"专业，任教研室主任。在铁道部教学指导委员会上，我提出该专业的办学理念是：以现代控制理论为理论基础，以计算技术为技术手段，以为铁路运输现代化服务为目的。这一理念得到铁道部教育局领导和兄弟院校的认同。

1979年，年已花甲的曹建猷教授亲率三位骨干教师到全国各地进行计算机专业调研。我有幸是三位中的一位。早在1959年，曹建猷教授就创建了"计算机"专业，后因执行"调整"八字方针而停办了，如今恢复重建，乃见曹建猷教授对新学科所具有的远见卓识，他对我校的发展做出了重大贡献。当电气工程与计算机科学系成立"计算机"教研室时，我被任命为教研室副主任。

随着学校学科专业发展的需要，我参与了"无线电电子学""电力机车""机车电传动""自动控制""计算机及应用""通信工程"等专业的组建和建设工作。给不同专业的本科生和研究生讲授过12门课程："微波通信""电力机车控制""计算机原理及程序设计""FORTRAN语言程序设计""COBOL语言程序设计""计算机组成原理""计算机系统结构""计算结构""VAX-11计算机汇编语言程序设计""计算机并行处理""现代通信原理"和"知识工程与专家系统"等。作为博士生副导师，协助指导博士生 2 名，独立指导和培养硕士研究生 30 名。

四幸跟上信息时代

1979 年 4 月，我随曹建猷教授到全国各高校的计算机专业进行调研，曹教授在火车车厢里对我进行计算机的启蒙教育，这是我接触计算机技术的开始。接着，又参加了他为教师开办的"电子计算机讲座"，该讲座内容十分丰富，讲授"数理逻辑""计算机组成原理""操作系统""编译原理""程序设计"等，给我后来在计算机学科的教学和科研打下了坚实基础。

1982 年，铁道部组织计算机代表团赴罗马尼亚接受 I-100 计算机（罗马尼亚以 I-100 计算机等设备偿还我国对其的援助），我被任命为代表团核心组成员兼硬件组组长。半年之内有了全面考察和掌握计算机系统的机会。回国后，组建了我校计算中心，任中心主任。1982 年至 1984 年期间，为全校教师和干部办了多期"计算机学习班"，主讲"计算机技术基础和程序设计语言"。全校 200 多名教师干部参加了学习，我为普及计算机应用技术做出贡献。

1985 年，有曹建猷教授任主任的"电气工程与计算机科学系"，分为"电气工程"与"计算机科学与工程"两个系，我被任命为"计算机科学与工程系"系主任。在我与全系教职工的共同努力下，在短短的几年内，"计算机科学与工程系"就形成了适应最新科学技术发展需要的整体办学结构。1987 年我被晋升为教授。

1989 年作为高级访问学者赴加拿大多伦多大学进行学术研究。在多伦多大学期间，扩大了我对计算机学科的视野，特别在"并行处理"和"知识工程与专家系统"方面扩展了研究。之后，指导多名研究生在这些方面取得研究成果。

因"为发展我国高等教育事业做出突出贡献"，1992 年起，我开始享受国务院颁发的"政府特殊津贴"。

1993 年"计算机科学与工程系"扩建为"计算机与信息工程学院"，我任学院首任院长。

我自投入计算机学科方向以来，涉足的研究领域有："计算机应用""计算机网络和信息系统""计算机体系结构""知识工程和专家系统""并行处理与分布式系统"和"智能检测系统"。并在《计算机学报》《铁道学报》《西南交通大学学报》《计算机应用》《铁路计算机应用》《电脑技术信息》等学术刊物上发表论文 40 余篇。由中国铁道出版社出版著作 2 本，其中一本《VAX-11 计算机汇

编语言程序设计》，获铁道部优秀教材二等奖。主持和参加部、省级科研项目 6
项，其中：“微机远程网络辅助企业管理系统”获省科技进步奖；“铁道车辆车
轮踏面损伤检测系统”获铁道部科技进步奖，并获国家发明专利。

　　进入信息学科领域以后，我有幸结识了许多专家和学者，有了更多的机会
参加学会和学术活动。曾任和现任的社会兼职有：中国电子学会高级会员，中
国铁道学会“计算机应用专委会”委员，中国计算机学会“系统结构专委会”
委员，中国计算机学会“教育专委会”委员，中国软科学学会“MIS 与 DSS 专
委会”理事，中国计算机 DEC 用户协会西南分会理事，四川省计算机学会理事，
中国计算机学会西南学会“网络与信息系统专委会”常务副主任，四川省计算
机学会“网络与信息系统专委会”主任，全国计算机等级考试“四川省中心考
点”首席教授，《计算机应用》杂志常务编委，《铁路计算机应用》杂志编委等。

　　回首往事，在我校学习、生活、工作五十年，一直保持着意气风发，乐观
向上，兢兢业业，与时俱进的精神，在教书育人、学术研究和学科建设诸方面
均取得很大成绩。展望未来，定当老骥伏枥，壮志奋蹄，为党的教育事业继续
勤奋耕耘。

　　选自杨树彦主编：《西南（唐山）交通大学校史资料选辑（第二十九辑）》（四
川成都：西南交通大学校史编辑室，2006 年，第 80～82、72 页）

高家驹

王慈光

高家驹，1927 年 2 月 16 日出生于河北安新，1940 年 8 月进入北平志成中学，1943 年考入北平师范大学附属中学学习，1946 年毕业后考入北平铁道管理学院（今北京交通大学），专修铁道运输。1950 年毕业后，留校任助教。当时，为了向苏联学习，他被推荐去哈尔滨工业大学由教育部主办的研究生班学习，后又通过全国范围内的选拔考试，于 1951 年 8 月，作为中华人民共和国第一批公派留苏学生进入莫斯科铁道运输工程学院学习，1955 年 7 月获技术科学副博士学位。同年 10 月，根据铁道部令，他被派往沈阳铁路管理局任工程师。先从基层苏家屯编组站做起，一方面向现场学习，一方面介绍苏联铁道先进经验，先后介绍了调车工作方法、货场管理等。在局内任职期间，他还主持了沈阳枢纽改造规划方案的研究工作，写出了研究报告以作为今后改扩建的参考。1956 年，铁道运输专业在唐山铁道学院（西南交通大学前身）恢复招生，他被调入唐院运输系任教，1957 年被任命为系助理次年担任系主任，筹建并全面主持运输系的工作，时年仅 31 岁。从此时起直至 80 年代中期，他一直在系主任岗位上工作，时间之长超过四分之一世纪。1979 年被授予副教授职称，83 年晋升为教授。在以后的日子里，除教学和行政工作外，他还从事了大量的校外工作和学术活动。1983 年起被聘为中国交通运输协会理事、中国铁道学会运输委员会委员、《铁道运输与经济》杂志编委、铁道部学位评审委员会运输分组副组长、铁道部教材编审委员会运输组副组长等职务。1984 年被铁道部聘为铁道部科学技术顾问委员会任顾问委员，为铁路的科技发展提供咨询。离休前，还参加了国家经委和世界银行经济发展学院（EDI）联合举办的综合运输管理培训中心的培训工作，担任教务长，为培养具有整体意识和综合运输观念的铁路、公路、水路和民航部门的高级管理人才做出了贡献。

恢复建系，领军前进，运输专业的创业者和开拓者

高家驹教授调入我校工作，正值运输系恢复建系开始。1958年，他被任命为运输系系主任，主持系的全面工作。有人说，他在这一岗位上时间之久，堪称唐院之最。确实，运输系从开始创业，到发展壮大，运输专业从开始起步，到充实提高，都凝结了高家驹教授的滴滴汗水和心血。

建系伊始，困难重重，他提出"系小人少志气高"的口号，极大地鼓舞了师生的士气，增强了全系的凝聚力。他作风正派，一碗水端平，使全系迅速形成了一个和谐的战斗集体。师资力量不足，他不分校际，兼容并蓄，一方面引进人才，一方面从现场和本校毕业生中选最优秀的人才组成教师队伍，逐步解决了师资匮乏问题。教材是提高教学质量的重要因素，他作为主审亲自审定了全路通用教材"铁路行车组织"，同时鼓励教师自编讲义。他尊重老教师，充分发挥他们的专长。努力培养青年教师，提供他们学习和锻炼的机会，使他们迅速成长。在高家驹教授的主持下，运输系稳步前进，充实了师资队伍，制订了五年制的教学计划，健全了教学环节，建设了实验室、模型室、资料室，并且招收了研究生。

在专业建设过程中，他特别注意把科学技术的新进展与运输专业结合起来，及时进行补充和深化。他认识到计算机和应用数学中的诸多分支是解决专业问题的有力工具，及时地派出教师到校内外进修，较早地开出了这些课程，使运输专业如虎添翼，科研水平不断提高。正当师生满怀信心将专业推向前进的时候，"文化大革命"开始了，不仅使中国的经济跌到了崩溃的边缘，且严重地破坏了文化教育系统。高校正常的教学秩序荡然无存，运输系同样遭受到灾难性的破坏。也就是在此期间，学校从唐山内迁四川峨眉，专业的发展也步入低谷。高家驹教授作为系主任，不可避免地受到了冲击。但他没有丧失信心，更没有倒下，而是与广大教师一起，在动荡的情况下和恶劣的环境中，继续坚持教学工作，为培养人才竭尽自己的力量。

"文化大革命"结束以后，正常的教学秩序亟待恢复。高家驹教授迅速组织力量，要把被耽误的时间夺回来。1977年，国家恢复高考。1978年，运输系便开始招收"文化大革命"后的第一届本科生。在课程设置上，紧跟时代步伐，增加计算机语言、运筹学及管理类课程。在教学内容上，及时补充更新，并开设讲座，介绍学科前沿动态，专业面貌焕然一新。在高家驹教授和全体教工的

共同努力下，经过短短一两年的恢复调整，运输专业迅速向充实内涵和提高层次的方向发展。80年起开始招收"文化大革命"后的第一届硕士研究生，1983年取得了运输管理工程专业硕士学位授予权。为了加强学科建设，他组织多名教师出国进修吸收他国长处为我所用。他本人针对专业特点从理论上研究教育规律，写成论文，对专业的发展起着指导作用。他还编译和撰写研究生讲义，为研究生授课。

随着国家经济建设的高速发展和市场经济体制的建立，高家驹教授敏锐地意识到，必须扩大学生的知识面和专业面，增强学生毕业后的适应能力。为此，在1985年教学计划修订中，他削减专业课学时，腾出时间开设选修课，加强了实习、课程设计和毕业设计（论文）的实践性环节。根据社会发展的需要，他还特别注意学生外语水平的提高，并亲自讲授专业外语。与此同时，铁路、公路、水运和航空等大交通的概念凸现出来，他及时提出并于1985年建立了交通工程专业，当年招收本科生。相应地，铁道运输系更名为运输工程系。这是运输系历史上具有里程碑意义的一件大事，与高教授的努力是分不开的。总之，高家驹教授忠诚党的教育事业，为办好铁道运输专业付出了毕生精力，可以说是鞠躬尽瘁。当然，他也以培养出大量的从基层到中高级优秀铁路干部得到回报。

既重课堂教学，又重实践环节，教育教学的改革者

在教学工作上，高家驹教授治学严谨、诲人不倦，有一颗为教育好后代不惜呕心沥血的赤诚之心。他教学态度严肃认真，备课中付出了极大的辛劳。他常说"如果你要教给学生是一杯水，那么作为教师就应该准备好一桶水"这句名言。他善于处理教师的主导作用和充分调动学生学习的主动性和积极性，特别重视学生的独立思考能力的培养。他非常重视课堂教学，做到选材精当，分析透彻，言简意赅，不仅要使学生知其然，而且要使他们知其所以然。他学问渊博，知识面广，讲课时旁征博引，深入浅出，许多素材信手拈来。他还特别注重启发式教学。为了吸取国外大学的长处，他翻译出版了苏联教科书《铁路运输组织》，审定了杨明伦教授翻译的参考书《数学方法在铁路运输中的应用》，编译了《编组站车辆作业过程最优化》，作为研究生讲义。

铁道运输专业是一个实践性很强的专业。在教学过程中，高家驹教授非常注重理论与实践的结合。除改进校内课程设置和各教学环节的配合外，他很注

重现场实习这一实践性环节，亲自编写了《技术站学工手册》，以规范实习大纲的贯彻执行。他还亲自带队，进行现场教学。在毕业设计中，改变了过去假题假做的状况，采用真刀真枪、实地进行的做法，乃至让学生参加现场的科学研究，并亲自指导毕业设计工作。

既教书，又育人，青年学子的良师益友

高家驹教授在高等教育战线上辛勤耕耘了几十个春秋，为祖国的运输事业培养了一批又一批优秀人才。他特别重视学生的政治思想教育，每逢新生入学和高年级同学外出实习，他总是亲自做专业介绍和实习动员，并每每深入实习现场，不但注意同学们的学习和身体健康，还特别关心他们思想上、政治上的锻炼和提高，做到教书育人。

在培养学生的过程中，他注意因材施教的原则，对于研究生培养尤为如此。由于研究生个人特点突出，因此，更要根据其本人的实际情况及导师的特长，与研究生共同确定学习计划和学位论文题目。他常说："选好题目（研究方向）拟订好编写提纲就可以说已经完成了毕业论文的大半了。"他所指导的研究生的论文选题都是密切联系我国铁路运输的实际，既有现实意义，又有理论深度。他告诫研究生说："搞研究要瞄准我国经济建设主战场。"为了指导研究生选题做论文，他常常与研究生一起讨论问题，与学生完全处于平等地位，平易近人，毫无教授的架子，所以学生也没有拘束，敢于同老师辩论。这种科学民主的风气在高家驹教授身上是体现得最为明显的。在收到研究生论文（哪怕是很小的一篇文章）后，他总是当作一件重要的事处理，很快给予答复，从不拖拉。为了慎重起见，他甚至请其他老师协助评阅。遇到研究生来向他请教，他就把别的事暂时放下，耐心地指点还说"这个（师生讨论问题）更重要。"他指导论文细致入微，用词造句简直到了字斟句酌的地步。有的研究生在论文中使用了一些优美华丽的词汇，他看到后指出："学位论文与文学作品不一样，重要的是把意思表达清楚，要写得平实，不要用许多形容词。"除了在内容上指导外，他还适时教给学生一些研究方法，如"极而言之""用图形表达，一目了然，减少文字叙述""用较小的数字代入公式检验正确性""注意参数取值的范围"等。为了使论文与实际结合得更紧密他不仅帮助联系调研单位，甚至亲自带研究生到现场调研，真正是"同吃同住同研究"，使他的弟子深受感动。可以说，研究生

论文的字字句句，都凝聚了导师的大量心血。此外，他还关心研究生在政治上的成长，鼓励他们积极靠拢党组织。对研究生来说，高家驹教授既是令人尊敬的导师和长辈，又是处处关心自己的朋友和亲人。

心系国家，情系运输，紧密结合实际的研究者

作为一名成绩卓著的交通运输领域的专家学者，高家狗教授早在 20 世纪 50 年代即开始科学研究工作。那时，他对列车运行图及通过能力进行了深入探讨，提出了旅客列车影响区的概念，为研究旅客列车扣除系数开了先河。为了改变中国运输的落后面貌，他从 1955 年回到祖国的那一天起，就专心研究中国铁路运输管理的实际，并以其研究心得撰写论文，其内容涉及铁路运输的诸多领域。回国初期，他研究了旅客列车在运行图上的铺画对货物列车通过能力和旅行速度的影响，后来进一步完善提出了双线自动闭塞区段越行条件下货物列车最合适的运行时间的计算公式，改变了根据限制区间来确定双线自闭区段扣除系数的传统做法。这一系列相关成果被纳入《铁路行车组织》教科书，为后人在通过能力方面的进一步研究奠定了理论基础。在现场工作期间，他探讨了记名式机车周转图的编制方法，这对经济地使用机车及保证乘务员休息提供了良好条件。

担任运输系主任后除完成繁重的行政工作和教学工作之外，高教授积极地参加了校内外的科学研究工作。"文化大革命"以后，铁路工作开始步入正轨，全路都在探讨铁路的发展战略，高家驹教授对铁路技术政策进行了宏观研究。1985 年，在国务院经济技术中心和铁道部联合召开的铁路发展战略讨论会上，他宣读论文《对实现我国铁路现代化对策的几点看法和建议》，受到了各方面的重视。这篇论文后来在铁道部 2000 年的"我国铁路发展战略设想"中得到了反映。他还对发展四川地方铁路公路建设及联合运输，也发表了很有见地的看法和建议。当时全路运力不足，特别是煤炭运输成为焦点，而重点又在晋煤外运上。他积极倡导重载运输，特别是加强晋煤外运的通过能力，并参加了"六五"国家科技攻关项目"铁路重载列车成套技术的研究"，负责其中"大同至秦皇岛固定车底循环直达运输组织方法"的研究，主持"装车地直达列车运输组织"分课题。为此，他多次深入现场，蹲点进行调查研究。该课题后来通过了部级鉴定。"七五"期间，他不失时机地参加了"七五"国家重点攻关项目"组合列车行车组织方法及技术经济效果的分析"，负责"双线自动闭塞区段组合列车采

用条件的研究"，该项目获国家科技进步二等奖，本人获得国家科委颁发的"国家科技成果完成者证书"。有关组合列车的研究成果为大秦线重载列车的开行提供了科学依据。

他在担任西南交大重载研究中心副组长和铁道运输学会重载委员会委员期间，不遗余力地推动重载运输的研究，在全路重载运输组织研讨会上的学术总结汇报发言，受到了各方面的好评。他还参加了大百科全书交通卷有关铁路运输能力等词条的编写工作。从系主任岗位退下之后，他对我国铁路旅客运输也积极进行了研究。1989 年，他与北京铁路局合作主持了"京津石地区铁路客流预测及疏导方案的研究"项目，对新建北京西客站、改造北京北站、北京南站等布局进行了论证，进而提出了多种可行的客流疏导方案和列车开行方案，以及客运站布局的建设方案，对华北地区乃至全国主要干线的建设也进行了论述。该项目的研究完成为北京枢纽的改造扩建提供了理论依据。

离休前，他对我国高速铁路的发展也给予了很大的关注。在我国第一条准高速铁路——广深线投产运营前主持编写了《高速铁路与广深准高速铁路概论》一书，为提高全路职工对高速铁路的认识及广深线员工的培训提供了一部深入浅出的教材，受到广大职工的欢迎。在综合运输管理培训中心任教务长期间，他对系统、综合、协调等概念在交通运输中的地位和作用有了新的认识，主编了《综合运输概论》，这是培训具有整体意识和综合运输观念的铁路、公路、水运和民航部门的高级管理人才的极好教材。

综上所述，高家驹教授的科学研究有两个鲜明特色：一是洋为中用，他没有因为是留学归国人员而困于外国的条条框框之中；二是理论紧密联系实际，他总是按照我国的国情、路情来提出问题和解决问题，因此，其结论具有很强的实用性和可操作性。

2006 年 4 月 2 日

注：高家驹，铁道运专家，交通运输工程教育家。早年留学苏联，回国后长期主持运输系的全面工作，是我校交通运输专业的主要创始人之一。在教育战线辛勤耕耘几十年，呕心沥血，言传身教，培养了一大批交通运输领域的高级专门人才和中高层管理人才。任运输系系主任期间，积极推进教育教学改革，大力加强实践性教学环节，努力提高学生的动手能力和解决实际问题的能力。在列车运行图理论形成之初，即对扣除系数这一重要概念进行了深入探索，取

得的成果被纳入《铁路行车组织》教科书。在重载运输、旅客运输、宏观技术政策及高速客运诸多领域，积极开展科学研究，先后参加"六五""七五"国家科技攻关项目，成绩突出，获国家科委颁发的"国家科技成果完成者证书"。主编和翻译出版专业书籍多本，参加大百科全书交通卷铁路运输有关词条的编写工作，为交通运输工程学科建设和铁路运输事业的发展做出了重要贡献。

　　转自杨树彦主编:《西南（唐山）交通大学校史资料选辑（第二十九辑）》（四川成都：西南交通大学校史编辑室，2006年，第25～29页，下转22页）》

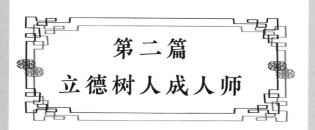

第二篇
立德树人成人师

　　德才兼备是教师努力的目标。教育的根本任务是立德树人，教师的人格力量和人格魅力是成功教育的重要条件。本部分主要收录能够反映交大教师及走上教师岗位的交大学子崇高道德情操的文献资料。

求真·治学·育人

——竺可桢先生的德育观

余翔林

竺可桢一向高度重视德育，不赞成对学生"教而不育"，他说：大学的目的在于为国家、为社会培养"公忠坚毅，能担当大任"之人才。在每学年入学和毕业典礼上他都告诫师生："大学是社会之光，不应随波逐流""大学犹之海上之灯塔，吾人不能于此时（抗日战争时期）降落道德之标准也"。他希望青年学生以国家兴亡为己任，使大学成为"求真理、治学问、育人才"之圣地。

和所有的教育家一样，竺可桢认为励志是德行的根本。他说青年学生要励志，树立伟大抱负和高尚情操，他批评说："现在大学教育，注重各种专门知识之传授，而忽略品行德行之陶冶，积重难返，流弊甚深。"而励志的目标就是"使中华民族成为不可灭亡的民族""使救国的责任在诸位身上担当起来"，这表现了竺先生的爱国精神。这一精神亦有其历史传统，在明、清两朝，山绿水青的浙东姚江两岸，孕育了中国几代著名大学问家、大思想家，如于谦、王阳明、黄宗羲、张苍水、章太炎等人。这些才子名贤年轻时均有范文正公那"以天下为己任"的大志。竺先生青年时代感受着这几代宗师的人格精神，并在他担任13年浙江大学校长的教育实践中发扬光大。

竺先生在浙大倡导的"求是"精神最为有名，这是德育寓于智育之中的精华思想。浙江大学的前身是1897年在杭州创办的"求是书院"。在《汉书·河间献王传》中有"修学好古，实事求是"一语，这是"求是"最初的来源。正直的君子做学问，以追求事物的真理、是非为目标，不会为利害功名所左右。竺先生在1938年的校务会上提出了以"求是"作为浙大的校训，并讲了一番感人的话，他说："我校求是精神，即只知是非，不顾利害。""求是就是奋斗精神，牺牲精神，革命精神和科学精神。"以后他又发挥说："科学家的态度应该是不盲从，不附会，不屈不挠，只问是非，不计利害。"他要求所有浙大的师生都要努力有此精神。竺先生自己刚正不阿、严谨正直的高尚人格，和在实践中垂范的“求是”精神深受师生的敬仰。

（选自《光明日报》2002 年 12 月 5 日第一版）

转引自杨树彦主编：《西南（唐山）交通大学校史资料选辑（第二十三辑）》（四川成都：西南交通大学校史编辑室，2002 年，第 79 页）

校训师泽导我无悔之人生路

田盛育

20 世纪 70 年代初，正当我经"文化大革命"冲击后再次送大田劳动，被折磨得体重仅剩 47 公斤时，农场工程队调我回设计组去处理修配厂高炉平台和屋面开裂问题。该厂房系唐院老学长王裕麟君设计，但他不幸经多次批斗之后胃病大发，加上肾结石尿血不治而死。我一面查阅王兄留下的算稿，一面多次对平台从基础到屋面反复查看现状，探求事故原因，找出修复方法。前后耗时三周，终于将问题解决了。时工程队一位留用的北方老医生，见我去大田劳动不到一年，竟瘦掉三十多公斤，变得十分虚弱，他便每天煎一保温瓶草药给我喝，告知连服两周左右，元气就可恢复了。还偷偷对我说："既然调回来，修厂房的事反正需你去办。现你体质很虚，一再登高工作是很不安全的。"承他的善意关怀，我服药二十天，果然慢慢有了气力。加上在工程队时得老妻从上海千辛万苦弄了钱，给我买来一大箱的营养品（在大田队不许收营养品，因它妨碍改造），两个多月后身体就渐渐壮实起来了。我除了谢谢老医生的高超医术和高尚医德外，我未告知他不顾体弱迅速完成修复厂房工作的原因。其实在 1952 年我从安徽被调到苏北滨海县新人农场时起，王兄就同我在设计室一同工作了。他长我十二岁，是前辈老学长，我很尊重他，到 1969 年秋末去世（不久我被再次定"罪"），我们共事有 17 年之久，虽因工作需要，我们有时分赴苏南苏北各地，从事各自的工作，但基本上在同一系统同一单位的时间居多。我们虽都属"强迫劳动"者，但通过大脑的思维搞大结构设计等，这完全靠自觉的劳动，否则怎会认真负责，乃至想方设法做出较有创新的设计，或是比较有经济价值的设计改革呢？我们认为，虽然不幸蒙冤，但我们出身唐院，我们是为祖国的建设在工作，纵然我们得不到应有的待遇。有一个时期甚至不允许我们在图纸上署名，但我们不能对教育我们的师长们不负责，也不能不重视国家建设的利益。当时修配厂高炉停产，影响了对农机的修理，正当夏秋之交农忙之际，生产将受到损失，从事大田劳作的人，就要吃更多的苦头，更重要的是那厂房是王兄在批斗中完成设计，并抱病赴工地监修的，越早修复越可减少人们对厂房工程设计的流言蜚语，给老王九泉下一点宽慰，也维护了我们母校的声誉。

1978 年我申诉，那时我无通信自由，申诉书请一位领导找工作多年的单位负责人代发，他阅后说："怪不得前几年拟代你减刑时，你表示问题不在减刑上，现在我明白，如果申诉成立，你的问题不是减刑而是平反。"后来果然将两度的"罪"全平反了。在长建公司领导为我平反而举行的送别宴上有人问我："你一再蒙冤而工作表现很好，又不热衷减刑，为何？"当时我仅答系我的个性所至。其实在那含冤忍辱的 31 年里，我在那个圈子内组建一套适用的土建班子，不断从犯人和场员中寻觅可培养的人才，并始终如一无私地辅导他们，在劳作繁忙中连夜自学农田水利的规划和设计，前后为 80 余万亩农垦区完成规划和配套的各种水工建筑的设计，后来通过自学焊接和预应力混凝土的设计，在各类较大型的工程中做了不少结构改革和材料节约，多次取得优秀奖评，其中最重要的精神支柱就是因为我是唐院的学生，决不能玷污了唐院的声誉。

平反后又二十年过去了，回想起来首先和主要的就是感谢母校师长们对我的培养和教诲，没有师长给我扎实的专业基础、学识的言教和对待教育事业的严肃认真精神的身教，在我那些艰难岁月里，我就没有做出上述几点工作的原动力，我也不可能有自学那些应用知识的能力，由于我总算没有虚度那无奈的 31 年，因此我回忆起来对人生无愧无悔。更有甚者，正因为那段时间里不得不完成了多方面多类型的土建设计和施工，使我的工作能力得到比较广泛的锻炼，因而我在 63 岁平反回到阔别很久的上海，能在土建方面完成不少工作，也解决过不少比较困难的问题。值兹世纪之交，又逢年届八旬，回顾一生，时时事事均得益于母校师长们的惠泽，为此请允许我借本刊在众学长前，表达我对母校和师长们的衷心感谢。谢谢！

选自杨树彦主编：《西南（唐山）交通大学校史资料选辑（第二十四辑）》（四川成都：西南交通大学校史编辑室，2003 年，第 61～62 页）

茅以升先生赞

钱冬生

　　茅以升先生，字唐臣。1896 年 1 月 9 日生于江苏省镇江市（当时叫丹徒县）五条街草巷。1916 年毕业于唐山工业专门学校（即唐山交通大学、唐山铁道学院、西南交通大学的前身）。1919 年在美国卡利基理工学院（今卡内基梅隆大学）获工学博士学位，博士论文题目是《桥梁桁架的次应力》，并于当年回国。在那时，博士为数极少，我国的知识分子也不多，而学科的划分则很粗。对于全国数一数二的年轻的博士，许多单位争相延揽。经过他在 1933—1937 年的艰苦努力，抗日战争开始后不到三个月，我国的钱塘江公铁两用桥通车了。这是由中国人所设计、并主持施工的第一座现代桥。茅以升担任其领导，亲身参与其实践，并带出了一批造桥人。称茅先生为我国现代桥的奠基人，实属公允。1948 年 10 月，中国工程师学会在台北市召开年会，推选茅先生为会长（这时的工程师学会包含土木、机械、电机等学科在内）。说茅先生是当时工程技术界的一位代表人物，这也是不会错的。中华人民共和国成立后，党和国家领导人对茅先生很重视。对于桥梁、高等教育、铁道科学研究、各种社会活动，茅先生始终尽心尽力。在 1950—1981 年，茅先生是铁道部科学研究院的领导。由于他缺乏基层工作经历，说话不讲修饰，不问场合，与铁道部某些领导因误会而龃龉；又由于他不再亲身参与第一线工作，其言论有时也会脱离实际。但因他真心爱国，始终拥护中国共产党，在 1987 年 10 月，92 岁的高龄，终于成为一名光荣的中国共产党员。1989 年 11 月 12 日，茅先生在北京病逝。

　　对于茅先生，我们应该以历史的眼光，学习他勇于开创现代桥事业、赤诚对待师友、勤于写作、热爱家乡、热爱母校、热爱祖国的优点，也要认识到他的历史局限性，还历史以真面目。将茅先生作为一个可以理解、可以亲近的前辈来看待、来学习。对于我们后辈来讲，这也是应该做的。

（一）勇于开创现代桥事业，建成了钱塘江大桥

对于钱塘江桥，茅先生的贡献主要表现在：

（1）参与筹划及筹款。从 1933 年 3 月到 1935 年夏，先后与曾养甫、宋子文、宋子良等洽谈，方才共同将造桥计划及所需款项落实。

（2）在 1933 年变更了铁道部顾问、美国桥梁专家华德尔的建桥方案：① 将桥的分跨从不相等改为相等，这可以使桥的排洪及通航不受今后主槽改道和冲刷影响；② 变更桥址，将桥建在河道稳定之处，并使桥的总长从 1872 m 缩短为 1453 m；③ 从铁路与公路并列，改为公路在上、铁路在下的双层桥，这使行车互不干扰，并可降低造价；④ 将造桥概算由华德尔的 758 万银圆缩减为 510 万银圆（而该桥完工时的决算为 547 万银圆，合美金 163 万元，平均每米桥长仅为美金 1122 元）。

（3）按 1922 年公布施行的《国有铁路钢桥规范书》对干线铁路的规定，将这桥的铁路设计荷载定为古柏氏 50 级（主动轴重量为 21.8 t），使这桥能使用至 21 世纪（而 1912 年建成的德国人设计的泺口黄河桥只是按古柏氏 35 级设计）。

（4）组织了一支精干、高效的建桥队伍。在 1934 年春，首先聘请罗英为桥工处总工程师。而整个桥拱处只有 64 人（从处长、总工，直到监工员，还有财会事务人员）。

（5）编制文件，并建立规章制度。例如编写设计说明书，主稿发包合同，制定技术规则和报表格式（包括外文内容）。向承包商颁行工程机具置办办法，工程质量检查及验收规则等。

（6）在主桥位置，有一段岩面高程低至-44 m，经决定在该段各桥墩都采用组合式基础：下面用 160 根、各 30 m 长的木桩达到基岩（桩的顶端位于河底之下十余米），再将气压沉箱下沉到土内，置在木桩顶上。沉箱刃脚则是在冲刷线之下，这使基础耐久。且在沉箱下沉过程中，墩身就在箱顶的木围堰内兴建，这就压缩了工期。（而泺口黄河桥是用 17 m 长的混凝土桩，沉箱刃脚的下沉深度又不够，遂使维修人员一直为护桩而深感苦恼。）

（7）采用 16 孔跨 65.84 m 的简支钢桁架为正桥上部结构。用浮运法架梁，在将轨道接通之后，立即能通行火车。

（8）及时解决了不少施工所出现的问题。例如，为加快打桩速度，采用了射水；为防止沉箱刚到位就被潮水带走，从每沉箱用 6 个 3 t 铁锚改为用 10 个 10 t 混凝土锚锚住，且用射水法将混凝土送进土层；为防止沉箱位置歪斜，在某些沉箱浮运下沉之前，先在其处沉放柴排，再让沉箱到位（置在柴排之上），以

免河床局部冲刷成坑，使沉箱歪倒。

（9）仅用两年半时间就建成了这座桥。

（10）在战争年代，始终保护好这桥档案及资料，并在中华人民共和国成立之后，完整地交给上海铁路局及浙江省。有始有终，负责到底。

在钱塘江桥之外，茅先生在 1945 年曾筹建重庆两江大桥；1946 年，进行上海市越江工程（越过黄浦江）的研究并提出了报告；从 1936 年起，一直研究并参与讨论武汉长江大桥的建设，至 1955 年 2 月，被任命为武汉长江大桥技术顾问委员会主任委员。

（二）赤诚对待师友，带出不少造桥人

现代桥是用力学理论对结构进行分析及设计，采用现代工程材料（钢材、钢筋混凝土等），并用现代施工方法（汽锤打桩、围堰、沉井、沉箱、浮运到位、悬臂拼装等）及施工机具（各种起重机、铆钉机等）来完成的。它与仅凭经验修建的古代桥，有本质的区别。现代桥是 19 世纪在欧美出现的。中国人要掌握现代桥技术，首先要虚心向先进国家学习，再通过自己的实践来认识深化并发展。且现代桥往往规模巨大，必须要有不少的人同心协力，才能完成。茅先生所走的，就是这一条路。依靠知识、实践和集体力量来修建现代桥。

孙中山先生 1912 年 9 月 22 日下午在唐山工业专门学校对师生们的一场演说，对茅先生的影响是很大的。那时，孙先生业已解除了临时大总统职务，以全国铁路总督办身份，在黄兴、宋教仁、胡汉民、王宠惠等陪同下，到唐山考察工业。在向师生们的演说中，他讲："国民革命需要两路大军。一路进行武装斗争，建立平等自由的中国；一路学习世界科学技术，改变祖国贫穷落后的面貌。在座诸君不都投身于锋镝之间。况且，学习采矿、筑路、建桥，也是为革命。""要中国富强起来，就要修铁路十万英里，公路一百万英里。希望大家努力向学，以身许国，承担起历史重任。"从此，茅先生越发下了决心，专攻一门技术，以带出一路大军自期。

在钱塘江桥通车之后，在 1938—1942 年，茅先生担任了国立交通大学唐山工程学院院长。随后，担任了交通部桥梁设计工程处处长（在贵阳）。1943—1949年，任中国桥梁公司（重庆，后迁上海）总经理。在抗日战争时期，茅先生就是有意识地用这一些单位来培养造桥人。今择其出色者简介如下。

罗英：茅先生在康奈尔大学时的同班同学，钱塘江桥工程处总工程师。在钱塘江桥建成之际，被调往湘桂铁路，任副局长，并从桥工处带去了一批造桥

人。1939—1940 年，为了修建湘桂铁路，必须在柳州修柳江桥。由于材料来源极端困难，乃以钢轨组成塔架和排架，并将小跨钢板梁改制成双柱式桁梁（用钢轨作其下弦），跨度均 30 m，建成一总长为 528 m 的大桥。这桥在 1941 年 1 月开通，一直用到 1944 年 11 月（因日军侵入广西、贵州而主动破坏）。罗英和梅旸春是这座桥的主持人。

汪菊潜：中国桥梁公司副总工，上海分公司经理兼总工。1954—1958 年，大桥工程局总工，是建造武汉长江大桥的技术总负责人，后任铁道部副部长。

梅旸春：钱塘江桥工程处正工程司，钢梁设计负责人。1953—1956 年，大桥工程局副总工程师，参与了武汉长江大桥建设。1958—1962 年，大桥工程局总工程师，承办南京长江大桥；他将办公室设在南京长江边，亲临第一线。不幸在 1962 年 5 月病逝。1985 年评选首届国家科技进步奖时，授予南京长江大桥建桥新技术以特等奖，将梅列为第一获奖者。

王序森，刘曾达，赵燧章，戴尔宾，王同熙，唐寰澄等，都是中国桥梁公司、大桥工程局工程师，他们都参加了武汉大桥建桥工作。王序森随后曾任大桥局副总工程师（1963—1975）及工程师（1975—1983），并与唐寰澄一同编著《桥梁工程》这一巨著（中国铁道出版社，1995 年）。刘曾达曾任大桥工程局副总工程师，在梅生病后，于 1961 年末至 1968 年中常驻南京，接替梅经办南京长江大桥中期及后期的建设任务，在 1991 年度，获茅以升科技奖大奖。赵曾在1957—1960 年经办京广铁路郑州黄河新桥。戴曾在 1958—1962 年经办向九铁路赣江桥。王同熙随后是大桥局桥研所（现为院）第一任所长，20 世纪 70 年代初曾驻在九江，主办九江长江大桥技术工作。唐的专长是桥梁美学及桥梁史，在茅先生主编的《中国古桥技术史》（1986 年，北京出版社）中，他是副主编；对于罗英未完成的《中国石拱桥研究》，他是续成者（1993，人民交通出版社）；他还独立完成了《中国古代桥梁》（1957，文物出版社）、《桥》（1981，中国铁道出版柱）、《桥梁美的哲学》及《人间万古彩虹飞——世界桥梁趣谈》（2000，中国铁道出版社）。

史尔毅及劳远昌，均为唐山交大校友。史为 1939 届，1949 年以后一直在公路总局及公路设计院工作。曾翻译不少桥梁资料。1956 年设计了我国第一座预应力混凝土公路桥（京周公路哑巴河桥，简支，20 m），1960 年完成了我国第一座钢筋混凝土箱形截面连续梁桥（济宁跃进桥，37.1 m+53.0 m+37.1 m）；1964—1965 年，完成了我国第一座拼装式有铰直腿刚架实验性桥（盐河桥，主跨33 m），1966 年完成了石棉大渡河桥（主跨 84 m）；随后，他又编写了我国不少公路桥的历史。劳是 1943 届，曾在桥梁设计工程处工作，考取中国国家奖学金，于 1947—1951 年在伦敦帝国理工学院专攻结构工程,获博士学位。1951 年之后,一直在唐山铁道学院,西南交通大学担任教授。1956 年,参加了我国第一孔预应力混凝土铁路梁试验,随后曾多次发表自己对预应力混凝土桥发展前景的认识。1980 年之后,他积极提倡部分预应力混凝土,为我国预应力混凝土理论及应用开拓者之一。晚年又对风工程和桥梁抗震进行了钻研,成为西南交通大学风工程试验研究的奠基人,并积极倡导在桥梁空间作用、动力效应及非线性分析等方面的科研,培养了这些方面的博士。在语言文字方面曾下了很大功夫,擅长于英语写作与口语,并能阅读多种外语(俄、德、法、日)的专业书刊,应出版社之请,对许多大部头外文图书的汉译稿进行了艰辛细微的审校,例如《钢桥》(第四、五、六分册,日本小西一郎总编,人民铁道出版社,1981),《预应力混凝土结构施工》(美国 Ben Clifford Gerwick Jr. 著,第二版,中国铁道出版社,1999 年),《美国公路桥梁设计规范——荷载与抗力系数设计法,SI 单位》,1994 年版(人民交通出版社,1998)。

(三)勤于写作

在日报、期刊上,茅先生所发表的文章很多。经汇编并由科学普及出版社(北京)发行者,有:《茅以升文集》(1984 年)、《茅以升科普创作选集》(第一集于 1982 年出版,第二集于 1986 年出版)。

由北京出版社发行者,有:《茅以升选集》(1986 年)、《中国古桥技术史》(茅以升主编,1986 年)。

在茅先生逝世之后,中国铁道出版社 1995 年出版了《茅以升科技文选(纪念茅以升先生诞辰 100 周年)》。西南交通大学出版社于 1997 年(钱塘江大桥通车 60 周年)出版了《茅以升桥话》(茅以升科技教育基金会选编)。

(四)热爱家乡

1954 年 9 月,茅先生以江苏省代表身份出席了全国人民代表大会第一次会议。1959 年 4 月,在视察苏北之后,在镇江会晤了镇江市负责同志。

1984 年 4 月,以顾问身份,参加了在镇江一泉宾馆召开的中国大百科全书土木工程编委会成立会,看望了镇江二中师生并合影留念,并去五条街草巷寻根。

1985 年 5 月,担任镇江市纪念沈括逝世 890 周年名誉主任委员。

1987 年 9 月,在镇江与家乡人民共度中秋和国庆,并祭扫祖坟。

1992 年 6 月,茅先生的骨灰从北京迁至镇江栗子山公墓安葬。

（五）热爱母校

1920 年 8 月至 1922 年 7 月，在母校任教授。1921 年 4 月，交通大学成立，任命茅先生为交通大学唐山学校副主任。

1937 年 7 月 7 日，日本军阀挑起卢沟桥事件，抗日战争爆发。日军进入唐山校园（这时叫国立交通大学唐山工程学院）。院长孙鸿哲正卧病于北平（北京）。不少师生纷纷自行南下。在校友的建议和支持下，几十名师生集中于湖南湘潭，决定在 1938 年 2 月复课。这时最急需解决的问题是要有一个院长。经过洽商，茅先生愿负此重任。1938 年 3 月，交通大学校长决定让茅先生任代理院长。于是，复课趋于正轨。不久，教育部又决定将北平铁道管理学院并入。由于湘潭缺乏房屋可用，乃于 5 月迁往湘乡杨家滩。这年冬，日军进攻湖南，国民党军队在 11 月 12 日纵火烧毁长沙。茅先生只好让学院匆忙南移。在广西桂林，又遭到日军飞机轰炸，乃立即转移到柳州。经过茅先生的多方联系，决定迁到贵州福泉县（当时叫平越）。1939 年 2 月，终于在福泉安定下来。学院旋即完全进入正轨。在课业之余，茅先生每向学生讲处世之道。对于应届毕业班，则进行个别谈心，帮助学生做好进入社会的思想准备。1942 年，茅先生调离学校。

1944 年冬，日军进犯贵州，学校（这时叫交通大学贵州分校）仓皇北走。师生纷纷到达了重庆。茅先生出面组织重庆的校友接待，不久就在璧山县丁家坳觅得房屋。于是学校又赖以复课。

1947 年 9 月，解放战争的战火即将波及唐山。在物价飞涨，民不聊生之时，茅先生到唐山访问母校（这时叫国立唐山工学院），并为顾宜孙院长出主意：为了维持教职工生计，可以将公款用光。

1948 年 11 月，唐院大多数师生及家属因为害怕战争，离唐山到上海。这时顾宜孙因为老且病，休假，住在上海家中。在茅先生出面安排之下，上海校友一起出力，稳住了师生及家属，住在上海交通大学，等候解放。因茅先生的推荐，唐振绪校友在 1949 年 1 月到校任教授，并在取得唐院教授会同意之后，由唐代行院长职务。唐是 1935 届校友，康奈尔大学博士，1945 年回国之后，一直愿意充当茅先生的左右手，干一番事业。于是茅、顾、唐三位，一起筹划招揽高学历、高水平的教授、副教授到校，为在唐山增办新专业、扩大学校规模做准备。1949 年 5 月，上海解放。6 月，唐院长（在这年 3 月，唐得到教育部任命，为学校院长）率在上海的师生、家属乘火车回到唐山。

1949 年 10 月至 1952 年 5 月，茅先生是北方交通大学校长（在 1950 年 10 月之前叫中国交通大学）。在北方交通大学之下，设北京管理学院及唐山工程学院两部分，校本部设在北京。唐山工程学院增设机械、电机、材料等系，并扩充原有的土木、建筑、采矿、冶金各系，许多高水平教师都是经茅先生批准并延聘到校的。1951 年 3 月，茅先生曾率团参加世界科协大会。归来后，立即在唐山向全院师生做报告。这年元旦，党中央在勤政殿举行团拜、聚餐，茅先生所接到的请柬，编号为第一号，与毛主席同席。他于是面请毛主席为北方交通大学题写校名。

1955 年 5 月，唐院为纪念在唐山建校 50 周年，举行校庆纪念。茅先生返校参与庆祝。这时，唐院为其教师试做的桥梁毕业设计进行答辩，请茅先生担任答辩会主席。茅先生欣然允诺，并按规章进行，完成了这一盛事。

从 1965 年开始，为了支援"大三线"建设，不少高校相继内迁，而铁道部决定唐山铁道学院（这时的校名）迁往峨眉山脚。1972 年，迁校工作基本完成。1976 年唐山发生大地震。1978 年，党的十一届三中全会召开，全国实现了伟大的转折。"解放思想，实事求是"使不少正直的人敢于讲心里话。许多校友看到不少内迁高校相继迁返，而唐院则更名为西南交通大学，将校址定在峨眉。该处交通不便，供应困难，招生不易（录取入学分数要比兄弟学校低 30 多分），缺乏办好重点大学的条件。在全国人大代表和全国政协委员之中，校友们分别向人大和政协就这事做出提案和建议，旅美的校友则向铁道部及国务院反映这项意见。1980 年 10—11 月，西南交通大学学生罢课，要求将学校迁出峨眉。学生有电报给茅先生，请茅先生支持。茅先生从大局考虑，不给学生复电，但将自己意见电告西南交大党委书记，劝告学生复课。1981 年，茅先生又向全国人大提议，请政府考虑恢复唐山交通大学。

1986 在茅先生 90 诞辰时，西南交通大学由校长带队，组织了 5 位老校友到北京，联合在京老校友及茅先生的老同事，一同向茅先生祝寿。茅先生在听取了西南交大汇报，知道西南交大发展良好，并已获批准迁进成都后，感到欣慰。这年 6 月，为庆祝母校山海关建校 90 周年，茅先生题写贺词，赠给母校，词为：竢实扬华，日新月异。

（六）热爱祖国

1919 年，茅先生在得到博士学位后，立即乘船返回祖国。

1920—1949 年，茅先生担任过各种职务，都是认真负责。其中 1933—1937 年建成的钱塘江大桥，赶在日本军队被阻挡在上海前线之时，于 9 月 26 日将铁路接通，于 11 月将公路接通，使大批物资，连同 300 多台机车、2000 多台客货车辆通过这桥运入"大后方"，也使 10 多万杭州老百姓从桥上撤往钱江之南。

而 1938—1942 年，茅先生任国立交通大学唐山工程学院院长，使这所高等学校不致夭折，培养了不少人才（在湖南、贵州及四川毕业的校友中，现已有 8 人被选为我国科学院及工程院院士）。

1949 年 5 月，被国民党上海市政府公布为上海市秘书长。接受地下党组织的意见，在保护工厂、保护被捕学生两个方面做出了贡献。

1949—1989 年，参加全国政协、全国人大各种活动，对国内外知识界影响颇深。在参加科普、科协、中国土木工程学会（从 1953 年起，连任四届理事长）、土力学及基础工程学会等的活动中，在团结知识分子方面起了好的作用。茅先生还著书立说，宣扬中国桥梁成就，使外国人了解中国。他还取得了美国工程科学院外籍院士，及加拿大土木工程学会荣誉会员称号，有功于国际学术交流。他担任铁道部科研院院长职务达 30 多年（1950—1956 年是其前身——技术研究所所长），在制订铁道科研方针和计划、组织实施、做出成绩方面，立有功勋。

（七）书生秉性

对于学生来讲，高校生活是其人生观形成期，而老师对学生的影响总是很大。唐山交大 20 世纪 30 年代及其前的校友，大都保留着传统优秀知识分子的秉性。在遇到了不顺心事情时，能以"保持书生本色"自持。这些人有这样一些主要特点：业务上刻苦钻研，但容易倾向于自满；思想上时常跟不上形势，行为方面不喜欢媚世取宠；为人讲求正派，对亲友情谊则十分珍视，并且热爱祖国。

茅先生有几句堪称圭臬的话："博闻强记，多思多问。勤于实践，勇于创新。"而这几句话的缺点或许在于：多思多问，却不谈目的；勤于实践，却不讲为什么。1978 年，茅先生在撰写《征程六十年》时，曾讲平生遇到过不少坎坷，都赖"奋斗"来渡过。但对用什么方式来奋斗为好，茅先生似乎未深思。茅先生在晚年想到不顺心事情时，每每问秘书："我到底得罪了谁啦！"这句话正是反映了当时不少"书生"共同的心态。

人各有所长，但也有所短。词可以引申，但其忌在滥。茅先生的专长在于桥。造桥人必然要用到力和能这些概念，但对力和能的探讨，则属于物理学范畴。从物理学的迅猛发展讲，茅先生则是短于物理学的。茅先生的特长在于讲课清楚，并能启发学生提问题。但是，同许多毕生从事教学者相比，茅先生还是短了一些。将"桥梁作用"诠释为沟通，在适当时机引用，有积极意义，但发挥过多则其意义就不大了。

回顾茅先生的一生，从他对待家庭、家乡、母校，对待师友、事业，对待国家的态度看，从他讲"奋斗"、而不太讲究方式方法看，他是保留了传统优秀知识分子的许多特点和优点的。

（八）茅先生赞

中华要复兴，各行各业都需要鲁班。鲁班不是神仙，唐臣师友盈千。知识加实践，在现代桥方面，扬起了先鞭。

爱桥、爱写作，爱家乡、爱母校，尤其爱祖国。爱心化成痴情，其书生秉性，终身不变。

选自杨树彦主编：《西南（唐山）交通大学校史资料选辑（第二十五辑）》（四川成都：西南交通大学校史编辑室，2004 年，第 45～50 页、64 页）

治河咏怀

黄万里

我研究黄河的治理，是怀着深厚情感的。科技研究这种工作，是枯燥乏味的。而作为人，多少总是有情感的。特别是当人们处于不利的环境下，最宜于玩赏文艺作品。那文艺是有血有肉的，它会冲动那死板无情的 x、y、z，使之活跃起来，使人们的精神从抑郁转为开朗，而抖擞起来，从而文思大进。记得 1973 年，我在三门峡带着"右冠"边劳动边抄算，晚间自研治黄之道，当时苦思未获良策，而批判又纷至沓来，十分烦恼，适逢中秋，看着窗外阴暗无光，忽然云破月出，大喜，于是填词一首，旋身起舞，顿时心中舒坦了。词曰：

癸丑中秋云破月来调寄水调歌头

不见姮娥素，翘首望清虚。溟朦重隔云雾，料想寂居孤。仿佛乘风前去，驾鹤追寻蟾兔，恨失老妻俱。违世复何预，不泣阮郎途。泛金波，云破处，桂阴疏。荣光四顾，玉盘弄影后庭初。起舞旋身徐步，长啸放歌吟赋，顿觉壮心苏。莫道人间苦，已似帝乡舒。

私念假使我兼通音乐，把此词填入乐谱，假使我又通舞蹈（这里指大家参加的交际舞），同乐合拍地起新学的步法。我自己拥着妻子起舞，一面听着音乐，一面又轻轻吟咏自己的词曲，那真是悠然不知有人世事矣。这并非是逃脱现实，这是输情入理，解脱科技工作者的沉闷，使其头脑活泼起来。我是一贯主张青年人要能欣赏音乐，能歌善舞的。闲话少说，言归正传。

改学水利

1931 年长江洪水泛滥，湖北省云梦县一下子淹死了 7 万人。1933 年黄河决口 10 几处，损失无算，这激起了许多青年奋学水利。当时唐山交大同学三人放弃了铁路桥梁工程师之职，出国改学水利，我是其中一人。听说黄河是最难治理的，我便立志学水利、治黄河。怎样学好水利，经前辈许心武先生（字介忱）指点，说江河大水后调查全国人才，搞水利的人，都是土木结构出身，没有一人长于水文学，而不通水文学等于未入水利之门，只是能设计施工罢了。于是我决定从水文学入门学习水利。1934 年 1 月到美国开始有计划的学习研究。

开始我片面地理解洪水即是由暴雨产生，学水文应先掌握气象学，我的硕士以气象学为副科，论文是暴雨统计的专题，随后博士以地理学为第一副科，数学为第二副科，论文《暂态流率时程线学说》创造了从暴雨推算洪流的半经验半理论方法。在 19 年之后，Nash 提出相似的方法。

在美国我驾汽车 45000 英里，看遍了各大工程。在纳西河域治理专区 Norris 坝上实习了 4 个月。密西西比河 1936 年特大洪水后，相关机关招待我坐船参观直达出海河口，我又学习了多门地理学和地质学。于是眼界张开，明白了以前所学土木结构理论远远不足以解决洪水问题：水利工程造在河里，将改变水沙动态，从而使河床演变。当时还没有成立地貌学，在回国工作一年后，我沿河边步行了 3000 千米，自己在头脑里开始建立起了水文地貌的观点，对于治河的问题有了一些认识。

三门峡建坝的争辩

1955 年苏联专家为治理黄河拟具了一个轮廓，水利部召些人去提意见，我提出了不同的见解。1957 年一面改建峡州为三门峡市，工地筹建施工设备，一面召开扩大会议征求对修建三门峡大坝的意见，我出席争辩了 7 天，详情载于《中国水利》1957 年第 8 期，又另有一期专门批判我的论点。我当时预言黄河潼关以上将大淤，并不断向上游发展，今日黄河上游的灾情将移到中游，特别是渭河，那里人民也将修起生产堤。总之，这坝是修不得的。最后我提出，一定要修，但河底 6 个施工泄水洞请勿堵死，这点大家同意了。但是最后苏联专家仍坚持按原计划堵死。近年这 6 洞又重新以每洞 1000 万元的代价打开。

1960 年起，潼关以上黄渭河大淤，淹没损失是原来考虑到的，但是水壅后横向冲击使两岸倒塌冲了农田 80 万亩，一个县城被迫搬走，一切像我预想的那样出现。我写了《念黄河》长诗。1963 年，听说水利部集会，各家提出了改造三门峡坝工程的意见，仍未能纠正此坝修建时的错误观点，又写了《哀黄河》长诗。

改建三门峡坝的建议

1964 年春我写信给董必武副主席，陈明三门峡坝淤积的严重性。函式近四六韵文，并附上列两诗。承水利部召见，嘱拟改建计划。穷两月之功乃上达《改修黄河三门峡坝的原理与方法》（水利部 1964 年 9 月印）。其法为开洞排沙，以灯泡式水轮机加速底流，期救秦川于陆沉，复蓄水以调洪兴利。草罢即兴成诗三首，以记其事：

改修三门峡坝规划拟罢
（1964 年秋）

策治河工谋算罢，顿时涕泪满衣襟。即看小女娇醋态，哪识乃翁欣喜心。
两月伏书寻思苦，卅年载籍见功深。秦川锦绣应无虑，有计拿鳌拯陆沉。
三门谋就拯三秦，谁济艰辛豫鲁民？渠化召来沿路碱，泥流淤出仰河身。
必开洼径轻沙落，遂畅尾闾清道伸。料得后生通尽理，解铃岂待系铃人？
黄河淤塞海河间，泛彼督亢坡泽渔。客岁抗洪怜失调，他年策划恐艰舒。
广陵散绝还堪惜，古楚狂来莫远疏。斫却散樗安足道，九州行水复何如？

这个建议未得批复，因为对于黄河输沙下来的看法，我和大家有原则上的分歧，我的主张是必须让泥沙排出水库，以挽救渭河南岸。而一般的主张是拦沙上游，以减免下游河床淤高。但是，人们也怕泥沙继续淤在库内，于是把坝下部泄水洞逐年一个个地打开来，弄得大坝千孔百创似的，果然能排出很多沙来。而实际上排出的是潼关以下库内历年的积沙，每年随着水流下来的泥沙仍然在潼关以上黄渭河槽里。人们却误以为这样开洞排沙改建三门峡坝之后，冲淤从此可以平衡了。这样做好比把可以治好的急性肝炎拖延不治，而转成了慢性肝炎。1973 年初，我把这个道理呈报了国务院周总理，说明必须外加能量以改修大坝，才能挽救秦川。

考察黄河中游地貌

1973 年春，承领导照顾，准许我在监视下进入当时的三线地区潼关以上考察黄河、渭河的地貌和河势，这对于一个具备理论基础的热情治河者是大好的机会，对思路起了强烈的反应，有助于我两年后制定治黄方略。

当时人们一致认为大坝经过开洞排沙，库内蓄清排浑，黄河淤积末端不会再上延，这时已有"交口淤积不上延论"，等到淤积已达到泾渭的交口后，又出现"临潼淤积不上延论"。认为可以做到周总理指示的两个确保：确保下游不遭洪灾，确保上游不影响西安。在这里工作的泥沙专家一致持此观点，于是，对于大坝改建和运行方法奠定了错误的基础，随后也因此提出了修建小浪底水库的方案。我对此全面否定，争辩无效。

黄渭之行，目睹中游人民遭受从下游移来的苦难，内心十分痛苦和同情，觉得自己如此努力学习并工作，曾何补于苍生？茫然不知怎样去报国，当时写下了途中所见的诗（限于篇幅，略[原注]）。

1973 至 1976 年政治上有一相对安定的阶段，我在工余时间完成了《论治理黄河的方略》，并研究成了新的动力学规律:《论连续介体最大能量消散率定律》，也写出了大量的诗篇，这些平生最大的收获却是在戴着"右冠"、边干杂务边劳动的业余时间内完成的。当时一面拥帚扫地，一面暗吟自己的旧作，心情倒是开朗的。

我说明自己的治黄方略是从否定现行的治黄观点出发的，这自然难为一般人所接受。这些错误观点是：① 依靠中游水土保持作为治黄基础；② 尽量把泥沙随着水流输到海里作为治黄原则；③ 认为水沙应集流而非分流；④ 把高渠系统作为淤灌两岸低地的工程方法；⑤ 不承认淤积受下游控制趋向一定平衡坡度的原理。在 1976 年我文里分析了这些观点错误所在，不破不立，从而说明了分流是治黄方略的唯一途径。

多么遗憾，我未能在周总理在世时研究出来。直到 1979 年郑州治黄讨论会上我才有机会向群众讲解，那时只有提问，而不再有责问了。会后有许多人来函赞许。但是我把现行治河方略批驳得一干二净，难以得到回应。从 1979 年到 1985 年，大家对于治黄，像一直以来那样各说各的，尽力避开交锋。自顾渐近暮年，从 1937 年青年时代起，就和老一辈水利学家争得面红耳赤，半个世纪过去了，在开会时我仍然言辞犀利地议论着，而环顾左右，却都是后生了，于是心里着急起来。有词曰：

牙落惊老调寄渔家傲

（1976 年）

牙落始惊身已老，形衰不役心犹矫，欲治黄河贡志早。空负抱，掣鳌有策知音渺。王景千年擅工巧，长才自古能伸少，细考其谋何所造，行洼道，分流回注淤沙皎。

（原载于《读书》1999 年第一期）

转引自杨树彦主编：《西南（唐山）交通大学校史资料选辑（第二十六辑）》（四川成都：西南交通大学校史编辑室，2004 年，第 35～38 页）

黄万里自述

黄万里，1911 年 8 月 20 日生于上海南市施家街，父黄炎培，母王纤思。十岁以前极其顽皮，为母亲所厌恶，长期寄宿于学校，寒暑假则寄托给亲戚代管。1921 年至 1924 年为浦东中学附属小学校长王则行、班主任王夔钧先生所看重，严加培养，课学加速进步，小学时以第一名毕业。从此在中学、大学皆以最优生毕业。

刘湛恩博士自美回国，其博士论文为《从孩子在学习中最有兴趣的科目考查看出其应日后长期从事的专业》。他就任沪江大学校长后，见我父。我父即请以我考查刘博士的学说。结果刘博士得出宜专习文学的结论。适其时我父正在提倡职业教育的兴头上，又适我两兄皆习哲学与经济学，乃商定我学桥梁工程，得刘博士同意，因我毕业时门门课列榜首。从此我入无锡实业学校、唐山交通大学。在中学、大学皆幸得名师指导，无论中文、英语、数学、物理皆以最优成绩毕业。至今我感恩各位老师，为我逐句改正作文时的热烈爱护的负责精神，学生将没世不忘。随后当铁路工程师助手。在 23 岁以前一心勤于工作，曾为工人代管伙食，以保护从农村转来做工的可爱农民不受工头的剥削。又亲自做成桥墩的沉箱，并亲自打汽桩，曾连续守工地 27 小时，为众工师所钦佩。1933年考取官费留学，众工人到车站送行，离离不舍之情迄今不忘。

1934 年元旦我赴美国留学。我父介绍我见他的学生，曾为黄河水利委员会委员长的许心武先生。适 1933 年汉江发大水，一夜间没城淹死 7 万人，我决心改学水利，以拯救农民为己志。许先生告我这次大水后调查全国水利工程师的所长专业，竟皆长于土木工程之设计施工，没有一懂得水文学的。许先生嘱我多学水文学，后者以自然地理学为基础。于是我广求名师于美国著名大学，从天文、地质、气候等各基础科学学起，最后在康奈尔大学得硕士学位，在伊利诺伊大学得工程博士学位，为该校第七个博士，第一个中国人工程博士。其间又曾往田纳西河诺利斯坝实习数月。又在大学内演讲中国诗文的精粹。并于 1937 年搭船回国。

中途船泊日本横滨，登陆间眺蓬莱胜境，偶遇在日本学医的丁玉隽，一见钟情，同船返沪，相约到南京其家相会。不料第二次约会时，其父国民党元老山东丁惟汾先生知我是上海少年后，将我逐出。其后我父央媒说亲，两老人相见后便大喜成好友。于是未几成亲，育有三子三女，我夫妇被清华同事一致誉为模范夫妻。我曾四次癌症动手术，无恙，得力于我妻看护者不少。而我手术出院竟有四位同事病故，令人伤感。

2001 年 2 月 18 日

选自杨树彦主编：《西南（唐山）交通大学校史资料选辑（第二十六辑）》（四川成都：西南交通大学校史编辑室，2004 年，第 34 页）

交大学子敬业奉献的楷模

——怀念杰出校友　黄万里教授

恩师黄万里教授，1928 年至 1932 年就读于唐山交通大学土木系桥梁专业。他聪颖好学，成绩优异。其毕业论文《钢筋混凝土拱桥二次应力设计法》很有创意，被桥梁专家茅以升先生看中，并加以作序发表。毕业后，黄先生到杭州铁路一桥梁工地任实习工程师。他深入现场注重实践，亲自参加沉箱制作和打汽桩等桥梁基础施工，曾在工地持续工作 27 小时，深得同事好评。翌年黄先生考取公费赴美留学。有这样良好的开端，他本可顺利地成为一名出色的桥梁工程师，但当时中国大地上的大水灾，使他改变了他一生的奋斗目标。

1931 年长江、汉水发生大洪水，水淹武汉三镇一百天，湖北云梦县一夜之间顿成泽国，淹死七万多人。1933 年黄河又决口十几处，死者无数，惨绝人寰。具有高度爱国情怀的黄先生从此立志以治水救民为己任，毅然赴美学水利。他赴美留学不是去镀金，而是要真正学到治水知识以报效国家。他得知水利工程师应具备宽厚的水文学理论，他就从与水文学有关的气象学、气候学、地质学、地理学等基础学科学起，广求名师于美国各著名大学。1935 年他在康奈尔大学取得硕士学位，旋即去艾奥瓦大学学习水文学及水工实验。1937 年在伊利诺伊大学获工程博士学位，其博士论文《瞬时流率时程线学说》创造了从暴雨量推算洪水流量的半经验半理论方法，达到当时国际领先水平。其后，他到美国田纳西流域水利局诺利斯坝从事水利施工，取得建坝的实际经验。随后，他又驾车 45000 英里，考察遍美国各大水利工程。1936 年美国密西西比河发生特大洪水，他乘船沿河考察水情直到出海口，详细地了解美国治理洪水的经验。在这段时间里他也注意学习欧洲国家和印度的治水经验。总之，他在美国抓紧一切时间和一切机会，学习，学习，再学习。

1937 年黄先生从美国学成归国，当时国内著名大学如浙江大学、北洋大学（今天津大学）、东北大学都纷纷聘请他去当教授。但黄先生并不在意这些岗位的优越工作条件和生活条件，他志在治河，毅然奔赴基层从事实际工作。在那以后十多年中，他先后到过四川、甘肃、东北等比较艰苦的地方进行水利建设。

在四川，他惜别了新婚妻子，带队开拓性地勘察了金沙江、大渡河、岷江、青衣江、乌江、嘉陵江的河道水情，步行3000多千米，历尽艰辛。在勘测过程中，先后有三位同事不幸落水殉职，他本人也患重病，曾落水遇救，幸免一死。今天专家下乡、高级知识分子到第一线工作已不足为奇，但在20世纪30年代，中国高级人才很少，一般都留在高层次单位工作。像他这样一个留美归来的博士，并已晋升为正工程师（相当于现在的教授级高级工程师）和工程处长，为了取得第一手资料还成天与工人一起扛着测杆、仪器，带着行囊干粮跋涉在崇山峻岭和蜿蜒陡峭的河谷里，吃冷饭睡野地，与蛇蝎为伴，和蚊蝇共舞。在许多人看来这是不可思议的事。一个人如果没有高度敬业精神和献身精神是难以做到的。在甘肃，为了勘测河西走廊的水资源，以做出甘肃水利建设的通盘规划，他曾和同事们四次由兰州西上河西。当时交通十分不便，只能骑马或坐骡车走村过镇，夜宿农家，途中还曾遭土匪抢劫，但终于到达玉门、安西、敦煌直至沙漠边缘的不毛之地。在民勤和红柳园等地考察当地盐碱化、沙漠化的成因并提出了解决方案。随后又在河西酒泉、高台等地开发地下水水源，解决当地缺水问题。当时他已年近不惑，身为甘肃省水利局局长，还有这样吃苦耐劳的精神，实在是难能可贵。他在四川和甘肃，时值战乱，建设资金紧缺，他精心设计，尽量节约投资，维修和修复了不少灌溉工程，为当地农民的丰产办了实事、好事，颇具盛名。他在工作中还十分注意培养人才，经常开办技术讲习班，结合工程实际问题给年轻技术人员讲课传授新技术，他自己也与时俱进不断学习。这在当时也只有很少的人能做到。

选自杨树彦主编:《西南（唐山）交通大学校史资料选辑（第二十八辑）》（四川成都：西南交通大学校史编辑室，2006年，第57～58页）

怀念黄万里先生

王三一

黄先生去世快一年了，我们这些曾受业于他的学生，深深怀念他，敬仰他。

黄先生对黄河、长江治理有独到见解，并屡与决策者意见相左，也是个贬褒不一的人：有些人讨厌他，认为他不切实际，不识时务；而更多的人喜欢他，敬佩他的为人，不违心、不唯上，只认理的傲骨，赞赏他学术上精辟、新颖、独树一帜的见地，富有创造性的精神。是非曲直，历史自会有公断，但无论如何，黄先生的一生从一个侧面反映了 20 世纪一代知识分子伴随着国运经历的坎坷。

中华人民共和国成立初期，我们在唐山工学院受业于黄先生，那也是黄先生的母校，这所学校其前身是清末的路矿学堂，教师多半是留洋的，但学校里也有浓重的中国文化传统，如重视学生品德，尊师重道等。学校像一个大家庭，几百个学生，几十个老师，亲密无间。当时年逾古稀的留美教授罗忠忱就被尊为这个大家庭的家长。20 世纪 50 年代初，得知要来一位新教授，留美博士，水利专家黄万里先生。当时国内大力宣传苏联水利建设成就，尤其是水利水电的一些伟大工程，而新中国也要开始治理江河，因此，黄先生之来，土木系水利组的学生们尤感兴奋。初见黄先生时，他西装革履，留着小胡子，喜欢跳舞，翩翩起舞时，神态十分潇洒，但对爱穿长衫不苟言笑的罗先生却十分恭敬。40多年后，偶读他于 1992 年 12 月写的《先师罗公建侯讳忠忱廿年祭》，才深知黄先生对罗老师的由衷尊敬和对母校的无比深情。他当时给人一种"既洋派又传统"的特殊感觉，以后和黄先生接触多了，才知这仅仅是一些表面现象，实际上在他的一生中，所体现的中西文化的融合，是极为深刻的。他学贯中西，重视科学民主，特别是深受中国传统文化的熏陶，不仅为人处世堂堂正正、刚正不阿，而且对祖国的贫弱和人民的苦难也有深厚的忧虑之情。他讲课非常有魅力，态度从容，谈吐幽默，思路开阔，立论新颖，而又能深入浅出，谆谆善导，不仅能让听课者概念清晰，而且能引起学生浓厚的学习兴趣。当时正大力推行教学要向苏联学习，但他似乎不太理会这些，我行我素，并不去热衷引进苏联教材和强调专业化来设置课程，而是强调要培养一名优秀的工程师，不仅知识要渊博、基础要深厚、思路要开阔，而且要能想人之所未想。后来，才渐渐知道这也正是他为自己设计的学习目标，也是他深有体会、受其所益而走过的学习道路，所以他当年坚持学生沿此道路走下去，不要人云亦云，赶一时潮流。1951年暑假他带领我们去淮河见习，旅途十分艰苦，跋山涉水，有时夜宿农家，席地而睡。在他身上，我们再也见不到洋博士和大教授的模样了，只见他头顶草帽，身穿背心短裤，顶着烈日登山，挥汗如雨。至今我还记得他那肥胖的身躯，沿着曲折小路，一步一步缓慢不停地往上攀登的样子。他一边走一边还和我们谈笑风生，说："你们知道吗，我登山不累的诀窍，就是慢慢走。这样与快步走到做的功是一样的，但功率小多了，就省劲多了，率的概念是很重要的，现在很多人不注意，比如流量的叫法，是错误的，不是来多少水量的概念，而是指单位时间的来水量，所以应叫流率。一场洪水总量是多少，当然重要，但流率多大更要紧，洪峰来得猛，流率大、水位高，堤防挡不住就成大灾了。"黄先生这种寓教于日常生活中，轻松中又极为严谨地重视正名和逻辑的教育方式方法，不胜枚举，使我们获益匪浅。实习途中，黄先生边走边告诉我们，当年留洋回国，有请他去当教授的，当官的，但他的第一选择是到基层去做实际工作，和测工们一起去查勘四川的岷江、涪江等河流，不仅得到了许多宝贵的对川江特点的感性认识，而且和工人结下了深厚的感情，至今常常怀念他们，特别是对那些因工坠河牺牲的工人。

　　黄先生经常启发他的学生重视观察自然现象，要善于用多学科的理论知识去思考、深究这些现象，从而解读大自然这本最丰富多彩的教科书。在见习中，几乎处处有教材，处处都是书，并且比实习大纲规定的内容有趣得多，生动得多。记得在淮河上，看见船工张帆行船时，黄先生就出了一道船行八面风的题，让我们用力学观点分析风力、水力、帆、舵的相互作用。在淮河润河集看见了巨大的钢闸门，黄先生说："这门要挡很大水压力，结构很强，压不垮，但是如不注意水流对闸门可能产生的振动，也会溃于一时。"当时他打了一个比喻说："你们都看过《水浒传》，知道花和尚鲁智深倒拔杨柳的故事"，边说还边做了个拔树姿势，"其实花和尚没有那么大的力气，拔不起一棵大树，而是他找了一个窍门，反复摇动这棵大树，有节奏地震动它，松动了，方能一鼓作气拔起大树。"当到梅山水库时，设计人员正在设计大坝，黄先生就即兴谈到坝型，他利用自己魁梧肥胖体态做示范，把一只脚往后一撑，说："这就是重力坝，因为我重，你们推不倒我，稳是稳了，但并不算聪明，拱坝就巧妙了，利用拱结构向两岸传递水压力"，他说着把脚一收，然后双手向左右方向一撑，"这样撑着两边，即使我是一个瘦小个子也未必能推倒我，这样建坝材料可就省多了。"在淮河及支流中，我们看见了峡谷中湍急的河水，也看到开阔处弯曲河道，两岸的平原、台地、自然堤和人工堤，黄先生要我们注意这些自然现象，启发我们思索：在漫长岁月中，沧海桑田，三十年河东、三十年河西，它们是遵循什么规律形成的。当看见两岸的平原时，黄先生兴奋地说，这是大自然的恩施，是江河的功劳，大江大河下游都有冲积平原，是河流把上游的泥沙带到下游淤积成的，两岸还形成了自然堤，小水不淹两岸，大水漫顶分流淤积两岸。这也可以看出黄先生后来根据地貌长期演变的研究，提出治理黄河必须在黄河三角洲用分流淤灌黄淮海平原的对策，是早有所思的。在以后教学中，他常海阔天空地谈论天文、气象、地质、地貌、数学、力学来解读这些现象，阐其要义，浅而易懂，启而有止，留下空间给学生们去想象，因而学生特别觉得有兴趣，终身都深记先生的启蒙之恩。以后读到黄先生治江和有关水资源许多不同凡响的专论，才深刻体会到由于他的博学、善思和深厚的功底方能建立他独特的治水理论，自成一派的道理。

1953 年我从清华水利系毕业后，曾一度在北京参加江西上犹江水电站设计的水文分析工作，当时缺乏水文资料，流量系列都很短，相对较长的是雨量资料，如何用暴雨推求洪水，我多次求教黄先生，得益匪浅，使我能较顺利地完成此项任务。早在 1935 年和 1937 年，先生留美时写的硕士和博士论文就提出了有创意的"暴雨洪水统计分析"和"瞬时流率时程学说"的理论，他讲授这部分内容时十分精彩，至今难忘。他从正名开始，指出惯称流率为流量是错误的，流率深含时间这一重要因素，进而阐述流率是如何形成的，乃是集水区内不同时间不同大小的降雨，远远近近，先先后后通过地表、地下不同途径，快快慢慢地正好此时同时汇集流经河流的某一断面，有如戏院的散场，某一时刻同时经过大门出来人群数量，他们有前排的，也有后排的，先后起身，快慢不一，但都在某一时刻同时穿门而出去了。他用生动比喻说明集流形成洪峰的原理，然后又进一步说明实际情况要复杂得多，一场大雨降落的强度在集流区内时空分布是变化着的，雨滴落地以后，它们的行程和速度也十分复杂，受地质、植被、地形（集雨区大小，形状、坡度、河谷形态）诸多变化因素影响。至于预测未来可能发生的最大洪水就更复杂了，需要工程师具备多方面的学识和经验，如天文、气象、数学概率论、工程安全风险和工程经济诸多学科。听了他的讲课，能使学生全面去认识一个问题，拓展思路，深究奥秘。

以后我就到南方工作了，直至 20 世纪 80 年代初才重见黄先生，那次我去清华大学看望他，他正好在清华大学泥沙研究中心开会。历经二十多年的坎坷，他显得苍老了，我一时倍感辛酸语塞，好在先生仍非常开朗乐观，仍像以前一样热情健谈。当询及我近年工作时，我兴奋地告诉他，70 年代我下放到贵州，参加了乌江渡水电站建设，那是在岩溶峡谷地区，地质十分复杂的条件下建成的当时国内最高的大坝（165m 高），并在泄洪消能、基础处理和总体布置方面均有创新突破。他听了十分欣慰，但同时又告诫我，一个优秀工程师不但要有能力设计好的枢纽工程，解决各种复杂技术问题，更重要的是要知道一条河流特性全面做出治理方略。他还给我谈了三门峡教训，这使我进一步加深认识黄先生治学高明之处，能从高处全局和整体把握问题，尤其对大江大河，不能只见一坝一闸的一时之功，而是首先整体治理策略要符合自然规律和客观实际。这也是黄先生关注长江、黄河和水资源这些大问题时的过人之处。他为此付出了毕生心血和沉重的代价，且无怨无悔。

改革开放后，我还多次读到他寄赠的近作、论文和诗词，深感黄先生不仅是一位一心钻研治河的鸿儒，同时也是一位十分重感情，非常有文采的爱国诗人，才情横溢。他的诗词对国家、人民、同窗、学生情重意深，才情横溢。他的"治水吟草"自序，充分显示了他的气质，特别是他那赤子报国之心和耿直坚韧的秉性莫不跃然于纸上，文如其人。他也十分喜欢赵朴初先生为"治水吟草"题的诗："上善莫若水，而能为大灾。禹公钦饱学，不只是诗才。"这真迹就挂在书房里。还挂着一幅金克木先生题赠的："昔有南冠今右冠，书生报国本来难。大堤蚁穴谁先见，叹息泥沙塞巨川。"看来先生是欣赏二位大师的认知的。

晚年黄先生既有心情舒畅一面，也有焦虑的一面。他曾多次外出讲学，有年到长沙，内容主要是结合黄河、长江讲治河方略，黄先生时年已八十高龄且身患癌症，我们建议活动安排得稍轻松一点，也去看看楚湘文化、名胜古迹，他均婉拒了，一心在讲授他的治河之道，我数次请他稍事休息，请他坐着讲，他一直不理会，一口气站着讲了 3 个小时，似言犹未尽，其精神之振奋，内容之精辟独到，令听者心醉，仰慕不止。我又仿佛见到 40 年前黄先生授课时的神采，他浑然忘却自己的高龄和重病，我们也十分担心这样忘我会有损他的健康。会后师母告诉我："你是劝不动他的。"后来黄先生癌症多次转移，先后动了四次手术，这期间我去探望他多次，每次都见他仍在伏案工作，泰然处之。他说："我现在仍每天工作 6 小时，也练练太极拳，并且还希望重返讲堂，将一生学的东西教给年轻人。"

黄先生去世前，我去见他时，他又消瘦了许多，病又重了，但他却关心我的病况，我在 1999 年也得肝癌，先生和师母多方关心为我介绍和寄赠药物，鼓励我战胜疾病。

不久，黄先生过完了 90 岁生日便离开了他眷恋的这片土地、江河和人民。我想先生的高尚品格、渊博学识将永远成为中华民族一份极为宝贵的财富。安息吧！一代良师！历史会记住这一切的！

转引自杨树彦主编：《西南（唐山）交通大学校史资料选辑（第二十六辑）》（四川成都：西南交通大学校史编辑室，2004 年，第 42～44、78 页）

感动黄河，感动中国

黄蔚彬

　　黄万里，一个与滔滔东去的万里黄水融汇在一起的名字，一个与百折千回的九曲黄河缠结在一起的生命。本期专题讲述的正是他的故事。这个故事，感动我们，感动黄河，感动中国。

　　作为一位水利专家，黄万里敬畏自然、尊重科学的虔诚令人感动。早在青壮年时代，他就沿着黄河，走过一处处穷乡僻壤，实地考察河水的特性和流域的地质地理状况。"文化大革命"期间，又蒙"准许"在监视下进入潼关以下地区，考察黄、渭流域的地貌和河势。通过观察和思考，他发现河床、水流和泥沙是浑然天成，处于变动不居的动态之中，非人力和技术所能完全控制，从而形成了自己关于水文地貌的科学理论。他提出的"水流必须按趋向挟带一定泥沙"的观点，经近半个世纪实践的检验，被证明是真理的声音。

　　作为一位爱国人士，黄万里书生报国、择善固执的痴情令人感动。青春年少，即选学水利，"以拯救农民为己志"；学成归国，又千里踏勘母亲河，熟悉水情，了解民瘼，"翻动雄心便欲狂"。三门峡工程尚未上马之时，力排众议，舌战群儒，欲制止决策的错误；上马之后，又再三上书，多方论证，图减轻失误造成的恶果。生命弥留之际，犹念念不忘"治江原是国家大事"，反复叮嘱"盼注意注意"。他一生的执着，换取的只是"平生积学曾何用，愧对苍生老益悲"的感慨。

　　作为一位知识分子，黄万里诚实正直的真率令人感动。他只说真话，不说假话；他只会说真话，不会说假话。对学术观点是如此，在政治观点上也是如此；对于有利于自己的事是如此，对于不利于自己的事也是如此，这正是黄万里人格魅力之所在。

　　黄万里以科学的良心回报祖国，回报人民的赤忱之情，岂能不感动我们，感动黄河，感动中国！

2004 年 3 月

　　选自杨树彦主编：《西南（唐山）交通大学校史资料选辑（第二十六辑）》（四川成都：西南交通大学校史编辑室，2004 年，第 41 页）

黄万里：洪灾过后谈治水

伍诗一

黄万里是我国著名水利专家，原籍江苏川沙县，1911 年生于上海。1932 年毕业于唐山交通大学，攻读铁路、桥梁专业。1943 年赴美留学，1935 年获康奈尔大学土木工程硕士学位，1937 年获伊利诺伊大学水利工程博士学位。回国后曾在当时四川省水利局、甘肃省水利局等处任职。中华人民共和国成立后，任唐山铁道学院教授。1953 年后任清华大学水利工程系教授。曾任北京市政协委员。

1998 年特大洪水袭击长江中下游地区达两个多月，造成的经济损失近两千亿元。洪灾肆虐，让不少著名水利专家和学者重新思考治水方略。

近日，87 岁高龄的清华大学教授黄万里决定重上讲坛，给研究生讲黄河、长江治理原理。

黄万里是著名民主人士黄炎培先生之子。黄家父子为中国水利的发展做出了自己的贡献。民国 6 年（1917 年），黄炎培先生在南京创办了中国第一所水利学校——河海水利工程学校。该校培养了一批批中国人自己的水利人才。中华人民共和国成立以后，院系调整变为华东水利学院，即现在的河海大学。

1931 年发生特大洪灾，长江、汉水的洪水淹没了汉口和长江中下游地区，数以万计的人在洪水中丧生。大学刚要毕业的黄万里，本来是学土木工程的，当时中国的水患及落后的水利状况促使他后来到美国改学水利工程。黄炎培先生十分支持黄万里立志从事水利。在美国留学期间，黄在康奈尔大学获得硕士学位，以后转到艾奥瓦大学，后来到伊利诺伊大学水文学学术中心，1937 年获得博士学位，成为中国第一个该校的水利工程博士。

回国后，黄万里谢绝了北洋大学、东北大学、浙江大学请他当教授的盛情邀请，也没有去当时的国民党政府做官，而是到四川水利局当工程师，直接接触实际工作，曾步行三千公里实地考察河流及水利设施。后来，黄万里在甘肃省水利局和东北任职。中华人民共和国成立后，黄万里在清华园当了几十年的水利教授，理论上自成一派。已退休 10 年的黄先生身患癌症，动过两次手术，病情虽然已被控制，身体仍较虚弱。可是，一谈起治水，黄先生如同出征的将士一样精神抖擞，滔滔不绝地同笔者讲了近三个小时的水经。

关于治河方略，早在40年前黄万里就曾发表过不同的声音，并为此付出了很大的代价。黄先生回忆道："1957年讨论黄河的问题，请大家去提意见。有关部门就黄河三门峡水利规划开了十天的会议，我参加了七天，也许是苏联设计的计划，没有人敢惹它，也许是大家确实看法一致。去开会的人就我一个人提出反对意见，没有人同意我的观点，会议就成了批判我的会。"

"三门峡工程是由苏联专家设计的国家重点水利工程。建国初期，向苏联'一边倒'的时候，苏联专家岂是能随便反对的？全国上下都对这项工程寄予了巨大的期望，人们期待着三门峡大坝一旦建成，黄河上游挟带的泥沙将被拦截在大坝之内，从此黄河下游将会变成清水，而上游通过水土保持，泥沙也将不再下泄。可以从根本上变黄河水患为水利，造福子孙万代。"

黄万里认为，"黄河清"只是一个虚幻的理想，科学上是根本不可能实现的。三门峡水利枢纽工程是一项建立在一个错误的设计思想基础上的工程，因为它违背了"水流必按趋向挟带一定泥沙"的科学原理。三门峡修建拦河高坝，泥沙在水库上游淤积，使黄河上游的水位逐年增高，把黄河在河南的灾难搬到上游陕西去了。

三门峡水库1957年4月动工，1960年9月建成。黄万里的预见不幸被言中，第二年上游泥沙就开始淤积成灾。黄河上游两岸淤泥逐年增多。1962年3月，潼关河床淤高4.6米。渭水河口形成拦门沙，窒息了渭水航运。到了1966年，库内淤积泥沙已达34亿立方米。三门峡水坝已经成了死库，不得不在坝底炸开几个隧道大孔，冲刷泥沙。由于泥沙淤积，上游河水连年泛滥成灾。1972年水库回水末端向上游延伸至临潼，流沙距西安市仅13.6千米，严重威胁着古城西安。三门峡水利枢纽工程不得不从1965年重新动工改建，直到1937年12月改建工程才最后完成。

三门峡坝修成后，黄河干流淤没了几十万亩地，4万农民被迁往宁夏缺水高地，来回迁移十几次，痛苦万分。水力发电工程学会七位专家前往视察后叹息不已，国务院派去高级官员看了落泪，说"国家真对不起你们"。同时潼关淤高了2米，循淤积比降向渭河上延，陕西咸阳也淤高了1.5米。这使渭河洪水位抬高2米，地下水位和含碱区也都抬高，损害了沿岸农民生计。所以，黄河仍然没有治理好，只是把灾难从河南搬到了陕西。可黄万里却被打成"右派"，直到1978年才被摘掉"右派"的帽子。

黄教授说，他有生以来遇到过三次特大洪水，其中包括1931年和1954年的两次大洪水，但这次长江全流域洪水，雨量大、时间长，历史上是没有过的。中外一致认为治河策略只有四种，即蓄（拦河截流）、塞（筑堤防洪）、浚（浚深河道）和疏（溢洪疏导）。如此大的洪水证明：全流域治水应综合考虑这四种策略、全面规划各种工程。

　　转引自杨树彦主编：《西南（唐山）交通大学校史资料选辑（第二十六辑）》（四川成都：西南交通大学校史编辑室，2004年，第53～54页）

黄万里：一生讲真话

黄万里，清华大学水利系教授、著名水利工程专家。自 1937 年留学归国起，倾毕生心力于国内大江大河治理。半个多世纪以来，他以学识渊博、观点独到而蜚声中外，更以敢讲真话、仗义执言而在学界独树一帜。

改学水利

1911 年，黄万里出生于上海，父亲是著名爱国民主人士黄炎培。1932 年，黄万里以优异成绩从唐山交通大学毕业，专业是铁路桥梁工程。毕业后他在沪杭铁路工地上给工程师当助手。如果不是席卷南北中国的两场大洪水，出身名门而毫无骄奢之风的黄万里或许会就此发展为一名铁路桥梁工程师。

1931 年长江、汉水泛滥，仅湖北云梦一县，七万生命被洪水冲走；1933 年，黄河水灾，大堤决口十几处，人财物损失无法计算。

黄万里生前多次说过，两场洪水激励了许多青年奋志学习水利。当时唐山交通大学同学中有三人放弃铁路桥梁工程师之职，计划出国改学水利，22 岁的黄万里就是其中之一。

1934 年元旦，黄万里赴美国留学，广求名师于美国著名大学，从天文、地质、气象、气候等基础学科学起，先后取得康奈尔大学硕士、伊利诺伊大学博士学位。

1937 年，26 岁的黄万里学成归来。浙江大学、东北大学和北洋大学邀请他前往任教，他一一婉拒，理由是，自己考取的是官费留学，花了老百姓的钱，现在最切要的是亲身参与中国的水利事业，不欠黎民百姓的钱。

于是，黄万里成为四川省水利局一名工程师，继任涪江航道工程处处长，开始了长江上游支流之间的行走。1938 年至 1943 年，他和部下先后六次长途考察，在岷江、沱江、涪江、嘉陵江等江河两岸走了 3000 千米，训练了 40 多名工程师。

自此，黄万里踏上了治水之路。

反对三门峡工程

中华人民共和国成立后，黄万里执教于清华大学水利系。

他当年的助教回忆说，黄先生最大的特点就是为人耿直，敢说敢言，不管什么时候，不管针对谁，他都是照说不误，有时可以说是口无遮拦。

在他对三门峡工程的意见中，这种性格得到了体现。

20 世纪 50 年代初，中国请苏联拟定一个在黄河下游兴修水利工程的计划。1955 年，列宁格勒设计院拿出了设计方案。苏联境内很少泥沙量大的河流，他们的专家缺少泥沙河流治理经验，所以他们拿出的方案整体思路就是蓄水拦沙，要在黄河干流建造 46 个水坝，三门峡大坝只是其中之一。

但是，在规划中既无法回避也最难以启齿的是关乎渭河两岸土地与人民及大坝存亡的问题：水库将淹没农田 207 万亩，移民 60 万。黄河泥沙在三门峡水库的淤积，将使这个高坝大库的寿命只有 30 年左右。而当时力主建筑三门峡工程的黄河水利委员会的一个负责人却保证水库寿命为 300 年。30 年是严格按照上游来沙量及预留库容 147 亿立方米——占总库容的 2/5——计算得来的。300 年这句大话却是信口开河，或者说是信口筑坝、信口河清。

为了三门峡工程的最后通过，一系列的信口开河接踵而至，中国方面向苏联专家组提出的《技术任务书》中，中方给出了一个真正天方夜谭般的数据：通过植树造林水土保持，到 1967 年，上游来沙量可减少 50%；当三门峡水库使用 150 年后，则为 100%。照此推测，黄河就这样轻而易举地变清了。

1957 年 4 月 13 日，三门峡工程正式破土开工。

就在这一时刻到来的前一年，时任清华大学水利系教授的黄万里上书黄河流域规划委员会。他指出：筑坝虽有调节水流的有利一面，但必然破坏河沙的自然运行。"有坝万事足，无泥一河清"的设计思想会造成历史性的严重后果。在以后的不断上书中，黄万里先生更是第一个预言了渭河翘尾巴淤积从而形成大患的后果。

三门峡工程开工两个月后，有 70 多位专家、教授参加的"三门峡水利枢纽讨论会"开始召开。准确地说，参加这次会议的所有专家学者，除了一位名叫温善章的人提出改修低坝外，只有黄万里一人，从根本上全面否定了苏联专家的规划。其余的人异口同声，赞成三门峡大坝上马，认为三门峡大坝建成后，黄河就要清水长流了。黄万里对此毫不客气地进行了批驳。他说，三门峡水利枢纽工程是建立在一个错误设计思想基础上的工程，因为它违背了"水流必须按趋向挟带一定泥沙"的科学原理。三门峡修建拦河高坝，泥沙在水库上游淤积，会使黄河上游的水位逐年增高，把黄河在河南的灾难搬到上游陕西。

研讨会开了 10 天，黄万里参加了 7 天，也辩论了 7 天。在三门峡工程的反对者中，黄万里、温善章以及有所进言的叶永毅、吴康宁、梅昌华、张寿荫等人的名字将为历史铭记。

三门峡工程 1957 年 4 月动工，1960 年 9 月建成。建成的第二年，黄万里的预言即不幸被言中，大坝内泥沙多达 16 亿吨，一下子淤积成灾。第三年，潼关河床淤高 4.6 米，渭水河口形成拦门沙，渭河航运窒息，渭河平原即"八百里秦川"地下水位上升，土地盐碱化无法避免，两岸百姓生计受到影响。

三门峡水利枢纽的改建无可避免。1964 年，在黄河两岸凿挖两条隧道，铺设四条管道，泄水排沙。同时，8 台发电机组炸掉 4 台，剩余 4 台，每台机组发电量 5 万千瓦，共 20 万千瓦，只是原设计发电量 120 万千瓦的零头。这第一次改建还是不行，五年后的 1969 年，又第二次改建，花了 6000 万元，将原坝底的 6 个排水孔全炸开。而黄万里早在动工之初就力主这 6 个孔不要堵死。有关资料显示，三门峡水利枢纽工程从 1964 年动工改建，直到 1973 年 12 月改建才最后完工。

按照一些水利专家的看法，三番五次的改建后，原指望带来黄河清水长流的三门峡工程，已经水库不是水库、电站不像电站，成了个"四不像"。

讲真话难

在改建三门峡工程前，黄万里早已被打成"右派"。1973 年，他被发往三门峡工地，白天劳动，晚上读书，"自研治黄之道"。然而就在这样的环境下，黄万里仍上书直言，力陈在江河干流上修筑高坝大库的危害。2001 年 8 月 8 日，先生于重病中自知不起，他从老妻手中接过纸笔写道："万里老朽手书　敏儿、沈英，夫爱妻姝：治江原是国家大事，'蓄''拦''疏'及'挖'四策中，各段仍以堤防'拦'为主，为主。长江汉口段力求堤固，堤临水面宜打钢板桩，背水面宜以石砌，以策万全，盼注意，注意。万里遗嘱，2001 年 8 月 8 日。"8 月 27 日下午 3 时 5 分，在清华大学医院一间简朴的病房，90 岁的黄万里先生去世了。

终其一生，黄万里的遭遇令人深省。1998 年，他才重新获得授课权，时已

87 岁高龄。当他着一身白色西装、橘红色领带走上讲台时，获得了多少掌声和赞叹，而其中却又不乏辛酸。

（选自《文摘周报》2003 年 12 月 8 日第五版）

转引自杨树彦主编：《西南（唐山）交通大学校史资料选辑（第二十六辑）》（四川成都：西南交通大学校史编辑室，2004 年，第 76～78 页）

忆 C.C.LO 讲课

郭日修

罗忠忱（C. C. LO）教授是唐山交大教授中第一个中国人。他于 1912 年到唐山交大任教，1952 年离开讲台，1955 年退休，毕生献身教育，对开拓我国现代工科教育做出了重大贡献，为唐山交大树立优良学风功绩卓著。《中国科学技术专家传略》已为罗忠忱教授立传，记载一代宗师的贡献和功绩。本文仅忆述1943—1944 年罗教授讲授应用力学和材料力学课时，我的至深感受，以及至今难忘的一些往事。

一、守时

1943 年秋到 1944 年夏，罗教授给我们班先后讲授应用力学和材料力学。那时他已 60 多岁，还担任校长，尽管年事已高，工作繁重，但他仍每天上午讲两节力学课，第一节给土木系二年级学生讲，第二节给矿冶系二年级学生讲。每天早上，他总是 8 时前 10 分钟到校，先到教师休息室小憩。同学们本来在大门和二门之间的院子里休息，看到罗教授到校了，知道快要上课了，一个个自动走进教室，坐在自己的位置上，拿出笔记本，等待上课。不一会，罗教授走进教室，走上讲台，打开皮包，取出讲稿、粉笔，这时，上课的钢轨声响了（在平越时，上课敲钢轨），罗教授便开始讲课。每次讲课都如此，罗教授随身带个金壳怀表，他讲课的时间安排，就像他的怀表那样准确。

二、惜时

罗教授讲课用一口流利的英语，发音准确，吐字清晰，音调抑扬顿挫，如行云流水，非常有吸引力。他在课堂上总是按他的讲稿一个问题、一个问题地讲下去，从不说与讲课无关的话，不浪费一点时间。有一次在我班上课，不知什么原因。上课前没有擦黑板，罗教授开讲后转身写黑板，发现黑板未擦，无法写字，他很不满意，说了一句："Don't waste time! My time is your time!"（"不要浪费时间！我的时间就是你们的时间！"）同学们听后，感到愧疚，很对不起老教授，耽误了他讲课，同时也受到罗教授这种惜时如金，对学生高度负责精神的深刻教育。自此以后，同学们在上课前都很注意擦干净黑板。好让罗教授一上课便开讲，充分发挥课堂 50 分钟的时效。

三、认真

罗教授长期讲授应用力学和材料力学，对力学有很深的造诣。尽管如此，他每次讲课前，都进行认真的准备，精选内容，配以恰当的算例，编写讲稿。因此，罗教授讲课非常有系统，有条理，从理论到应用，从解析到计算，层次分明，说理清晰，深入浅出，讲解清晰，使学生对应用力学和材料力学的基本概念、基本理论、基本方法有正确的理解，并留下深刻的印象，学生们都称赞罗教授讲课好，认为这是由于他的学术造诣和教学经验，这当然是对的，但却很少有人知道老教授准备讲课极其认真。记得 1947 年，有一次我和罗教授闲谈（我当时留校任助教），罗教授谈到讲课，他说："我讲完了课，讲稿便不要了，下一年再讲课，我再重新写讲稿，我从来不用过去的讲稿讲课。"

四、求精

罗教授讲授应用力学和材料力学，具有极丰富的教学经验，教学效果受到普遍的赞誉，但罗教授并不满足于已有的经验和教学成绩，而是不断研究，采取措施，改进教学，以取得更好的教学效果。那时，应用力学课采用的课本是 Seely F. B., Ensign N. E., *Analytical Mechanics for Engineers*，该书的内容依次为静力学、运动学、动力学三篇，罗教授过去也是按这个次序讲课，可是 1943 年秋开学后，罗教授给我们班讲授应用力学时，却改变了以往的讲授内容的次序，先讲运动学，然后讲动力学、静力学，他在上第一节课时对我班说，他是经过认真思考才做出这样的变革的，因为静力学是动力学的特例，按照这样的次序讲授，可以加深学生对应用力学的理解。这是对课程内容体系的改革，罗教授当然要因此付出更多的精力和时间来组织教学内容，编写讲稿。这反映了罗教授对教学精益求精，不断改进教学的严肃态度。

五、严谨

罗教授讲课总是先讲理论，然后结合算例讲应用。讲理论要推导公式、证明定理，讲算例要进行数值计算。罗教授推导公式，证明定理时，总是在黑板上一步一步、依次有序地写出数学式子，板书整齐，一丝不苟。罗教授从不在板上东一行、西一块杂乱无章地随便涂写，罗教授在黑板上画图也很认真，图形规矩，非常清晰，使学生对物体的受力一目了然。罗教授在黑板上画图尤其工整，几乎可与用圆规画的比美，学生无不赞叹。罗教授讲解算例，都是当堂进行数值计算，他用一页 4 位对数表，结合一些速算方法，并迅速地得出计算结果，但罗教授并不到此为止，而是进一步采取措施，检查结果的正确性，如表明计算正确，他便微笑地说："So，check!"罗教授就是这样，身体力行，以身作则，以自己的严谨作风来教育学生，影响学生。

六、严格

罗教授对学生要求非常严格，每星期六，应用力学或材料力学课进行测验，用一节课（50 分钟）时间，测验题分 A、B 两组，相邻座位的学生做不同的测验题，每次测验的试卷，罗教授都亲自评阅，给分很严，要求学生不仅解题方法要正确，而且数值计算结果要正确，稍有差错，扣分很多，测验成绩计入学期总成绩中，占一定的比重。因此，学生们对测验都非常重视，平时认真学习，主动看参考书，做习题，以求掌握所学内容。罗教授就是通过每周一次的测验，促使学生勤奋学习，毋稍松懈。

罗教授对期末考试要求更严，每次期末考试时间是半天，因此，试题的分量很重，难度很大，给分更严格，尽管二年级学生对应用力学、材料力学这两门课都非常重视，但每学期末这两门课公布成绩时，总有不少学生不及格，记得我们班学习这两门课时，就有不少高班次同学在我们班里重读应用力学或材料力学，有的重读还不止一次。学生们对罗教授的严格都有点畏惧，有的甚至有埋怨情绪，感到罗教授要求太严，但学习过这两门力学课之后，尤其是毕业后经过工作，学生们都感到正是罗教授的严格，使自己在学业上、品德上都深受教益。因此，学生们都对罗教授非常尊重，非常敬仰。

1996 年是我们班毕业 50 周年，听罗教授讲课已是半个多世纪前的往事，但罗教授讲授的很多内容，讲课的风格，讲课时的音容笑貌，我至今记忆犹新。1996 年，适逢母校建校百年大庆，校庆办公室将编辑专集以总结历史、回忆往事，编辑组来函征稿，爰写此文，以资纪念。

作者简介：郭日修，1942 年入学，土木工程系，1946 年毕业，罗忠忱教授的女婿。海军工程学院教授、博士生导师，学院科学技术委员会副主任委员，国务院学位委员会学科评议组成员。

选自杨树彦主编：《西南（唐山）交通大学校史资料选辑（第十一辑）》（四川成都：西南交通大学校史编辑室，1997 年，第 63～65 页）

一代宗师　风范长存
——记我国第一代工程力学教授罗忠忱

郭日修

一、引言

罗忠忱，生于 1880 年 11 月，福建闽侯人。早年在北洋大学读书，后赴美国康奈尔大学土木工程系继续学习，1910 年毕业，继入该校研究生院攻读，获土木工程师学位。1912 年回国，同年 8 月到唐山交大任教授。他学识渊博，到校后曾讲授应用力学（现在称为理论力学）、材料力学、水力学、天文学、河海工程等多门课程。由于他对工程力学有很深的造诣，1917 年以后，专职教授应用力学和材料力学，直到 1952 年离开讲台改任研究教授，他在唐山交大讲授应用力学和材料力学 40 年。我国按西方模式建立大学，始于 1895 年的北洋大学（当时名北洋西学堂），继于 1896 年建立上海交通大学（当时名南洋公学）和唐山交通大学（当时名山海关铁路学堂，1905 年迁唐山）。这些工科大学当时都是聘请外国人任理、工科课程的教授。罗忠忱是唐山交大讲授理工科课程的第一位中国教授，是我国第一代工程力学教授，也是我国老一代著名的工程教育家。

罗教授致力于引进西方先进的工程教育思想，对应用力学和材料力学课程，他按照美国工科大学的模式进行教学，选用美国工科大学相应课程的教材，采用美国工科大学的教学方法和教学制度，用英语讲课。唐山交大以培养高素质的工程师闻名国内外，这与罗教授给该校学生打下坚实的工程力学基础是分不开的。罗教授以其深厚的力学造诣、精湛的讲课艺术，对教学工作极端负责的态度和对学生严格的要求而形成了自己的教学风格，受到学生们普遍赞扬和崇敬。

二、精湛的讲课艺术，理论和应用密切结合

罗教授讲课重视理论分析，对每个课题，总是先给学生建立正确的基本概

念，讲清基本原理，推导基本方程，说明基本方法。为了阐释基本原理，他常广征博引，不受教科书局限。罗教授强调工程力学的应用性，他认为工科学生学习应用力学和材料力学的目的，在于应用它们解决工程问题。因此他讲课时，在进行了理论分析后，便列举大量典型例题来说明基本原理和基本方法的应用。他在举例得出结果后，还要在理论指导下对结果进行分析讨论。这样，不仅使学生领会了基本原理和方法的应用，而且通过理论—应用—理论这样一个过程，使学生加深了对理论的理解。罗教授常对同一个课题列举多个例题，进行演算、分析，使理论—应用—理论这一过程多次反复，使得学生对该理论及其应用的理解不断深化。尤其是课程中的一些难点，经过罗教授这样举例题反复讲解，学生往往豁然开朗。他常对同一个例题用不同的方法求解，并加以分析、比较，使学生融会贯通。他在课堂是列举例题并进行分析、讨论，占他讲课时间很大的分量。

三、重视培养学生的能力

罗教授在讲课中注意启发学生思考，他讲到问题的关键或难点时，总要问一个"Why？"（"为什么？"）。然后，他停下来，目光注视学生，学生受到启发自然会积极思考，在教授引导、学生思考、师生互动的氛围下，他才开始解释原因。这时，学生自然会把自己的思考与教授的解释加以比较，从而提高学生思考问题的能力。

罗教授重视培养学生分析问题的能力，他在课堂上列举例题，总是先画出计算简图，分析已知条件和要求的未知量，讨论采用的原理和方法，分析可用的方程，然后列出方程，代入数据求解。得出结果后，还要在理论指导下讨论、分析结果的意义。

罗教授非常重视培养学生的计算能力，他认为计算能力是工程师的基本功之一，给学生打下计算能力的基础是理论力学和材料力学课程的重要任务之一。为了培养学生的计算能力，他在课堂上讲解例题时，都是当堂进行数值计算，给学生示范，那时的计算工具是对数表和计算尺，他运用一张 4 位对数表灵活地、快捷地对例题进行计算。在罗教授言传身教下，学生们通过理论力学和材料力学的学习，为自己的工程计算能力打下了坚实的基础。

四、严格要求学生

罗教授对学生严格要求。应用力学和材料力学课都是周一到周五每天一节课，每周六还有一节测验课。每次测验课罗教授都是亲自命题。题目分 A、B 两组，相邻座位学生的试题不同。他亲自掌握测验结果，亲自评卷，给分极严。他不仅要求学生解题，方法要正确，而且要求计算正确，稍有差错，扣分很多。他认为工程师计算出差错，会造成严重的工程事故，后果不堪设想。因此教师必须在学校就严格要求学生计算正确，使之成为工程师的素养。罗教授把每周的测验成绩计入学期总成绩中，通过每周测验，促使学生持续地、勤奋地学习。罗教授对期末考要求更严，试题的分量很重，难度很高。尽管唐山交大二年级学生对应用力学和材料力学都常重视非常努力，但学期结束时，总有不少学生不及格。罗教授执行严格的"double fail"（"两次不及格淘汰"）制度：学生应用力学或材料力学不及格可以补考，如补考仍不及格，便"double fail"，这名学生便被淘汰、退学。在罗教授的严格要求下，唐山交大确有一些学生因用力学或材料力学"double fail"而被淘汰。

五、严以律己，严肃对待工作

罗教授严以律己，他对学生的严格要求是建立在对自己严格要求的基础上。罗教授备课极其认真，尽管他力学造诣很深，教学经验丰富，但他每次讲课前，都认真准备，写出讲稿。1947 年他在一次谈话中说："我讲完了课，讲稿就不要了，下次讲课，我再备课，重新写讲稿，我从来不用过去的讲稿讲课。"由于他对教学工作严肃认真，讲课内容充实，条理清晰，分析严密，深入浅出，加之他英语极其流利，讲课时抑扬顿挫，如行云流水，所以他讲课非常吸引人，使学生如坐春风。罗教授作风严谨，讲课时，写黑板非常工整。他一边讲一边在黑板上画图、推导方程、计算例题，一步一步，板书井然有序。罗教授上课准时，总是稍提前到教室，上课钟声敲响，他便开讲，从不说与讲课无关的话。他曾几度担任唐山交大的领导职务，但不管行政工作多忙，他从未耽误上课。

六、爱国情操，无私奉献

1937 年 7 月，卢沟桥事变爆发，日寇发动全面侵华战争，河北唐山随即陷入敌手。时值暑假，唐山交大未及采取应变措施，罗教授被困在唐山。1937年11月，他获悉唐山交大筹备在湖南复课，为了不受日寇奴役，并为了唐山交大在内地能顺利复课，罗教授于1937年冬毅然辞别病危的八十多岁的老母亲（次年老母亲去世），离别妻子儿女，只身去内地，经过长途跋涉，沿途历尽艰辛，于1938年5月到达湖南湘乡唐山交大临时校址，随即投入工程力学教学。随着日寇侵华战争范围的扩大，唐山交大于1939年由湖南迁到贵州平越（今福泉），1944年再迁到四川璧山（今重庆市璧山区）。这期间，罗教授已是60岁左右的老人了，但他以校为家，随学校颠沛流离。生活艰苦，罗教授又是单身在校，身边无家人照顾，尽管如此，抗日战争期间，唐山交大每学年的应用力学课和材料力学课未曾间断，每周一到周五的讲课和周六的测验课，罗教授始终面对学生站在讲台上，表现了一个老教授的爱国情操和对力学教育的无私奉献。

1951年临近暑假，罗教授向唐山交大领导提出：由于年老、体力不济，暑假后不再任教，请求退休，这件事被当时在校的一年级学生知道了，他们派出代表来见罗教授，说："下学年我们班将学习应用力学和材料力学，我们请求你推迟退休，再讲一年课，我们作为你最后一班学生，听你最后一次讲应用力学和材料力学。"面对青年学子的殷切期盼，年过七旬的老教授继续站在讲台上，精神矍铄地讲授了最后一学年应用力学和材料力学。1952年暑假后，他改任研究教授，才离开自己在唐山交大付出了40年心血的工程力学讲台。

七、高山仰止，长怀遗范悼思深

罗教授一生淡泊名利，以教书育人为己任，倾毕生年华，以其学识、师德哺育学生，为祖国培养了几代高水平的工程师，其中有许多后来成为誉满海内外的学者、专家。如著名桥梁专家茅以升，港工专家谭真，铁路桥梁专家汪菊潜，被誉为"预应力先生"的预应力混凝土结构专家林同炎，著名力学家林同骅、张维、刘恢先，著名水利工程专家严恺、谭靖夷、"两弹一星"功勋科学家陈能宽、姚桐斌，等等，均曾受教于罗教授，可谓桃李盈门。罗教授严谨治学，严肃对待工作，严以律己，严格要求学生。由于他在唐山交大长期工作和在教师中的突出地位（他曾三度主持校政），他的这种品格和作风在师生中产生了深刻的影响，为唐山交大树立艰苦朴素、刻苦学习、严格要求的优良校风做出了卓越的贡献。一个学校的优良校风对学生的学业和品格的培育是一种无形的巨大的力量，具有深远的影响！

凡曾受教于罗教授的学生们无不认为这位严师的教导对自己的成长至关重要，因而怀有深深的敬意。如美国国家工程院院士林同骅（唐山交大 1933 届）说："罗师对基本力学的深刻了解为全世界所少有，故在讲授力学问题时，能从多方面解析，使学生易于了解，大有力学大师 Timoshenko 之风。"清华大学教授黄万里（唐山交大 1932 届）说："曾在学十九年，承恩中外师长不啻百人，然于教诲恳切，授法精湛，任职认真……盖未有出吾师之右者。"

1980 年西南（唐山）交通大学为罗教授举行追悼会，著名桥梁专家茅以升（唐山交大 1916 届）送了挽联，上联表达他们师生之间的深厚感情，下联是："无意求闻达，有功在树人，此日高山仰止，长怀遗范悼思深"，这些话，表达了广大学子的心声，是对罗教授一生十分中肯的评价，也表达了对罗教授的无限景仰与缅怀。

罗忠忱教授献身力学教育，功在树人，一代宗师，风范长存！

选自杨树彦主编：《西南（唐山）交通大学校史资料选辑（第二十六辑）》（四川成都：西南交通大学校史编辑室，2004 年，第 27～30 页）

怀念顾宜孙教授

黄安基

顾宜孙教授逝世已经 30 多年了。作为他的学生，我在唐山交大上三、四年级时，听他的课（包括必修课和选修课）共 25 学分，还请他指导毕业论文（3 学分）。所修学分总和大于在其他任何一位老师处选的学分。那时唐院只分系，不分专业，只要在四年级时选满一定学分的选修课即可。若按现在的说法，我可算是顾教授的"结构工程专业"的学生了。

那时他担任的必修课程有构造理论（即结构力学，三年级上、下学期）、钢筋混凝土学（三年级下学期）、圬工及基础（三年级上学期）、钢桥设计（四年级上、下学期）、钢筋混凝土建筑设计（四年级上学期），选修课程有钢筋混凝土拱桥设计（四年级下学期）、高等构造理论（即高等结构力学，内容主要是不定结构与二次应力，四年级上、下学期）。每学期所担任的课程都齐达 5 门之多（他同时为三、四年级学生开课），即使不包括设计课（因主要是助教收取、批改作业），也还各有 3 门。除此之外，他还兼有行政工作。这要付出多大精力，是不难想象的。

顾教授讲课不用教材，而是指定主要参考书，上课时由学生记笔记。他博览群书，笔记内容每年都要更新。为了便于学生记笔记，他总是不怕麻烦，整齐地写在黑板上，然后进行讲解。他所讲内容反映了该门课的最新进展，同学们对记下的笔记都很重视。同学们得到了最新知识，但为此顾教授备课工作就不轻松了。

在我做学生时，顾教授是我们的教师，还是系主任、校长。在我回到母校工作后，他又先后是我们的教务长、系主任、副院长。1958 年我家搬到唐山院内的西新宿舍，顾教授也住在西新，我们的住处相距不远。在生活物资供应困难的几年里，我和他都在学校的小食堂用餐，彼此常能见到。虽然如此，我和顾教授的直接接触还是不算多，也没有多少交谈请教机会，现在想来是很可惜的。为表对他的怀念之情，只能写出下面不多的点滴回忆。

美味馅饼

看到了这个标题，也许会感到奇怪，顾教授和馅饼会有什么关系。但这件事给我影响太深，至今难忘。

那是在 1945 年的春末夏初，学校的斐陶斐励学会唐山分会照例在当年的毕业生中选出新会员若干名，由教授中的会员来投票选举，获得全票这才能当选。选举结果由分会书记李斐英公布。那一届当选的是土木系黄安基、路启蕃，矿冶系庄镇恶、姚桐斌。

5 月 15 日是唐院 40 周年校庆（学校的历史是从 1905 年唐山复校时算起），老校长茅以升先生也由重庆回校（学校当时在璧山丁家坳）参加。校庆日后的一天，在顾教授家中举行了欢迎新会员的活动。顾教授当时任校长，也是会员。茅以升先生也是会员，也来了。此外，记得还有罗忠忱、李斐英、伍镜湖、陈茂康等会员教授。我们 4 位新会员有幸被邀参加。

这是我第一次与这么多教授在一起，既感到激动，又有些拘谨。顾师母一直寓居上海，就由顾教授亲自下厨为我们准备午餐。席间吃下哪些菜已经想不起来了，但教授烤的白薯馅饼味道好极了，至今还是记忆犹新。两层薄的面粉皮中间夹着薄薄的一层橙黄色熟白薯，烤得既香又甜。顾教授学识渊博是我们都知道的，想不到他还有这样高超的烹饪技术。知道这一点的人大概不多，有幸能够亲口品尝到的就更少了。现在此事已过去半个世纪有余，当时在座的除我和庄镇恶以外都已作古，因此值得一记。

惊人的记忆力

有一次在回西新宿舍的路上与顾教授相遇同行，闲谈间他忽然问我："罗教授给了你 100 分，我只给你 99 分，你有什么意见吗？"

对他这个提问我毫无思想准备，而且说实在的，他这里说的"100 分"是指罗忠忱教授给我的应用力学（即理论力学）成绩，当时在贵州平越校区中曾引起了小小的"轰动"。而他所说的"99 分"连我自己也淡忘了，想不起来是什么课的成绩，是在何时获得的。却又不便问顾教授，只好含糊地答道："在顾教授这里能得到这样的高分，我还能不满足？"

后来仔细回忆，还是弄不清楚，只好查阅在校学习时的总成绩单，才知他指的是四年级上学期的高等构造理论课的成绩。实际情况是，当年学校在平越时，每门课的全班学生期末平均成绩在任课教师送达教务处注册科后，即由办事人员在布告栏内公布，故我的应用力学成绩能够引起大家注意。而在四年级上学期期末，因学校进行搬迁，这学期的各门课成绩好像没有公布过，因此不仅别的同学不知道，连我自己也没有留下太多印象。想不到事隔近20年，顾教授处理过的事情不计其数，他教过的学生为数甚多，而每个学生在他那里选的课又有许多门，在此情况下他竟能如此准确地记得我某门课的成绩，这不能不使我十分惊异，也感到很惭愧。

顾教授工作之余喜欢打网球和打桥牌。他住在西新宿舍时，每逢周末的晚上，总要在他家里打一次桥牌，成员是固定的。有一次，发生了"三缺一"的情况，他叫人来要我去凑数。久闻顾教授的桥牌打得好，这次有机会亲自领教后，证实果然不虚。他叫牌技术好，叫牌能恰到好处，当然这与他和搭档间的配合默契也有关系。他能清楚地记得各方的叫牌过程和各方已出过哪些牌，而且能揣摩各人的出牌心理，从而大致估计到牌的分布情况。至于他自己的出牌，则是虚虚实实。有时令人难以捉摸。

我想能够做到这样，是与他的过人的记忆力和分析判断能力分不开的。这对于一位当时已年过花甲的老人是不容易的。

通过上述的亲历事例，使我感到顾教授的记忆力的确是超乎寻常的。

1988 年 6 月

选自杨树彦主编：《西南（唐山）交通大学校史资料选辑（第十五辑）》（四川成都：西南交通大学校史编辑室，1998 年，第 60～61 页）

心香一瓣忆恩师

——纪念黄寿恒教授逝世 30 周年

黄安基

黄寿恒教授离开我们已经 30 年了。他的音容笑貌、高尚情操仍然深深地留在我们的记忆里，难以忘怀。

我是 1941 年到贵州平越入学的。从一年级到二年级，黄教授教我们的微积分、常微分方程的最小二乘法课程。1949 年我回到母校任教，在数学组工作 3 年，当时黄教授任组长，第一年我还是他的助教，得以在他直接领导下工作，有了更多聆教机会。离开数学组到力学组后，遇到力学上的问题，也经常向黄教授请教，他总还是不厌其烦地给我指点。遇有当时不能解决的问题，不几天后他就会亲临我家中给以解答，使我感动不已。这也深深地教育了我应该以怎样的态度对待自己的学生。

讲极限长达一个月

黄教授在微积分讲课的开头大讲极限理论是出了名的。当时我们每学期一般上课 16 周，微积分学每周 6 节课，其中星期六的一节由助教上辅导课。黄教授在第一学期的 80 节授课中讲函数极限竟达 20 节课以上，这确是异乎寻常的。学完微积分课以后回顾一下，才认识到函数的极限和函数的连续性是微积分学的最基本概念，而后者实际上也离不开前者。因此学好了极限的概念就等于有了微积分学的入门钥匙。

事隔几十年后，黄教授已经辞世，从其哲嗣黄棠教授处才得知，他之所以大讲极限还具有另一层深意。原来在当时的唐山交大，讲课全用英语，教材也是英文原著，这对于刚从中学进入本校的学生一时是难以适应的。而黄教授思维敏捷过人，说话要跟上思维只有提高速度，说话之快简直像"开机关枪"一样，这就更增加了同学们听讲的困难。

　　函数极限的概念要完全掌握对初学者来说是不容易的，但对于工科学生，即使掌握得不够深透，只要有一些初步了解，为后面的函数微分与积分做好准备也就可以了。而所长达一个月的英语讲课对于学生听讲能力的提高却是大有裨益的。

　　我是 1940 年参加统考考取本校的，发榜时正患伤寒病。当时对伤寒病没有特效药，一直持续高烧了 3 个星期，对身体影响很大，只好请求保留学籍一年。经过一年的养病生活，入学后才能拿起书本就遇上铺天盖地的英语，其困难可想而知。第一星期听课简直是"坐飞机"，只能听懂 10% 左右。所幸有黄教授的一个月"训练"，才使我得以逐渐适应，对以后的听讲就顺利多了。相信像我这样的学生（程度上可能有所不同）为数不会少。黄教授设身处地地为学生着想，既为以后的讲课内容打基础，又为学生听英语讲课的能力做铺垫，其用心可谓良苦。而对于黄教授的这番苦心当时我们却都未能领会到，现在想来也觉得有些不可思议。

独特的讲课方式

　　当时我们用的是英国人写的教材，黄教授讲课从不"照本宣科"，在提出一个要讲的问题后即尽情发挥，遇有原书中不恰当处都一一指出，如：用词不确切，条件不足或过多，甚或提出论据的先后次序不合乎逻辑，等等。这些问题我自己一般都不能发现，听他指出后才恍然大悟。他就是这样以身作则，教育我们要独立思考，不要迷信书本，不要迷信洋人。黄教授的这种治学态度也对我们以后的工作产生了深远的影响。

　　黄教授讲课时这种细致入微的分析使我听得很入神，这可能也引起了他的注意，对着我讲课的时间相对多些，以致有的同学开玩笑说："黄教授讲课好像是专讲给你一个人听的。"

　　黄教授在推导定理或演算例题时偶尔也会出现笔误，以致影响到后面的推算。这时他就说："Wait a minute"（请等一等），然后经过检查很快就找到问题之所在，即时纠正。

　　前些时听黄棠教授说起，才知道黄教授是不主张备课的，更没有讲稿，讲课时常常即兴发挥。他认为这样讲课才生动，才能更好地引导学生跟随他的思路，因为好像他自己也是重新开始研究这一问题似的。

　　当然，这样做我想还是要有一定条件的。教师必须对所讲内容有透彻的了解，头脑清醒，思维特别敏捷，有熟练的驾驭问题能力，否则一旦出现问题，不能很快解决，"挂在黑板上"就不妙了。能够具备这样的条件，则发生问题后指导学生找出问题出在哪里，然后加以纠正，这未始不是一种教育学生的方法；同时还可以引起学生的注意，加深印象。当然，这并非刻意追求的，黄教授讲课时发生这样的情况也不多见。

黄教授出的考题中总有些灵活的题，学生不容易做出来，因此不容易得到高分；但他扣分也不太严，考试不及格的也不算多。虽然如此，同学们也不敢掉以轻心，因为对所讲内容不敢自认为都听懂了、掌握了。黄教授不主张搞"突然袭击"，其中测验总会在前一周宣布。他用英语宣布下周某一天将举行一次测验后，怕同学们没有留意，随即又用汉语重述一遍。这是他在课堂上所讲的仅有的中国话，因此在同学中流传着一种笑话："天不怕，地不怕，只怕黄教授说中国话。"这也多少反映出同学们怕考试的心情。

受命于危难之际

1943 年秋，黄寿恒教授出任学校总务主任，这在当时使我颇为惊讶。在我心目中，他是属于学者类型的，为何肯出来处理事务性的工作。

事后才得知，他是为了顾全大局才这样做的。原来当时的校长胡博渊辞职后，学校一时处于无人负责的状态，校中教师和校外校友们意欲请罗忠忱教授出任校长。罗教授原也不肯就，后来迫不得已才应允，但他提出要以有熟识可靠的人担任总务主任为条件，那时又难以找到可靠而又愿意担任此职的人。为了促成罗教授出任校长，黄教授才毅然决然出任总务主任。这说明黄教授由于热爱母校不惜做出自我牺牲，明知要冒一定风险而仍然义无反顾，这种精神是很令人钦佩的。

在当时处于抗日战争的艰难情况下，作为总务主任，要管好全校师生员工数百人的生活已非易事。而更意想不到的是，1944 年冬，日寇进犯我国西南部，从广西窜入贵州，国民党军队闻风溃逃，母校被迫搬迁。国民党政府自顾不暇，对我们竟不闻不问。交通工具无法解决，师生们只好步行离开平越去四川。大家带不动的书籍杂物，学校慨然承担代运。这在当时的纷乱条件下谈何容易，黄教授作为总务主任，虽然责无旁贷，但他所感到的压力之大则是可想而知的，特别是对于他这样的学者。

我自己当时也将一些书籍用品放在一篮内交由学校托运，而将自认为较重要的书籍用品由自己携带，结果不堪负担，不得不在贵阳至遵义途中无情抛弃了。而请学校代运的东西早已认为一定丢失无疑，但却于后来完整无损地运到了璧山丁家坳新校址，实在是出乎意料。除此之外，还有许多公家的东西，为此总务处员工固然要付出艰苦的努力，而作为总务主任，黄教授运筹策划也是功不可没的。

难忘教诲恩深

1949 年我想回到母校工作，黄教授得知后欣然向学校提出，聘我为数学组助教。来校报到后，黄教授就对我说："我要你来数学组，并非要你以后就一定搞数学工作，但无论你将来搞什么工作，总有好处的"。

为了使我多方面学习数学方法，他安排我同时担任 3 位教授（包括他自己）及 1 位副教授的助教，并嘱咐说："你可以从听课中学习各位老师讲课的长处。"怕我负担太重，又说："不一定每节课都听，你可以按自己的需要有选择地去听。"还补充一句说："我的课你就不必听了。"这固然是考虑到我做学生时已经亲聆过两年教益，也是出自他一贯的谦虚作风。他这种无微不至的关怀使我非常感动，当时并无助教必须随班听课的规定，他这样安排是希望我能尽快地熟悉教学工作。

1950 年 7 月，在我担任助教一年后，经黄教授提出，唐院校务委员会通过，提升我为讲师，并上报北京中国交通大学总校。

本来我毕业后已工作 5 年，已合乎常规提升年限。但由于组内尚有一位助教较我早毕业一年于数学专业而因某种原因尚未得到提升，有论资排辈思想的人遂以此向总校提出不同意见，总校对我的提升因而压下来未批。

当时实行的是教师聘任制，每次聘任期为一年。期满后学校可以续聘可不续聘，自己也可以接受或不接受续聘。由于总校未批，发给我的仍是助教聘书。自己觉得这未免"有失面子"，就拒不接受，打算另找工作。此时黄教授正在上海休暑假，闻讯后迅即来信开导我说："聘书名义未改，望勿在意。进一步看，吾辈生活于天地之间、国土之上，乃由人民供养而为人民服务耳。掌握正确观念，行为固有所指归，且人未我知，则不能责其以知己待吾矣。从事修养随时随地皆是机会，贤者能不失之。"信中仍要我准备开学后讲课。同时黄教授又致函总校力争，终获批准，改发给我讲师聘书。

开学后黄教授要我担任机车专修科、车辆专修科及电讯专修科共 3 个班的微积分学讲课和辅导工作。我自问工作还算兢兢业业，不敢懈怠。前两班合在一起上，对我讲课没有多大意见，但电讯专修科则意见很大，找到黄教授，要求撤换教师。当然，我第一次上讲台，肯定会存在一些缺点，但黄教授答复他们说："这是我能给你们找的最好的教师，要换别的教师没有了。"经过一段时间后，我应他们系的要求在下学期又加授了常微分方程的一些内容。这时黄教授又故意问他们，是否还要求换教师，他们却回答说："不换了！不换了！"直到这时，黄教授才告知我前后发生的情况。我想他未即时告诉我他们要求换教师之事，是在当时情况下怕我接受不了，失去工作信心。而他对学生的要求如此坚决拒绝，如非出于对我的高度信任也是不可能的。试想他如果同意学生的要求，将我撤换下来，则对我的打击将会很大，甚至以后也难以再登讲台了。他对青年教师如此关心爱护，实在令人感动。

这件事使我深受教育。30 年以后，在我自己做教研室工作时，也遇到有的青年教师初次上课，同学甚至其他教师对他讲课有意见，希望将他换下来的情况。对此我同样也持慎重态度，经过考察后认为他讲课问题不大，就没有同意。事后证明，这位青年教师还是能胜任的。实际上任何人都有一个成长过程，如果轻易地就加以撤换，是不利于青年教师的培养的。

1952 年，学习苏联经验，学校成立了各门课程的教研室，我转到理论力学教研室工作。正如黄教授当初所期望的那样，我在数学组工作的 3 年，为此后数十年中在一般力学领域内的教学和科研工作打下了较好的数学基础。从黄教授的讲课风格中，从黄教授接物待人的风范中，使我学到了很多东西，他的教诲是我毕生难忘的。

无尽的遗憾

黄教授从事教学工作 40 余年，对数学和力学问题有不少独特的见解。在我记忆中，他所出的微积分试题中有不少颇具匠心的好题。可惜他一直未能加以整理写成教材或专著。

大约在 1962 年前后，当时的数理力学系党总支书记王同五同志曾对我说："不知道黄寿恒教授是否有意要写书，我们又不便直接问他，怕他会感到有'压力'（因那时黄教授还未退休，也没有教学或科研任务），你可以试探地问问他。"长时间来我也很为黄教授没有著作问世而惋惜，就对王书记说："如果黄教授有意写书，我愿意做他的助手。"

　　我衔命去到黄教授家中，不敢郑重其事地提出来，只好在交谈中随意地问一下。说到黄教授在多年的教学和科研中积累了不少的心得体会，如能整理发表，那是十分宝贵的。并表示为了减轻他的负担，我愿意做一些抄写工作。黄教授考虑了一下，答说他当时身体不大好，有一定的困难。如此我也不便再加劝说，只好回去向党总支复命。

　　黄教授晚年疾病缠身，不幸于1968年病逝。他数十年来的宝贵经验和独特见解，除曾在我校学报上发表过几篇论文外，未能系统地整理出来，传诸后世，这实在是莫大的损失，也为我们留下了深深的无尽遗憾！

1998 年 6 月

　　转引自杨树彦主编：《西南（唐山）交通大学校史资料选辑（第十五辑）》（四川成都：西南交通大学校史编辑室，1998 年，第 62～65 页）

大师风范　气存千古

——悼念恩师佘畯南

刘　杰

　　8月3日，申城异常闷热的一天。上午，友人周君从广州来电，告诉我恩师佘畯南先生已于7月29日16时仙逝，享年八十三岁。噩耗传来，犹如晴天霹雳，闷热的空气中又增加了几分沉重。在燥热凝重的空气里，我怀着忐忑的心情拨通了先生事务所的电话。接电话的是师妹詹云波，她那声调不高而又十分明确的语句肯定了这个噩耗，并告诉我，先生追悼会将于8月10日在广州举行，善后事宜及追悼会仪式由广州市设计院负责。我国建筑界的一位杰出大师，岭南建筑界的一颗巨星由是陨落！

　　去年八月，我赴香港开会，为了探望先生特意在广州停留。那时先生刚好做完喉部肿瘤切除手术，正在住院康复期间。正好是久经酝酿、精心策划的《佘畯南选集》出版问世，选集里也收录了我在恩师及其子达奋先生亲自指导下完成的一些工程和设计方案。我还清楚地记得，那天先生精神特别好，他在送我的选集一书的扉页上题了一段文字。那段话既表达了他的建筑观，又再次对我提出了严格的要求和殷切的希望。虽然佘老已经不能讲话，他仍然借助电子发声器和我们谈了很久，声带的功能失去了，佘老依然那么风趣乐观。我们都为他那顽强的精神所鼓舞，大家都衷心地祝愿他早日康复。我还说明年暑假会再来广州探望，没想到那次见面竟成了师生间的永别。

　　恩师虽然逝去了，可他诲人不倦、和蔼可亲的音容笑貌总在我脑海里浮现，怎么也抹不去。是呀，是他和佘达奋先生将我带进建筑设计的殿堂，也是他给了我参与国内众多城市重要建设项目的机会，更是他教会了我许多做人的道理，这一切让我受益无穷。怎能让我不想念呢？

　　据中国建筑史学界的划分，恩师佘畯南先生属于中国第二代建筑师。他1941年毕业于唐山交通大学唐山工学院（现西南交通大学前身）。比起我这个20世纪80年代进入西南交大建筑学专业学习的年轻后生来说，其资历整整要多出半个世纪。也正是如此，我们都尊称他为佘老。能师从佘老这样的老建筑家，对我来说是莫大的荣幸。因此，不管是从前，还是现在，我都非常珍惜与他相处的日子。纵然，将来留给我的只可能是回忆，那回忆也是弥足珍贵的。

记得第一次见到佘老是在1991年5月的成都。那时正值西南交通大学校庆95周年之际，海内外校友云集蓉城，共庆母校九五华诞。校友之中，亦有不少国内外知名的专家和学者，佘老是其中之一。当时我是建筑系学生会宣传部部长，接待与采访老学长们是系里安排给我的任务。几天下来，佘老渊博的学识、儒雅的风度，谦逊的品格以及似乎是属于建筑师特有的满头银发都给我留下了深刻的印象。

再次接受佘老教诲是大学三年级的第一个课程设计——城市旅馆设计。当时，佘老带着伍乐园、霍文凌等广州市设计院的几名高级建筑师回到母校，并带来了他们的最新作品——汕头国际金融中心（即中国银行汕头分行和金海湾大酒店）的影像及图文资料。他们每人都做了有关建筑设计的学术报告。我记得佘老那次所谈的就是关于酒店设计方面的。他还列举了美国建筑师波特曼先生在杭州设计的一个多层次旅游度假村的方案，并把有关酒店设计的要点及事例都编进了讲稿之中，讲稿是他亲笔绘制书写的。我们班的同学每人都得到了佘老赠送的一份讲稿。

大三的另一个课程设计是大学图书馆建筑。为了带好我们这个班，佘老极力推荐了他的中学挚友——耶鲁大学建筑系的邬劲旅教授来华指导。邬教授是现代主义运动先驱者格罗庇乌斯的高足，他在建筑设计中对光的运用这一领域颇有研究。他指导图书馆建筑设计，的确使我们大开眼界，获益匪浅。我们是幸运的，没有哪一届同学不羡慕。可是又有多少人知道其间凝聚了佘老多少精力，多少心血。这些都无一不表达了佘老对母校的拳拳眷恋之情，对青年学子的殷殷厚望。

十多年来，佘老一直受喉部肿瘤的侵扰，也先后动过几次手术。然而，他的事业似乎从未受到疾病的影响，生性豁达开朗的他虽年逾古稀，依然精力过人。除了一如既往对建筑事业的执着追求外，佘老的晚年更加着重对年轻一代建筑师的培养。

1992年春节刚过，在系里一位退休多年的教授的推荐下，我正式进入佘畯南建筑事务所。此后，就开始了我在佘老及达奋先生亲自指导下学习、工作的两年多时间。那时，事务所尚在筹备期间，很多工作都未步入正轨，更缺少详细明了的规则章程，很多事情几乎都是佘老及达奋先生个人魅力的吸引和影响下自觉开展的。佘老虽然年近八旬，仍担任着广州市建筑设计院名誉院长、霍英东先生建筑顾问以及西南交通大学和华南理工大学建筑系兼职教授等多种职务。在事务所内，佘老主要是担任顾问以及总建筑师的角色，他把握各项工程的宏观设计及进程，具体的总设计是佘达奋先生。佘达奋先生在 20 世纪 80 年代初在美国南加州大学获得建筑学硕士学位，先后在美国波特曼建筑事务所和世界著名的室内设计公司 Hirsch Bedner Associates（HBA）工作过，他在建筑及室内设计方面有着丰富的经验。我们一批年轻人在两位先生的指导下，各自都拿出了很高的热情投入到事务所的建设工作中。现在想来，我们那时候的生活真有点像二十世纪美国建筑师莱特主持下的塔里埃森。先生和学生（也即是事务所的工作人员）工作、吃饭和休息几乎都在一起，每周我们总要组织一次郊游或别的娱乐、健身活动，真是一个和睦相处、其乐融融的大家庭。

佘老在事务所里除了关心大家的学习、工作和生活外，他还更多地注意对我们的性格和道德品质的培养。那时常常听佘老讲"宁可无得，不可无德"，当时我们中的大多数人还颇不以为然，到现在我才领悟到这确实是做人的一个基本素质。实际上，这八个字运用到建筑师的培养上又有非同寻常的意义。很难想象一个缺乏普通人所具备的道德品质的建筑师能创作出好的为人民服务的作品来。这也从一个侧面反映出佘老的建筑观。

我到广州的第一天晚上，佘老就找我谈话，除了询问我的学习和工作情况外，还要我特别注意锻炼身体。他说新村内晨练的人很多，希望我也能早起锻炼，并送我一套崭新的纯棉运动服。到了上海以后，我还时常穿着这套运动服锻炼身体。

记得刚去事务所的时候，我特别喜欢找佘老谈话，说是谈话，其时绝大多数时间都是在聆听他的谆谆教诲和满腹精彩的故事。佘老丰富的人生经历和长达半个世纪的建筑生涯就是一本活脱脱的建筑教科书。他谈建筑，谈人生，也谈年轻人热衷的恋爱问题……他那睿智的目光、诙谐的话语、爽朗的笑声，经常使我如沐春风。好长一段时间，我一直把与佘老交谈当作精神上的最高享受。

在佘老的事务所工作，使我有许多机会参观广州和附近城市的各大酒店和高级会所，接触国内外最新的设计资料。这是我在建筑设计的实践过程中，见识最多、进步最快和机会最多的一段时间，也使我从一个建筑学专业的学生踏上了充满神秘色彩而又漫无边际的建筑师职业旅程。

与佘老相处日久，我对他了解愈多。佘老敏锐的洞察力和对晚辈异乎寻常的宽容心都使我由衷地敬佩。

随着事务所逐步进入正轨，母校和别的学校送来了高年级的学生做毕业设计，或者毕业留校的青年教师到事务所里学习培训，也经常有学校的老师和同学到事务所参观。佘老不论老师或学生，都非常热情地接待。每次有人来访他都尽量亲自作陪。无论是参观事务所，还是参观白天鹅宾馆，他总是不厌其烦地担任首席讲解员。是啊，这两个地方都是佘老一生中最杰出的作品，是他建筑生涯中的两座丰碑，同时也饱含着他最多的心血和智慧，又有谁能比他更了解呢？

佘老在与人交谈的时候，很善于观察对方。有时候仅是一面之交，他也能把对方的性格特征和办事能力做出大致的评价。母校先后来访的几位老师和众多学生，佘老对他们各自的性格特征的分析评价都很中肯，这一点曾使我惊讶不已。其实，这只不过再次印证了佘老的建筑观——"建筑是对人的研究"。

佘老是一代建筑大师，他在同行面前非常谦逊，对晚辈后生又呵护备至，非常宽容。有一次，母校来的三位同学要参观白天鹅宾馆，并约好佘老次日上午十点在宾馆大堂等候。可是佘老从十点一直等到十一点，才等来了一位同学，佘老平素一向遵守时间，并认为遵守时间是一个现代人应该具备的基本素质，同时也是对对方的尊重。他当时并没有批评那位同学，当然也没有陪他按原计划参观，他请那位同学约好其他两位，择日另行参观。后来三位同学终于如愿以偿，但同时也得到佘老善意的批评。

佘老的宽容不但体现在对后辈的态度上，对同事和工友亦是如此。有一次，我与同学因误会而产生了矛盾。佘老知道后，就跟我谈话。他说一个人要有宽宏大量，乐于施助。这样你才能团结更多的人。他当时还讲述了他的一次亲身经历："文化大革命"中，佘老作为"资产阶级学术权威"受到迫害，一个曾受他多年关照的工友率先向他发难，与他划清界限，并说佘老以前对他的照顾是腐蚀他。待佘老平反以后，那位工友因生活所窘，也老着脸向佘老借钱。当时佘老心想，他能提出来，其内心必定是经过了激烈的斗争，也一定认识到以前的错误，所以佘老不但不计前嫌，反而把自己的旧衣物和一些东西送给他。那位工友后来非常感激。佘老还说：心胸广阔是领导者必备条件，能领导、团结反对过自己的人，那他还有什么事情不能做到的呢？大师风范，不同凡响。佘老以他的言行在各方面给我们年轻一代树立了很好的榜样，时时激励着我们努力向上。

作为一名建筑师，佘老有着非常扎实的基本功，他的徒手画水平很高。到了晚年，佘老还仍然手不释笔。我保存了一部《佘畯南选集》的初稿，共分三卷，分别为《论文集》《构思创作》《速写集》。这些文字图片材料几乎全是佘老一笔一画徒手完成的，翻阅出版的《佘畯南选集》正式文本，这一特点也非常鲜明，佘老实现了他的愿望，同时也兑现了数年前的诺言。记得那还是1993年的一天，佘老在书房里同我闲谈：他说将来他的作品集一定要尽量用他的笔来表现，少用摄影照片，用笔写和徒手画才是建筑最常用的语言，单纯依赖照相术的人是不配也做不好建筑师的。当时我尚存疑虑，因为那时市面上流行的建筑书刊及建筑师的作品集几乎全是印刷精美的、摄影照片占很大比重的画刊，似乎在书刊的包装上下功夫正代表着出版界的一种潮流，并且潮流大有越来越流行之势，欲逆流而动，不但需要极大的勇气，而且更需要的是作者本人的深厚功底。现在基本上按着老人最初设想出版的《佘畯南选集》终于问世。每当我捧着这本沉甸甸的巨著，仿佛又看见佘老在书房里奋笔疾书的身影。不知有多少次，我为老人不挠的精神深深地折服。

　　佘老虽已离开了我们，但他在我这段最重要的求学生涯中所留下的印记实在太多太多！对我人生道路的影响也是非常重大！先生的覆载之恩，学生永志难忘。纵有千言万语，也难述尽我对先生的一片深情！1998 年 4 月，我从同济大学建筑系获得硕士学位以后，就立志到高校工作，并且特地挑选了曾是佘老母校的上海交通大学，到建筑工程学院做了一名建筑学专业的教师。记得当初给交大有关领导所写的信中有这样一句话，"能到恩师曾经求学的学校工作做一名教师，是我的心愿，同时也是我报答恩师多年教诲的最好方式，我相信他若有知，一定会非常欣慰的！"是的，如果是我或者是因我而受益的学生将来能在建筑界做出一点成绩，我想这或许就是对恩师的最好回报！

　　我想把此篇芜杂的小文，权当一个用文字挽成的花环，算是对恩师永久的纪念吧。

　　选自杨树彦主编：《西南（唐山）交通大学校史资料选辑（第二十二辑）》（四川成都：西南交通大学校史编辑室，2002 年，第 50～53 页）

怀念许晋堃教授

王夏秋

许晋堃教授辞世已有二十年了，但有些往事，在我脑海里迄今仍然记忆犹新。

回想起来那已是半世纪前的事了。1953年我们刚刚分配到唐院，在一次机械系全体大会上听到了许晋堃老师的名字感到诧异，心想他莫非是许晋源老师的兄弟？因为我们在上海交大念书的时候就认识了许晋源老师，他是著名热力学专家陈大燮先生的得意门生。会后我特地找到了许晋堃老师，从谈话中得知他果然是许晋源老师的哥哥。他自我介绍说："我是1950年毕业于学校冶金系而留校当教师的。"他说我们学校在冶金、材料科学方面曾经是很有实力的（如今回忆确实如此，"两弹一星"功臣中就有毕业于我校冶金系的校友姚桐斌、陈能宽、吴自良等人，毕业于我校冶金系的院士就有8位）。可是1952年随着院系调整撤销了冶金系，很多著名教授都调到北京新成立的钢铁学院去了，现在只保留了金属热处理教研室，划归机械系，言谈之间他无不流露出深深的惋惜和遗憾，使我深深感到这位许老师真是爱校至深！

许晋堃老师除了教学工作外，他还兼任我校教务处副处长，分管函授等方面工作。我爱人黄瑞青正好在函授部工作。有一次，她回家对我说，你知道吗？听说许晋堃老师的爱人调进我院时工资被误降了一级，他爱人曾想找领导反映一下，但他却说："钱够用了就行，别找领导了。"所以他爱人余秀英老师就没去找领导。一直到了1964年，有位领导查阅档案时发现了这件事才补发了工资。

我和许老师接触较多的是20世纪70年代。1972年学校招收了工农兵学员。为了满足开门办学的需要，我们机械系于1973年成立了内燃机车连队。连队里除了有专业教师外，还有基础和基础技术课教师。这时许老师作为材料科学方面的教师来到了我们连队，和我一起下厂。第一阶段，我们连队在成都机车车辆工厂搞现场教学。全体师生都借住在成都地质学院。每天清晨在地院做早操、进早餐，然后整队去工厂学习、劳动。许老师思维敏锐、工作认真，治学严谨、精益求精，给我留下了深刻的印象。他为人憨厚纯朴、诲人不倦，为大家所敬重。

我清楚记得，有一天下午，我们从机车厂回到了地院住处，有一位老师刚从峨眉学校回到成都，他小心翼翼地对许老师说："我在峨眉听说某某（某领导干部）的儿子已经从农场调上来了。"因为当时许老师也有小孩在农场劳动，还没听说有调回的消息。许老师听完，斩钉截铁地说："我不相信，我不相信党会这么做。"

大概是 1974 年，我们内燃机车连队带领 72 届同学到资阳机车厂二分厂搞"非标（准设备）设计"实践。当时教师和同学全部住在二分厂工会礼堂里。到厂不久，在一次连队会议上，许老师说："党号召我们知识分子要为工农兵服务，现在我们来到现场、住在现场，完全可以为工人师傅做点事。"他说资阳厂青工特多，而我们连队教师门类齐全，我们是否可以在夜给工人们讲点课。经过讨论，大家都觉得这意见很好。后来，我们连队的教师每天夜里都给工人师傅上一些课。许老师也给工人们讲了有关"金属材料及热处理"方面的课程。事后，当时工厂管教育的是我校 55 届校友陈向东同志，他告诉我说：听课师傅都很高兴，反应都很好。

在 1982 年暑期中，刘钟华教授要到兰州参加全国摩擦学学会理事会。当时从成都去兰州没有直达车，要在宝鸡转车。夜里，刘教授在宝鸡转车时在站上买了一个面包吃了。没想到列车刚到兰州就感到全身不适、腹泻不止。会务组同志赶紧把他送进医院。经检查，医院诊断为病毒性痢疾，病情十分危急。会务组同志赶紧给学校挂了长途电话。当时机械系主任正好是许晋埅老师，他听后万分着急，和兰州会务组约定每天下午 7 点要通一次电话，以便了解病情。我时任摩擦学研究室主任，所以许老师就约我每天下午 7 点要到他家一起听电话。在那几天，他几乎是每天 7 点前就给我打电话，提醒我及时到他家听电话。一直到刘教授病情转危为安。他那办事认真的精神，给我留下了深刻的印象。

早在 1976 年粉碎"四人帮"之后，他卓识远见地认为：随着国家形势的好转，四化建设必需材料科学，所以他想要办材料专业，要成立材料系。他在大量调研基础上提出了"先招研究生（为师资做准备），后办专业"的办法。

1984 年 9 月，为了解材料学科发展新动向，他决定亲自出马前往美国里海大学考察。到美国后，他又听课、又备课、又忙于阅读文献、又忙于评议他人论文，不幸病倒了。1985 年 6 月，西南交大正式成立了材料工程系，可是就在这个喜庆的日子里，我们材料工程系和金属材料专业的奠基人许晋埅教授却与世长辞了。这位自称为"交大子弟兵"的教授，正当他满怀豪情壮志准备为西南交大重振材料学科雄风，为我国教育事业做出更大贡献的时候却英年早逝了。

这位西南交大痴情之子，虽然仓促地告别了人生，但他那爱国爱校的精神，以及他那高风亮节的师表风范将永远留在我们的心里，值得我们敬重和学习。

2004 年 7 月于成都西南交大

选自杨树彦主编:《西南（唐山）交通大学校史资料选辑（第二十七辑）》（四川成都：西南交通大学校史编辑室，2005 年，第 44～45 页）

魂系学子　情满讲坛
——朱铃传略

何云庵　韩琴英

风雨人生路

朱铃，1929年8月23日（农历）出生于江苏省南通县一个小镇余西（现改名二甲）。曾祖父业医，祖父是个读书人，家道贫寒。父亲朱伯晖，十三四岁时出外当学徒，多年勤劳，有了积蓄，自开商号。为人正直，曾经帮助过革命者。日寇侵占南通后，拒绝组织与参加维持会。母亲马桂英，家庭妇女。兄弟姐妹八人，朱铃排行第六。父母对子女管教严格，不准抽烟、喝酒、赌博，不准欺侮邻家孩子。生活俭朴，衣服大的穿了再给小的穿。朱铃的父母没有上过学，吃过没有文化的苦，教育子女要好好念书。弟兄五人都是名牌中学和大学毕业，这在当时是很难得的。

1937年7月，日本发动侵华战争，南通为日军占领。朱铃至今还记得幼年时，为了逃避日军，父母拉着他的小手，在昏暗的月光下，穿过田间崎岖小道去乡下人家求宿，有时还睡在船里，听得见水流声音的情景。后来全家又逃难到上海。太平洋战争爆发后，上海全部为日军占领。朱铃从小就体会到了亡国奴的生活，吃的是混杂着沙子的糙米，上学时经常看到路边的饿殍。日本人在上海横行霸道，过外白渡桥日本兵岗亭时，中国人要行礼。朱铃的姐夫是新四军，日本兵抓走他的父亲和姐姐，极尽折磨。在学校里有日本教官，进行奴化教育。这种恐怖而又苦难的生活，使他产生了民族感情，痛恨日本帝国主义，这可以说是他最初的朦胧的政治意识。

他6岁上小学，因为逃难，读过多所小学与中学，余西、彼得、古柏小学，正光、育群、江苏省立上海中学。在小学受了教师与家庭的影响，喜欢京剧，这一传统的古老艺术伴他一生。又喜欢上文学，在小学四年级，第一次到图书馆借书，借的是美国文学名著《小妇人》，由此开始，贪婪地阅读许多文学名著。

到了初中，就与同好结成文学社团，自费出版文学刊物，虽然这些刊物都很短命，但却带给他带来很大的乐趣。他发表在报纸上的第一篇短篇小说《最后的弥留》，得到的稿费只够全家人吃一顿油条。后来，他的几次投稿都石沉大海，但他已下定决心将来做个文学家。

1945年8月，日本宣布无条件投降。他考入上海名牌中学江苏省立上海中学。高三分理、工、商三科，最终他选择学理科。但他的兴趣仍在文学。当同学们埋首数理化时，绝大部分时间，他在学习文学名著。学校图书馆馆长是他的同乡，又是远亲。近水楼台先得月，他躲在图书馆里看喜欢的书。老师们知道他是学生中的"异类"，将来不会考理工的，因而也不多干涉，有时还高抬贵手，放他一马。这样，他虽然在上海中学毕业，但高考很不理想，心里很失望。1948年9月，考入东吴大学的国文学系，学文科的目的算是达到了，但学校不理想。在高中学习时，已是解放战争时期，学生运动蓬勃发展。上海中学地处郊区，采取封闭式教学，管理严格，功课繁重，学生与外界隔绝，只能从报纸上得到些信息。到东吴后就大大不一样，他广泛接触了社会，目睹了国民党的腐朽。在进步同学的帮助下，在参加学生运动过程中，他开始认识到，只有跟着共产党走，国家才有出路。他怀着喜悦的心情，迎接了苏州的解放。他和同学们组织学习小组，学习马列著作，并决心到政治中心——北平去学习，实现自己的人生理想。

经过认真准备，他参加1949年大学转学考试，考上燕京大学与北京大学。他选择了燕京大学，燕京有全国闻名的新闻系，他想通过先当记者，积累生活经验，再走上文学的道路，像苏联的作家西蒙诺夫一样。

走进燕园，正处于中华人民共和国建国前夕，全国沉浸在革命胜利的喜悦之中。他有幸参加了开国大典，聆听了毛主席宣布中华人民共和国的成立，看到了第一面五星红旗冉冉升起，引起了心灵的极大震动。这年11月，他成为新民主主义青年团员。

他在燕京如鱼得水，一面努力学习业务，另一方面积极参加政治活动。他的学习成绩优良，并开始担任某些助教担任的工作。1951年，他去北京电影制片厂《新闻简报》实习，摄影记者带着他到工厂、农村，看到建设蓬勃发展和劳动模范先进人物的动人事迹，备受鼓舞。1952年春，他参加了土改工作组，到江西省东乡县参加土地改革，这是他第一次零距离地深入接触中国农村和农民。在将近半年的激烈土地改革斗争中，他冒着严寒赤脚下田丈量。村里的水坝倒了，他和农民奋战检修。他过去学习过的毛泽东的《湖南农民运动考察报告》《中国社会各阶级的分析》等文章，在实践中都变得鲜活起来，他认识到党在农村中的路线、方针、政策的正确性，使他对共产党的认识有了进一步的提高。他在 1952 年 5 月，成为中国共产党的预备党员，在党的教育下，他由一个懵懵懂懂的无知青年，逐步成为共产主义的先锋战士。

在毕业分配时，系里认为他中文根底甚好，宜从事新闻工作及文艺工作，拟其在校担任助教工作。学校的毕业生分配工作委员会也同意系里的意见。这与朱铃自己志愿是一致的。

生命中的有些事情是难以逆转的。他的分配方案从留校助教变为新华社工作，又变为唐山铁道学院马列主义课助教，他愉快地服从了分配。到祖国最需要的地方去，是他们这一代青年的风范，何况这时他已经是共产党员。在离京的前夕，他与一起分配到唐院工作的毛子涧、姚曼华，在天安门城楼下，憧憬着美好的未来，一定要好好工作，不辜负党和人民的希望。由此开始，他在唐院工作至今已有 53 年，为在青年学生中传播真理，献了青春献终生。虽然有过机会可以重返他青年时的梦想，因为工作需要，他无怨无悔地留下了。

他不后悔这种选择，他深深爱上了这所学校，深深爱上了人民教师的工作。唐院悠久的历史，深厚的文化底蕴为他初为人师提供了营养丰富的乳汁。学校的严谨治学，使他感到工作的责任和神圣。学校地处唐山，又有解放区办学传统，人际关系上没有虚伪与浮华，而是和谐和真诚，朴实而求真。朱铃在回顾自己一生时，深感唐院是块沃土，离开这片沃土，就没有自己的成长，也就没有自己人生之秋的果实。

他以火一样的热情投入了工作。学校对这个新来的年轻人既严格又热情，尽力培养。为他指定了导师，对他的教学与学习严格要求。第一年，他辅导《中国革命史》，除必须随班听课外，还要组织多次课堂讨论，每周必须有三个下午为学生答疑。第二年，他上课了，在上课前要求写出完整的讲稿，每讲都必须试讲。上课时，学校领导与老教师都要去听课，从内容到板书都会提出意见。每周至少有一次教研组会，讨论教学问题。第一次讲课结束，教研组的同志在他的办公桌上放上鲜花与香茶，墙上贴了一条横幅"欢迎朱铃同志胜利归来"。领导与同志们对他的热情关怀使他受宠若惊，老教师说："应该的，在苏联，演员第一次上台，大家要为他献花呢！"学校党组织的领导同志找到他说："你今天讲课了？学生反应很好，继续努力。"在生活上，老们对青年教师备至关怀，在这样的集体中，他感到有一种集体的力量推动着他向前。他认真备课，深入学生了解情况，由于视力不好，他把全部讲稿都记忆下来。为了进一步培养他，1954 年秋，经过考试，学校送他到中国人民大学马列主义研究班中国革命史分班学习。人民大学研究生班两年的学习使他终身受益，在这里他受到比较系统的马列主义理论学习，弥补了原先的理论准备不足，使他对工作的意义有了更深刻的认识。在人大结识了何干之、胡华、高放等名师，使他对怎样做一个优秀的马列主义理论课教师有了榜样，老师们很喜欢这个勤学的青年教师，何干之老师允许他进入自己的资料室，阅读当时还没有公开的资料，他还想把朱铃留在人大任教。

探索思想政治理论课改革的突破口

由于"文化大革命"的后果，又由于一度对青年学生的思想教育抓得不够，朱铃重新走上讲台时发现思想政治理论课处境艰难。言者谆谆，听者藐藐，学生对听课不感兴趣，有的教师感到课难讲，待遇低，想改行。朱铃忧心如焚，他从自己切身经验中认识到，在国民党血雨腥风的白色恐怖年代，许多共产党员能用革命真理，赢得青年的心，为什么已经建立了社会主义制度许多年之后，我们这一代共产党人，反倒不能用革命真理去赢得青年的心？这不是马列主义没用，而是我们工作有问题。他辞去马列主义教研室副主任职务，专心一致地研究教学。他紧紧地依靠省里的、学校里的中国革命史课教师，相濡以沫，共商对策。他表示一定要在有生之年把中国革命史讲好，讲得学生喜欢听、愿意听、有收获。这件事做不好，死不瞑目。朱铃到学生中去，到教师中去进行调查，研究问题的症结。学生们提出："我们是学理工科的，学中国革命史有什么用？""我们知道的，老师讲得很多，我们关心的，不知道的，老师又不讲。老师的讲课与社会现实对不上号，像隔靴搔痒，挠不到我们的痒处。""我们的老师是好人，但喜欢用枯燥的教条来折磨人。"他认识到问题的症结在于理论脱离实际，尤其是脱离了当代青年的实际，政治理论课远离了学生，因而学生就冷淡了政治理论课。只有理论联系实际，政治理论课才能得青年学生的心。他把理论联系实际作为课程改革的突破口。

他通过各种渠道，深入学生，全面关心学生的成长，掌握学生的思想脉搏。有一位来自陕西的学生，家境贫困，学习困难，在听了朱铃一次报告后，写信给他求助。宋铃立即给他写了四千字的回信，又专门找他谈心，帮助他解决些实际困难，二人成了忘年之交。假期里，他从家乡给老师带来一袋小米和一个大西瓜，是他父母要他带给朱老师的礼物，表示山区人民对人民教师的感激之情。这位学生已经毕业，而且成了铁路建设上的先进人物。朱铃上课时，先做调查研究，发动同学提十个问题。然后他把系统的理论教学与回答同学的热点、难点问题结合起来，把历史与现实、理论与实际结合起来，把科学性、逻辑性与战斗性、针对性、实效性结合起来，把传道、授业、解惑结合起来，把教书与育人结合起来，把发挥教师的主导作用与学生的主体作用结合起来。这样，就使理论不再是"灰色"的，而是多彩的、鲜活的、生动的、有效的。

《光明日报》称他把中国革命史"讲活了"。

他还组织学生进行社会调查，把第一课堂和第二课堂结合起来。他组织学生到峨眉附近的农村进行社会调查，了解党的十一届三中全会以来，山乡农村的巨大变化，使学生在社会大课堂中接受教育，提高学生走建设有中国特色社会主义道路的自觉性。社会调查使学生的眼界大开，与课堂教学起到互补和相得益彰的作用。

像创作艺术品一样精心组织教学

课堂教学仍然是思想政治理论课教学的主要形式。研究课堂的艺术，向每一课时要效率，是提高教学质量的关键。朱铃在这方面进行探索。他像对待创作艺术品一样地对待每次讲课，精心组织教学，精雕细刻、精益求精。他把唐山老交大严谨治学的优良传统充分展现在他的教学中。他对讲课的境界提出这样的要求：引人入胜（有吸引力）；发人深省（有感染力）；入耳入脑（有说服力）。使听课的人能收到增加知识、净化思想、艺术享受的综合效果。他提出了"简、实、新、理、情"的"五字教学法"。

"简"指简明扼要，重点突出。坚持少而精。"学马列要精，要管用的。"他把课程分成若干单元，先作概述式的综合介绍后，结合课程的重点、热点、难点讲专题。

"实"指实事求是，寓论于史。只有忠实于史实，才能忠实于真理。真实才能取信于学生，真实才能经受得住历史的考验，才能真正使学生从历史的发展中得到科学的结论。

"新"指联系实际，温故知新。"一切真正的历史都是当代史"，学习历史，是为了更清楚地认识今天和明天。时代是不断前进的，历史又是不能割断的。中国革命史的教学，要能帮助学生站在历史高坡上，看清时代洪流从何而来，又奔腾咆哮向何而去，自觉地走顺应时代之路。这要求教师能站在学科前沿，反映学科的最新成果，要解放思想，实事求是，与时俱进，用发展的马克思主义武装学生。这就要求教师有创新的思想，其中的关键就在于理论联系实际。

"理"指史论结合，以理服人。思政治理论课是说理课，要用马克思主义、邓小平理论和"三个代表"重要思想的立场、观点和方法去分析和解决问题。朱铃认为中国革命史课不能停留在历史过程的表面层次叙述，而是要帮助学生认识具有悠久文化历史的中国，是怎样根据历史的必然，走上以中国共产党为领导核心的社会主义道路的，坚定学生的理想与信念，提高学生思想政治素质。史实是分析的依据，分析是课程的灵魂，经验教训是分析的结果，也是教学的目的。史料是课程的血肉，科学的理论分析，应成为课程的脊梁。

"情"指声情并茂，以情动人。他充分利用中国革命史资源优势，用生动、具体的典型的历史事件和人物感染学生。他讲课充满激情，使学生如身临其境，热血沸腾，引起共鸣。他还注意寻找学生最易动情的"穴位"，这就是爱国主义。他把爱国主义作为对学生进行思想政治教育的起点，然从中国近现代历史的发展中，逐步帮助学生把爱国主义与爱社会主义基本制度、爱中国共产党结合起来，使学生认识到，只有在中国共产党领导下，坚持走中国特色社会主义道路，才能救中国，才能发展中国。

1969年四川省教委组织的鉴定委员会认为，这种教学方法"符合高等教育和思想理论教育的规律，是在新形势下，对党的马克思主义理论教育传统经验的继承、创新和发展"。这种改革受到学生的热烈欢迎，有的学生开始上课时，还带着小说和其他作业，但是听讲之后，放下小说，也不做其他的事情。由于他和同志们的共同努力，"中国革命史"成为全校最受学生欢迎的课程之一，被学校评为一类课程，被铁道部评为部级优秀课程。

做青年学生和教师的良师益友

朱铃治学严谨，对学生要求很严格。研究生的论文，常常要修改六七次才能通过，但他对学生又热情关怀。有一位毕业生，工作上和家庭里都遇到了不幸，他千方百计，通过各种渠道帮助他脱困境。他不仅帮助本校学生，还帮助向他求助的社会青年。四川忠县一位高考落榜的学生，写信给他，倾诉自己的苦处，朱铃写信并寄资料给他，循循善诱，使他重新扬起前进的风帆。第二年该学生考上大学，经济上有了困难，朱铃又寄钱给他，这件事在学生的乡里传开，都说他遇到了"贵人"。后来这位学生成了工程师。还有成都一个大学的学生，不满意所学的专业，朱铃帮助他解惑。这位学生家里遭灾，他又帮他交了学费。当这些受助的学子要回报他时，他说："人都会有困难，都会要帮助，把我帮你们的爱心去帮助其他需要帮助的人，当这个世界充满爱，这个世界就更可爱了。"

他还走出交大，到工厂、农村、部队传播真理。越是艰苦的地方，他越是要去。为了挽救失足青年，他在春节前夕，去大雪纷飞、狂风怒号、滴水成冰的劳动教养所探望失足青年，为1500名劳教人员做了5个小时的爱国主义主题报告。报告结束时，女劳教人员自发地唱起了"社会主义好"。他还冒酷暑去五马坪劳改支队，为数千劳改人员做了6个小时的爱国主义主题的报告，报告后，又去监舍与犯人交谈，鼓励他们弃旧图新，许多犯人痛哭流涕，忏悔自己的罪行，认为报告给他们带来了激励、温暖、希望和方向。司法部劳改局和四川省劳改局为此专门发了简报。

朱怜关怀青年教师的成长。马列主义教研室为了培养思想政治理论课的教师，专门开办师资班。他和同志们一起，为了办好这个班，超负荷运转，头发都花白了，累得生病住院，还没有痊愈，又走上讲台。他超工作量很多，但他只拿教研室平均的课时报酬。他虽然不担任教研室副主任工作，但仍然为他们出主意，想办法，关心青年教师的成长。他首先在思想上帮助他们，使他们懂得教马列的人，自己应该学马列、信马列、讲马列、干马列、要言传身教，身教要重于言教，要做一个坚定的马克思主义者，他帮助青年教师看讲稿，传授教学经验，他成为教研室学科带头人和"有凝聚力的核心人物"。

他还热心关怀他校青年教师的成长。有一次他去西南财经大学听课，发现有一位青年教师讲课很好，他多方了解情况后，向西南财大的党委推荐。他高兴地说："我发现了这个教师，就好像一个七八十岁的老人找到了自己失散了几十年的儿子。"他多方关怀他。现在这位教师已成为财大的学科带头人。

朱铃热爱人民教师工作，热爱马列主义理论教育，热爱青年。他很少有假期，学习与教学构成了他生活的主要内容。他忘我工作，以至累得吐血，住院期间，为了修改教材工作到深夜，受到医生和护士的干预。他的视力很差，只有0.1，但他仍然阅读大量的资料，充实教学。他淡泊名利，安于知识分子俭朴和寂寞的生活，他把陶行知先生的"捧着一颗心来，不带一根草去"作为自己的座右铭。五十多年来，桃李满天下，他把青年学生的成长与进步当作自己最大的幸福与安慰。退休后，他没有停止学习、工作，青年学子们仍然看得见他前进的身影和传播真理的声音。2005年9月，他还为入学的部分新生做了四场"人生历史的新起点"的报告，报告不断为学生的掌声打断。最后学生全体起立，向这位在讲台上工作五十多年的七十六岁高龄的老教师表示深深的感谢和敬意。

由于他在马克思主义理论教育建设与改革方面的成绩，党和国家给了他很多荣誉。他获得的主要奖励有：

①1989年，荣获国家教委颁发的国家级优秀教学成果特等奖；

②1991年，荣获中共中央宣传部、组织部、国家教委、团中央等五单位授予的"全国普通高校优秀思想政治工作者"称号；

③1992年，荣获《半月谈》杂志社颁发的"《半月谈》思想政治工作创新奖"；

④1993年，荣获铁道部、政治部授予的"全国铁路优秀知识分子"称号；

⑤1996年，他参与编写的高等学校马克思主义理论课通用教材《中国革命史》，荣获国家教委颁发的优秀教材一等奖；

⑥1997年，荣获国家教委社会科学司、思想政治工作司等单位授予的首届全国普通高等院校百名"两课"优秀教师称号；

⑦1998年，荣获中国教育工会全国委员会授予的"全国三育人先进个人"称号；

⑧他参与编写的《毛泽东思想概论》，被教育部推荐为优秀教材。

此外，他还获得过四川省和学校的多项奖励，他多次被评为学校的优秀共产党员。他得到国务院发的政府特殊津贴。他的事迹和经验，先后为中央和地方的多家媒体专门介绍，《光明日报》1989年内两次报道他的事迹，这在该报是很少见的。第二次报道时，为了慎重，记者亲自到国家教委查看了他的材料，深为感动，才决定在该报的重要位置刊出。

1991年10月22日，《中国教育报》在头版头条位置以《为传播马列主义真理奋斗——记西南交通大学社会科学系朱铃教授》的大字标题长文介绍他的事迹。作者以充满激情的言语赞扬他："朱铃教授已是年届六旬的老者，却用昂扬的激情打动了那么多年轻人的心。他只有极其微弱的视力，却用洪亮的声音播散了同学们思想中的迷雾。变幻莫测的时代风云中，周而复始的严冬酷暑里，朱铃，始终用马列主义、毛泽东思想的春风春雨，浇灌滋润着一株株心灵的禾苗……"

在配发的题为《努力用马列主义理论武装学生》的短评中，赞扬他在"中国革命史的教学领域里做出了不平凡的贡献。他的事迹令人感动，催人奋进"。朱铃认为这些成绩是在教育部、省教育厅和学校党政领导下，由全体思想政治理论课的教师们共同做出的，是集体的成果，他自己只是这个集体中的代表和成员，领受了荣誉。

2005年9月

选自杨树彦主编：《西南（唐山）交通大学校史资料选辑（第二十八辑）》（四川成都：西南交通大学校史编辑室，2006年，第12～19页）

追求真理　矢志不渝

——李泳传略

李泳，1924 年 1 月生于重庆，先后就读于重庆中央工业专科学校、晋冀鲁豫解放区北方大学文教学院。1949 年接管唐山工学院联络员，任中国交通大学唐山工学院行政秘书，新唐院第一任工会主席，多次被选为校党委委员，并先后担任马克思主义理论课助教、讲师、副教授，马列主义教研室副主任、主任，党委宣传部副部长、部长等职。他是西南交通大学人文社会科学学院的主要奠基人。

光明、进步的追求者

1937 年 7 月 7 日，卢沟桥事变爆发，抗日战争开始了。此时正在重庆北碚兼善中学上初中二年级的李泳毅然投身于抗日救亡运动，积极参加抗日宣传活动，募捐支援抗日前线。他在从事抗日活动的同时，还和本校以及复旦大学、国立二中（受战争影响，当时这所学校已迁至重庆北碚）进步学生一起，以"抗敌后援会学生支会"的名义，组织读书会，开办民众夜校，开始接受新思想。当时读书会成员阅读和研讨了许多进步书籍，如《大众哲学》《社会科学通俗二十讲》《老百姓痛苦的原因是什么》等。

与此同时，李泳在其胞兄——中共党员李伯髦的影响下思想进一步发生变化，开始接触马克思主义，学习基本革命理论。

1939 年 9 月，李泳考入国立中央工业专科学校学习土木工程。由于一方面不满足于工程技术课程方面的知识，一方面又对学生中的三青团组织及其所办的壁报和阅览室强烈不满，他和一些同学成立了星光读书会，阅读进步书籍和文艺书籍。其后，1942 年秋李泳和一些校外的青年知识分子一起秘密组织学习小组。学习《联共（布）党史》和马克思恩格斯的《共产党宣言》、毛泽东的《新民主主义论》等著作，并以《新华日报》《群众》杂志为研究时事政治及社会科学的主要读物，密切关注时局的发展。

　　李泳于 1943 年 7 月从中央工业专科学校毕业后，先后在扬子江水利委员会嘉陵江工程处、农林部农田水利工程处、军政部植物油厂工务所工作。但因十分不满国民党工程机关无工程经费，终日无所事事，于 1944 年 7 月愤然离开了工程部门，从此结束了与工程的缘分。

　　同年秋季，李泳到重庆黄桷垭中心学校任教员，在该校参加了小学教师的民主运动。

　　1945 年春，李泳赴永川松江中学任教，秋季返渝任重庆东华中学教员。抗日战争胜利后，民主的气氛高涨。在这样的背景下，李泳于同年 11 月加入中国民主文化教育事业协进会。该团体是由中共重庆地下党领导下的一个进步的文化教育工作者的群众组织，政治上反对国民党独裁统治、争取民主权利，组织上是在民主和进步的原则下广泛团结社会职业青年（主要是中小学教师和机关职员），聘请沈钧儒、章伯钧、邓初民等人为名誉理事。李泳加入该组织后，参与了筹办进步书刊流动供应站的工作。这个供应站的主要任务是集资购买进步书刊，然后派专人流动供应重庆近郊中小学，团结、争取进步教师。

　　1946 年 2 月，经中共地下党员介绍，与重庆《新华日报》社领导西南青年工作的同志取得联系，随即响应党"到农村去"的号召，赴合川县立中学任教员，开展和推动农村知识分子青年学生的工作，后因引起国民党特务注意，回到重庆。返渝后，继续与《新华日报》保持联系，从事地下活动。1947 年 3 月，重庆《新华日报》被国民党反动当局查封。李泳离开重庆去到上海，同年 8 月离沪北上到了北京，决心奔赴解放区。10 月，与地下党取得联系后，在地下党帮助下，顺利穿过国民党封锁线进入解放区。不久，又因工作需要，李泳被派到北京传递信件，并受组织委托从北京带领一批进步青年于 11 月再度进入解放区。

　　1947 年 12 月，李泳到达晋冀鲁豫解放区北方大学文教学院学习。1948 年 3 月，被分配到北方大学工学院任助教。7 月，随学校迁在河北邢台，后转移到正定（此时北方大学与华北联合大学合并成立华北大学）。

　　1948 年 9 月。李泳被华北局分配到石家庄华北交通学院任教员和图书馆主任。1949 年 3 月，华北交通学院迁唐山，与唐山工学院合并，李泳被任命为接管唐山工学院的联络员。并经顾稀、关晖介绍，于同年 5 月加入中国共产党。

　　1949 年 6 月初，李泳和另一位接管联络员赵锐，受军委铁道部派遣，前往上海，迎接滞留在上海的唐院师生返回唐山。他们在接管代表顾稀的领导和指示下，克服种种困难，出色地完成了这一任务，受到在沪师生员工的欢迎。

　　同年 7 月，中国交通大学成立，其下分设唐山工学院和北平管理学院。唐山工学院暂设院务委员会领导全院工作。李泳以职工代表身份参加院委会为院务委员，同时担任院务委员会行政秘书职务。

10 月，唐山工学院工会成立，李泳被选为工会主席。

1950 年初，因工作需要，经上级党委批准，李泳被任命为代理支部委员，参加中国共产党唐山工学院支部工作。

1951 年初，由于新开设的政治理论课需要教师，李泳对马克思主义理论有浓厚兴趣，志愿从事理论教学工作，经李泳申请，党政领导批准，调离行政工作岗位，转至马列主义教研室任助教，参加"新民主主义论"课程的教学工作。

从此，李泳全身心投入马克思主义理论的学习、研究和传播的工作中，孜孜不倦，数十年如一日，追求真理，矢志不渝。

人文社会科学学院的奠基人

一、"若有来生，我仍将选择今生的职业——从事马克思主义科学理论的教学和研究。"

1951 年初，李泳被调任政治理论课教员，先后承担了"新民主主义论""中国革命史"的教授任务。1956 年 9 月至 1957 年 12 月，他被派往中共中央高级党校师资培训部哲学专业学习。此后，除担任一些社会工作外，长期从事马克思主义哲学教学和研究工作，并担任马列主义教研室的主任，直至离休。

1994 年，在庆祝李泳 70 寿辰暨从教 40 周年座谈会上，李泳曾深情而庄重地说："若有人问我下辈子干什么？ 我的回答是肯定的，若有来生，我仍将选择今生的职业——从事马克思主义科学理论的教学和研究。"这一由衷的坦陈，是基于他一贯坚持的两个不动摇的立场和观点。一是作为共产党员对党的事业的信念和责任，二是他对马克思主义理论的科学性的认知。

他认为马克思主义理论是科学，是真理，绝对不是一成不变的教条，必须在教学和研究中反对断章取义地、庸俗地、牵强附会地联系实际，坚持实事求是的科学态度。他要求哲学教研室的教师必须认真阅读马、恩、列、毛的原著，要弄懂弄通经典命题的提出和论据的时代背景以及当时论战的复杂背景。他反对在讲授中教条化、简单化，比如停留在原理加例子的低水平上。他要求教师坚持马克思主义理论，认真学习马克思、恩格斯在理论研究中的科学的态度，既吸收前人理论研究的优秀成果，又敢于面对现实的挑战，从新的视角实事求是地去回答问题。对待自己的理论成果，也要坚持不断地进行补充、修正和发展。

李泳不仅有深厚的马克思主义理论功底，他还博览群书，对古今的史学和文学有着浓厚的兴趣，有一定的鉴赏水平。

他高度重视和关注国际国内纷繁复杂的形势，始终坚持运用马克思主义的基本理论观点、立场和方法。客观深刻地分析各种现象，做出自己的论断。他对党的重大方针政策坚决拥护，然而有认真深刻的思考。

作为一名共产党员，出于对党和国家命运的关切，在1958年他以"整风思想总结"的形式，对当时一系列重大政策和政治运动提出了自己的疑虑和看法。他对社会主义建设中一系列问题所做的思考，被后来的实践证明是难能可贵的真知灼见。充分体现了他对马克思主义的坚定信念，对党的事业的忠诚，对国家命运的关切，对真理始终不渝的追求。

二、为马克思主义理论课程建设倾注了心血，为我校人文社会科学学科发展奠定了坚实基础

在1984年以前的马列主义教研室的领导班子，核心由李泳（主任）、朱铃（副主任）、毛子洞（副主任）三位老教师组成。他们共事几十年，在我校政治理论课的教学、研究和管理中，形成了值得年轻人学习的敬业精神和人格品德。可以归纳为追求真理和革命的精神、忠诚于教育事业的献身精神、同舟共济的团队精神、培养青年的人梯精神。他们为人文社会科学学科建设贡献了毕生的精力。他们的奠基工程主要有：

1. 狠抓课程建设，提高教学质量

首先，选用高质量、有权威性的教材。当时以中国人民大学编写的工科教材为主，同时选用高质量的教学参考资料，均由李泳等老教师选定。并向校方争取经费选购教学参考书后，长期借给老师们，人手一套。要求每位教师正确把握教材的理论体系，准确理解教材中的立场，观点和方法，切忌教条式的讲授。

第二，建立教学小组集体备课制度。定期开展教学内容和教学方法的研究。明确每章的重点和难点。每一章节都有指定教师写出讲授细纲，并介绍参阅的相关资料，作为中心发言，供大家讨论补充完善。

第三，结合教材相关内容学习马、恩、列、毛的原著，分工负责明确中心发言人，定期交流学习心得。

第四，提倡相互听课，组织观摩教学，共同提高。

2. 狠抓马列主义资料室建设，高度重视资料室同志的业务素质

我校的马列主义资料室的建设和发展中，党委高度重视，经费较充裕，拨款之多（在当时来说），文史哲经资料之全，资料室同志的素质之优秀，为当年同类学院所罕见，在全国理工科学校中也较为突出。这是与李泳的领导和他渊博的学识以及对文献资料的重视分不开的。于光远把资料工作比作哲学社会科学的基础和先行官。李泳也同样认识到资料室工作的重要性。为了使资料室能顺利开展工作，他尽可能创造条件，从资料室人员的编制到经费、用房、设备等各个方面，无一不亲自过问。特别是在文献资料的采购、保管和使用方面，在他的主持和关心指导下，逐步形成和完善了一套行之有效的规章制度。在马列主义资料室内，不仅将重要报纸杂志如《人民日报》《光明日报》《新华月报》《红旗》杂志（现改名为《求是》杂志），等等，从创刊开始完整地保存下来了。而且还完整地收藏中华人民共和国成立前出版的《申报》《向导》等影印本。这些文献资料，在教学科研中发挥了极其重要的作用。

在 1984 年以前，对在资料室工作的同志的业务素质要求是很高的。如每期重点刊物一到，资料室同志分类包干，及时做出内容摘要的卡片。现保存的大量的资料卡片是原资料室同志的辛劳和智慧的结晶，仍是人文社会科学学院的一笔宝贵的知识财富。

3. 狠抓青年教师的专业学习和培养，高度重视教师队伍的理论素质和人格素质的提高

20 世纪 60 年代初，在高校大发展的背景下，教师队伍的补充是个很严峻的任务。当时，在顾稀院长的支持下，李泳、朱铃、毛子洄三位老师积极慎重地在各系的三、四年级学生中选拔了约 50 人，抽调补充马列主义教研室师资队伍，队伍扩充之后，亟待解决的问题是青年教师的理论基础的学习和培养，即必须创造条件让被抽调出来的青年教师尽快转向从事第二专业的学习。为此，老教师们承担了繁重的教学任务，在 2~3 年之内分期、分批送往中国人民大学铁道部党校（干部学院）相关专业研读、进修学习。

李泳这一代老教师们，也非常重视青年教师的理论研究视野的拓宽和理论素质的提高，他本人积极参加全国性及四川省的各种理论研究学术活动，曾出席全国范围、全省范围以及铁路系统的各种哲学社会科学的学术理论研讨会、教学经验交流会、教材研究会等，他曾担任四川省哲学学会，四川省马克思主义哲学史研究会的理事，在这次学会中，由于他的学识水平，得到了学会同志们对他的尊重。他还积极地获取各种学术活动的信息，及时向全教研室教师传达。他还无私地努力创造条件，设法安排青年教师去参加学术活动，拓展理论研究的视野，提高他们的理论素质，促进他们教学水平的提高。

李泳老师也极为重视理论与实践相结合。他注重自身及全体教师不做空头的理论说教者，而要做一个理论与实践相结合的理论工作者，在教学中做到既教书又育人。李泳老师等一代领导身体力行，在他的主持和带领下，曾实行了几项措施，一是参加社会实践，走与工农结合的道路；二是深入到学生之中，参加学生到现场的课程设计及专业实习的实践活动，与学生同吃、同住、同活动；三是按党委工作需要，多数教师被轮流分派到党委办公室、党委宣传部、校刊编辑室等部门锻炼提高教师的政治素质、人格素质与实际的政治工作能力；四是深入到工厂，如眉山车辆厂进行社会调查，了解铁路工厂的生产概况、发展趋向、扩充教师的知识，便于在教学中能更贴近学生。

20世纪70年代末，在李咏老师等人的主持和领导下，重视人才培养又有一个大举措，在当时校党委的支持下，承接了铁道部下达的一项严峻任务——创办马列主义师资班，为铁路学院培养一批政治理论课教师。马列师资班的创办，在西南交通大学发展史上具有重要意义，标志着这所古老的工科院校，从此结束了没有文科专业的历史，推动学校向多学科综合性大学发展。

在李泳、朱铃、毛子泗老师的领导下，通过全体教师的共同努力，于1978年招收了43名学生，并在一个班里设置哲学、政治经济学、中共党史、自然辩证法四个专业（后增设经济管理专业）。李泳等人在制定四年教学计划和实施过程中高瞻远瞩、求真务实，一是充分调动和发挥本教研室、本校相关课程如高等数学、统计学、普通物理学、电子计算机与算法语言的教师的积极性和业务专长，让水平较高的教师承担相应的基础课和专业基础课的教学任务，保证和提高教学质量；二是采取"请进来、送出去"的重大举措，即一方面把北京大学、复旦大学等名校的知名教授请到西南交大来，为哲学和自然辩证法专业的学生上课，另一方面，又把中共党史、政治经济学、经济管理等专业的学生送到四川大学、北京大学等10余所高校学习（后来同学回忆这段"送出去"的经历时，形象地称之为"国内留学"）。经过四年的艰辛努力，既提高了本校教师的业务水平，极大提高了马列师资班的整体质量，为我校、为铁路学院、为地方培养输送了一批综合素质优秀的人才。当前，马列师资班毕业的大多数人已成为学者、教授、实业家和地方党政主要领导干部，在社会主义建设中发挥着重要作用。

1982年师资班毕业时，同学留赠马列教研室一条幅，上书："夫江始出于岷山，其源可以滥觞。及至江津，不舫楫，不避风，则不可以涉。"20年后，2002

年师资班校友返校，在峨眉竖一石碑纪念，李泳拟碑文"大江之源"四字。峨眉滥觞之源，已成滔滔江流矣！

总之，在李泳一代老教师们办学的经验中，他们始终重视人才培养。教学质量要提高，学校要振兴升位，首先要有一支高水平、高素质的教师队伍。这是校、院、系办学成就的永恒主题。

李泳等老一辈马列主义教师，他们忠于马列主义理论教学和研究的科学态度、极端重视人才培养、惜才爱才，甘做铺路石的品格，高度重视积累文史哲经资料，建设规模式信息库的前瞻精神，同舟共济的团队精神，为 1984 年 11 月成立社会科学系，1996 年 4 月成立人文社会科学学院奠定了坚实的基础。

胸怀坦荡，以诚待人

凡是与李泳共过事或同他有过较深交往的人，无一不钦佩他的人品。他坦荡乐观的胸怀、刚直不阿的性格、光明磊落的作风、以诚待人的品质深深地感染着他周围的人。

李泳率直，他批评人是不讲情面的。不论职位高低，只要他自认为别人有错之处，他会毫不留情，甚至不讲场合地严厉批评人，这是他率直的一面，有话当面说。但有时不大注意效果和影响，有时情况了解得可能还不很全面，虽然被批评的人一时心里不是很舒服，然而不嫉恨他。正如有的同志回忆说："在李泳同志手下工作，虽然业务上有压力，但心情不压抑，感到很安全。"他从来不在别人背后做小动作。

李泳爱才惜才，从不嫉贤妒能，而是尽可能为下属脱颖而出创造条件。1980年，西北、西南、中南三地区工科院校筹划编写《马克思主义哲学》教材，李泳被编委会邀请参加该书的编写，而他毫不犹豫地推荐其他中青年教师前往，为青年教师进修提高及晋升职称创造条件。

20 世纪 80 年代中期，由高等教育发展的需要，教育部门决定重新启动晋升教师职称，马列教研室多年未升职的一批中老年教师由副教授晋升教授的条件成熟了。由于名额的限制，李泳在涉及自己切身利益的关键时刻，以自己缺乏科研条件为由，鼓励其他老师先行申报。正如几位老教师回忆时所说："我们虽先评上教授，并不是我们比李泳的水平高，从资历和水平来讲，西南交大人文社会科学领域最先评教授的人应该是李泳，可是，在荣誉面前他却往后退让，作为领导，有这样的风格，的确是难能可贵。"

他对青年教师业务上、人格上要求甚严，谁工作不努力，备课不认真，甚至不懂装懂，李泳对此毫不留情地严加批评，然而对青年教师的生活、健康、情感又十分细微地关怀。正如当年的一位青年教师回忆说："李泳老师既是我们的老师，又是我们慈祥的长辈，很关心青年教师的健康、生活及恋爱婚姻。我记忆犹新的是国家经济困难时期，在李泳老师家里的'Party'。那时人人都吃不饱，生活艰苦。因李泳老师属高干，国家在食品方面给予了他有限的特殊待遇。李泳、黄通玉夫妇从不独自享受这种'特殊待遇'，而是不定期地把青年教师叫到他们家里分享这些有限的食品。每次聚到李泳老师家里，大家都像参加'Party'心情一样，十分激动。"另一位当时的青年教师回忆时激动地说："在我生病发高烧时，是李泳和其他几位老师抬着担架送我上山去医院的。"一位当时的老教师回忆说："在我有病，必须到成都检查治疗时，是李泳同志带上他的儿子护送我从峨眉到成都，又让他的儿子背我出了成都火车站，李同志虽然好发火，但本人作风正派，胸怀宽广、坦荡、乐观。"

学品如人品。李泳教授在师生中颇受敬重，是与他"为学严谨""为人笃信""为事认真"的品格不无关系的。李泳自20世纪50年代初与马列主义教育和思想政治工作结缘以来，他就坚持学马列、信马列、研究马列、运用马列。逐渐铸就自己"潜心向学，淡泊明志"的品格。他常以历史学家范文澜的名联"板凳要坐十年冷，文章不写一字空"为座右铭。因此，无论是撰写论文、编写出版教材，凡出自李泳之手的作品，都经得起推敲和检验。80年代末期，学校确定了百年校史的编修任务，在物色校史主编人选时，从史才、史德、史识等条件衡量，学校领导认为李泳是最佳人选。时任校长沈大元亲自出面以"三顾茅庐"的诚意请李教授出山。有鉴于此，李泳虽在耄耋高寿之年，还是以"我不入地狱谁入地狱"的精神，承担了重任。为了如期实现校史编辑任务，他率领编辑人员，以倒计时的方式开展工作，较好实现了工作目标。时任校党委书记评价"校史工作取得了阶段性的丰硕成果"。

2003年12月人文社会科学学院在祝贺李泳教授八十寿辰的聚会上，李泳曾感慨地朗诵了他的《八十感怀》的诗。诗曰：

> 八十岁月蹉跎多，唯书唯上皆是错，
> 时不可再奈若何！唯实方能有所获。
> 真理寻求非易事，余生但求明事理，
> 道路探索历坎坷。切忌盲从逐浪波。

短短一首七律，是李泳一生的自我总结。它揭示了一个出身于旧社会，成长于新中国的知识分子，勇敢地投奔革命，真诚地追求真理所遭遇的历史环境和艰难历程，以及它的结论。其中有不少值得深长思之的内容，让我们慢慢去寻味吧。

选自杨树彦主编：《西南（唐山）交通大学校史资料选辑（第二十九辑）》（四川成都：西南交通大学校史编辑室，2006 年，第 9～14 页）

西南交大朱铃教授：用真理赢得青年的心

1月10日，《光明日报》头版发表了题为《用真理赢得青年的心——记年届九旬仍活跃在思政课堂的西南交大教授朱铃》的报道。文章讲述了年届九旬的朱铃教授仍然坚持给大学生上思政课，用真实而感人的故事，激发"90后"爱国、爱党、爱社会主义的情感。全文如下：

2018年11月8日，一堂思政课在西南交通大学开讲。讲台上，年届九旬的朱铃教授讲得激情飞扬，讲台下，300多名"90后"青年大学生听得如痴如醉。

朱铃以《〈共产党宣言〉：壮丽日出、歌中之歌》为题，将这部经典著作与中国革命建设实践结合起来分析，告诉同学们，真想为人类进步做出一点贡献的人，都应该读一读《共产党宣言》。

朱铃生于1929年，他的思政课在西南交大乃至整个高教界久负盛名。1952年，23岁的朱铃从燕京大学毕业后被分配到西南交大前身唐山铁道学院，开始承担讲解马列主义的教学任务。到20世纪80年代，他的课已成了这所理工科院校最受学生欢迎的课程之一。1999年退休后，朱铃依然活跃在讲台上，他开的讲座，人气爆棚。

朱铃说，他一生只干了一件事，那就是培养人、培养国家的未来。如今年届九旬、几近失明，他仍然坚持给大学生上思政课，用真实而感人的故事，激发"90后"爱国、爱党、爱社会主义的情感；他仍然坚持学习，坚持给思政教师做指导，通过影响他们去影响更多的"90后"。

点准学生思想上的"穴位"，与"90后"共鸣

"教育是做人的工作，首先要了解人；教学要理论联系实际，首先要联系学生的实际。"朱铃说，思政课做的是学生的思想工作，一定要了解学生关心什么、在想什么，才能针对性地解决学生的疑惑，增强课堂吸引力。

初上讲台时，朱铃发现思政课堂存在"言者谆谆、听者藐藐"的现象，学生觉得思政课抽象枯燥，不爱听。他说："在革命战争年代，我们的党都能用马列主义引导一批又一批青年走上革命道路，现在也一定能用马列主义真理赢得青年的心！"

朱铃认为，不是学生不需要马列，关键在于我们怎样用马列去解决他们的困惑，点准他们思想上的"穴位"。为深入了解学生的思想，朱铃主动承担学生工作，住进学生宿舍，与学生同吃同住同学习，与学生交朋友，把自己融入学生之中。

他用各种形式了解学生的思想动态，每学期开始，他都让学生围绕时事或历史提出十个问题，他从中去了解学生的关注点和疑惑点，并选择带有普遍性的问题融入课堂教学之中，收到良好的效果。

"每学期两三百人选课，可以收集两三千个问题，剔除重复的也有一千多个问题。"朱铃通过在课堂上解答学生提出的普遍性问题，改变了学生对思政课的印象。慢慢地，学生都不看小说了，思路都跟着课堂走。很多没有选课的同学也来旁听，这门课成为西南交大最受学生欢迎的课程之一。

"五字教学法"让"90后"愿意听、喜欢听

"'90后'大学生获取信息渠道很多，视野很广，对事物有自己的思想和态度，不会轻易接受说教。"朱铃认为，思政课一定要用独特的讲课艺术感染学生，让他们愿意听、喜欢听。他总结多年教学经验，提出"五字教学法"：简、实、新、理、情。简是简明扼要，重点突出；实是实事求是，寓论于史；新是联系实际，温故知新；理是史论结合，以理服人；情是声情并茂，以情动人。

2018年11月8日的讲座上，朱铃在讲到《共产党宣言》引领中国革命时讲了一个小故事：四川通江县王坪红军烈士陵园安葬有烈士2.5万余名，其中1.7万余名没有留下名字，他们的墓碑上只有一个红色的五角星。故事很短，同学们都听得很认真。

"你们的名字无人知晓，你们的功勋永世长存！"朱铃含着眼泪，一字一顿地喊出这句话。之后，全场静默，随即掌声雷动。

讲座结束后，西南交大马克思主义学院2016级硕士研究生彭丹依然在回味这个故事。她说："我听过两次朱教授的讲座，两次都是他讲得热泪盈眶，我们听得热泪盈眶。他的讲座充满感情，他在感动别人之前，首先把自己深深地感动了。"

"一节课一定要有几个动人的故事。"朱铃说，波澜壮阔的中国革命史是无数先烈用鲜血写成的，动人的故事有很多很多，"90后"却知之甚少。只需精心加以选择，简明扼要、实事求是地讲述分析，就足以打动他们，足以讲清楚中国走上社会主义道路的必然。

孜孜不倦"传帮带"，让青年教师打动更多"90后"

朱铃退休时已70岁，比正常退休年龄延迟了10年。而退休后，他依然活跃在思政教育第一线，除了经常开讲座外，还发扬西南交大"传帮带"的优良传统，投入大量精力指导青年教师。

朱铃经常到校听课，与授课教师交流心得。两年前，西南交大马克思主义学院副教授余琼参加学校组织的思想政治理论课"精彩一课"讲课比赛，讲稿准备好后，她自己感觉比较满意。可是朱铃听了试讲后，感觉还有改进空间，从内容详略调整到师生互动安排等多方面都提出了改进建议。如此经过四次听课、修改，余琼才正式参加比赛。"与初次试讲相比，这堂课已经完全是另一番模样了，我感觉进步特别大。"余琼说。

为了解党中央最新精神和最新教材变化，朱铃坚持每天读书看报。他说："看到精彩的东西，我就想看完，再与青年教师交流或者讲给学生听。"

西南交大马克思主义学院教授冉绵惠清楚地记得，党的十九大闭幕后，朱铃到学校与青年教师交流学习心得，他将会议精神讲得头头是道，让一众青年教师钦佩不已。

西南交大马克思主义学院副教授曾森说，朱铃甚至清楚地知道第几周的教学进度应该安排到第几章了。在一次课堂上，有学生反映大学教材与高中教材有很多重复，朱铃还专门去西南交大附属中学听课，了解实情后，给曾森反馈教学建议。

朱铃的教学理念和敬业精神深深地影响了西南交大马克思主义学院很多青年教师。余琼利用教务网络邮件系统与学生沟通，每学期上千份邮件，让她充分了解学生的关注点。通过有针对性的教学设计，成功地将学生的注意力从智能手机转移到了课堂上来。

看到西南交大的思政课越上越好，朱铃很欣慰。他说："我不能像年轻人那样每周都上课了，但我希望能为他们上好思政课再尽一份力。"

本文编辑：交大新媒体中心　朱莹燕

（李晓东，周洪双：《用真理赢得青年的心》，原载于《光明日报》2019年1月10日头版）

朱松年

马　驷　李国芳　黄　莺

　　朱松年教授，1925 年 10 月生于湖北武昌。1944 年考入国立交通大学（重庆总校）（今上海交通大学），受抗战影响，随学校转于重庆和上海求学，1948 年以优异成绩毕业。朱松年教授认为，从事铁路事业的人必须从基层工作做起，大学毕业后，他主动要求前往湖南株洲铁路机车厂工作，并先后在湖南衡阳铁路管理局运输处、武昌车站、武昌调度所实习。1949 年 3 月加入铁道兵，抗美援朝战争爆发后参加军事运输工作，1951 年至 1953 年期间在朝鲜铁路军管总局历任车站军代表、调度员、调度所副主任、调度所主任。在任职期间，朱松年教授通过调查研究，对运输调度部门的组织系统、人事管理等进行了一系列重大改革，增加了运输能力，提高了工作效率，为抗美援朝战争的胜利做出了贡献长期的铁路运输工作实践使朱松年教授逐渐认识到，要加速中国铁路发展，仅仅依靠一个人的努力是远远不够的，必须培养出大批能够为铁路事业奉献青春的运输人才。

　　1953 年 10 月，朱松年教授毅然离开深爱的铁路岗位，任教于阳志愿军技术学校，开始致力于铁路运输人才的培养工作，后任教于长春铁道干部学校。1955 年 11 月，朱松年教授调入铁道部计划局任计划经济工程师，在加强车流组织，提高运输效率和工程建设方面做了大量的务实工作。在此期间，朱松年教授开始了车流组织优化的研究，成为我国铁路车流组织优化领域最早的探索者，在 1956 年北京铁道学院第一次科学讨论会上发表具有重要学术价值的论文《全路列车编组计划最优方案选择之研究表格分析法》。1956 年唐山铁道学院（西南交通大学）恢复建立铁道运输系，具有丰富的铁路运输实践和教学经验的朱松年教授调入唐山铁道学院铁道运输系，作为唐院铁道运输专业（西南交通大学交通运输专业）的创始人之一，在长达 40 余年的时间里一直从事铁路运输领域教育和研究工作。1978 年晋升为副教授，1986 晋升为教授、交通运输学科第一批博士生导师，1992 年起享受国务院突出贡献政府津贴。

铁路运输组织理论研究与生产实践相结合的先行者和典范

作为中国铁路运输管理学科的著名专家，朱松年教授年轻时代就立志要为发展我运输事业而献身，并专心致志地学习和研究铁路管理知识与技能。朱松年教授认为管理所要解决的问题很广泛，铁路网规划、运输组织优化、运输能力利用等，都需要长期系统的研究才能得以解决。长期的铁路车站基层工作和运输调度指挥实践使朱松年教授深刻地认识了铁路运输组织工作的特点和存在的问题，积累了丰富的实践经验，为其后来的研究道路奠定了坚实的基础。

20世纪50—60年代，朱松年教授相继发表了多篇针对车站技术作业和车流组织高水平论文，《全路列车编组计划最优方案选择之研究——表格分析法》（1956年）、《制定经济的列车解体、编组作业计划方法的研究》（1957年）、《分组列车结集时间》（1959年）、《牵出线各种溜放调车法的合理操作过程及其计算》（1962年）、《驼峰调车》（1963年）、《寻求空列车编组计划最优化方案的理论和方法》（1964年）等。其中所研究的关于直达列车编组计划最优方案选择的"表格分析法"填补了我国铁路车流组织优化理论领域的空白，经铁道部运输总局鉴定通过，并在全路货物列车编组计划的编制工作中得到广泛应用，"表格分析法"同时被编入高等学校铁路运输专业《铁路行车组织》教科书中，苏联《铁路运输》杂志曾对"表格分析法"进行专题介绍。此外朱松年教授还编译了一些重要的英俄运输理论著作，为我校铁路运输专业和运输管理工程学科的发展做出了重要贡献。

进入80年代，随着我国铁路建设的发展和技术装备的不断更新，朱松年教授又相继发表了《自动化驼峰溜放作业的可靠性》（1981年）、《计算调车程时间的实用数学模型》等研究论文。1986年朱松年教授成为交通运输学科第一批博士生导师，虽然年逾花甲，著述等身，依然潜心于运输组织优化领域科学研究，不断进取，相继开创了运用运筹学理论和计算机技术解决车流组织优化问题的新领域。其主持的《计算机编制列车编组计划》课题获铁道部19年科技进步二等奖，根据该成果为成都铁路局编制的货物列车编组计划，大大减少了该局的运用车数，产生显著的经济效益。

经过多年的潜心研究，1991年朱松年教授在第二届亚太地区运筹学会议上发表论文《一类无交叉约束二次0-1规划模型及其网络解法》，1993年在《铁道学报》上发表论文《车流组织综合优化》，首创装车地及技术站车流综合优化模型，攻克了全路网车流组织整体优化的计算难题。在图论领域，系统地提出了图的拓扑变换理论及运算规划，对0-1规划、整数规划及独立集问题，都提出了新的有效算法，相继发表了《运筹学在编制货物直达运输方案中的应用》（1995年）、《最大独立集算法》（1995年）、《列车速度联控行车制理论分析》（1997年）等高水平论文。

年近80岁的朱松年教授依然精神矍铄，思维敏捷，笔耕不辍，相继发表了网络分解及最大独立集算法研究系列论文 *Network Decomposition and Maximum Independent Set Part Ⅰ: Theoretic Basis*（2003年），*Network Decomposition and Maximum Independent Set Part Ⅱ: Application Research*（2004年）。朱松年教授将毕生精力献身科学、崇尚真理、严谨治学的一代大师风范令世人景仰。

淡泊名利精心育人的教师楷模

作为西南交通大学交通运输专业的创始人之一，朱松年教授重视理论研究，倡导求实精神。他认为铁路各部门工作，都需要专门的技术或经验特别是要经过长期的实践融会贯通，才能彼此配合。因此，他特别重视铁路运输管理人才的培养工作。朱松年教授认为教学过程中务必提前拟定教学计划，因地制宜、因时制宜、因人制宜地进行培养，不仅重视理论教育，更强调实践锻炼。他曾说过："我们培养的铁路运输人才应该是务实的，铁路运输部门认可的"。朱松年教授长期讲授本科专业课程"铁路行车组织"，自1960年起兼任铁道运输系行车组织教研室副主任、主任，他着力改革课程设置，更新教学内容，加强数理基础，确立了运输专业的工科性质。他倡导"求实学、务实业"，讲课时十分重视理论联系实际，并把运输组织原理、工程技术、经营管理、宏观决策各方面的知识紧密结合起来，使学科内容的广度和深度大为提高。2000年，已75岁高龄的朱松年教授依然坚持走上讲台，为博士研究生讲授"组合数学与最优化理论"，思路清晰，逻辑严密，教学过程一丝不苟，深受博士生的爱戴和尊敬。

朱松年教授十分重视学生品德和意志培养，教育学生要立大志，做大事，为铁路运输事业多做贡献。他告诫学生，毕业后要专心致力于站段基层工作，只有多获得基层实际工作经验，多研究运输理论与实际问题，才可担当铁路运输管理工作的重任。朱松年教授在铁路运输教育和研究领域勤奋工作了近50年，培养出一大批为我国铁路运输事业做出突出贡献的优秀人才，其中很多人已成了铁路运输界的知名专家、教授。

选自杨树彦主编：《西南（唐山）交通大学校史资料选辑（第二十九辑）》（四川成都：西南交通大学校史编辑室，2006年，第19～22页）

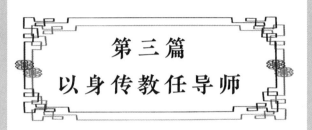

第三篇
以身传教任导师

　　对一名老师来说，只有弘扬大
爱精神，学生亲其师才会信其道。
本部分主要收录能够反映交大教师
仁爱之心的文献资料。

教书育人　情满讲坛

朱　铃

　　1952 年，我接受党和祖国的挑选，放弃了心爱的新闻专业，到大学任中国革命史教师。39 年的道路并不平坦，但我不后悔这种选择。传播马列主义、毛泽东思想的真理，培养社会主义事业接班人，是光荣而神圣的事业。

把马列主义讲进学生的心坎里

　　在 1989 年前的一段时间里，由于资产阶级自由化思潮的影响，在教育战线上出现了贬低与否定包括中国革命史在内的马列主义政治理论课的错误倾向。一些青年由于不了解中国革命的历史而对要不要坚持共产党的领导和要不要走社会主义道路产生了疑问。这引起了我深深的焦虑和不安。我想，过去在国民党血雨腥风的反动统治下，前辈共产党员都能用马列主义、毛泽东思想引导批又一批的青年投身革命的洪流；无产阶级掌握了政权的今天，我们这一代共产党员更应该有条件用马列主义毛泽东思想赢得青年的心，坚定他们的社会主义信念。如果做不到这一点，我们将愧对祖国、党和人民。我向党组织表示了决心，一定要在我的有生之年，把中国革命史课讲好，讲得学生喜欢听，讲得学生能从心底里拥护中国共产党。

　　怎样才能使中国革命史课赢得青年的心呢？我们找到的突破口就是要坚持理论与学生的思想实际相结合，特别是要把系统的理论教学与回答学生中的热点与难点问题结合起来。我们深入到学生中去，通过各种渠道掌握学生的思想脉搏。我还要求学生在自学教材的基础上，每人提 10 个自己感到困惑的问题。我对掌握到的近 2000 个问题进行了分析归纳，通过系统的理论教学加以回答。这种理论与实际结合，历史与现实结合的做法，加强了中国革命史课的战斗性与针对性，使中国革命史课成为最受学生欢迎的课程之一。有的学生说："学习中国革命史，使我终于明白了读史可以明智的道理。许多现在感到迷惘的问题，拿历史做一番比较，常会有恍然大悟的感觉。"有的女学生不再带琼瑶小说进课堂了，因为"听中国革命史课比看琼瑶的小说有意思多了"。

对于有些不能在中国革命史课中解决的问题，就另想办法。我组织学生到眉山市农村进行社会调查，使学生从山乡巨变中看到十一届三中全会以来党的路线、政策的威力，从而认识到只有中国共产党才能领导中国实现社会主义现代化。我和另外几位同志倡议并推动了我校第一所业余党校的建立，帮助学生从本质上来认识我们的党。我还通过个别交谈，与青年学生结成"忘年交"，和他们一起起探讨共同关心的问题。总之，只要是对青年有益的，我都尽力而为。

精心组织教学

课堂是教书育人的重要阵地，教师应该像艺术家对待艺术品一样认真地组织教学，精雕细刻，精益求精。我的教学对象是理工科大学的学生，因此我特别注意研究中国革命史课怎样讲才能对他们有吸引力、感染力、说服力。在长期的探索、总结中，我找到了受学生欢迎的中国革命史课要具有以下几个特点：一简，简明扼要，重点突出；二实，实事求是，论从史出；三新，联系实际，温故知新；四理，史论结合，以理服人；五情，真情实感，以情动人。

我充分运用中国革命史资料丰富的优势，精心选择真实、具体、生动并富于感染力的历史事件和人物来教育学生，使学生从历史发展中认识具有悠久历史传统的中国是怎样必然地走上以共产党为领导力量的社会主义道路。在叙述历史事件时，我防止平铺直叙，尽可能使这些材料立体化，形象化。在回答学生近代中国贫穷落后的原因时，我充分揭露帝国主义侵华罪行，在讲到《辛丑条约》赔款及利息折合 9800 万两白银时，我又进一步指出，这些白银用 50 吨的火车皮来装，可装 600 多车，连在一起有十几华里长，帝国主义掠夺了中国的财富，养肥了它们的资本家阶级，却把贫穷与落后留在了中国。这些事例对学生的震动很大，有的学生愤怒地拍了桌子。一位青年家长了解了这个情况后给我写信："这样的例子能够具体地说明近代中国贫穷落后的原因，我们的国家就是一座金山，也经不起帝国主义这样的掠夺。你们要给青年多讲讲这些历史。"学生听完后则议论："朱老师讲的课，一是可信，二是有用。"

要有奉献精神

要教书育人，一定要有奉献精神。当前分配不公的情况还存在于教师的经济收入中，与许多行业相比还有相当大的差距，我们一方面应当相信党与国家会逐步解决这些问题，另一方面，从教书育人的天职出发，从培养社会主义接班人的千秋大业出发，身为教师，仍应该有奉献精神。我的视力只有 0.1~0.2，在课堂上不能看讲稿，为了提高讲课效果，我必须把讲稿熟练地默记下来。除了课堂教学之外，还要做大量的学生工作。为了不断提高教学质量，还必须开展科学研究。除了校内教学外，我还要去其他单位，特别是一些偏僻地区的单位讲课……为此，不知付出了多少寒暑假与节假日。

但是，这种奉献不是没有回报的。我甘于做出这种奉献，是因为它在青年的前进步伐中得到了补偿。我虽然已从风华正茂的青年变为两鬓飘霜的老人，但我的学生已成批地走上社会主义建设的岗位。我的理想在青年学生的成长中得到实现，我的生命在他们的事业中得到了延伸。有的人不理解我追求的什么，有的人甚至讥讽地说："你们教授一个月的工资抵不上我一个月的洋烟钱。"我与他们有不同的幸福观。在商品经济还存在的社会里，不能没有钱，但有了钱不一定就有了幸福。做一个党所需要的人，祖国所需要的人，人民所需要的人，青年所需要的人，这是我最大的幸福。正是这一点使我能几十年魂系青年，情满讲坛，呕心沥血，两袖清风。我做了一个人民教师应该做的，党和国家给了我很高的荣誉。1989 年，国家教委举行的中华人民共和国成立以来首届全国高校优秀教学成果奖的评选中，我的《教书育人，提高中国革命史的教学质量》被评为国家级优秀教学成果奖特等奖。今年 7 月，我又被中共中央组织部、宣传部、国家教委等授予高校优秀思想政治工作者的光荣称号。

在迎接 1991 年教师节时，我感到作为一个人民教师的光荣和幸福。面对着国际上新技术革命和帝国主义和平演变的挑战，又感到身为一个教师任重道远。"老牛明知夕阳短，不用鞭自奋蹄"。我将用这两句话作为我后半身的警语，生命不息，奋斗不止。

（原载于《求是》1991 年第 17 期）

心中的杨老

——庆贺杨耀乾教授九十华诞

郑世瀛

　　"一日为师，终身为父"。这是中国人尊师传统的写照，也是崇高师德的体现。回首自己这大半生岁月，从入小学到大学毕业，到走上工作岗位，经历过近百位老师的教诲，他们都在我身上留下了深深浅浅的"琢痕"或印记，伴我走着人生长路。其中最令我难以忘怀的是杨老——杨耀乾教授。

　　我在唐院就读期间，他是院长助理、党委委员、院务委员会委员。是他开了我校走向理工结合办学的先河，亲手筹办了我国工科高校中首批力学专业，培养了一大批应用力学方面的专门人才，充实了各铁路院校的力学师资和研究人员。

　　与杨老的直接接触，始于40年前的1961年春。他为我们力学专业首届本科班（力57届）讲授"板壳理论"课程。年纪稍大点的人，对1961年都留下难以磨灭的记忆。那是三年困难时期中最难熬的一年。现在青年学生也许都很难想象当年的情景。唐院的师生员工的境遇，和全国大多数地方一样，处在长期的饥饿之中。许多老师因极度营养不良，得了浮肿病，以至于不能上课，就连我们这些本应精力旺盛的青年学生，不要说运动，甚至下课或下自习走回宿舍都感觉腿软无力，几乎步履蹒跚。但人们的精神却没有垮，同学们深知，此时全国上下都面临着同样的困境。大家相互鼓励着，共渡难关。

　　患难之中见真情。就在这样极端困难的条件下，肩负着繁重行政工作的杨老，开始给我们讲授"板壳理论"这门新课。因为当时国内尚无这类教材，他就自编讲义，共几十万字，分上下两册。虽被他自定位为"讲义提纲"，却是提炼了当时最高水平的学术精华之作。同学们都清楚，这是最重要的一门专业理论课，上课前纷纷准备了当时所能找到的最好的笔记本，以便长期保存这位名教授讲课的课堂笔记。开课了，展现在同学们眼前的乃是精神抖擞、一板一眼的学者风度。大家被老师的精神所吸引，全神贯注，不敢有丝毫松懈。此时的我们，仿佛乘着老师驾驭的板壳理论之舟，在数学、力学的天堂中遨游，如饥似渴地饱览天堂美景，全然忘却了肌体的饥饿，最大限度地调动了身体的潜能，唯恐因出现缺漏而带来遗憾。可是我们毕竟是一群不谙世事的学生，只知努力求知，而对年届半百，讲台上精神抖擞的老教授，背后的付出是什么，以及当他走下讲台，回到家里会多么疲惫不堪并不了解。这一点，是我们自己走上讲台二三十年之后，才逐渐有的切身的体会。每想及此，更添了一份对杨老的敬仰之情。

由于当时的物资奇缺，纸张困难，杨老所编的油印讲义，尽管纸质极差，尽掉渣，使用中有的字都掉去了，可至今仍被我们珍藏着。因为它如实地记录了那艰难的岁月和恩师为学生付出的心血。

杨老的学识渊博、才思敏捷，数学、力学的理论造诣极深，他缜密的思维和严谨治学的作风，在每一堂课上，在每一个理论或方法的推理、演绎中，都展现得淋漓尽致，令人叹服。他理所当然地赢得了学生们的敬仰，以至于深刻地影响着他们的学风和为人、做事，即使在那么严峻的困难条件下，大家仍在刻苦钻研，努力攀登，认真完成作业，从不懈怠。同学们一如既往，忍饥开夜车者有之，为弄懂一个理论相互争辩，认真切磋者有之。

杨老在 20 世纪 50 年代就是高教部《结构力学》教材编写组负责人，他所编著的《结构力学》教科书，是土木类专业的通用教材，在全国各高校中有极高的知名度。我们此前在读"结构力学"课程时，就已经对杨老充满敬意，杨老也同样影响着其他高校的莘莘学子。

在我国近代历史上，在中华民族不屈的抗争与崛起中，涌现了一批功勋卓著的教育家和学者，杨老无疑也是其中光荣的一员。他那德高望重的学者气度，指引了多少年轻人的正确的人生之路。他无愧于"传道、授业、解惑"的师者典范。他对班上的学习尖子，循循善诱，引导他们不囿于现有教材，去博览群书，不断攀高。对学习上有困难的同学，也绝无嫌弃之心，同样倾注心血，充满着关爱和诚挚的鼓励。不久前，我拜访了一位老同学，他当年是一位调干生，工农速成中学来的，是我们班的老大哥、老班长，如今也已经是一位白发苍苍的老人了。回首往事，回忆毕业以来所做的工作和取得的一些颇感自慰的成绩时，谈到今生对他影响最大的恩师时说："你知道，当时我在学习上确实很困难，也曾有过自卑，是杨教授鼓励着我。他的一句话决定了我这大半生——'我相信你将会成为一个很好的力学教师！'这几十年来，我就是在努力实践着杨教授的鼓励和期望。这辈子，若不是遇上杨教授，还不知咋样呢！"

在那特殊的历史条件下，我们班的毕业论文取消了，我于 1962 年 1 月提前毕业。有八位同学留校，十六位派往其他各铁道学院，都补充到力学教研室。每当周日，留校的同学常常结伴去杨老家拜望。我们的陈大鹏老师，他的助手，还常作为"领队"。大家欢聚一堂，说说笑笑，其乐融融。我们有困难，有问题，也不免去找杨老。师母为人宽厚、热情。他们二子女在外地工作或上学，平时身边仅有一幼子杨默。二老看我们如自家孩子一般。每次去了，师母总要弄点好吃的招待大家。那时，最困难的时期尚未完全过去，这些是当时政府照顾高级知识分子的，都是从老人嘴边省下来的，或糖果，或水果，或汤圆，二老在一旁乐滋滋地看着我们享受他们的爱。那情，那景，是多么甜美，多么纯真。浓郁芬芳的师生情，使身处异乡的这群青年人，如同回到亲人身旁，倍感温暖。有时遇上外客来访，杨老便会乐呵呵地向人家介绍："这些是我的小喽啰。""小喽啰"的昵称，荡漾着沁人肺腑的无间情怀，近四十年过去了，我们都逐渐步入老年了，可每当忆及，仍是那么亲切，那么滋润。

　　"文化大革命"期间，他的学术权威地位，和他自抗战以来长期参与唐院的领导工作的经历，在那极左思潮泛滥成灾的年代，无疑难逃被冲击的厄运。在持续的几年中，老人强忍着一次又一次的打击，遭受着各种各样牵强附会的"批判"和无端加之的屈辱。时代的悲剧啊，制造了多少人间痛苦！为人刚直、自尊的老人，兢兢业业、埋头奉献几十年的老人，却遭此劫难，内心的沉痛和郁闷可想而知。他面对高压的"政治空气"，刚直不阿，从未说过一句昧心的话，从未动摇过对党的信仰和对事业的执着。然而祸不单行，1976 年那场灾难性的唐山大地震，让老人又一次遭难，失去身边的爱子杨默。年近古稀的老人，突遭老年丧子，人生大哀，仍坚强地从废墟中站立起来，在大家的帮助下，挖出了生活用品和珍贵的书籍资料，待重新安顿下来，便立即投入到他的新著的最后阶段的写作中去。至 1981 年，历尽天灾人祸磨难的《平板理论》和《薄壳理论》两部巨著，终于先后面世了。这是老人对我国科技教育事业的又一大贡献，更是一座迟到的丰碑！

　　诚然，一位共产党员，一位老知识分学子的思想境界，可在讲坛上，可在日常的言行举止中自然而然地流露，更可在突然临之、无端遭遇的风浪冲击和磨难中显现。我有幸与杨老有另一段特殊交往，却更深一步窥见了他的高尚情操。那是"文化大革命"后期，整个学校搬迁到峨眉山下，经过整党和恢复党的组织生活之后的 1972 年，尽管"大风暴"过去了，仍是思想混乱，伤痕累累。杨老作为我的入党介绍人，在与我的一次次谈心中，耐心启发、教育我提高对党的认识，端正入党动机，嘱我认真思考和总结"文化大革命"中的经验教训。在这一老一少的交流中，他全无党代表和长辈对年轻人的说教架势，纯粹是两代知识分子，在洪流刚过，乍清还浑的氛围中的促膝谈心。老人以一个共产党员的坦荡胸怀，用自己的思想路程和变化来启发我，纯真而亲切。有一次我流露出内心的委屈和不满情绪，发了一通牢骚。老人听后，激动起来，瞪了我一眼，许久，才缓缓地说："算你有委屈，就那么一点点，与别人相比，又算得了什么？你就那么大的胸襟？"接下来又说："我如果不是相信党，不是相信群众的大多数，还能到今天？"声音不大，对我却是如雷贯耳，使我惭愧不已。见我无言，他继而讲到一个党员，连宽阔的胸怀都做不到，还能做什么，入情入理。况且，此言出自一位饱经沧桑的老人之口，更是振聋发聩，入木三分。

在那困惑的年代，杨老对我的这一席话，至今犹在耳边萦绕。是啊，做人，特别是做一个共产党员，一生中会有各种各样的际遇。然而，豁达、大度、不移的信念，是沉着面对困境、荣辱所应有的内在素质。杨老不仅是我学术上的导师，在做人上，在政治上更是永远令我敬佩的导师。

前年暑期，终因难耐的思念，我携夫人专去南昌拜望。面对年近九旬恩师二老，心情激动而复杂。终能见到久违的恩师，当面问候，值得庆幸，也是一种自我安慰，可当前，老人们亟须照料，自己却又不能为他们做点应做的事，受人恩泽而不能报，确实内疚不已。

人生易老啊！先生自然早已无力再上讲台，但他的学识、作风、品格，通过他毕生的著作和讲授教诲，已经在千千万万的学生，以及学生的学生中传播开来，并且被继承下去，发扬光大。足见教师的事业是不朽的。

这，就是一位成功的教师的人生价值，国家需要他，我们民族需要他，后人会永远铭记他。在先生九十寿辰之际，写此拙文，以表庆贺与怀念。

祝愿先生安康，长寿。

2001 年 5 月　成都

选自杨树彦主编：《西南（唐山）交通大学校史资料选辑（第二十一辑）》（四川成都：西南交通大学校史编辑室，2002 年，第 73～75 页）

为大师们树碑立传

李　泳

　　清华大学前校长梅贻琦有一句名言："大学者，非谓有大楼之谓也，有大师之谓也。"这句话道出了办好大学的最根本的问题。可以说这是一位老教育家积若干年亲身办学的经验之谈，应引起我们高度的重视。

　　一位清华大学的校友，在引用梅贻琦的这句话之后，又加了一句话，说"非出大官之谓也，出大师之谓也"。（引自曾昭奋《清华园里可读书？》，《读书》1994 年第 7 期）他说清华大学出了很多大官，但是出大学问家、大艺术家这样的名家和大师太少，所以加这句话。

　　另一位清华大学的校友，对这一问题发表了自己的见解："……出'大官'，说明造就了许多栋梁之材，我愿意相信多数都是好官，当然是社稷之福，母校之荣；清华也无愧于'工程师的摇篮'之誉，几十年来出了许多杰出的人才，为民族振兴做出了巨大贡献……""作为一所大学，特别是世界一流的名牌大学，除了出各行各业实际工作人才之外，总还应该出一些名家大儒，并且在学科的建树和学派的开创方面有所贡献。这样的人不可能大批产生，但不应断代，每一代都应该有佼佼者担负起存亡继绝，继往开来的使命。"（引自资中筠《清华园里曾读书》，《读书》1995 年第 1 期）

　　"有大师"者，是指当今的大师，即当前大学教师队伍中有出类拔萃的、学识渊博的、素养深厚的大专家、大学者。这样的大师，当然是不多的，但大学里应当有且必须有。在他所从事的专门的领域，他俨然是一座巍然屹立的山峰，一面迎风招展的旗帜。在他的带领下、影响下、熏陶下、培植下，有一支埋头治学、锲而不舍的专家梯队，有一群刻苦攻读、勤奋求学的莘莘学子。"名师出高徒""强将麾下无弱兵"，有了大师，自然会出，也必然会出人才、出成果。大学才不是徒有其名。

　　"出大师"者，是指未来的大师，从这里成长起来。大学应是出大师的园地，一所大学，在众多的学生中，能成长为大师级的人才的，也不可能是很多的。

但大学应当出大师，必须出大师。否则，又何必办大学？大学的毕业生并非人人都能成为大师，但人人都应成为有较高文化素养、具备深厚科学理论基础、全面发展的、专业化程度较高的专家、学者或高级建设人才。其中的尖子，即为大师。

有一篇记述中国的原子科学家的文章，可以作为我们探讨"有大师和出大师"问题极好的佐证。文章最后说："中国能在极短时间内发展起自己核武器，除了这批科学精英之外，还有一批培养出这些人才的教授。在这里我们必须要提一下中国物理教学的先驱——叶企孙教授，中国第一代及第二代的原子科学家中，大部分毕业于清华大学及抗战时期由清华、北大、南开三校组成的'西南联大'，或是在清华及西南联大当过教师的。这些'清华籍'人士或多或少地受教于叶企孙教授，因为他是清华大学物理系的创始人、理学院院长、校务委员会主任。王淦昌、彭桓武、钱三强、邓稼先、朱光亚、周光召、程开甲、唐孝威等人，都是他的弟子，或弟子的弟子。他领导过的清华大学物理系出过五六十位中国科学院院士，这在中国所有的大学中是最突出的。教育的力量与教育的重要性，在此一览无遗。今天，中华民族以崭新的面貌、强劲的实力崛起在世界民族之林的历史关口时，我们不应该忘记这些'种树人'。'桃李无言，下自成蹊。'尽管这些著名的学者们无意向世人炫耀他们的丰功伟绩，但道义昭示我们：应该为他们立言。"（引自虞昊、应兴国《现在应该说了》）

清华大学有叶企孙，其他大学也有自己的"叶企孙"。清华及西南联大有王淦昌们，其他大学也有自己的"王淦昌们"。各个学校从事校史编写工作的同志，应当着力去写他们，"为他们立言"，为他们树碑立传，把他们的业绩记录下来，流传下去。是我们责无旁贷的任务。

笔者不厌其烦地引述了以上几篇文章的论点，无非是要说明校史要着力写教师，大学校史更要着力写教授，特别是堪称大师的教授。

教师在学校教育中的主导作用是毋庸置疑的。在大学教育中教授的主导作用，较之一般教师更为突出。而大师们，其主导作用尤其巨大，具有特殊的意义，对一所大学的学风、校风的形成，影响深远。

学校的历史是全校一代代师生员工共同创造的。学校的每一个成员都以自己的活动影响着历史。但学校的成员对历史所起的作用却因人而异。学校的领导者的重要作用，理应受到足够的重视，是不言而喻的。而对学生直接"传道、授业、解惑"以身作则，潜移默化的教师，其作用往往得不到充分的估计和正确的反应。笔者在从事校史编写工作之前，对教师的作用也是肯定的，但停留在一般的认识，很肤浅。在搜集整理大量学校历史资料的过程中，认识逐步有所加深。可以毫不夸大地说，教师的阵容决定着学校的命运。在大学，教师中的核心人物，可以称为大师的教授，对学校的盛衰起着关键的作用。

以我们学校西南交通大学为例：我校创始于1896年，当时校名为山海关铁路官学堂，1900年因八国联军入侵停办。1905年在唐山复校，更名为唐山铁路学堂。1921年上海、北京、唐山三校合组为交通大学，我校改称为交通大学唐山学校。1928年改为唐山交通大学。抗战时期，我校经湖南迁往贵州平越，名国立交通大学贵州分校。1946年复院唐山，名国立唐山工学院。中华人民共和国成立后，经院系调整改为唐山铁道学院。1972年迁校四川，更名西南交通大学。校名更易，校址变迁，反映了历数十年时局变化和隶属关系更迭的复杂情况。百年沧桑，我校曾多次处于存亡绝续、艰难竭蹶之危境，学校赖以存续至今，弦歌不辍者，其最主要是因为我校有一批以校为家的教授，老一辈的有被称为"五老"的学校元老罗忠忱、伍镜湖、顾宜孙、黄寿恒、李斐英。为其首的罗忠忱老先生，终生以教书育人为务，在我校连续任教达四十年，对学校贡献巨大，对后辈影响深远。

罗忠忱（1880—1972）是我校教授中第一位中国人。他于1910年毕业于美国康奈尔大学土木系，又入该校研究院攻读。1912年到我校工作，任教务长兼土木工程教授，直到1952任研究教授，1955年退休。

罗忠忱学识渊博，他教过土木系几乎所有课程，如基础工程、天文学、河海工程、经济学、图形几何、水力学、制图、数学、英文等，自1917年至1952年的35年中，他长期讲授的应用力学（即理论力学）和材料力学两门课。他的学生、美国加州大学教授林同骅说，罗老师"对基本力学的深刻了解为全世界所少有，故在讲授力学问题时能从多方面解析，使力学易于了解。大有铁摩辛科之风。"另一学生、清华大学教授黄万里说，"弟子曾在学十九年，承愿中外师长不啻百人，然论教诲恳切，授法精湛，任职认真……盖未有出吾师之右者。""国家自设学校延教席授课以来，可谓观止实。"（黄安基、黄棠《罗忠忱传略》，《西南交通大学校史资料选辑》第4期）

罗忠忱为人严肃刚毅，严于律己，又以严格要求学生著称。唐山交大的刻苦钻研、朴素崇实、爱国爱校、严谨治学等优良学风、校风，主要是在以他为首的老教授们多年言传身教影响下逐渐形成的。

罗忠忱毕生致力于工科大学教育及力学教学工作，为我国培育了一大批高质量的工程技术人才。国内主要铁路及公路的技术骨干大多出自其门下。他的学生中有不少人成为知名的学者、专家，如中国科学院院士、中国工程院院士、美国国家工程科学院院士及国内外大学的知名教授等。他们无不认为罗忠忱这位大师的教导对自己的成长至关重要。他在唐山交大的校友中有崇高的威望。他的学生、著名桥梁专家茅以升，于1980年在罗忠忱追悼会上敬献的挽联："从学为严师，相知如契友，犹记隔海传书，力促归舟虚左待；无意求闻达，有功在树人，此日高山仰止，长怀遗范悼思深。"道出了唐山交大广大校友的心声，是罗忠忱一生的写照。

罗忠忱堪称一代宗师，他为后人树立了为教育事业奉献毕生心血的楷模，他的高风亮节永为后人所景仰，他的光辉业绩将永远刻写在西南交通大学校史的史册上。

有罗忠忱这样的大师以及其他大师们的培植，才有茅以升、竺可桢、何杰、李俨、方俊、汪菊潜、林同炎、张维、严恺、刘恢先、林同骅、周惠久、张沛霖、佘畯南、徐采栋、肖纪美、林秉南、陈能宽、庄育智等大师们先后成长，唐山交大哺育了这些大师们，为大师们的学术成就奠定了坚实的基础。大师们为唐山交大赢得了盛誉，为学校的发展开辟了广阔的道路。

榜样的力量是无穷的。大师们所取得的光辉成就，是宝贵的精神财富，必须继承下来。大师们在攀登科学高峰时走过的道路，以至踏过的足迹，对于后来者有着深刻的教育意义。大师们的治学经验、治学方法以及治学精神，也将对有志于学的青年提供丰富的教益和巨大的鼓励。花大力气来写这些的大师们，在大学的校史上，把这些活生生的人物，忠实地、生动地描绘下来，是非常有价值的，它既可以影响当代，还可以教育后代，激励来者。

选自杨树彦主编：《西南（唐山）交通大学校史资料选辑（第九辑）》（四川成都：西南交通大学校史编辑室，1995年，第55～57页）

春深如海沐师恩

韩　达

　　1939 年，我们敬爱的茅老院长像慈父一样跋山涉水，不避艰辛，把我们这一批当时的在校学生安全地引领到贵州平越，并给我们的学习和生活都做了非常妥善和周到的安排。

　　那时我所住的一间宿舍里，有四个上下铺，两张大方桌，可以想象，那时不但没有煤油灯，连蜡烛也没有，因而一到夜晚，我们就只能用一只粗糙的泥质小碟子，放进菜油和八根灯芯草，两根两根地分开放在互相垂直的方向，然后用火柴点亮灯芯草放在大桌的当中，这样，我们同在这间宿舍的八位同学各就各位地分坐在两张大方桌的四周，安安静静地细心温习自己的功课，并随时在小碟子内添加菜油，直到深夜各自上床入睡，以待次日继续不断地在刻苦而幸福的环境中学习和磨炼自己。

　　我们的伙食，早饭、午饭、晚饭都是八个人一桌，那时没有板凳，大家都是站着吃，尽管每餐都是黄豆芽、绿豆芽、豆腐、南瓜，但是大家甘之如饴，有时也有一大木桶的蛋炒饭，就更是"打牙祭"了。

　　1939 年 10 月，我们这一班级毕业了，像慈父一样的茅老院长对我们关怀备至，约集了我们这一班级的全体毕业同学，像家人父子一样坐在一起谈心，言辞恳切，和蔼可亲，他像春天那样温暖的讲话使我们一生受用不尽。

　　茅老院长教导我们说："学无止境，毕业了，要继续努力学习，不断深造，无论分配在任何单位、任何部门，都要勤奋努力，认真负责，一丝不苟，对待工作要注意急事缓办，缓事急办。"所说"急事缓办"是教导我们遇到急事，不要匆匆忙忙，仓仓促促，希望一蹴而就，这样反而会把事情办坏，因此遇到急事，不要急于求成，而应尽可能先经过通盘全面的深思熟虑，再着手去办，也只有这样才能把急事办成、办好、办完整。而"缓事急办"则是因为对于缓事，人们在思想上往往容易放松，拖拖拉拉，甚至最后没有去办，因此，缓事必须急办。

　　茅老院长还教育我们毕业了，有工作了，有工资收入了，应当按月给辛辛苦苦把自己抚养长大成人的父母汇款，使自己的父母在精神上、生活上都得到安慰和改善，我们敬爱的、像慈父一样的茅老院长为我们考虑设想得多么齐全周到啊。

　　如今，敬爱的茅老院长早已离开我们而去，但是，他那慈爱祥和的音容笑貌永远在我心中；那诲人不倦的谆谆教导永远在我心中；那像春天一样温暖，又像取之不尽、用之不竭的海水一样的抚育之恩永远在我心中。这使我不禁想道：

> 春深如海沐师恩，
> 茅老教诲永在心。
> 三生有幸读唐院，
> 一世难忘母校情。

　　选自杨树彦主编：《西南（唐山）交通大学校史资料选辑（第三十辑）》（四川成都：西南交通大学校史编辑室，2006 年，第 20 页）

师恩难忘，同窗情深

——忆初入唐院的五位恩师及我的同班辽宁老乡

张钟尧

一、我的同班辽宁老乡

1958 年我从辽宁省铁岭高中以第一志愿考入唐山铁道学院机械系。那年 8 月 26 日去唐山报到，记得火车夜间到达，出站正在茫然之际，看到了迎新的 1956 级几位同学，他们雇了一辆三轮车，将同一列车到达的四位新同学行李拉在车上，我们则跟在车后，沿着唐山大学路，听着唐山煤矿矿井单调的鼓风机声，穿过京沈铁路的人行横道，到了唐山吉祥路的唐院一分部。看到低矮的平房，石墙土道，我知道自己已到了异乡，经核对名字，被分配到机 1958 级 5 班，住处则是学生宿舍 4 排 5、6、7 三个房间，我随意选定一床住下 ，第二天便迁到了先我一天到达的辽宁老乡任启麟处。三天后报到结束，班级同学互相见了面，方知我班 25 人，其中上海 10 人，辽宁 9 人，广东 1 人，福建 2 人，天津 1 人，河北 2 人。同学都很亲切、质朴。唐院当时实行"班三角"领导：团支部书记冯文浩（天津保送生、党员）、班长贾台棣（河北学生，后转入西北电机工程学院）、班主席王景仁（辽宁保送学生）。细数起加我在内的 9 名辽宁同学，姓名如下：

王凤臣，辽宁省锦西高中毕业；任启麟，辽宁省法库高中毕业；雷万成，辽宁省兴城高中毕业；齐治平，辽宁北镇高中毕业；牟大中，辽宁沈阳二中毕业；王常安，辽宁辽阳高中毕业；邵振东，辽宁铁岭高中毕业；张钟尧，辽宁铁岭高中毕业；王景仁，辽宁凤城高中毕业。

二、大一、大二时的五位恩师

我们入学正赶上"大跃进"年代，仅正式上课两个月，便随着全国大炼钢铁洪流，全校停课炼起了钢铁。真是个特殊的年代！当年年底，铁道部为奖励唐院师生，曾用专列将全体师生分批送到北京，参观全国工业展览会，大家住在北京花园路曾为唐院迁京新盖的校舍里。初到北京，我们感到无比自豪。后来全校复课。自入校正式上课两个月，以及后来时断时续的两年基础课，我们接触到不少上课的老师，但以下五位老师真是在我们机 1958 级同学心中一直留有美好的印象，经常成为同学见面回忆的话题，恩师极受我们的崇敬。

高等数学第一课时，走进教室的是一位极具学者风范，戴着一副金丝眼镜、和蔼可亲的智者，手上仅拿着两支粉笔，一切成竹于胸，一讲课便在黑板上写出"什么是数学、什么是高等数学"一行醒目的大标题，如果在今天为了提高学生的外语水平，这位极有才华与水平的老师一定会写出一行英文标题，但当时不时兴。开讲伊始，便吸引了我们，对这些抽象的东西听得津津有味，对这位老先生极有好感，直至下课才从助教口中得知此人乃大名鼎鼎、毕业于唐院，20 世纪 40 年代后留学美国伊利诺伊大学的数学博士郭可詹教授，使人肃然起敬。此后，我们对他的课堂更是堂堂期待。但大炼钢铁复课后，郭教授来上课时竟然缺了一只门牙，后来才知道，是劳动时老师用自行车推耐火砖摔倒打落的。教授穿着更朴素了，同学怀着敬仰与同情的心情认真地学着高等数学，直到毕业后同学对郭教授都留有极美好的回忆。受到郭教授良好的教育，我年级很多学生数学基础打得很牢，如辆 1958 班陈宝印（教授级高工）在铁道部四方所新人考试中名列第一，使其他名校毕业生刮目相看。机 1958 石仁、辆 1958 黄德山二研究员在铁科院新人考试中成绩极佳，因此毕业学生对郭教授一直极为称道。

教我们画法几何及机械制图的刘锡彭老师留给我们的印象极为深刻。当时老师风华正茂，才貌超群。据说 1953 年于机械系毕业，给我们上课时才毕业五六年光景，水平与毕业年限似乎不相当，但老师真的达到了高水平。不但对此门学问有深刻的理解，知识全面而丰富，讲课条理清晰，逻辑性极强，那些深奥难懂的东西，经老师深入浅出、出神入化的讲解，使大家茅塞顿开，极大地调动了学生的积极性。同学们互相切磋、挑灯夜战地完成作业，我年级蒙干生、胡茂松、邵振东、王常安、石宝珠等成绩极高，他们的作业曾送高校交流，蒙干生同学毕业后在四方机车厂新产品设计中技压群芳，获青岛市"劳动模范"称号，退休后仍受聘一线，并在母校牵引动力试验室做过贡献。

教普通化学的王珊茹老师给我们留下的印象极为良好，她相貌出众，穿着得体，讲课很有条理、深入浅出，极有亲和力，经常深入学生中答疑解惑，深受学生爱戴。教普通物理的焦善庆老师，讲课极逼真生动、幽默、风趣，使同学能把抽象的东西与生活现实结合起来。更值得一提的是教马列主义的朱铃老师，课讲得太棒了，但可惜的是他只给我们代过一堂课，但就是这一课在我们同学的心中留下了永远抹不去的印象。朱老师用他那非常流畅而极具哲理的语言，那抑扬顿挫、极具感染力的声音震撼着学生们的心灵。我此生常以听过朱老师这堂课而倍感自豪，我不想向别人吹嘘我的母校，但在议论老师讲课时我总是不自觉地说出："如果你能听到我们唐院朱铃老师的讲课，那可真叫享受啊……"

唐院之所以人才辈出、经年不衰，不正是这些恩师身体力行、言传身教、无私奉献的结果吗？我所记述的只是点点滴滴、不太表面的东西，但这些确实是发自内心的感受。

三、我们同班辽宁老乡的今况

1963年顺利毕业者有8人，沈阳的牟大中同学因身体原因随1959级毕业，现在沈局，早已取得高级职称，其他人均由国家分配工作，各奔东西，到目前只有我们的老班主席王景仁同学经多方打探仍不知下落。但我有信心，相信会有一天能联系得上。记得景仁同学的夫人是他们筑1958班同学张肃（分专业以后又重新分班），"文化大革命"后期，我曾在当时的《东北铁道工程报》上看到过介绍优秀大学生张肃先进事迹的报道，我想王主席也应在东铁工程局，后听说就是现在的铁三局。

如今这些同学大部分退休，但当年可都有不俗的表现和经历，现不妨做点介绍：

邵振东，我高中同班同学，他是我班才子，学业成绩出色且极有艺术细胞，书法、绘画在全高中出名。在唐院时学于车辆专业，毕业后在林业系统服务，曾在林业部工作多年，但因一时解决不了分居问题而回到林业部哈尔滨林业机械研究所，后升任所长，是位教授级高工。

齐治平，唐院车辆专业毕业后分配到鞍钢运输部，为解决分居问题，支援三线去了攀枝花钢铁公司，早已升任教授级高级工程师。

任启麟同学从车辆专业毕业后与我一起分配到大连铁道学院任教，他在业务方面极富钻研精神，基础知识扎实，在竞争极其激烈的车辆教研室专业职称评定中，因其出色的科研成果和外语水平，多年前已评为教授，这在该教研室二十几位名校生中也是凤毛麟角（只有三人）。

留母校任教的王凤臣同学，头脑聪明，极有体育特长，中学、大学甚至到现在还是体育场上的篮球、中长跑好手，分专业后他去了数力系力1958级学习，毕业后留校，多年前已升任教授了，其子王浩奕从母校结构工程专业毕业，因大学时参加全国力学竞赛获一等奖而免试入中科院力学所，目前学有所成，在美国就业，真是父子一脉相承。此公又极热心公益事业，是我年级同学联欢会的组织者之一，相见时因其高歌一曲，引起了同学惊异，原不知他还是文体两栖人物呢！

还有两位就是一直工作在车辆第一线的人。因为他们都学了车辆，一位是锦州车辆所总工程师雷万成，人称大雷，为新建锦州客车所立下过汗马功劳。另一位是加格达奇车辆所副所长总工程师王常安，他可是我最为怀念的同学，因为他年纪最小，分配最远最艰苦，他是个极乐于助人、最有动手能力的难得人才，在校时他是校乐队萨克斯手，校摔跤队队员，工作后设计革新成果最多，我想如果他能在一个大铁路工厂做个总工程师，贡献会更大，但可惜他已英年早逝，1994年我在日本横滨国立大学做访问学者时，王凤臣同学写信告诉我这一噩耗，使我顿生悲凉，一夜难眠，现在回想起来，他的音容笑貌仍萦绕我的脑际。

这第九个人就是我自己了。学了机车专业，毕业分配到大连铁道学院机车教研室任教，在学业无成之时，1983年被推荐到院党委机关任组织部部长，后任院党委副书记兼副院长，本人最大特点是关心母校，学校搬迁峨眉时，我曾给校长王润霖老师写信，提出振兴母校的一些设想，曾得王校长亲自回信赞许，后又多次联系大连、沈阳、上海等地校友共为母校发展献计。

四、结语

今天我这小短文只写我班辽宁老乡近况，请其他同学莫怪我，我并不是搞小团体主义，也不是搞地方主义，我只是想通过这一侧面，一个小小的侧面，反映一下我们母校培养人才的成果，这9个人都成了高级专门人才，且有教授级专门人才5人（如冒昧地把我自己也算在内，据说局级干部与教授相当，尚不知景仁兄是否属于此列），谨以此短文献给母校110周年创校纪念，如将来允许，在母校115、120周年之时再写续篇。

文章开头，曾介绍1958年我入唐院学习时最先见到的辽宁老乡就是任启麟同学。我俩毕业后又同分配到大连铁院同一系工作，而今又同住一栋楼，一个门洞，朝夕均能相见，真应验了"缘分"这个词了。每天相见除日常生活、工作话题之外，常常谈起唐院，谈起母校西南交大。我们衷心祝愿母校越办越好，母校学子个个成材。我们每天都不会忘记感谢母校，是母校的乳汁把我们这些来自穷乡僻壤，不谙世事的孩子培养成了"高级人才"。谢谢母校。同学们虽然相距遥远，但永远淡忘不了每日的思念。

2006 年 5 月

选自杨树彦主编：《西南（唐山）交通大学校史资料选辑（第三十辑）》（四川成都：西南交通大学校史编辑室，2006 年，31～33 页）

怀念母校　感恩老师

王绍雄

赴校经过

1940 年春，我在苏州中学沪校复学。时上海已成孤岛，国内国际局势急剧恶化，有一位已赴内地唐山交大的宁良学长给班上来信，介绍了唐山工学院的情况，心向往之。1940 年夏，我高三毕业，参加国家统考，如愿被唐山交大矿冶系录取。另一位陶德麟学长，录取到同校管理系。同学三人（另一位录取武汉大学）相约同行。原拟经越南海防进入内地，但当年乘英商航船驶过香港海面后，被日寇飞机阻拦，只得折返香港。幸香港当地对内地青年热心支助，免费提供膳宿。停留半月，相约同赴内地青年学子 14 人，乘船抵广东沙鱼涌，租一小舟溯东江到韶关。乘火车经湖南郴州、广西柳州到贵州独山，转乘汽车到马场坪，再步行约十公里到达平越。当我们行走在山路上，但见远处青山环绕，近处山谷、稻田掩映，心境豁然开朗，从此摆脱了日寇魔爪，而心中向往的母校就在眼前。到达平越南门，即有同乡同学接待，住南门宿舍楼上，翌日进城去学校报到。在注册室，由一位长者接待，办理了入学手续。事后有同学告我，那长者就是茅以升院长。那时我后悔不迭，当时没有能称呼一声茅院长。

平越（今福泉）母校概述

母校于 1939 年初才迁居平越，利用当地拨让的孔庙和考场，因地制宜，加以改造，并于当年顺利复课。平越城从南门到北门，有一条主街纵贯南北。在南部、大十字、小十字，有三条与之垂直交叉的东西向横道。孔庙位于城西南部，改建成校本部，有南横道可通。大礼堂（明诚堂）内设讲台，东西两厢，设院长室、秘书室、训导处、教务处、教授休息室、注册处等。经前厅过道有一广场作集会用。改建了几间教室，供土木系、管理系用，新建教室供一年级新生用。正西方福泉山上，建有图书馆、实验室、矿石标本室和试验室，并建有教室供矿冶系用。原考场位于城东北，大、小十字横道间，改建成天佑斋、鸿哲斋和木兰斋。其间设有大食堂供同学膳食用。城东南有教授宿舍、茅院长住宅。城东北中山场、大操场。此外在南门外建有南门宿舍，供一年级新生用。另建有浴室供冬天沐浴用。

生活环境方面，城内居民约千人。大街两旁，排列着各种大小商铺。城内驻有县政府，有小学、中学、邮局、有线电话等。日用品不多，但郊区广阔，附近有苗族聚居，土特产丰富。主食有籼米、玉米、小米等，蔬果品种多。油菜丰产，菜籽油供食用外，作点灯原料。此外，城北常有集市，可买到更多日用品。居民除少数地主、富商外，大都贫困，每天只吃两餐。我校迁居平越后，不仅活跃了当地市场经济，而且协助创办了民众学校和平越高中，普及和提高了当地文化水平。

平越（福泉）古城垣，据传该城垣已有五百年以上历史，是明清时建筑。呈长方形，南北长约 450 米，东西宽约 300 余米，城墙周长近 1500 米，全用大石块砌成，垛堞完好。城内面积近 15 万平方米。城西犀水自北而南流过，是山城的供水源。设有西门、小西门、水西门三道城墙，随山脉蜿蜒起伏，是我国目前保存最完好的水城之一。此外，城外有许多景点。如仙人洞、三江口、葛镜桥（豆腐桥）等，风景瑰丽。

今日福泉市，必须补充说明的是，根据近年多位学长回访平越母校的报道及有关资料，昔日宁静的平越县，已被具有现代化气息的福泉市所代替。市人民政府驻在城厢镇。街道上商铺毗连相接，有百货楼、电影院等。昔日交大设施，已不见踪影，唯保留了茅院长办公室和故居，以纪念母校对当地做出的贡献。校本部已建立福泉中学，有教学大楼和操场。原宿舍、大操场，已建立市医院、市教育局、福泉市体委。开发旅游业，有两省级景点：一是上面已提到的古城垣，另一是洒金谷（即三江口峡谷）。

今已在峡谷西架一曲拱大桥，另在东岩壁筑有石砌台阶，可下达江面，乘汽艇直抵豆腐桥。

母校老师印象（1941—1944 年）

我校素有严谨治学，实事求是的光荣传统。在抗日战争的苦难岁月里，老师们艰苦朴素。弦歌一堂，莘莘学子，得以学习成才。饮水思源，老师的教诲，终身受益。我读矿冶系，谨将授课老师的音容笑貌，追忆于下，借作纪念。

1. 茅以升院长（1938—1942），桥梁专家，关爱我国科教事业。在我院迁移平越和筹建中，功劳卓著。延聘师资，亲自授课，谆谆教导，为人师表。在一次参加江苏同乡会时，曾叮嘱不要仅热衷于小团体，要多关心国家社会。

2. 胡博渊院长（1942—1943），矿冶专家。关心我校矿冶系的发展。刚到平越不久，就发现书店里有英文版采矿手册。当时我国石油资源短缺，他为同学们介绍了美国石油生产情况，引起我们对石油资源的重视。当发现平越附近有油页岩时，由邹尧方教授在学校办公室内进行油页岩的蒸馏提取试验。因发现油页岩含油品位不高而未再继续。

3. 罗忠忱教授、院长（1943—1945），我校第一位华人教授。出任院长，群星拱辰。设有罗忠忱奖学金。教应用力学、材料力学。英语纯正自然。讲课条理分明，计算精准。要求同学们答案正确。课堂布置小测试，以巩固所学。

4. 何杰教授，原矿冶系主任。采矿、地质专家。1941年离校。听同学讲何教授热爱学生，曾教唱"Mining"歌曲。此歌曲我们都会唱。

5. 李斐英教授，教英语，采用美国原版教材。每遇多音节单词，常拆分解释。课上常布置短文朗读或背诵，以提高英语口语能力。

6. 黄寿恒教授，教微积分学。讲课思想集中，推导时奋笔疾书。试题中每含变化，要求平时多加练习，才能取得较好成绩。

7. 顾教授（女），教物理。英语流利，讲课认真。一次在讲抛物体动力学时，提出一个有趣问题，以多大速度从地球表面发射时，才能使物体不落回地球？这一问题是以后火箭和人造卫星发展所面临的关键问题。

8. 李汶教授（当时讲师），教投影几何、工程画。普通话口齿清晰，常夹些英文名词。李老师还增加矿冶系有关内容，将投影几何应用到采矿探测工程中。

9. 罗河教授（当时讲师），教测量学，内容精要。指导平面仪、经纬仪测量实习，要求严格。

10. 林秉光教授，教分析化学。因缺乏分析仪器，每步操作，在黑板上作图表示。

11. 李唐泌教授，教矿物学、矿藏学。讲课提纲挈领。筹备矿物标本室和矿物试验室。此外，并参与某铁路路基地质探查工作。李教授政治立场鲜明。当途中看到国民党军队大举调兵发动内战时，在课上直言抨击，使同学们得到教益。

12. 范治纶教授，教水力学，讲课熟练精要。

13. 王绍赢教授，教选矿学、矿山测量学。热心教学，循循善诱。一次发生日食，让同学们将经纬仪搬至大操场，观察日食全过程。此外讲授选煤工程和石油钻井设备等课程。

14. 王钧豪教授，矿冶系主任。他担任的我系主要课程有：普通冶金学、钢铁冶金学、非铁金属冶金学、金相学、试金学。讲课深入浅出，引人入胜。

15. 谌湛溪教授，教探矿、开矿、采矿学。有丰富采矿实践经验。他订有美国原版矿业类杂志。每有心得，课上乐于将新资料介绍给同学们。

16. 陈茂康教授，教机电学，讲课简明扼要，对同学和蔼。

17. 杨耀乾讲师，教结构学和木结构。讲课熟练，内容实用。

18. 郝颐寿讲师，教中国地质。自编教材，写在黑板上，由同学抄录，再行讲解。

20. 徐家曾老师，教体育。教学认真，待同学随和。

大学生活

我校全体师生，约有七八百人。同学来自全国各地。在大学里，生活一切由学生自理。由于大多数同学来自沦陷区，经济来源短缺，主要靠国家资金，充作膳食费用，在学校食堂用餐。有时也加烧些菜，改善生活。在冬季，由于气候湿冷，常买些木炭，在宿舍里生火取暖。我校同乡会很多，每年聚餐或开大会，是我校的特点。

在学习方面，大一时，工科学生不分系，分 A、B 两个班上课。在平越，教学用品奇缺。所读书籍，由上届同学出售或赠予。同学平时读书认真，晨锻炼、晚自修，习以为常。平越无电灯，晚上每人桌上一盏菜油灯。每逢考试，常深夜达旦，不以为苦。每逢考试含计算题，必人手一把计算尺，自己没有的则向同学借用。

学校设有罗忠忱奖学金，鼓励学习优秀同学。三年级暑假，去外地厂矿实习。四年级由教授指导，写毕业论文。

学术活动方面，成立土木工程学会，矿冶工程学会。组织野外实习。每有高教部组织高校数学、英语校际竞赛，我校都选派同学参加，并取得优秀成绩。

文体活动也很活跃。京剧、话剧、音乐、文艺等，平时都有团体活动，每逢节庆出海报。盛装上台演出时，大礼堂座无虚席，气氛热烈。京剧有传统，师生都爱看。话剧如《北京人》《雷雨》等，其中女主角都由管理系女同学担当。音乐有歌咏组，曾教唱唐院、平院院歌。小提琴最时髦，常听到邹衍新同学拉小提琴。1941 年来了一位音乐指导老师，第一次登台时，脸全涂黑，扮作黑人歌唱家，热情可嘉。文艺方面有《犀源社》常出壁报。在一次校庆活动中，原拟放映钱塘江大桥建造录像，但当时发电机障碍，未能如愿。后由朱泰信教授上台做报告。当提到钱塘江水流湍急，需采用沉箱操作建造时，讲了一句俏皮话："茅唐臣怒沉百宝箱"，以活跃气氛。体育活动，全校普及，特别是游泳。西门外的犀水，河面宽阔，河底平坦，有一个拦河坝，是一个天然游泳池。夏秋季节，男女同学，都喜欢去河里游泳。年初，农历元宵节，我校组织去野鸡坡走访苗族同胞，携带盐巴等物品作为礼物。参加了跳月晚会，观看了斗牛等苗族风俗表演。

一些感想

自离母校 60 年来，国内、国际局势，发生了翻天覆地的变化。北平铁道管理学院，今已发展为综合性北方交通大学。唐山工学院，经院系调整，内迁四川成都，在教育部领导下，成立了西南（唐山）交通大学，建成"一校两地三校区"的格局，"211"工程项目的实施完成，学士—硕士—博士的培养体系，为建设"具有特色的多科协调发展的高水平研究型大学"，提供了有利条件，对更大地发挥我校在西部大开发和科教兴国战略中的作用有重要意义。今年 5 月，是母校 109 年周年纪念，愿母校青春常驻，按党的要求，培养出更多与时代共进步、与祖国共命运，与人民齐奋斗的建国人才。

母校上海校友会，每年召开年会，寄送上海《校友通讯》，深受教益。近年来，更蒙茅永江会长亲临慰问，馈赠礼物，母校恩情，万分感激，谨致谢忱。

（本文原载于《烽火弦歌——交大唐平两院三系校友诗文集》）

转引自杨树彦主编：《西南（唐山）交通大学校史资料选辑（第三十五辑）》（四川成都：西南交通大学校史编辑室，2008 年，第 77～80 页）

人虽已去　精神永存

—— 怀念敬爱的老师林炳贤教授

郭宏德

自从 1950 年我应聘到北京参加革命工作以后，近 30 年没有和林炳贤教授联系了。1979 年春接到佘畯南校友的一封信，其中提及林师的新址，于是我们又恢复了联系。1981 年我去香港探望母亲，也探望过林师及师母几次。当时他的身体状况总体尚好，只是嘴有点歪，他还常去游泳。1984 年夏我再去香港探亲，很快便给他去电话，接电话的是一位保姆，她说是留下看家的，林师已于年初过世，使我大为吃惊，随即请她代向其子女慰问。一个看来还算健康的人竟与世长辞，是我万万没有想到的。回想林师往事，感慨万分！现仅写出一部分，以表哀悼。

一、家庭组成及工作概况

林师生于 1900 年，原籍广东博罗，幼时在香港读小学中学一贯制的圣保罗男书院，教学除国文外全用英语。后赴美俄亥俄大学留学，最后获得建筑工程师学位（比硕士多读一年）。旋即回国，在天津开设建筑设计事务所。因老乡和同行关系，与建筑大师梁思成、刘福泰等熟识。师母鲍蕙仙女士原籍广东中山，系日本华侨，能说流利的日语，从天津中西女子学校毕业。长女美博，婚后定居美国旧金山；次子善存，在加拿大任市政建筑师。中华人民共和国成立前，其父在南非中国领事馆工作，1950 年在香港时 90 岁，身体健康，可称为老寿星。林师排行第三。长兄在伦敦定居行医；四弟炳良为香港著名的律师，"大清律例"权威，许多有关清朝或民国的法律，都要请他出庭解释；五弟为飞行员，40 年代在广西因肺病逝世；中华人民共和国成立前在上海有一位六弟。林师家庭和睦，从未和夫人或子女争吵。遇师母不高兴时，他就闭口不语。他疼爱女儿，有时美博早上上学，他竟看望到她骑车远去。

20 世纪 30 年代起，林师任教于母校房屋建筑学。抗日战争期间，随母校搬迁而奔波。抗日战争胜利后，于 1946 年率领复员大军历尽艰苦回到唐山。1946 年学校增设建筑工程系，他便是系主任。1948 年底解放时，他在天津，1949 年往香港。他原想教学一辈子，但改变了初衷，开设建筑设计事务所，后又历经30 余年风雨。

二、治学严谨　诲人不倦

林师上课全用英语，声调洪亮清晰，讲解清楚，虽在抗日战争期间，我们当时没有机会看到有名的建筑实物，但经他解释后，我们便能大致想象出来。他上课认真，十分负责，绝不苟且。他很注意经济实用，建筑平面做得特别好；同时对立面的处理也能配合上。可我不长于房屋建筑设计，故未能学得他在建筑学方面的高深造诣。1946 年以前，营造学为大学三年级的必修科，高等营造学、建筑理论、建筑设计等是四年级的选修课，学习科目和时间较之建筑工程系少且短，但选建筑课的校友几乎都能在社会上做出贡献，先后有袁国荫、佘畯南、陈金涛等校友在国内甚至国外建筑界享有盛誉，归根结底与林师栽培有关。他不独精于建筑学，对上下水工程、道路学等亦有研究，并曾在我班讲授给水工程课。他在母校任教近 20 年，桃李遍天下。

三、诚实公正　平易近人

林师素有诚实的美德，师母和他第一次见面时即能察觉到，因奠下结良缘的基础。他为人公正，不徇私情，执法如山。毕业考试时，有一位级友因作弊而被开除，他只知执行校规，绝不因几天后毕业而姑息。他上课时面部严肃，难得一笑。但当你和他谈话时，就觉得他和蔼可亲，绝不高高在上摆架子，且能耐心和别人详细谈论。当他看见别人有困难时，他很乐于帮助，许多校友因此受益。在香港沦陷后，我在经济上发生困难，他曾相助。他关心一些校友的工作和生活，我一生曾在十余处工作，由他推荐的就占半数。对慈善公益事业，他也绝不落后。

四、健康强身为事业之本

林师少时即注意体育，在美读大学时曾获潜泳冠军，潜距 70 余米（凭记忆）；他说当时用尽吃奶的力，为国增光，无限高兴。大家还记得严寒时衣服穿得最少的当推林师。有一次在冬天，他乘火车经过西伯利亚，穿衣单薄，为许多外国旅客所注目。他曾骑自行车在欧洲旅游。校友中体育运动有点成绩的，就很易和他交上朋友。母校中许多体育工作是由他来推动的。

他对下一代的健康特别注意，有时和儿女玩球，督导他们游泳，因此美博游泳特别好，善存也游得不错。他曾邀请当时号称"美人鱼"的杨秀琼陪同美博在香港海泳。他择婿亦以身体为先决条件。

五、刻苦耐劳　成绩出众

林师很能吃苦，衣着朴素，注意经济核算。他热心为大家谋福利，自动在上海为母校采购，并曾办消费合作社，甘愿流汗出力。他作为复员大队的总领队，本来有些事可以由我一人做的，他却愿陪我淋雨挨饿。由于责任心强，对所设计的工程，他常到现场指导。抗日战争以前，在校盖房子时，他到工地用脚踏地以估测地基容许承载力（根据当时条件）。

他考取英国皇家建筑师学会初级和高级会员也是很不容易的。师母变卖首饰来支持他，到英国后，一年考两级会员，较之一般人隔年分别考就难多了。并且他的身体也不适应，全靠住在伦敦的大哥医治。

值得一提的是他 1949 年到香港所接到的第一桩设计任务。原来那个礼拜堂以前曾由某香港著名建筑师做过方案，但经费不足以致未能兴建。后来重新进行方案竞赛，原建筑师已占了有利的条件，大家未料到林师竟获得第一名，主要因他才华出众，从此奠定了他在香港事业的基础。因建礼拜堂属慈善性质，他只收一半的设计费。他所设计的许多房屋屹立在祖国的大地上。

六、人虽已逝　事业精神长存

林师母曾被小轿车碰过，1981 年我在香港见到她时，她身体已虚弱，我曾搀扶她到邻近的海员俱乐部吃午饭。因上三楼一般不乘电梯，上到二楼时她便坐下休息。师母的健康也影响到林师的生活。母校为罗老教授等开平反大会时，他本来想去峨眉参加的，因要照料师母而未能成行。他曾约我陪他游泳，并说定了时间便通知我。我等了许久也没接到他通知，心里觉得奇怪，因为林师是最讲信用的。后来他来信表示歉意，告知我因钟点工走了，家务很多，没有时间安排游泳。并说要到加拿大善存（次子）那里定居，以便照料师母（后因故未成行）。

1983 年初，我在广州碰到畯南校友，才知道师母已在 1982 年逝世。1983 年夏，林师偕炳良弟到广州参观，我也刚好出差到穗，得到消息时他们已返港。同年 12 月我再出差到穗，晚上知道他住医院治肾结石，我便在第二天下午探望，刚好他睡着，看来人已消瘦衰老了。他原看中医，因未见效又改看西医。后来西医认为一定要动手术，他认为自己已老，不如返港治疗。他睡着不醒，正好当天下午我仍要开会，拟于晚上再来探望，但美博说次日清晨即返港，实难安排时间。我便请她代为问候，并说已将贺片从京寄港。

听说他准备到穗指导设计工作，以便在晚年对祖国做出更大更多的贡献，可惜因病未能如愿。他虽已逝世，但他对工作认真负责、刚直不阿、热心公益的精神，永远留在校友们的心里！

注：林炳贤（1901—1986 年），建筑学专家。美国俄亥俄大学建筑工程师学位，1929 年来我校土木系任副教授、教授，讲授房屋建筑、建筑学等课程。1948年离校。

作者简介：郭宏德，我校 1942 届校友。

选自杨树彦主编：《西南（唐山）交通大学校史资料选辑（第十四辑）》（四川成都：西南交通大学校史编辑室，1998 年，第 44～46 页）

饮水思源怀念吾师林炳贤

佘畯南

交通大学唐山工学院老教授以治学严谨著称于世。他们作风正派、为人厚道、互相团结、献身于教育事业，为树立唐山工学院的声誉而鞠躬尽瘁，这种崇高品德，为人所敬仰。作为弟子，饮水思源，追念老教授们，这是唐山人的共同心情。当我怀念我们敬爱的老教授们时，我自然会联想到林炳贤教授。

抗日战争时期，学校远途跋涉南迁，1938 年间至风景优美的贵州平越山城，在孔子庙复课。1939 年冬，我从上海交通大学转到唐山工学院，千里寻师，志在学建筑。当我上房屋建筑的第一课时，我认识了林老师。他教学认真，重视理论联系实际，给了我深刻的印象。他注重培养学生独立思考，勇于创新的能力，使我好思好问。他诲人不倦，我经常到宿舍向他请教。我们的感情日渐浓厚，所学的内容远远超出课室听课的范畴。我把他看作父辈的长者，他的心里，可能认为我是"孺子可教"。

课余之时，师生常在山溪游泳，老师要我伴他长途游泳，假日要我伴他长途步行，朝出暮日，爬山越岭，培养我毅力，还教我为人忠诚，勤奋苦学。我主修建筑，除了必修课程外，他还特别为我增添三十多学分的课程，做设计习作时，要我多学各种民用建筑的设计理论，此外还挑选名师之名作，要我分析其平面并背熟其功能分区。总的要求，是要我在一年多的时间里，把建筑系应修的课程学完，我不能辜负老师的期望，只得夜以继日，寒窗苦学，以报师恩。

1941 年我初出茅庐，获得医院设计竞赛首奖，这是对老师的谢恩。1944 年日寇进犯湘桂，老师嘱我回校任讲师，并协助他写书，给我继续向他学习的机会。1946 年夏，老师随校北迁返唐山，我南返从事建筑师业务。是年，我与黄匡原同学合作，取得一项重大工程竞赛的首奖，老师在 1947 年暑假南下指导我们设计。后来我又获取一间医院的设计方案竞赛的首奖，接着又取得香港某教堂征图方案的录取，我请求老师抽空南下指导我工作。1949 年在老师的指导下，经过精心创作，我们取得香港女青年会新厅设计竞赛的首奖。由于这两项工程是当时的重要项目，我请求老师暂留港进行设计，同时在港的同学亦极力劝导，他推迟返校执教。

1951 年初，广州市人民政府邀请老师来穗主持人民医院设计工作，陈金涛同学与我随行。老师义务为新中国建设事业服务，经常自费往返穗港之间指导我们的工作，直至后来要办通行证，回穗较少，但每逢广州交易会时期，他常与其弟——爱国知名人士林炳良律师回来参加交易会，有时随旅行团回国观光，他对母校唐山念念不忘。

1979 年国家拟在港成立设计机构，老师与其弟林律师为此出力，愿意无条件提供一切方便以成此事。我每次在海外完成设计任务归来，途经香港访问老师，他总是鼓励我继续为祖国争光。近年来他经常来广州，在白天鹅宾馆游泳。1983 年，在穗同学宴请他，旅泰潘诞普同学也参加，他兴致勃勃大谈往事。想不到一月之后，他带病来穗求医，我到码头接他并送入医院，不幸病情没有好转，依照他和子女的志愿返港诊治。我送老师上船，直至船影在白鹅潭消逝始归，不到月余，噩耗传来，我含泪追念恩师。其影子虽在人间茫茫大海中逝去，但饮水思源，他的巨大形象永远活在我的心中。

1986 年

选自杨树彦主编：《西南（唐山）交通大学校史资料选辑（第十四辑）》（四川成都：西南交通大学校史编辑室，1998 年，第 46～47 页）

抗战期间交大唐院硕果仅存的一流名师

——李汶教授遐龄九十四辞世志念

卢善栋

　　1937 年日寇侵袭卢沟桥，爆发了"七七"事变，那时北方交大唐院和平院皆大受震撼，为了延续弦歌不辍，校方乃决计莘莘学子随校向内陆西迁，一路上三移其所，第一次在湘潭杨家滩开学，但不久情势转变，必须再向内迁徙至桂林，不幸遭遇空袭，所携仪器和资料皆被破坏，几乎无残存。于是快速向黔城而进，终于在贵州古朴的山城——平越定址，校名国立交通大学唐山工程学院（平院合在一起），形成一院三系——土木、矿冶和管理。此时虽然落魄于古称"天无三日晴，地无三尺平，人无三分银"的黔境，可是平越交大唐院却一流名师如云，如茅以升院长，罗忠忱教授、许元启副教授和李汶讲师等。所谓"一流名师"乃指不论学位之高低，头衔之大小，所讲授的学科，对受业学子能够做系统的、深入浅出、头头是道的讲解。而弟子能够全部吸收老师所讲，深入脑际，一点也不模糊，几乎变成名师的拷贝种子。

　　1939 年秋，我就学唐院矿冶系一年级，初学于李汶老师。他是唐院土木系1933 年毕业生，因成绩卓越，留校为助教，1936 年始晋升为讲师。换句话说，他是我们的学长，他给我授课时，头衔是讲师。他所授的课业正是学习工程必修的基础学科——工程图画和投影几何。

　　工程图画是一门简单易学的科目，有些学校把它当作"营养学分"，以助一年级的新人过关，可是唐山李汶老师的工程图画却非常认真，从如何写工程字、标准符号、布图、切面以至排图例及说明，都要循规蹈矩，不能马虎，否则送回重绘，周末就泡汤了。

　　投影几何是立体投影在脑际显像的基本课程，很多工科大学并不开这门课，李汶老师却能抓住要点，灌输立体与平面图形的观念，他伶牙俐齿，听起来轻松有趣并且不含糊，培养我们对立体形象捉摸的能力，当然考起试来更见真章，不及格者比比皆是，不能掉以轻心。

当时李汶老师给人的形象，是个温文儒雅、风度翩翩的少年。授课时口齿伶俐、有条有理、深入浅出、非常动听，使人如沐春风，如饮醇醪。莫看他笑容可亲，可是他对受学门徒却要求十分严格，如果我们不了解也不问而自误，或所交课业不及所要求的水准，那就不及格，毫不客气，幸好我对课业很了解，汶师给我两科成绩不是 A 就是 A+，因此他对我有了极深的印象。

我离校时，李老师已晋升为副教授（1941 年），及至 1944 年则又晋升为教授，其间曾兼任学校总务帮办。抗日战争胜利后，李师随校搬回唐山，中华人民共和国成立后，李师先后仍讲授工程图画、投影几何、房屋建筑等课程，并担任教研室主任。1979 年任校图书馆馆长。李汶于 1962 年加入九三学社，1984 年任九三学社西南交大支部主任委员，同年被选为该学社四川省委员会委员。1986 年年底退休，后又返聘三年，李汶教授前后在母校执教及服务达七十余年之久。换言之，李汶师一生的绝大部分时间都在我校从事教学，他对母校怀有深厚的感情，把对教学的热爱、对学生的关怀倾注在认真授课、严格要求之中，因而赢得了国内外广大校友的广泛尊敬和高度评价。李汶教授无愧于他为之效力的母校，是值得广大教师学习的榜样。

我与李师分别数十年，时常驰念，及至交大唐平两院三系联谊会于 2000 年 5 月在北京召开，我始获悉他的最近状况。李汶老师仍在成都西南交大服务，而且健康。九十一岁高龄仍精神矍铄，继续服务母校，做出卓越贡献，是我校一代宗师，对此深表崇敬和欣慰！

于是我于 2001 年 8 月 25 日去函请安并寄亲撰的《真爱一生》和《追思》二书，敬祈指教：

李汶师长尊鉴：

自从 1939 于战时平越受教工程制图和投影几何以奉，对吾师循循善诱，认真课徒之精神，使受学者无不敬畏，无不赞仰，而吾师之英姿奋发，儒雅风流，令人终生难忘。今常欣悉吾师老当益壮，所谓"仁者寿"，吾师当之无愧，为世人楷模。兹为表致尊敬起见，奉献《真爱一生》和《追思》近著一套二册，敬请赐爱，阅览指教，俾知您爱徒和管理系唐又贞学妹之烽火儿女情爱一生的故事，幸育二子，皆为交大杰出校友及国际大师级电子专业人物，诸孙子女亦各有智慧，且具奋起争先之交大精神，是乃追承各师长之教诲而发扬光大，良有已也。

专此敬祝

心情愉快、长生不老！

1943 矿冶系生 卢善栋再拜

　　旋于 2001 年 9 月 14 日获得李汶师和田友芝师母复函如此：

善栋学弟：您好！

　　接得从台湾来信及由校办转来大作两本，拜读之下，真是喜从天降，使人振奋，使人感动，使人欣慰。六十余年后接获佳音，并从中见到多幅照片，见影如见人，更难得的是承记挂我们在抗日战争的艰苦年月里的师生情，让我回忆往昔，你们莘莘学子，不畏艰苦到地无三尺平的穷乡僻壤的平越来，怀着满腔热血读书救国，报效祖国。果真从大作中既了解到你俩真爱一生，更了解到你们的辉煌业绩，你俩不但在事业上给国家创造了财富，而且在你们的幸福家庭中培育了一代一代的精英，成为国际大师，我们敬佩之至。我们在此托福粗安，生活各方尚能自理，只在特殊治疗下有了后遗症，腰肌劳损。我们学校在台湾有不少校友，谅常能和兄台见面，我们也很想念他们。有一天有机缘将去宝岛一行，以晤面畅叙为快，更盼你们能返校看看，余不一一。即颂

　　康健进步，合府均此

李汶，友芝同上
2001 年 9 月 14 日

　　我获得汶师贤伉俪复函及近照后，十分兴奋，即行回信，并寄出金怀表一只，法国名丝巾一方，为圣诞礼物。于十几日后，即获师母执笔手书，还赠予伉俪近照一张，汶师书法一幅。汶师行年九十二岁，尚能运笔矫若游龙飞舞，柔似流水行云，叹为观止！友芝师母也不遑多让，她手绘"雄鸡一唱天下白"贺年卡，激励后生，再鼓余勇，奉献社会，感激莫名。兹抄录信件如下：

善栋学弟：

　　您好！

　　昨日收到您自台寄来圣诞礼物及新年贺卡十分感谢，感谢您的深情厚谊，感谢您对我们的怀念，同时，感谢您来自远方的祝福，老头子特别高兴，收到了怀表，急忙即刻挂入怀里。冬日来临，又承寄给我丝巾，使我更感到温暖可亲，我谢谢了，谢谢您的美意。

　　回忆前寄来《真爱一生》和《追思》两册，吾弟的幸福家庭使人爱慕，你们一家是知识界精英，对社会对国家，对人类做出了杰出贡献，老友们见之，无不称颂赞美不已。

　　我们在成都托福粗安，生活各节尚能自理，闲暇时写字作画。现寄上老头近书一幅及我涂鸦"雄鸡一唱天下白"小作品贴于新年贺卡内留念，并有近照合影一张一并附内，请查收。更盼吾弟保重身体，希明年在三峡开联谊会时大

家与吾弟相聚相叙好！祝

全家新年快乐

愚师母田友芝手书

李汶附笔问候 2001 年 12 月 4 日

当我感激李师伉俪赐爱之余，谁料李汶师于今年（2002 年）2 月 14 日福寿归天，嘱在台唐院土木、矿冶学徒集体去纪念。我受知后十分惊愕，心戚戚焉！除尽量通知系友外，立即作书奉达师母，并为系友撰辞悼念。

友芝师母钧鉴：

前日从华盛顿传来汶师于二月十四日晚辞世，事寿九十四岁，真是福寿全归，敬祈节哀顺变。今后师母大人必有子女孙辈照拂，该不寂寞。生认为务必放宽心绪，一切以顺其自然。行动时必须小心谨慎，不可跌跤，用杖策行，以其省力而安全。生虽已年进八十五岁，颇为康健，但仍喜策杖步行。生会为您向天祷告，祝福您平安康宁，创造高寿纪录！去年十二月二十日奉读师母手笺，陈述汶师喜欢金怀表，您也喜欢法国丝巾，生十分欣慰。汶师于高兴之余题字相赠，当书如流水行云，令人顿感胸怀开阔，舒朗而钦佩不已。师母复手绘"雄鸡一唱天下白"，独立亮丽，豪壮气概，使生复燃壮志，真是难得的激励。当持续尽力为矿业学术界传播薪火。原拟春暖之时，将此两杰作，裱褙之后，摄照奉览，怎奈汶师业已抱朴归真啊！

生为快速通知当年受业于汶师在台之土木、矿冶系学子，但土木者于中老年时，多已赴美，很少留台，但我将寄我们对恩师的致唁词文刊登于《交大友声》，以俾汶师和师母于六十几年来之概况和贡献，周知"交大人"同事福报。

专此敬请

节哀顺变

平安康宁

生卢善栋顿首再拜

2002 年 2 月 18 日

旋接获西南交通大学李汶教授治丧委员会 2002 年 2 月 15 日讣告，全文如下：

我校老教授李汶同志因病于 2002 年 2 月 14 日在成都逝世，享年 93 岁。

李汶，江苏镇江人，1909 年 10 月 13 日生。1933 年毕业于我校，是土木工程系建筑门第一届毕业生。毕业后留校任教，曾兼任学校图书馆馆长。

李汶教授于 1962 年加入九三学社，曾任九三学社西南交通大学委员会主任委员，九三学社四川省委委员。

　　李汶教授有很高的学术造诣，获得过许多荣誉。曾任中国建筑学会、中国建筑师学会、四川省建筑学会等多个学会的委员，曾任中国铁路词典编撰委员会副总编，四川省高校职称评审委员会委员、四川省成都市重要民用建筑设计方案评审委员会副主任、评委。为表彰他对我国教育、建筑事业的突出贡献，1992 年他被批准享受政府特殊津贴，返休后继续发挥余热，1999 年获"四川省跨世纪杰出老人"荣誉称号。

　　李汶教授在我校执教近 70 年，治学严谨，严格要求，教书育人，循循善诱，深得学生的尊敬与爱戴，为国家培养了一代忠于职守、技术精湛的建设人才，李汶教授的学生遍布世界各地，桃李满天下，赞誉满寰宇，是我校一代宗师，光照后人。

　　李汶教授爱校如家，学校在战乱迁徙过程中，他与学校同甘苦、共患难，尽自己最大的努力，与其他老师共同支撑学校，使我校渡过了颠沛流离、风雨飘摇的坎坷岁月，在学校历次建校过程中，李教授亲自领导和参与了勘测设计工作，并在镇江和唐山的工业建筑建设中，都做出了卓越贡献。

　　李汶教授忠于党的教育事业，平易近人，和蔼可亲，高风亮节，启迪后人，才高德馨、楷模长存。

　　李汶教授为学校的发展做出了卓越的贡献，他的逝世是我校、我国教育事业和铁路建设的重大损失，让我们继承李汶教授的事业，为把西南交通大学办成国内一流、世界知名的大学而努力奋斗！

　　李汶教授安息吧！

　　2002 年 3 月 13 日复获师母田友芝手书，概录于下：

善栋学弟：您好！

　　谢谢您及台湾诸位校友叠次来函来电，深切吊唁李汶，又亲切慰藉节哀，实深感荷。

　　李汶在一月二十六日家中，有本校医生来家玩耍，感到他精神欠佳，嘱去医院检查，当即去华西医大附院（我儿媳在该院工作）经全身检查，并无疾病，只电解质微缺，诊断为营养不良（即平素饮食太少，不能满足所需而致）。二十天输液补充，仍无济于事，逐渐衰败下去，可以说无病而终。在治疗过程中，医生已尽全力，束手无策，只有听天命了。临终无痛苦，很安详，特此略率其情，我亦托福健康如昔。请释念，有机时我们再晤及叙谈。

　　日前我和孩子们正在选择墓地，成都周边各公墓已看过，近据闻有新设塔式墓群，不日拟走访一番再为定夺，余容再叙。专此敬请

康乐 请代向台湾诸位校友问候

孩子们附笔请安，友芝手书

3月5日

李汶教授一生如此以校为家，有为有守，衷心爱国，不忮不求的精神，确为我们全国五个交大校友们的典范，谨借《交大友声》传播全球，以资传承李汶师之精神，为发展交大成为世界一流知名大学，而努力奋斗！

综言之，李汶教授在世九十四岁，从事教育七十年，而我和他相遇于祖国最危难、中华民族最勇敢的抗日战争年代，在穷乡僻壤、古称"鬼方"的山城平越，他为教育救国，我为读书救国，而同为兴亡图存、重建美丽雄壮河山而努力奋斗，在一起共度苦难生活，仅整整四年，最密切而受教和互相了解也不过一年有余，以及最后散而复通讯交往，互流着重温旧梦而澎湃的热情，上天也只给我们半年的时光。所以李汶教授一生的辉煌事迹，是以治丧委员会的讣告所表述的为准。他是跨世纪杰出人物，他是一代宗师，光照后人，尤其"以校为家，有为有守，衷心爱国，无忮无求"的高风亮节，确为我们全国五个交大校友们的典范，普天下人师的楷模！可是李汶教授在我心坎里，永远是一位温文儒雅，和蔼可亲的严师益友。他激励后进，爱人如己，视富贵如浮云，他愉悦含笑升天，超脱他在人间潇洒的一生呢！

（本文原载于《烽火弦歌——交大唐平两院三系校友诗文集》）

转引自杨树彦主编：《西南（唐山）交通大学校史资料选辑（第三十五辑）》（四川成都：西南交通大学校史编辑室，2008年，第72~76页）

愿母校岁岁增辉

唐振绪

　　西南交通大学是我的母校。我曾经在这个学校学习过，那时学校还在唐山，1935 年夏天，我在那里获得了土木工程学士学位。我也在这个学校工作过，在 1949 年和 1950 年这两年，这正是母校大转变的两年。我返回母校担任当时的国立唐山工学院院长。在中华人民共和国成立前夕，学校南迁上海，在那风雨飘摇的艰难岁月里，以及后来学校返回唐山以后的大发展时期，我曾和全校的老师们、同学们、职工们、家属们以及校友们战斗在一起，渡过那难忘的日日夜夜。回想起来，宛如昨日，记忆犹新，难以磨灭。我对于母校是有着十分深厚的感情的。

　　我离开母校，调到北京铁道部科学研究院工作，已经将近三十一年了。今天，母校经过三十一年的发展，在"天下名山"峨眉山下，重建校园，完全是一派崭新的面貌。抚今追昔，心情的确是很激动的，可以说真是感触万端！

　　西南交通大学是原来唐山交通大学（以后又称国立唐山工学院）的继续。因此，我们学校是一所历史悠久、国内外知名的大学。从历史上说，最初创办于 1896 年，也就是清朝光绪二十二年。开始是在山海关，名称叫铁路官学堂，距今已有 85 年了。由于帝国主义八国联军侵略的影响，山海关校址被毁。到 1905 年又在唐山开办，名称叫路矿学堂。从这时算起到 1949 年，有 44 年的历史，加上中华人民共和国成立至今 32 年，就是 76 年。1950 年 5 月 15 日，我们在唐山就举办过母校成立 45 周年的庆祝活动，铁道部滕代远部长从北京赶来参加了，我在庆祝大会上做了"唐院第四十五年"的报告，那是从 1905 年在唐山重新开办时算起的。其实加上从山海关创办时算起的 9 年，应该是到今年 85 周年了。在全国，像我们这样历史悠久的大学是不多的。

　　一所学校，能够这么多年一直存在和发展下去，受到了国内和国外的重视，并不是偶然的。主要是我校多少年来，有一支忠诚于教育事业的教师队伍，而且历史地形成了"刻苦钻研，严格要求，艰苦朴素"的校风。回想起过去我的老师们，从参加学校的工作之日起，就"以身相许"、永志不渝，一辈子在唐山扎下根了。他们以能在唐山教书为无上光荣。他们全力以赴，以教好学生为终身奋斗目标。中华人民共和国成立前，唐山并不安宁，学校饱经战乱，几度搬迁。抗日战争期间，学校辗转于湖南、贵州、四川各省达 9 年之久。后来南迁上海，以罗忠忱、伍镜湖、李斐英、黄寿恒、顾宜孙等老师们为首的教师队伍，都是携带家小，随校奔波，借住在上海交大旧文治堂的地板上，像统舱一样，男女老幼，同处一室，熬着炎热的夏天。在那"此处不留人、自有留人处"的散漫社会中，我没有听到过一句不安心的话，也没有哪一位教师想"另有高就"。真正是以校为家，与学校同甘苦、共存亡。这支教师队伍"律己严、课学勤、治事谨"，好学不倦，过着俭朴的生活，为母校做出了巨大的贡献。至今念及，令人高山仰止，肃然起敬。早在 1917 年，在全国专门以上学校成绩展览会上。母校被评为成绩第一。长期以来，母校教学质量、学生学习成绩，都是国际水平的。只凭盖有我校校章的成绩单，即可直接升入国外相应的著名的大学研究生院，不需再经过任何测验，也不需再补读任何课程。美国康奈尔大学历史悠久（成立于 1865 年），是国际上著名的拥有理、工、农、医、文、法等科的综合性大学。它以勇于创新，严格要求而闻名。我校曾一度被称为"东方的康奈尔"，原因可能就在于此。

唐山在我记忆中，当时是一个北方工业城镇。有开滦煤矿、启新水泥厂和铁路南厂等。既非首都，又不是省会，也不是科学教育文化中心，也不是水陆交通枢纽，连能提得上的名胜古迹都没有。过去的唐山市以有这所著名的大学而闻名天下。从火车站下车，往东是去市区，往西经过大学路，远远望去就看到万绿丛中一片建筑物，就快到学校了。它僻处唐山市郊外的一角，有如世外桃源，自成天地。在这一片古老的建筑物中，有宽敞的东西楼讲堂、有藏书丰富的图书馆、有实验馆和高大的实习工厂、有游泳池和运动场地、有教员住宅群、许多处学生宿舍、食堂、医院、办公楼等，一应俱全，是一个非常清静安谧的读书环境。在我在校求学的 9 年期间（1926—1935 年，我上了补习班、预科和大学本科，中间因病休学两年），很少听见哪位教师出差，甚至于很少出门上街。除了暑期测量实习去北京西山和塘沽以外，寒暑假老师们也不离校。真是全校师生员一心不二用，刻苦钻研，艰苦朴素，为振兴中华，为国家踏踏实实地培养下一代专家而努力。

我在唐山毕业，并在现场工作一年后，就去美国继续学习和研究将近十年。据我的观察，无论国内和国外，要使学校兴旺发达，能培养出"出类拔萃"的专门人才，首先要有一支忠诚于教育事业和高水平的教师队伍，同时也要有经过严格选拔、素质好的学生队伍，再就是要形成值得骄傲的优良传统和校风。三者都不可缺，必须给予极大的重视。这一点，在我的母校是可以引以为自豪的。希望能发扬光大，不断提高。

中华人民共和国成立后，母校有了新的生命，呈现出一片光芒万丈的远大前景。学校从上海迁回唐山原校址以后，就和老解放区来的华北交通学院的师生员工汇合在一起，成立了新的唐院，我本是中华人民共和国成立前国立唐山工学院的院长，中华人民共和国成立后滕代远部长任命我为新的唐院院务委员会主任委员，继续领导院务的进行。在党的领导下，我们决心把母校办成以铁路为重点的、既是教育中心又是科学研究中心的、综合性理工科大学。在老唐院的基础上，一面健全原有的土木、建筑、采矿、冶金四个系，又新增设了机械、电机、化工三个系。此外，并增设了铁路工程、电讯工程、号志工程、机车工程、客货车工程共五个专修科，还有预科一班。另外，在校内还建立了铁道部铁道技术研究所，由我兼任所长。当时我们千方百计从国内外争取聘请知名的专家学者，来充实增强我们的教师队伍和研究队伍。当时新聘请来的教授、副教授这一级的专家学者就有80多位。还有数量更大的讲师、助教级人员，目前也早已是副教授以上的骨干了。今日回想起来，当时的确是母校历史上最兴盛的时期之一。在我离开母校调来北京以后，研究所也接着迁来北京，今天也已发展成拥有10个专业研究所、2个工厂、1个环行铁道试验段和6000名职工的铁道部科学研究院了。以后全国高等院校进行了调整，母校只留铁道专业，并更名为唐山铁道学院。以系主任何杰教授为首的采矿系全体师生迁来北京，成为当时新办的北京矿业学院的基础，以系主任张文奇教授为首的冶金系全体师生，迁来北京办起了新的北京钢铁学院。以刘福泰、徐中两教授为系主任的建筑系全体师生并入了天津大学，以余国琮教授为系主任的化工系全体师生也并入了天津大学。还有许多位知名教师支援了中国科学院、清华大学、上海交通大学、北京地质学院等和国防部门。并且还支援了铁路系统的北京、兰州、长沙3个铁道学院。因此，在解放初期母校所做的努力，不仅壮大了自己，也为以后我国各地高等教育和科学研究事业的发展贡献了力量。

今天，在我们举国欢庆中国共产党成立六十周年的大喜日子里，我们迎来了母校85周年的校庆，使我感到格外的兴奋。目前，党和国家在总结了历史的经验，正处在拨乱反正、继往开来的重要历史时期。在这新的历史时期，我们全国人民的奋斗目标，就是要把我们的国家，逐步建设成为具有现代农业、现代工业、现代国防和现代科学技术的，具有高度民主和高度文明的社会主义强国。这一伟大的转折、正确的方针政策，顺乎人心和党心。在我们隆重纪念母校 85 周年校庆的时刻，我们要下定决心，在党的领导下，在坚持四项基本原则的基础上，继续发扬愚公移山的精神，同心同德，排除万难，为把母校办成一所具有国际水平、第一流的重点大学而努力奋斗。愿母校在祖国的新长征中、在振兴中华的伟大事业中，发挥它更大的光辉！

最后，让我们借这次母校庆的机会，向全体在校师生员工和家属们，致以热烈的祝贺的衷心的问候！

（本文原载于《西南交通大学建校 85 周年纪念文集》）

转引自杨树彦主编：《西南（唐山）交通大学校史资料选辑（第一辑）》（四川成都：西南交通大学校史编辑室，1992 年，第 31～32 页，下转 24 页）

李汶教授访谈录

一、我校是怎样出名的

校史办要我谈我校几十年在外面比较出名的原因，学校光荣的重大史实，学校的传统，我考虑了一下，有几方面。

学校出名，很多方面，首先靠学生的成绩。学校出去考试得了第一。1912年招考工程练（实）习生，考的人特别多，报名500多人，只取了28名，我校有23人报名，全部录取，考了个第一，大家都知道了这个学校培养出来的人水平高。其次是茅老和王节尧，他们两位毕业生的作业送去参加1916年全国工科高等学校作业成绩展览评比会，我们得了第一，90多分，教育总长特嘉奖一块"竢实扬华"的匾，所以，出名是靠学生的成绩。

在国内出名，还有是考取官费出国留学的人多，我所知道的有茅老、黄（寿恒）教授从清华考出去的，其他老的如杜镇远、侯家源、赵祖康等是怎么出国留学的不清楚，我毕业后几年比较清楚些，1933年我班林同骅考取清华官费，1934年考取省官费的有7名，他们是31届王志超（山东省）、崔宗培（河南省）、涂久政（湖北省），32届的黄万里（江苏省）、李镇南（湖北省），33届的殷之澜（安徽省）、刘恢先（江西省），1935年我班的张维和严恺考取庚款官费，1936年32届的顾兆勋考取英庚款官费。抗日战争胜利后1945年，国家第一次招考官费留学，我校有7名被录取，郭可詹教授、高渠清教授就是其中的两名，1946年国家第二次招考官费留学，我校有4名被录取，劳远昌教授就是其中的一名。

在国外出名头一炮打响是茅老，毕业了，清华送出国，进康奈尔大学，康大不承认我校的成绩，要考他的大学课程，认为中国落后，怕跟不上，叫他考试，头一次考本科，得特优，第二次考研究生，又是特优，比美国学生都好，从此，康奈尔大学做出决定，凡是唐院毕业的学生，入学为研究生免予入学考试。还有一个出名，就是茅老的论文"二次应力"，轰动全美国，康奈尔大学校长认为，这是一份突出的论文，这些给我校在国外争得很大的荣誉。另外，我校到国外各校上学的人很多，除考公费出国外，以前每年还送前一、二名（后来送一名）出国留学，出名就是靠这些学生。现在在美国出名的校友有林同炎教授，被称为"预应力混凝土之父"，林同骅教授。林同骅教授已八十多岁（1991年我国力学会曾为庆贺八十寿辰），他现在还带研究生。

另一方面，也要靠教师，既要水平高的，还要认真负责教育学生的教师。学生出名还需靠老师培养，罗、伍、李、顾、黄"五老"，在学校多年，以教学为终身职业，这5位教授写过什么书没有？一本书也没有。为什么呢？他们整个精力都放在学生身上，所有学生的作业，卷子，都是自己亲自改，每个学生的情况亲自掌握，知道哪个地方不清楚。另外，讲课内容不求高深，而以扎扎实实打基础为主。在学校基础学不好，高深的东西学得很多，知道点皮毛，自己不会用。基础打好，能触类旁通，才有后劲。过去讲完后，还出一些测验题目，看你能不能解决问题。罗教授差不多每周考，学生每天都要复习念书，这样到外面去就习惯，不怕考了。有的老师讲了一大篇，出一个综合问题测试一下。平常书上习题做不做不管，有问题自己去求老师。

还有一个，请新教师，他的水平高低，教得如何，学生很注意。学生水平比较高，差一点的老师来了，要常被学生问得答不出来，只好辞职了。我原来跟的华凤翔老教授，一年后搞飞机去了，后来请的2个老师，一个教了一年自己走了，另一个不到一年就给问走了。学生有一定的水平，来的新书都去看。从前图书馆有这么一个规定，凡来的新书一律摆在教师阅览室，一两月后再给学生看。出现过学生看过的新书，老师没看过，学生把老师问住的情况。

我校为什么能够请到好教师？为什么好的学生都考我们学校？工资待遇比较高，大学毕业出去工作，工资一般为60～70元，我们留下当助教时的工资是90元，多了约三分之一。学生投考我们学校主要是为毕业后的工作，一般都不用发愁，大都是在铁路上工作，待遇较好，也安定。学生在毕业实习时，学校教师出面联系工作，走一圈，大多数单位都要了，就不愁找不到工作。

那时招学生选拔得厉害，起点很高，在中学就是好的，不少是在别的大学念过一年再来考的。有个别的考了两三次才考上。那时学校什么也不管，只管到了晚上11点关灯，关灯后，你点蜡烛，点什么灯都可以，没人查，上不上课也没人管。上课老师点名，不到就扣分，一切用分数来抓。茅老画了一根曲线，旷课三分之一，就扣到不及格了，也不用考了，下学年再说。学校规定的免考有三种情况，一种是旷课超过三分之一；一种是平时成绩40分以下，算不及格；还有一种是好的，平时成绩95分以上的。那时考试认真，差一分就不及格，补考，再不及格就重读，重读不及格，不再重读的被开除的学生，教师们帮助他找工作，但没人说情不开除。有的开除出去工作做得很好。我是预科一年级招收的插班生，到本科一年级又招收了一班新生，与我同级同过学，有记名的共有 96 人，最后毕业的只有 65 人，淘汰率为 32.3%，将近三分之一，据 1928 届的庆承道校友谈，他入预科一年级为两班，共 80 人（那时没有补习班），后又招插班生 10 余人，逐年淘汰，到本科后两班并为一班，毕业时只有 30 人，总淘汰率为 70% 左右，以本科一班 40 人计算，淘汰率为 25%，即四分之一。

总的来说，一个学校出名，要靠有一支忠诚于教育事业和高水平的教师队伍，同时也要有经过严格选拔、素质好的学生队伍，也要有一个艰苦朴素、勤奋学习的好学风，还要有好的图书仪器和设备，以及较好的读书环境才能培养出出类拔萃的专门人才。

二、关于"五老""四少"

"五老"第一位是罗忠忱教授，1912 年到校，在他之前，教授都是外国人，罗教授是我校第一个中国教授，他教理论力学和材料力学。第二位是伍镜湖教授，教铁路工程和铁路测量，1915 年到校。第三位是李斐英教授，教英文和社科学，1916 年到校。第四位是顾宜孙教授，1922 年到校，教钢筋混凝土和结构工程包括设计。最后一位是黄寿恒教授，1921 年到校，教数学。"五老"是我校最早的中国教授。

"四少"头一位是朱泰信教授，1924 届我校毕业，1931—1932 年到校，留学英、法，他教城市规划，开口就是伦敦怎么样，巴黎怎么样，大家给他个外号叫"朱伦巴"。第二位是许元启教授，毕业较早，1921 届的，学的机械工程，来得较晚。我当过他的机械工程、建筑材料等课的助教。在这之前，我跟的是华凤翔教授，跟了一年，他辞职走了，后来请了一位教授，教得不好，一年后自己走了，又请了一位，不久学生把他问垮了，不到一学期就走了，机械工程课停在那儿了。当时由于学校在冀东伪政府统治下，好教师都不愿意来，大家建议，还是请位校友来，朱泰信推荐了许元启，记不太清，可能是 1935 年来的。他原在上海一个洋行工作，待遇相当好。他来后这些课就稳定下来了。第三位是罗河教授，教测量学和天文学，他是 1930 届校友，1935 年到校，在平越时 曾兼任过罗忠忱校长的秘书，丁家坳时官费留学去英国了。（编者注：李汶教授也是"四少"之一，1933 届毕业后留校任教。）

"五老"以终身教学，罗忠忱教授 90 多岁在学校病故，其他几人大多是在学校去世的。"四少"中我是最小的。"四少"是在工作中形成的。他们爱校如家，严于律己，严格要求学生，继承了我校"严谨治学，严格要求，艰苦朴素，实事求是"的优良校风，"四少"比"五老"要年轻一些。他们一生著述不多，整个精力也都用在学生身上，一辈子钻研的就是如何把课讲好，如何把学生教懂、教好。当时国内主要铁路和公路的技术骨干不少出自"五老""四少"的门下，不少人后来成为国内外知名学者、学部委员、大学知名教授，有的还成为美国国家工程学院院士，瑞典皇家工程科学院外籍院士，如茅以升、林同炎、林同骅、张维、严恺等。

"五老"中罗教授教力学，是讲得最好的。他是言教身教，以身作则，上课从来没有迟到过，从来没有请过假，打钟前就来了，一般都是人到了门口才打钟。他要求学生早到。他用英文讲课，他的课听起来很舒服，讲得很流利，很容易懂，比外国老师讲得还好懂。他讲课说一句就是一句，没有废话，很精炼，推理由浅入深。他还有个特长是画画，画的圆特圆，不用圆规，随手一画就是一个标准的圆，他注重基础教学，抓得紧，每个星期都要测验，事先不通知。他不要助教，测验卷子都是自己看，他说这样我才能掌握学生情况，从中知道那个学生程度怎么样，懂了没有。他不要求学生学得很多很深，打好基础，深的就好学了，他除了要求掌握理论和计算方法，而且要求计算结果要准确。他说，搞工程设计与施工计算算错了不仅损失经济，甚至造成重大事故。罗教授当教务长时，缺了老师他常去代课，我们的天文学就是他教的，老唐院就是很注重打好基础，这样将来出去不靠老师，而靠自己。要基础扎实，深的虽然讲得不多，基础好出去后能自学，这才有后劲。

他生活有规律，一早就起来，睡觉、吃饭都有固定时间，无论多忙，晚上九点一定睡觉。他平时独宿书房，仅周六才上楼陪夫人。他衣着俭朴整齐。他以校为家，一生一本著作都没有，全部精力都用在学生身上。他对每个学生的情况都清楚。凡是学校买的（他那门课）的新书他都要看过，充实讲课内容。

茅老在罗老师追悼会上写的挽联的下联对他的评价是这样的："无意求闻达，有功在树人，此日高山仰止，长怀遗范悼思深。"

顾教授课程安排非常仔细，每学期开学上课，发给学生一张打印的授课计划，这学期讲什么课，哪一讲讲什么，哪一周搞设计，设计什么，事先都会安排清楚，非常具体。全班几十个人的设计资料都不同。他要求学生所有设计报告计算书都要用工程字写，所有的资料都是他一个人批阅，哪里错了及时给你提出，以免影响下一步设计。一学期下来，一个完整的结构就设计出来了，他要求学生按时交作业，到时不交就扣分。他说，你出去工作，下达的任务就要按时完成，后来学生毕业出去都能准时完成所给的任务，这是平时训练的结果。

他认识每个学生，名字、学号都知道，他教学和待人的态度非常诚恳谦虚，不断学习，使学生获得更广泛的知识。

黄教授教一、二年级数学，他是天才式教学，常在课堂独自进行讨论。当时入学新生水平差些的听不懂，要听第二遍才听得出点味道来，好学生就说他教得好，当时说黄教授教得好的不多。

伍镜湖教授教的铁路选线测量，去野外实习，到了 65 岁时，仍然亲自带队。

李斐英教授讲的英语，讲得准确清晰，远胜于外国教师。

"五老"中只有黄寿恒教授是学校毕业的，其他 4 位都是外校毕业，一来就没动过，终身在学校。

"四少"中朱泰信办法和主意多，能讲能写，孙鸿哲院长很器重他。他有个理论，说，现在要以以校为家替代以前的家族观念。"以校为家"就是他最早提出来的，他离开学校的时候，跟我和罗河谈话，要我们一直留在学校，为母校贡献力量，教一辈子书。

许元启在湘潭复校时，部里未曾承认不给经费，学校经费紧张，他把自己在洋行工作时积蓄的养老津贴用了不少，直到他去世后，家里生活困难，他的夫人才讲出来。学校给他夫人补助了 500 元，遗憾的是钱还没拿到手，许夫人就去世了。

罗河主讲测量和天文课，他奉行"少而精"，主张培养学生独立思考能力。他曾出过这样一个考题，假如太阳不从东方出来，而是从西方出来，各种数据与公式（大意如此，非原题）又怎么样？他是国内外最早提出用解析方法处理航测问题的学者之一，1983 年他的名字被载入《中国科学家传略辞典》。

整理人　韩琴英

1993 年 9 月

　　注：本文根据录音摘要整理，已经本人审阅。

选自杨树彦主编：《西南（唐山）交通大学校史资料选辑（第五辑）》（四川成都：西南交通大学校史编辑室，1993 年，第 30～33 页）

西南交大吴鹿鸣教授：钟情一生为教学

韩天琪

传道、授业、解惑是每一名为人师者所追求的理想，但能在讲台上坚持到77 岁的师者并不多见，更不用说在其一生的执教生涯中已获得教学领域的"大满贯"：2001 年获国家级教学成果二等奖，2003 年获首届国家教学名师，2005年、2009 年获国家级教学成果一等奖，2013 年获四川省教学成果一等奖，2016年获教育部中国大学 MOOC（慕课）特殊贡献奖。而西南交通大学吴鹿鸣教授便是这样一位师者。

2016 年 9 月，吴鹿鸣逝世，西南交通大学新媒体平台发起网上悼念。一时间，全国各地吴鹿鸣曾经教过的学生纷纷留言，其中甚至还有 30 多年前听过吴鹿鸣讲课的学生。

在他的学生心目中，吴鹿鸣是一位声如洪钟、充满激情、愿意帮助学生的老师，是一位真正的教育家。

"77 岁时，吴老师还坚持给本科生讲课。"吴鹿鸣的关门弟子、西南交通大学机械工程学院教授张祖涛在接受《中国科学报》采访时表示，吴鹿鸣一生致力于机械工程领域的教学，他一直希望将自己毕生的积累传授给更多的学生。

2013 年，慕课开始进入我国。吴鹿鸣敏锐地感觉到大规模在线教育将打破大学的"围墙"，让更多人从中受益。就在当年，吴鹿鸣开始录制他的第一门慕课课程，2013 年正式上线。这是国内机械设计的第一门慕课，也是西南地区上线的第一门慕课。2017 年 12 月，"机械设计"慕课被评为首批国家精品在线开放课程。

"他把毕生在机械设计这门课程的理念都讲到这门慕课课程中了。"在吴鹿鸣去世之后，机械设计教研室团队按照吴鹿鸣生前的规划，沿着这条路继续走下去。

2016 年，在吴鹿鸣影响下，张祖涛、罗大兵和潘亚嘉等团队老师萌生了把多年科创竞赛指导经验录制成慕课的想法。经了解，当时在中国大学 MOOC 平台 2000 多门在线课程中，没有大学生科技创新指导类课程。于是，吴鹿鸣的慕课团队专门拨打了中国大学 MOOC 负责人的电话，介绍了团队科创竞赛指导经验以及把大学生科技创新指导做成慕课的规划。负责人在电话那头听到张祖涛激动地讲着，就让他先录制一门《大学生科技创新课程之机械创新设计大赛》，结果第一集样片录制后，大受欢迎。而这一录制，就是 8 门慕课。

"那一年，我们不是在录制慕课，就是在录制慕课的路上。现在回忆起来，正是二十年耳濡目染吴老师对教学的激情和冲劲，才有一年录制 8 门慕课的动力。"罗大兵记得，2012 年，年近 80 岁的吴鹿鸣连着两个月每天录制慕课课程到凌晨一点多。"我们年轻人还有什么理由不投入呢？"

在 2018 年 12 月教育部公布的第二批国家精品在线开放课程名单中，吴鹿鸣弟子团队主讲的《大学生科技创新系列课程》8 门慕课在获奖名单之列。

教育和教学的本质是传承，需要一代又一代人的积累，在高校尤其如此。在唐山铁道学院（西南交通大学前身）读书时，吴鹿鸣就遇到了良师，教授投影几何的李汶教授、教授力学的孙训方教授都是吴鹿鸣的授业恩师。这些教授在学校乃至全国都是响当当的名师。在学习力学时，孙训方为吴鹿鸣开了"小灶"，吴鹿鸣由此在教授的科研小组中开始接受科学研究的基础培养。李汶讲授的投影变换锻炼了吴鹿鸣快速敏捷的思维。他们的风范与教诲为吴鹿鸣日后的发展铺好了道路。以至于当他获得首届国家级教学名师的称号时，他都感念这些老师，"百年名校拥有一大批教学名师，只不过我运气好，获得了这份荣誉"。

西南交通大学有 123 年的历史，是中国第一所工程高等学府，中国土木工程、交通工程、矿冶工程高等教育的发祥地，交通大学最早两大源头之一。悠久的历史和文化传承积淀了本科教学的传统。

在张祖涛看来，和同门师兄罗大兵能够追随吴鹿鸣的脚步坚守在本科教学一线，一方面是受到这种文化传承的影响，另一方面也感染于吴鹿鸣充满激情的人格魅力。

"吴老师 77 岁时在一楼上课，二楼都能听得到。"张祖涛说，虽然彼时吴鹿鸣年近耄耋，但他的乐观、豁达和对教学的激情未减半分。

20 多年前，张祖涛和罗大兵毕业时曾面临各种各样的职业选择。吴鹿鸣对他们说，"我觉得你们俩还是比较适合当老师。" 吴鹿鸣在弟子们身上看到了他自己富有激情、充满干劲的影子。

"我们一路走来都是受到吴老师的影响，我们有责任和义务把吴老师的精神、把对本科教学一线的热情传承下去。"吴鹿鸣的弟子们都坦言，要沿着教学这条路坚持往下走，"把这种精神传递下去"。

"精勤求学、敦笃励志、果毅力行、忠恕任事"，这是西南交通大学的校训。吴鹿鸣一生所追求的教书育人的理想无非是交大人对精勤求学、忠恕任事的执着坚守，对弘文励教、交通天下的不懈追求。

2019 年

（选自《中国科学报》2019 年 1 月 23 日第 5 版）

张维廉

张维廉教授，山东省济南市人，1933 年 4 月 15 日出生，中共党员。1947 年前在原籍读小学和初中，初中毕业后考入济南高级工业学校染织科。1948 年济南解放，济南高级工业学校与其他学校合并成立山东省工业专科学校，后转入土木科。1950 年转入山东省立第二中学，1951 年高中毕业考入北方交通大学唐山工学院电机系学习。1952 年院系调整，学校改名为唐山铁道学院。1955 年大学毕业，留校任电气运输系电工及电机教研室助教兼秘书，后又任电机实验室主任；1962 年晋升为讲师。1958 年，学校成立电工学教研室，任命其为副主任。1973 年学校迁四川峨眉，更名为西南交通大学，张维廉随后被调为机械工程一系任电工及电子技术基础教研室副主任、主任和应用电子技术研究室主任；1981 年晋升为副教授，1987 年晋升为教授。1991 年，被调入电气工程系，担任应用电子技术教研室主任。1995 年退休。任职期间曾讲授数门本科课程和研究生课程，并指导硕士研究生数名。

致力于教学改革，倡导教学科研两手抓

张维廉教授多年来一直十分重视教育思想的研究，积极参加教学改革的实践。早在 20 世纪 60 年代，他极力推崇毛泽东关于改变填鸭式教学为启发式教学的思想。在传授知识的同时，加强对学生能力的培养。在教学内容上贯彻少而精，使学生有更多的时间自学和动手。

到了 80 年代初，随着研究生教育的恢复，他把学生参加科研活动看成是未来研究生的前期训练。在指导研究生工作中，除了提高学生的理论水平，还注意培养他们的实践能力，使学位论文不但具有一定的理论水平，还具有实用性，并在实验室内亲自指导试验装置的调试。

张维廉教授的教育思想是开放的。他主张：应该用发展的、全方位的观点看待教育。对一个技术人员来说，在学校接受教育，出了学校，在社会同样受教育，年轻时受教育，年老时还要不断受教育，才能跟得上时代的发展，才能

适应新时代的需要。

张维廉教授一直认为，教书和育人两项工作实质上是分不开的，既教书又育人是每一个人民教师的基本职责。大学教授应该利用讲课讲得好，赢得同学信赖时，抓紧机会，对同学的思想品德多加引导，使同学德智体全面发展。半个世纪以来，他时时严于律己，处处为人师表，担负起教书育人的两副重担。岁月流逝，但学生们对这位老师的印象仍非常深刻，至今师生间还有深厚感情。

张维廉教授在讲课前认真备课，开讲前必编印出讲义，讲课时既注意技巧，又善用启发方式。他经常在课余时间与学生个别交谈，引导学生提高道德修养、学会待人接物。对于他指导的研究生，他还强调培育科学道德和团队精神对于他日投身社会的重要意义。

几十年的教学科研实践使他逐渐认识到，高校不仅应该承担教学任务，也应该承担起科研任务。在完成了科研任务的同时，可以不断地充实教学内容，开出新的课程，以适应时代的要求。作为技术基础课的教师，在选择科研方向及寻找科研课题方面，就不如专业教研室那么容易，因为专业课教师有"天时""地利"，与现场联系紧密，科研方向明确，科研课题来源多。那么技术基础课的教师只能取"人和"，他首先根据自身的条件，到工厂、企业以及研究单位广泛地收集资料，与其他学科的教师和研究人员进行协作，先后曾参与焊接、机械制造、电力电子技术、城市交通、模糊数学各领域的科研工作。通过这些科研工作，确定科研方向为"测控系统的研究"，并在系统研究中广泛运用了计算机新技术、电力电子新器件和新技术、控制新方法等。并依此制定出课程的新教学大纲，开出了新的课程。如：将过去"电工学"课程中电机部分的内容减少，同时加强电子技术的内容，并将多学时的"电工学"课程分为"电工技术基础"和"电子技术基础"两门课，并开出了"微型计算机系统设计""模糊控制"和"焊接自动化"等研究生课程。他为了不断拓宽拓深教学和科研工作，在追踪并阅读科技文献资料上孜孜不倦，在编写教材，撰写学术论文与专著，编写科普文章上，也做出了很大的贡献。主要科研成果有："铁路摩托车辆专用牵引变压器的设计研究"，主持制造和调试工作；"工频感应电炉控制系统的研究"，并参加安装与调试，"由微型计算机控制晶闸管直流斩波器研究"，并应用于城市无轨电车上；"带磁切削的机理研究"，主持设计研制刀具磁化机；"自组织模糊控制器的研究"，负责系统整体设计。

重视培养和提拔青年教师

作为教研室主任，张维廉教授对中、青年教师的成长极为关心，把这看成是办好学校的最关键的问题。对青年教师的实验技能他一贯严格要求。常以老交大严谨治学的事例引导青年教师。对他们在学术上的新见解和新思想，他总是给予热情的鼓励和引导，并尽量创造条件，使其尽快成功。在对待人才上，他大度无私，开诚相见，从不怕别人超过自己，看到中青年的成就时，总是如获珍宝，大力支持。

张维廉教授经常教诲青年教师：教学过程是师生同一时间对同一问题，以差不多同样的速度、同样的逻辑推理来进行思考的过程。他常常为青年教师作讲课示范，又认真批阅他们的讲稿，并告诫他们，开新课时要置身于讲台面对学生期待知识的目光。他还经常亲临教室听青年教师上课，课后就青年教师讲课时对重点内容的表述和问题转折处的关键语句，板书安排，以及在讲台上站立的位置等，都会提出精辟而独到的见解。张维廉教授有一套令人叹服的授课本领。他能使课室内的 100 多位学生自始至终跟着他的讲授进行思考。他善于用准确的词句，严密的逻辑推理，抑扬顿挫的语调，以及井然有序的板书，可以把抽象的物理原理和数学表述，既高度概括，又深入浅出，引人入胜。但是当年曾经受业于他的学生和出于他们下的当今教师，无不对他的教学方法和教学效果叹为观止。

张维廉教授严谨刻苦、一丝不苟的治学态度，在许多熟悉他的师生中是有口皆碑的。他常向中青年教师和研究生介绍自己的治学经验。他认为治学要做到以下几点，第一，要适应技术发展趋势，力求快速前进；第二，既要有广泛的知识面，又要深入钻研专业；第三，要与培养学生相结合，教学相长。

张维廉教授在无偿输出知识与贡献智慧上甘为孺子牛的精神，还表现在对校园外的贡献。凡慕名前来求教的社会各界人士，无论是同行专家、厂矿企业的专业人员，还是稚嫩的青年学子，他都待之以宾，不厌其烦和毫无保留的倾其所知，还经常不避辛劳地应邀亲赴所议定的实验室、设计所、试验基地或生产车间，指导他们解决技术难题。

张维廉教授的奖掖后进和促进人才成长的赤子之心，在他长期与校外任职的工作中，也都做出了许多令人敬仰的贡献。校外任职：中国高校电工学研究会理事，电子高等教育学会理事，四川省电工学研究会理事长，四川省铁道学会自动化专业委员会副主任委员，1988—1993 年任四川建筑材料学院电气自动化系兼职教授。

　　张维廉教授从事教育科学事业长达半个世纪，他不仅教书，而且育人；不仅善为人师，而且甘为人梯。为了新人的成长，张维廉教授放弃、牺牲了许多东西，但他是愉快的。他常说"一花独放不是春"，"一个人的力量总是有限的，要许多人才能成就一个大事业"，每年的师资培训，每年的教学检查，都能看到他忙碌的身影。

　　张维廉教授是一位著名的学者，他的严谨的治学精神，他的诲人不倦的高尚品德，他直至现在犹以"生命不息、奋蹄不止"自励的赤子之心，已被他所服务过的单位，他的师友和学生视为宝贵的精神财富并将继续影响着一代又一代人。

　　选自杨树彦主编:《西南（唐山）交通大学校史资料选辑（第二十九辑）》(四川成都：西南交通大学校史编辑室，2006 年，第 52～54 页)

万复光

朱正安　　刘学毅

　　万复光，著名铁道工程专家，资深教授，博士生导师。长期潜心致力于铁路轨道结构理论和轨道动力学的教学和科研，是我国无缝铁路结构理论和应用研究领域的开拓者之一。他针对无缝线路新技术的疑难，顽强攻关，解决了理论和设计方法，突破了人们称之为无缝线路的禁区，解决了扣件断裂与设计中长期存在的理论问题；针对轨道结构理论中的轮轨关系这一世界性的难题，进行技术创新，把车辆—轨道—路基系统动力学的建模及理论提高到了新的高度；在三维、耦合振动系统研究方面的成果处于国内本学科领域前沿。他的研究成果在中国铁路"九·五"发展规划、中国铁路 2010 年中长期规划以及中西部地区及东西交通路网规划中发挥了应有的作用。他还利用学科前沿的研究成果及时地主持研究了铁路工程建设监理规范，并编制了我国第一部铁路工程监理规范，为我国的铁路现代化建设做出了贡献。

勤奋求知　不断进取

　　万复光 1934 年出生于江苏无锡，父亲万振新是一名工人，母亲黄桂娣在无锡乡下务农，家境清贫。耕读传家，贫寒励志，童年的万复光就懂得求知进取，学习非常勤奋。1946 年他小学毕业后，先后就读于无锡杨东初级中学和无锡江南中学。1952 年万复光以优异的成绩毕业并参加了全国第一次大学统一招生考试，以第一志愿被交通大学唐山工学院土木系录取。经过 4 年的刻苦学习，1956 年他以优异的成绩毕业于铁道建筑专业，并留校任教。留校后被分配在线路构造教研室（现轨道教研室）担任教学工作。1957 年至 1959 年万复光随来校任教的苏联专家斯科洛杜莫夫脱产进修两年。1971 年，学校内迁四川峨眉后，万复光随学校其他师生员工一道来到了峨眉，边建校边办学。粉碎"四人帮"后，科学的春风吹遍了祖国大地，在全国上下尊重科学、尊重知识，以及"科技是第一生产力"的大好形势下，万复光的内心呈现出了从未有过的振奋。他努力地学习、工作，不断地挑战新的领域，并于1990年受学校委派前往美国特拉华大学任高级访问学者。

在美期间，万复光一方面积极学习别国先进技术，一方面深入思考中国铁路的现代化问题和我国铁路人才的培养。他决心用自己所学的先进理论技术为中国铁路现代化贡献自己的力量。

探索奋进　突破禁区

无缝线路轨道结构在我国推广应用中人称有4个禁区，即：桥上、大坡道、小半径、高寒地区，这严重影响着这项国际铁路新技术的进一步推广。为此，铁道部于20世纪70年代对无缝铁路结构理论设立了4个相关课题进行研究。万复光与同行合作主持了有碴桥上铺设无缝线路、大坡道上铺设无缝线路两项试验研究，并参加了减少山区铁路坡道小半径曲线内钢轨侧磨的技术措施课题研究，不但对解决无缝线路新技术的疑难问题起到了实质性的效果，而且解决了理论和设计方法，突破了人们称之为的无缝线路的禁区。研究成果通过了鉴定。4个禁区的突破，使得于20世纪50年代末就开始研究的我国无缝线路新技术日趋完善，为国家的铁路工程建设，促进铁路科技进步发挥了重要作用，该项目获得了国家科技进步一等奖和省部级科技进步奖。

攻克难题　创新技术

为了深层次地解决无缝线路的技术问题，20世纪90年代万复光又向无缝线路的动态稳定性问题的研究发起了冲击。

轨道扣件是轨道结构的重要部分，受力非常复杂。扣件主要理论基础是研究扣件空间曲杆复杂应力的力学分析。早在20世纪70年代，万复光就与同行合作主持了铁道部科研项目"箱形无碴梁的桥面扣件"的研究，提出了轨道扣件的三项受力和三维力学分析理论，解决了扣件断裂与设计中长期存在的理论问题。随后，他又承担了铁道部项目"与新型轨枕配套的弹性扣件"的研究，完成了扣件的理论研究，其中包括参数、力学分析模型及软件，为我国轨道扣件的深入研究奠定了理论基础。

20世纪80年代末，我国开展了对高速、重载铁路的研究，此时万复光认识到研究轨道结构理论与轨道动力学是为强化现有轨道结构，设计高速、重载铁路的合理轨道结构提供了坚实的理论基础。针对轨道结构理论中的轮轨关系这一世界性的难题，他结合解决钢轨波磨、侧磨、损伤等实际工程问题，选择关键因素开展研究，取得了可喜的实效。随着成果的逐步积累及研究力量的加强，万复光又主持了"轮轨相互作用的轨道动力学"子课题，主持完成了国家教委博士点基金项目"高速铁路轨道动力参数研究"，以及铁道部项目"重载线路钢轨波形磨耗成因及预防减缓措施的研究"，并结合这些研究把车辆——轨道——路基系统动力学的建模及理论提高到了新的高度，同时，进行了三维、耦合振动的系统分析，研究成果处于国内本学科领域前沿。这些成果获得了铁道部科技成果二等奖。由他主持的"减缓山区铁路钢轨侧磨的措施"研究，被列入了铁道部"八五"攻关项目，并通过了鉴定，其措施在实践中被采用。他对轨道动力学及机车车辆与轨道力学的多项研究推动了我国轮轨垂向动力学、横向动力学、道岔区轮轨动力学等应用基础理论的研究。在此基础上万复光还承担了轨道几何尺寸允许误差限度、重载线路钢轨的波磨减缓措施、高速道岔的动力学设计、轨道的合理刚度等项目研究，有效地解决了当前生产中的一些世纪难题，获得了铁道部科技奖和茅以升铁道科技奖。在我国由计划经济向市场经济转型的过程中，万复光及时地主持了铁路工程建设监理规范，并编制了我国第一部铁路工程监理规范，为我国的铁路现代化建设做出了贡献。

淡泊名利　言传身教

学品如人品，身为轨道结构学科领域知名专家的万复光教授，其为人为学的品格和严谨治学的精神更让人称道。年届耄耋的万教授平易近人，和蔼可亲，对待学生更是像对自己孩子一样。自从当上教师那天起，他就为自己立下了座右铭"淡泊名利，言传身教"。这也许是当学生时老师的言传身教对他的影响。作为一名党员教师，他处处严于律己，为人正直。在他心里多培养高质量的铁路建设人才是他最大的心愿，也是他在美国时就一直在考虑的问题。从教40多年来，万复光一直从事铁路轨道结构理论和轨道动力学的教学和科研。长期坚持在教学第一线为本科生和研究生上课。他为本科生讲授过线路构造、线路业务、线路工程、新型轨下基础设计等课程，并亲自带领学生深入铁路现场参加生产实践。自20世纪80年代以来为硕士、博士研究生讲授过轨道结构与轨道动力学、轨道结构理论、轨道动力学、高等轨道动力学、轨道专题等课程，承担硕士、博士研究生的论文指导工作，指导培养了硕士、博士研究生20余人。万复光对学生虽然和蔼可亲，但在学习上的要求是相当严格的。由于受老唐院严谨治学传统的影响，教学工作认真负责，对学生要求严格，40 多年来，经他培养的本科生和研究生已有相当一部分成为工作中的骨干。在工作岗位上的弟子们提到他们的老师万复光无一不产生仰慕和怀念之情。

担任过铁道系系主任和土木学院院长的万复光在培养年轻人方面尽职尽责。每当在课题组推荐获奖时他总是主动让位于年轻人，排名是总是首推年轻人。他积极鼓励年轻人加入党组织。在他培养的博士、硕士生中有 80%的弟子加入了中国共产党。在履行学科带头人职责中，万复光积极组织学科队伍，培养博士生和年轻骨干教师。通过重点课题的研究，一方面让年轻人担任课题负责人及主研人，另一方面积极向国际会议及国内主要刊物推荐论文，使年轻人尽快成长。

成就卓著　享誉学界

万复光教授长期潜心治学，不懈奋斗，取得了丰硕的成果，从而在学科领域居于国内领先地位，在学术界享有较高的学术地位。40 多年来万复光公开出版的论著有论文集、教材、规范、铁路科技名词、中国铁路百科全书等，在国际和国内学术刊物及学术会议上发表了 30 多篇论文，这些论文有的经常被同行多次引用。

1990 年经国务院学位委员会批准万复光成为国务院任命的博士生导师，1991 年被选为四川省铁道学会第四届理事会副理事长兼学术委员会主任。1992 年至 1997 年被聘为国务院学位委员会第三届学科评议组（铁路、公路、水运学科）成员。在此期间，他也兼聘为铁道部高等工科院校铁道、桥梁、隧道专业教学指导委员会主任委员。1995 年被聘为四川省学位委员会首届学科评议组成员（召集人），1998 年，被四川省批准为首批四川省学术和技术带头人。目前，万复光还被学校聘为首批学术带头人培养对象的导师，我校部重点项目高速铁路道岔技术引进及国产化专题组督导组副组长，学校第二届研究生质量督察组组长和第四届本科教学督导组成员，继续活跃在教学科研战线上。万复光把他的真情倾注在了中国铁路的建设与人才培养上。

选自杨树彦主编：《西南（唐山）交通大学校史资料选辑（第二十九辑）》（四川成都：西南交通大学校史编辑室，2006 年，第 73~75 页）

先师罗公建侯讳忠忱廿年祭

黄万里

壬申冬，前唐山交通大学民国廿一年届毕业学生黄万里，怀恩竭诚，正襟肃立，未设羞奠，静默垂首，遥祭先师罗公建侯之灵，于公谢世二十年后，而陈其辞曰：伟哉吾师！弟子曾在学十九年，承恩中外师长不啻百人，然论教诲恳切，授法精湛，任职认真，视学校如家庭，学生如子女，六十年如一日，盖未有出吾师之右者，伟哉师乎！

先生讲授亲切，言辞纵铮，初无重复。口授笔画，从容自如，引人入胜。生徒倾耳危坐，口若衔枚。屏息以听，但闻珠落玉盘，得之于心。所讲深入浅出，必众皆理解而后已。循序开导，凡属必先领会之义解释明白，而后续授，所以宁缺毋罔也。力学课每周六小时，周末一课笔试，探明学生掌握程度，以定下周续讲之深度。先师讲演，概念清晰，运用灵活。国家自设学校延教席授课以来，可谓观止矣。

先师讲课，毕生从未缺席迟到。课前十分钟入备课室；吸一支烟顷，应钟声入讲堂。全体肃立致敬。唐山地处偏僻，其课或缺教席，先生必揽为己任，出而代课。忆弟子在学时，我级工程经济学及大地测量天文课即由先师代授。计先生在校之年，土木系所有课程几皆授过。鸣呼！若吾师之奉公尽职，世间亦已鲜矣。

先师秉性刚正，作风严谨，言必据理剖析，行则循规蹈矩，非公正不发愤。课前徐步以趋，方正有定速，出口侃侃无疾言。生活规律，服装整洁。书斋陈设齐整，夜常独宿斋中，每周末则令仆移卧具上楼，伴师母。先师从不阅小说观戏剧。或叩其故，答曰：明知其为作者所编造，何为费时而信之？其严守所信如此！

先师一九一〇年毕业美国康奈尔大学，其后二十余年弟子入该校时，水利学校教授西雷犹谓，凡中国留学生思考问题大都循哲学路线，惟往昔百罗忠忱者独用科学方法循序分析，料其回国必有大成。其形象深入而持久于人心者如此！先师于民国元年为唐校第一位中国教授，一生授徒逾千人，颇多祖孙三代前后相继入学者。若吾师者可称桃李满天下矣。

先师身历维新运动、民国革命、抗日运动、社会主义革命诸时代，确立爱国主义思想，终其身以教书有育人为己任，不谋官职。然每逢母校受时局动乱，则必挺身而出，率师生行动，渡过难关。以其历经艰巨，一心爱国护校，为师生校友所爱戴。影响所及，全体教师莫不严谨教学，翕然成风，唐山母校乃得全国严教勤学之令名。终先师之一生，其生徒出国成博士者虽仅茅以升等十余人，而当时铁路公路多为先师亲授之校友所建，吾师可安息而无憾矣！伟哉吾师！伟哉吾师！

受业弟子 黄万里 鞠躬

选自杨树彦主编：《西南（唐山）交通大学校史资料选辑（第四辑）》（四川成都：西南交通大学校史编辑室，2006年，第33页）

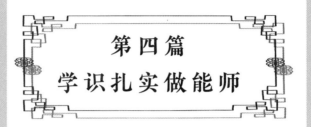

第四篇
学识扎实做能师

　　学识扎实、专业过硬是对老师的专业要求。作为以工科见长的高校，交大教师在专业上更是有着精益求精的追求。本篇主要收录能够反映交大教师有扎实学识的文献资料。

习而学的工程教育

茅以升

　　过去的工程教育，是先学而后习的。以大学的各工程系为例，它们有许多共同特点：① 一律四年毕业，为的是同大学中其他学院（除医科）一致，招生方便。② 第一年必修课程，各系大体相同。使工学院里转系方便。③ 各年级的课程中，基本性的较多，专门性的较少，为的是想求较广的基础。④ 第三、四年级课程内，专门性的选课较多，为的是想求较专的应用。⑤ 四年中理论课程多于实习课程，为的是理论重要，实习只是验证理论。⑥ 理论先讲，实习后做，尤其是最基本的理论，在最先讲，最专门的实习，在最后做，为的是先要头脑搞通，然后双手去做。

　　这些特点，说明过去工程教育的特性：① 它是广泛不精，以培养"通才"为目的的。土木工程系的毕业生，可以参加任何土木工程部门的工作（过去还有一种主张，开通普通工程系，希望那里的毕业生，能做任何工程！还有主张工程学生，应该读人文科学，他毕业后，更可做任何非工程的职务了！）对于选择职业，当然是一种方便，而且有了一般土木工程的基础，在某部门就业以后（也许这个部门并非他在三、四年级选课的对象），对那部门的专、精、深入，亦有帮助。但从他就业的那部门来看，则成为一种负担，他不能立刻生产，他需要继续学习，他就业的那部门，担负了培养"专才"的任务。② 它是以理论为前提，来便利学生选科选系的。而我欣赏在读了一年基本理论（其中小部分是与高中所读重复的）以后，便能决定他是否宜于工程，或是工程的哪一系。机电两系的学生在第二年级读完相同的理论以后，便能决定他是宜于机械或电机。这是唯心主义，从理论出发，来决定个人的职业方向，无形中养成了许多的工程"理论家"。能钻牛角尖，而不会转螺丝帽。③ 它是以理论为基础，施行工程教育的。开始便讲最基本的自然科学，以为科学理论，是一切工程的基本。有了理论，便可启发智慧，举一反三，对于各种工程，经过实习，即能触类旁通了。这似乎是经济办法，而且理论本是经验得来，然这种方法使学生处于被动，形成"填鸭式"的教育，并有空谈理论而好高骛远的危险。④ 它是以实习来帮助理论，不是以理论来贯通实习的。校内实习本已与工程生产脱节，而这脱节的实习还是理论的附属品。于是这理论更与工程生产脱节，成为"脱产理论"。这是过去工程教育最大的特性，是受了过去"学以致用""知而后行"的影响（但并未注意到《大学》中"致知在格物"的"在"字），成为传统的"学而时习之"的教育。

这些特征造成下列现象：① 理论与实际脱节。工程毕业生不能做工人的事，虽说能计算，能画图，能设计，并能写论文，但多半是"纸上谈兵"，不切实际。非在工程现场里，从头学起不可，等他能了解工程的实际时，他原有的理论也许忘记了（也许是陈腐不适用了）。他若不知补充新的理论，便成为落伍的工程师。② 通才与专才脱节。本来是想造就通才的底子，慢慢训练为专才，但只是理论上的通（或仅是书本上的通）是无法到达实际上的"专"的，实际上的专，必须以实践为基础，由此进一步地达到理论上的通。因此工程毕业生，往往是半生不熟的通才。③ 科学与生产脱节，在校读科学，不以生产为对象，因之工程各系的划分，以科学的实质为主，成为土木工程、机械工程、机电工程等系，但在任何的生产工作上，都需要多种工程的配合，任何一种生产的专家，实是相关工程的通才。譬如桥梁工程，并非一个土木工程的通才所能办的，它需要很多的机械工程、机电工程、冶金工程等的理论与实践，方能成为一个桥梁的专才。因此工程各系的划分，如就生产需要而言，是应以学生入学的要求，是重"质"不重"量"。④ 宁可招收少数程度整齐的，不愿训练大量普通的，这是完全受了重视理论的影响。因为理论是可考试计分的，分数多的，便是质好，方能读好第一年级的基本理论，于是理论的分数成为大学的标准。至于这些理论好的学生是否能成为好的工程师，那就无法过问了。其实"好的质"是要从"好的量"来的，尤其是工程工作者。⑤ 对于学生毕业的条件，是一切分数及格，而这分数绝大多数是指理论的课程，至于校内的实习，暑期实习等的作业往往是无关轻重。任何一个大学的"教务规则"对于学生的及格、补考、重读等分数上的规定都非常周密，如同一部法典，将每个学生活生生地捆死，成为"分数奴隶"。完全看作检验工程材料一样。倘若学生对学习工程有兴趣，如同看戏跳舞一般，还需要一套如此机械式的章段督促他多看少看或多跳少跳吗？

这些现象都是不合理的，然而这便是过去工程教育的病态！因为过去是抄袭资本主义国家的教育方法，尤其是美国，而在资本主义国家里：① 工程生产事业大半是私营的。② 大学及专门学校，私立的也很多。③ 学生在校是受一个主人支配，出校就业又受另一个主人支配，而这两个主人各有各的计划，只求自己出品增多，以致形成双方脱节的现象。因此工程学校便想只制造通才，并以理论为号召，希望在各种脱节的情况下替学生多搭些桥梁，免得很多学生落水！

这一套教育方法在我们新的人民民主国家里，应当重新估价了，应当开始改革了！

现在大胆地提出一个建议，并用具体的方法来说。

为了训练桥梁工程师，设立桥梁工程系，招收高中毕业生于秋季及春季入校：① 第一年级新生除受训练一个月外，先在造桥工地实习半年，后在桥梁工厂实习半年。同时实习测量、地质、工程材料、石工等课程。晚间阅读课本（包括政治科目及劳动法令等），练习绘图。一年完毕后，学生认为桥梁不相宜时可改系，认为相宜时可升学。无力续学时可在实习处任桥梁工程的工人或领班工人。② 第二年级前半年在学校读与桥梁有直接关系的理论课程，如结构学、基础学、河工学、机械工程、电机工程等。后半年在现场实习木桥、钢桥、钢筋混凝土桥的施工方法，运用器材，管理人工等技术。同时实习测量、地质、材料、铁路等课程。晚间阅书及绘图。在此二年级完毕时，学生可升学，或就地任监工员或技师。③ 第三年级前半年在学校读较为基本的理论课程，如工程力学、材料力学、土壤力学、水力学及电机、机械、冶金等工程。后半年在现场实习施工、管理及设计项目（特别注意生产条件及劳资关系），同时实习测量、房屋建筑、铁路公路等课程，晚间阅书及绘图。在此三年级完毕时，学生可升学或就地任助理工务员。④ 第四年级，全年在校学习，读基本科学如微积分、物理、化学、机械学，高等数学、高等力学、经济学等课程，并在实验室做材料实验、水力实验、机械及电机实验等（以上实验都是现场所不能做，或无法控制的）。在此四年完毕时，学生即系毕业，可任正式的桥梁工务员，以后按级任工程师（其他工程系，视其性质，可定为三年或五年或三年半毕业）。以上四年中，除一般例假外，无暑假寒假。在现场实习时，必须有各种教师指挥协助，布置逐日的工作计划，讲解工作内容，并安排熟练工人为指导。

这个新法的特点：① 第一年完毕时，学生即知其将来任务与其个性兴趣，是否适合，不适合时，立即改系，同时得到关于将来任务的初步理论。② 学生能很早养成劳动观念，劳动态度，了解劳动条件，劳动纪律。③ 先经实习，再读理论，由"知其然"逐渐达到"知其所以然"。④ 而所读者紧接有关实习，实习与理论，同是工具，一是加强用手，一是加强用脑，两种工具结合起来，每种工具的效用，便可相互地提高。⑤ 理论与实际的结合，是现时现地的，不应该过去以四年级的实习来验证一年级的理论，或以教师的实践来结合学生的理论。⑥ 现场的生产实习，促进对于相关工程的了解，加强对经济的掌握。⑦ 毕业时，所读基本理论，记忆犹新，就业后，即有继续高深研究的工具。过去毕业生的基本理论是三年前读的，就业时往往忘却。⑧ 经此训练，毕业后自学或可成一通才。⑨ 可以大量招收新生，校内宿舍可容两倍过去的学生（因有一半学生在现场）。这样重"量"的结果，必是"质"的提高。⑩ 四年中，每年成一段落，学生可于每年末决定升学或就业，或就业一时期后，再回学校复学。⑪ 推行新法的结果，必可与工人在职教育配合，而工人便可逐渐地训练为工程师（比较的通才）。⑫ 从生产部门言，常年有某年级某系的学生实习。成为经常任务，不需临时布置，妨碍生产秩序。学生毕业后，也愿回到原实习处所工作，满足生产部门的需要。

从原则上讲，在我们国家里，教育和生产（绝大部分）属于一个主人。这个新法，似乎是值得提倡的，所成问题的是：过去的教育方法，根深蒂固，一时不易解放，而所有的课本（多半是外文）都是为"先理论后实习""先基本后实用"而写的，对于新法，完全不能适用。必须经过一番慎重的考虑，变更过去"先修"的观点，方能拟定实习计划、课本内容、教学方法，等等。更需要广泛地讨论，由各工程教育专家，多做深入的评判，以期树立新法的雏形，来做尝试的根据。切忌旧的打破，新的建立不起来，演成半真空景象。或者这个新法，较宜于专门学校，而不适于大学，也值得研究。

这个新法的路线，是从感性知识到理论知识，然后再回到感性知识，循环发展。是旧法的大翻身！是从"学而习"的工程教育，改进到"习而学"的工程教育。只要打破了这个传统的观念，学与习便会自然地结合起来，成为"学习结合"工程教育。我们如要将"理论与实际""科学与生产""读书与劳动""通才与专才""普及与提高""学校与现场""教师与学生"统统紧密地结合起来，我们便先要实行这样一个"习而学"的工程教育！

1951 年

选自《茅以升科技文选》编辑委员会编：《茅以升科技文选》（北京：中国铁道出版社，1995 年，第 174～176 页）

工程教育的方针与方法

茅以升

工程教育，本为西方文化之产物。中国虽自古即有工程建筑，其成绩不特可与西方民族相颉颃，有时或且驾而上之。唯此种工程，仅为艺术的，而非科学的。其传授方法，全恃艺徒制度与十八世纪以前之欧美相似，无所谓工程教育也。

一、史略

欧美之有工程教育，亦为近百年事。百年以前不特无工程教育；乃并近世，所谓"工程师"亦无之。"工程师"一名词，唯用之于军事中之工兵。自英人瓦特（James Watt）等之四大发明出现，改造世界之工业革命随之，近世所谓工程师，始应运而生。其始仅有"民用工程师"（Civil Engineer），因寻常之工程师悉为军用，故加民用以别之。最初之民用工程师，兼业一切工程事业，及工程学进步日趋专门分工之途，乃有机械、化学、镀冶、卫生、电机等工程师。而最初之民用工程师，遂专营土木工程矣。

18世纪，工程发明，虽已肇其端，而工程教育则尚为人所梦想不及。工程理论，为大学之科学教授，与少数天才发明家之专利品。工程之实用与传习，则委之于普通之工匠。19世纪初叶，社会先觉者，感于机械应用之广，与工程人才训练之难，始渐有设立专授工程教育之学校者。美为工程教育之先进，其最早之工业学校，仑司来雅工业专门学校（Rensselaer Polytechnic Institute）至1824年始成立。在工程教育幼稚时代，工程学生虽同受大学教育，常为文科学生所不齿，以为不足与斯文为伍。社会人士，复以为工程学生，所习为贸利技术，不当如习科学文学者，耗费公共教育税帑。近数十年来，工程教育之成绩与进步，已使举世人类公认其价值与需要，惟文科轻视工科之风，则至今尚有余韵。

中国工程教育，萌芽于 19 世纪末叶（同治光绪之交），如同治六年（1867），曾国藩在上海江南制造局内，设机器学堂。十年（1871），曾国藩、李鸿章奏请选派幼童赴美肄习技艺。光绪二十一年（1895），盛宣怀奏请就博文书院房屋办头等二等学堂，造就制造人才。光绪二十四年（1898），张之洞在鄂设工业学堂。是为清政府因军事工业失败而渐重工程教育之始。光绪二十八年（1902），钦定学堂章程，颁布高等学堂，政艺并重，大学堂分科，工艺为七科之一。其后经孙家鼐、张百熙、张之洞会同厘定，设高等中等及初等实业学堂，及实业补习学堂，与艺徒学堂。实业学堂，分农业、工业、商业、商船四种。今日国内负盛名之工程学校，皆于此时成立。如北洋大学成于光绪二十九年（1903）。唐山路矿学校南洋大学（旧名南洋公学及邮传部高等实业学堂）均成于光绪三十二年（1906）。此外继此而成者，则有京师大学工科，山西大学工科，上海同济医工学校之类。故在 20 世纪之最初 12 年[由光绪二十八年（1902）至清末]，为中国工程教育时代。民国成立以后，学制虽多变更，改高等实业学堂为专门学校，许工科大学，为单科大学。而实际之工程教育，则因政治军事之纷扰，竟无发展。今日设备优良，校舍宏大之工科大学，固仍是清代之遗产也。民国 6 年（1917）以后，国内提倡职业教育之风大盛，十年全国教育会，联合会议决新学制，去实业教育而代以职业教育，其影响则高等师范及中学校，均有农工商科之设立。今则此风渐衰。以其不属于工程教育范围，故从略。

二、性质

工程教育之目的，亦随时代而异。其始但求造成技术人才，故所讲习皆为与工程直接有关之学，其单纯幼稚去艺徒教育仅一间耳。其后应用科学日渐进步，工程教育中之理论方面，亦逐渐增加。最近二十年来，更因工程师，亦为国家与社会之一份子，于支配土木机械而外，尚负有为人之责任，故有工程师社会化之呼声。简括言之，工程教育，应包括：① 普通教育，注重基本科学与人格修养；② 专门训练，注重专门学识与实地经验；③ 工程研究，注重独立探讨与创造能力。

今日欧美之工程教育，欲求其兼顾上述三方面，皆臻完善者，实不易多见。穷困幼稚之中国工程教育，更不足以语此矣。工程学生应有充分之文雅训练，此为一般批评工程学生窄陋鄙俗者之呼声。十数年前，美国许多大学，皆有文工并读之，六年课程。凡选读此种课程者，六年中可尽读。文工两科之必修，与选修学程，而得工学士，与文学士之两学位。此制创立虽久学者多病，其年限过多，弃不肯习。去年（1925年）美潘锡凡尼耶大学（University of Pennsylvania）复有以寻四学年毕修从前六学年文工两科联修学程之制度。依此制入工科之学生，须先有两年之普通大学训练。其所修学程中仅一部分为规定者。入工科后，再以两年专注于所选专门工程（如机械土木之类）之基本重要学程。主张此制者，以为如此可予工程学生以广博之观察，从容之选择，而无延长年限之弊。唯此制方试办，成绩殊难言也。

谋解决第二问题，使工程学生之专门学识，与实地经验并进，则有美匹兹堡大学（University of Pittsburgh）之合作制。依此制第一年与第四年之工程学生，完全居校上课，第二年与第三年之学生，时间则分为每期三个月之若干时期，轮流居校住厂。例如第一年生至年终时，一班分为甲乙两组：甲组第二年第一期（三个月）居校上课，则乙组同时即驻厂（校外之大规模工厂）实习。至第二期，则甲乙组互易其位。此制创于1917年，颇著成效。惟学校去工厂太远者，似不易行。且有以学生在校，应专力于理论，不必过重实验，而根本怀疑此制者。

至解决第三问题则更不易。工程研究，需费较纯粹科学为多，且其性质，更不似纯粹科学之但求质量变化，不妨以小规模为之。故工程研究，非财力宏厚之大学，不易进行，普通大学，苟无政府与工厂之援助，绝无实现工程研究之余地。

中国今日工程教育对于以上三问题，固然无力解决；即眼前之维持现状，整顿学程，亦至不易。多数之学校，皆多而不精，杂而无用，于为人处世之道，更绝少顾及。此虽为中国今日教育之通病，不能独责工程教育。然亦负工程教育者，所当注意也。

选自《茅以升科技文选》编辑委员会编：《茅以升科技文选》（北京：中国铁道出版社，1995年，第169～173页）

记 1956 年的一次高教工作会议

并谈对教改的一点意见

王柢

　　1956 年高教部还作为一个单独部门，于 4 月下旬至 5 月初（具体时期记不清）在北京西山召开一次工科教育会议。记得的有土木、化工、纺织等类（采矿、冶金、建筑学是否在内记不清。机械、电机类未包括，大概在另一次会）的各校代表参加。唐院命我和当时的教务处副处长许晋堃同志参加。土木类包括水利、结构、铁道、市政等方面的系和专业。出席者 40 余人。整个会议连高教部领导、各单位负责人总人数约在 200 以上。

　　会议的主旨在于研究制订各专业全国统一的教学计划。当时高校学习苏联的教学制度已开始了三年多。唐院和清华、同济、天津大学等开始最早，是由 1952 年下半年起步的。但因有些学校则动手较迟。这个会议就是为了统一步调，内容一致而召开的。

　　土木大组中，华东水利学院的顾懋勋教授和我被指定为召集人。大组有时由全体代表在一起讨论，有时分开讨论。讨论一开始即遇到很多困难。有人对统一教学计划持怀疑的看法；有人认为统一计划、统一大纲不能发挥教师的专长；有人说自己学校执行苏联模式条件不够。更多的是觉得课内学时太多，影响自学时间；专业课学时过多，影响基础理论培养以及实验课，考试、考查、留级等问题。会上无法取得一致意见。我们在讨论会之间曾与化工、纺织两组的老同学、新老朋友互相了解情况才知其他各组讨论情况和土木组大致相似，议论纷纭，看样子在会上是无法统一思想了。

　　五一节放假，高教部取得一些天安门庆祝会的观礼券，让大家去观礼。在此前后，杨秀峰部长到土木组来谈了他的意见，大意是：苏联的教学，我们还没有完全摸清，所以现在先把它全盘搬过来，把它吃透。那时有要改的作为下一步再说。其他大概也有领导说明此意。

　　杨秀峰部长是党内学者。年龄又比参加会的教师们大不少。大家对他都很尊敬。他的一番话也有道理。既然以后没有改变的机会，一些具体的细节大家就不再坚持了。这样会议即很快结束。

铁道工程与桥梁隧道两专业的教学计划和教学大纲早自 1953 年已由同济、中南土建学院和唐院三校在唐山经过多次的研究、讨论并执行了。三年以来所有教学环节直到毕业设计都已按苏联模式进行。教学大纲与教材也是苏联本翻译过来的。到 1956—1957 年时基本上可以说对苏式的教学，第一位教师均已基本摸清。我心想不久即可以研究修改了。孰知，此会后不到一年，开始了整风、大规模进行反右派斗争。从此，不同意的见解就不再听到了。这一模式一直领导着中国工科院校的教学体制到 20 世纪 80 年代改革开放之后才有些松动（除 1966—1976 年工农兵学制期间之外）。

任何国家的学制、方法都各有所长，各有不同情况与条件。苏联的教学制度与内容有不少优点，对我国已经起了很好的作用。同时我国工科教育也并非一无所有。许多学校在原来稳固的文、理科基础上已办起了不错的工学院。只是由于当时工业不发达，故研究工作受限，总水平不及文理学院而已。然而无视这些自己的具体情况，全盘照搬任何国家的东西，都不是好的办法。尤其是政治运动一起，人人自危，由谨小慎微以至二三十年中不少人几乎丧失了独立思考的习惯与能力。这都是最大的损失。30 年时间内，苏联的教学与研究，想已改进了不少。而我们却仍牢守旧制长期停滞，真是可惜。

苏联的教学制度与欧洲大陆国家的很相近。例如法国的工业学院，德国的技术大学，既有很强的实用性课，也有浓厚的基础课。要求严。四年制许多学生需五年才能完成。研究生的学习很扎实。这些都是他们工业发达的基础。不过无论法、德、苏的特长都需有选择地吸为我用。为此可以大大促进自己的教育与工业。而我们照搬的结果随之带来一些不利因素。例如专业课学时按苏联铁道学院的教学计划比重极大。教材随铁路进展逐步膨胀，影响学生用于基础课的时间。过后才发现学生自学能力，反而不如以前。原因就是片面理解外国做法，忽视以往自己一些学校培养学生的好传统。

在专业课进行中有时感到同学的基础不足。例如，因实验课的时间只有两节课（90 分钟），做电机实验不够。只好由老师把设备、仪表准备齐，同学一上课，只要插上插头，通了电，分工读表记录，很快实验完成。结果是大家分数都很高，而电机性能仍不清楚。虽说土木工程类专业对电机知识要求不高，但要是概念不清，学专业课如何能够深透。在实际工作也受限制。这种追求表面的实验，不做更好。

改革开放以来，增加了全世界的交流，原来全盘苏化的缺点想必早已清除了。从我国工业发展和工程述说即可说明。不过正是由于这些发展与建设，随之而来的新问题，需要注意对待。一是软件（科学），一是环境保护。

以铁道专业为例，课程内容都属于硬件范畴。按照规范进行设计，根据力学理论利用计算机程序做计算，用先进技术组织施工并在研究工作中不断更新。在实际工作中表现为构造合理以至先进施工迅速、效率高，很可称颂。但有一点欠缺：很少涉及工程（技术）决策。工程中重大的浪费与损失往往出自决策之失误。这种失误一旦造成，任何优秀的设计与施工技术都无法挽救。严重的遗患子孙后代。目前可虑的是：现场的工程师、技术人员和学校教学内容都似乎觉得不干己事。

倒并非建议立即加什么专业的决策，而觉得需要在有关的专业课中提醒决策之重要性与基本原则。使学生以后有研究、判断决策的能力，而非做错误决策的工具。

其次环保问题。目前我国以及其他地方存在一种矛盾现象：工业愈发达，工程建设愈多，环境的破坏愈大。换言之，建设者就是破坏者。问起他来，回答是："这不是我的事。"再追问，回答是："在学校没有学过。"因此我建议在专业课内提醒环保意识。并非立即设专门课更非设环保专业。而是在设计、施工中重视与环保的结合，与专门环保人员的合作而不互相抵触。

目前我国铁路的工程决策存在着惊人的浪费，严重延迟建设进展，影响设备革新，拖滞整个经济建设，并且大量破坏自然地貌，不但引起铁路本身经常流石、坍方的灾害，而且参加促成水土流失、河流携夹沙石的因素，增加洪灾频率。这一问题早已成为国家、人民、后代的威胁。

我们这一驰名的百年以土木工程起始的老校，如果对国家这些迫切问题无能为力或不能积极支持，而仅仅满足于一个专科性学校，不管它在科技水平上有多大优势，也不能尽了责任。希望鼓励在研究工作中，在培养青年教师，研究生加强决策软科学与环境的研究，并鼓励本科毕业班今后继续重视，研究这两方面的问题。

顺便提一点，据我所知现在邓域才教授指导博士生的工作中，已经有这些题目，使人欣慰。

1995 年 9 月 15 日

选自杨树彦主编：《西南（唐山）交通大学校史资料选辑（第九辑）》（四川成都：西南交通大学校史编辑室，1995 年，第 63～64、57 页）

中华人民共和国成立后至"文化大革命"前唐山铁道学院教师出国留学与师资培养

陈国藩　余秀英

高等院校教学质量和科研水平的提高，其关键在于师资培养。唐院对师资的培养一向较为重视，也收到一定的效果。

中华人民共和国成立后至"文化大革命"前，唐院的师资培养以选派教师出国留学为主，当然，也有少量教师在国内到有关院校进修。出国留学主要是派往苏联，后来也有个别教师到其他国家。留学教师大多数为攻读学位的研究生，相应地，也有少数教师出国进修或实习。

在此期间，唐院先后选派 45 名教师（包括当时的应届毕业生）出国留学。其中，除戴天民前往德国攻读博士学位外，全部教师均派往苏联留学。计有攻读副博士学位的研究生 40 名，进修教师 3 名，实习生 1 名。

表1　中华人民共和国成立后至"文化大革命"前唐院教师出国留学一览表

姓名	研究方向（或专业）	留学年限	留学单位名称	留学类别	留学后回校否	备注
马如璋	金属物理	1951—1955 年	莫斯科钢铁学院	副博士		
杨衍明	通信	1951—1955 年	列宁格勒电机学院	副博士		
熊清章	桥梁	1953—1957 年	莫斯科铁道学院	副博士	回校后调出	
王润	金属物理	1953—1957 年	莫斯科钢铁学院	副博士		
牛锡倬	岩石力学	1953—1957 年	莫斯科矿业学院	副博士		
张质文	机械	1954—1958 年	莫斯科铁道学院	副博士	回校	
阎树椿	线路	1954—1958 年	莫斯科铁道学院	副博士		
万少萍	桥梁	1954—1955 年	莫斯科桥梁公司	实习生	回校	
王川	铁建	1955—1959 年	莫斯科铁道学院	副博士	回校后调出	

续表

姓名	研究方向（或专业）	留学年限	留学单位名称	留学类别	留学后回校否	备注
陈亚涛	选线	1955—1959 年	莫斯科铁道学院	副博士		
施仲衡	地铁	1955—1959 年	莫斯科铁道学院	副博士	回校后调出	
李富文	桥梁	1955—1959 年	列宁格勒铁道学院	副博士	回校	
谢锦昌	地铁	1956—1960 年	莫斯科铁道学院	副博士	回校后调出	
李太惠	工民建	1956—1960 年	莫斯科铁道学院	副博士	回校后调出	
王昭林	力学	1956—1960 年	莫斯科大学	副博士		
奚盛良	电气	1956—1960 年	莫斯科动力学院	副博士		
胡竟嵘	铁建	1956—1960 年	列宁格勒铁道学院	副博士		
陈秉昆	铁建	1956—1960 年	列宁格勒铁道学院	副博士		
王润霖	马列主义	1956—1957 年	苏联共青团中央党校	进修教师	回校	
陈禄生	土地基	1957—1961 年	莫斯科铁道学院	副博士	回校	
陈国藩	桥梁	1957—1961 年	莫斯科铁道学院	副博士	回校	
邓域才	选线	1957—1961 年	莫斯科铁道学院	副博士	回校	
梁家瑞	线路	1957—1961 年	莫斯科铁道学院	副博士	回校后调出	
程华定	内燃	1957—1961 年	莫斯科铁道学院	副博士	回校后调出	
刘铁雄	地铁	1957—1961 年	莫斯科铁道学院	副博士		
王忠	给排水	1957—1961 年	莫斯科建筑工程学院	副博士		
韶能仁	供电	1957—1961 年	莫斯科动力学院	副博士	回校后调出	
沈志云	车辆	1957—1961 年	列宁格勒铁道学院	副博士	回校	
严隽耄	车辆	1957—1961 年	列宁格勒铁道学院	副博士	回校	
国楷	机械	1957—1961 年	列宁格勒工学院	副博士	回校后调出	
戴天民	力学	1957—1960 年	德国德累斯顿工业大学	博士	回校后调出	
路湛沁	工民建	1957—1959 年	莫斯科铁道学院	进修教师	回校	
姚先启	电气铁道	1958—1962 年	莫斯科铁道学院	副博士	回校	
赵景勤	电机	1958—1962 年	莫斯科铁道学院	副博士		应届毕业生缓期出国

续表

姓名	研究方向（或专业）	留学年限	留学单位名称	留学类别	留学后回校否	备注
孙遇祺	路基	1958—1962 年	莫斯科铁道学院	副博士		应届毕业生缓期出国
李正吉	地铁	1958—1962 年	莫斯科铁道学院	副博士		应届毕业生缓期出国
卓健成	工程测量	1958—1962 年	莫斯科测绘学院	副博士	回校	因新专业缓期出国
滕兰珍	给排水	1958—1962 年	莫斯科建筑工程学院	副博士		因新专业缓期出国
崔嘉礼	隧道	1958—1960 年	列宁格勒铁道学院	副博士（肄业）		应届毕业生缓期出国
付光新	铁建	1959—1963 年	莫斯科铁道学院	副博士		应届毕业生缓期出国
汤曙曦	选线	1959—1963 年	莫斯科铁进学院	副博士		应届毕业生缓期出国
张铖	地铁	1959—1963 年	列宁格勒铁道学院	副博士	回校	因新专业缓期出国
邵根大	地铁	1959—1963 年	列宁格勒铁道学院	副博士		应届毕业生缓期出国
罗光辉	机车	1959—1963 年	列宁格勒铁道学院	副博士		应届毕业生缓期出国
马德言	航测	1961—1963 年	莫斯科铁道学院	进修教师	回校	因故缓期出国

　　唐院派遣教师留苏始于 1951 年。为培养高级建设人才以适应国家建设的需要，当年，在中央教育部统一规划，并会同中央人事部审定下，选拔一批优秀青年学生赴苏联留学。我院助教马如璋和杨衍明被录取为首批赴苏留学的研究生。并于当年直接前往苏联学习，包括俄文进修。

　　1952 年 2 月，根据首批派遣留苏学生的经验，中央教育部制定了 1952 年的选派办法，指出：应根据规定的选拔条件，严格地审查政治条件，认真地检查体格，举行文化业务考试；选拔合格后，先在北京俄文专修学校留苏预备部学习四个月，主要补习俄文，其次补习政治课和业务课。暑假时举行出国考试，然后派遣出国。据此，选拔预备生的入学考试科目定为：国文，政治常识和俄文。入学后另行业务考试。中央教育部按规划，向各单位下达保送名额和专业。我院相应地选拔一些大学生和教师赴考。我院的选拔合格研究生均因须较长时间学习俄文，延缓至 1953 年秋天出国。计有熊清章等 3 人。大学生夏子敬（原曾任俄语翻译）按期于 1952 年秋出国。

1952 年 8 月 9 日，我国中央人民政府与苏联政府签订"关于中华人民共和国公民在苏联高等学校（军事学校除外）学习之协定"。该协定规定："……已受过完全的中等教育或高等教育之人员，须按苏联高等教育部规定之课目经过入学考试后，始能被接收到苏联高等学校学习。""……尚未能充分掌握俄语者，须进预备班学习，其期限自六个月至一年。"依据该协定的要求，中央教育部将留苏预备生的入学考试和教学逐步规范化。

1. 强化俄语教学

从 1953 年起选拔合格的留苏预备生，被录取后均须到留苏预备部学习一年俄文，并通过俄文考试合格后，始能派遣出国学习。与此同时，留苏预备生入学考试中取消俄文考试。

2. 改革政治课考试

"马列主义基础"课系苏联大学生共同必修课。也是苏联研究生入学考试科目之一。苏联高等教育部对该课程有统一的教学大纲和要求。

从 1953 年起，留苏研究生入学考试科目中将"政治常识"改为"马列主义基础"，并按高等教育部规定的大纲出题。

"哲学"课是苏联研究生最低考试科目之一。为了提高"哲学"课的教学效率，经中苏双方商定，自 1956 年起，中国留苏研究生的"哲学"课可在国内进修。出国前按苏联高等教育部规定的要求进行考试。对该考试成绩，苏方将予以承认，并作为研究生最低考试分数。这一决定，也为留苏研究生腾出更多时间用于科研。

3. 重视专业有关课程的考核和实践

从 1954 年起，留苏预备生入学考试中，对研究生增设专业有关课程若干门（一般 3～4 门）的考试。中央教育部编制并公布了"留苏研究生专业考试科目表"。

从 1956 年起，应届毕业生考取留苏研究生者，在其预备部的考试、审查及复查全部通过后，仍须在国内进行专业有关学习和实习，以便取得实践经验，缓期 1～2 年出国。相应地，对于留校任教师，缺乏专业实践者也参照办理。

根据发展需要和实践经验，中央教育部对留苏研究生的选拔方法逐步改进。

表 2　留苏研究生选派的历年办法简况

选拔时间	1952 年	1953 年	1954 年	1955 年	1956 年
出国时间	1953 年	1954 年	1955 年	1956 年	1957—1959 年
培养目标	建设需要的高级人才	建设需要的高级人才	建设需要的高级人才		
			高校师资	高校师资科研人才	高校师资与科研人才
名额与专业　统一规划下达指标	保证完成	保证完成	保证完成	保证完成	
名额与专业　按需要与可能自行确定			可自选一定数量	自选	自行确定
选拔对象		教授、副教授、讲师、助教、研究生	讲师、助教、优秀研究生	讲师、助教	讲师、助教、应届毕业生
毕业后的去向	统一分配	统一分配	教师原则上返回原校	教师回原校任教	教师回原校应届毕业生统一分配
备　注		派遣的教师名额，从应届毕业生分配时如数补还			

从上表中显而易见，留苏研究生的选派办法演变主要表现于：

（1）培养目标。从"为学习苏联先进的科学技术与建设经验，有计划地培养国家建设所需要的高级专门人才"逐步过渡到"为学习苏联先进的科学技术与建设经验，培养国家建设需要的高等学校师资与科学研究人才，以促进我国高等教育与科学研究事业的发展"。

当然前者的"高级专门人才"也包括后者的"高等学校师资"。然而高等学校的师资培养和提高将更有利于高级专门人才的培养。因此，把选派留苏研究生的重点转到高校的师资培养上是正确的、必然的趋势。

（2）选送研究生的名额与专业。起初的办法是由中央教育部会同有关部门统一规划然后向有关单位下达保送指标。后来逐步地过渡到由各高等学校根据需要与可能，自行确定选送研究生的名额与专业。这也正是把培养目标的重点放在高校师资上的体现。

（3）选拔对象年轻化。从教授、副教授、讲师、助教以及优秀的研究生逐步扩展到讲师、助教以及应届毕业生。逐步地扩大选派范围，使更广泛的师资得到培养提高。

（4）毕业归国后的去向。教师留学毕业后的去向从"统一分配""被录取的教师空额由应届毕业生补还""原则上返回原校"逐步转为"返回原选送学校任教"。这不仅保证了高等学校教师的水平不断提高，而且更调动了高等学校选派教师出国留学的积极性。使高等教育事业得以更快地发展。至于应届毕业生留苏毕业后的去向仍按"统一分配"办理。这对于原选送学校来说也只有利而无损。因为应届毕业生不占教师名额，留学归国后统一分配，也存在着分回原校的可能性。

从表1和表2不难看到：1956年我院选派留学研究生的人数最多，学成归国后回校的比率最高。也不难理解派遣高潮形成的主要原因所在。

1956年我院选派了20名教师和20名大学生（其中有若干名应届毕业生）共40名赴考。经考试评审，被录取为留学研究生的预备生计有教师17名和应届毕业生9名。在留苏预备部结业后，复审通过的计有教师16名和应届毕业生8名。教师中有12名1957年出国（包括戴天民后改派留德）。另有4名教师和8名应届毕业生因需加强专业实践先后于1958和1959年出国。而此批留学教师学成归国后回我院的有13名。另有3名教师因专业停办或其他原因被分配到其他单位。总而言之，对我院来说，1956年这一选派高潮是空前的。回校率也相当高。更重要的是这批回校教师大大增强了我院的师资力量。

至于这个高潮的形成，究其原因，首先与当时高等教育事业的迅速发展和选派留学的恰当政策有关。但是也不能否认，当时唐院领导对师资培养的高度重视，以及适时的果断决策都起着重要的作用。

经中苏两国政府协定，苏方同意从1955年开始接受中国进修教师赴苏联进行短期专业研究。进修年限为半年至一年半，最多不得超过两年。选派名额由高等教育部统一规划、向各高校下达任务。1956—1957年度高教部分配给我院2名赴苏进修教师。

随着选派教师留学高潮的来临，之后不久，由于国内外形势的变化，选派留苏和留东欧的工作也就暂告一段落。

选自杨树彦主编：《西南（唐山）交通大学校史资料选辑（第九辑）》（四川成都：西南交通大学校史编辑室，1995年，第58~62、36页）

勤学深思、务实求索的好传统千万不能丢掉

钱冬生

我校一百多年来，经过历届师长、校友的共同努力，形成了许多优良传统和作风。勤学深思，务实求索的传统就是其中之一。

一、茅老发扬光大了这一传统

1919 年，茅以升老师的博士论文在美国卡内基大学通过了。他的论文题目是《钢桁架桥的二次应力》。当时，这一题目只是欧洲的学者有研究，美国科技界对此还是生疏的。茅老当时只 23 岁。他先是通读了全世界有关的文献，通过思考，认识到二次应力的求解实际上就是一超静定结构的课题。继续深入思考，终于提出了新的解法。同时，还针对工程实际，将文献中论述二次应力对结构设计发生影响的各种断语汇总起来，用作论文的一部分。在历史上，美国的二次应力研究得力于这位中国青年的推动，这不能不说是一件奇事，而实现这一奇事的秘诀就是勤学深思、务实求索。

1937 年，由中国人自行设计并建造的第一座现代大桥——钱塘江公路铁路两用桥通车了。当时，艰苦的抗日战争已开始，利用这桥，赶在日本军阀侵占华东之前，让几百列火车驶往"大后方"，为我国的抗日战争增加了实力。这座桥的主持人，便是茅以升老师。在建桥过程中，他全面考虑问题，抓住关键，逐个解决。在下沉木桩速度太慢时，曾经采用了射水下沉法。当施工进度赶不上要求时，曾经让上部结构（主要是钢梁拼装）和下部结构（主要是沉箱制造和墩身灌注）的施工同时进行。这里的秘诀也是勤学深思、务实求索。

在 1938—1942 年，当茅老担任我们的院长和教授时，他在课余时间给学生们开设了土壤力学这一门问世不久的新课，这又一次证明了他的勤学深思、务实求索。

二、我们对钢结构稳定问题的研究

随着经济和技术的发展，低碳钢逐渐被低合金钢所取代，铆接逐渐被高强栓和焊接所取代，解析法逐渐被计算机的数解法所取代。在 20 世纪 60 年代初期，焊接低合金钢压杆的容许应力问题开始在铁路桁架梁桥设计中提出，我开始搜集有关文献，进行研讨。1972 年，在"文化大革命"期间，集中若干单位的力量，共同修改工程技术规范的组织形式出现了。于是，我能在铁道部科研院，继续广泛阅读文献，在和有关同志共同讨论的基础上，起草了关于国外钢压杆承载能力研究的述评，将钢压杆承载能力分为两类，一类是以理想直杆为出发点，用解析法求出其临界荷载，我们称之为压屈理论，另一类是以有初始缺陷压杆为出发点，用数解法推算其承载能力，我们称之为压溃理论。经过讨论，一致认为压溃理论切合实际，应予推荐。于是，按 1∶2 缩尺，制造了 14 根钢压杆，在铁科院对压溃理论的推算成果进行了验证，获得了满意的结果。在这期间，不断地邀请有关同志来参观所进行的压杆试验，进行解释，取得支持。所以，这一成果不久就被顺利地纳入 1975 年试行的《铁路工程技术规范·第二篇·桥涵》之中。到 1987 年，在大桥工程局为制订九江大桥用 15MnVNq 钢的压杆容许应力时，铁路界的不少同志对于 70 年代开展压杆压溃理论的经历仍记忆犹新，一致主张采纳该理论。

为使钢压杆的研究在我国扎根，需要系统地介绍国外曾出现过的各种理论、各种重要试验、各种规范条文，为此，我撰写了《钢压杆的承载力》一书（人民铁道出版社，1980 年），还以钢压杆承载能力为内容，指导了 5 名硕士生写论文。

进一步，应该将有缺陷构件的承载能力理论扩展到板件。这事是复杂的。1982 年，从文献中知道英国学者使用动态松弛法（dynamic relaxation method），使计算机机时大为节省的经验，经过搜集文献深思和苦练，强士中为没有加劲肋的 100 多块板件在不同受力情况下的承载能力进行了计算，证实其同英国桥梁规范 BS5400 的数据相符。对于受剪的板件，美国规范认为其承载能力是在发生拉力场的屈服时出现，但对于板件初始缺陷的影响却无法考虑。强士中的论文则用其计算阐明了拉力场的形成过程，而且证实了初始几何缺陷的影响并不算大。他的博士论文答辩是 1985 年 7 月通过的。答辩委员会主席钱伟长院士对强士中论文的评价是很高的。对于有加劲肋的板件的承载能力，尹德兰进行了研究，其博士论文是在 1988 年通过答辩的。在 1989 年，我们在承担铁路桥涵设计规范课题的过程中写了《钢板梁》一书，阐述钢板梁在强度、总体稳定、局部失稳方面的各家理论、重要试验、规范条文，在兄弟单位中散发。在 1990

年及 1991 年，夏建国及尹德兰分别进行了钢梁的总体失稳和腹板失稳的验证试验。

三、我们对钢结构疲劳的研究

钢结构在多次受力之后的疲劳开裂，这是一常见现象。铁路钢桥如何防止疲劳，这一课题早就提上日程。在 20 世纪 60 年代初期，中苏关系友好，苏联铁科院曾将其论文成套送给我国铁科院，从这些论文集里，我们能够明了苏联铁路桥涵设规关于疲劳条文的依据。于是，在 1963 年铁路科学技术论文报告会上，我曾以铁路桥的疲劳为内容撰写了论文，主要是介绍苏联的做法。到 1973 年，为修订《铁路工程技术规范》，我便撰文申述苏联做法所存在的问题，建议改进。随后，又阅读了英国和美国的若干文献。1986 年，发表了《钢桥疲劳设计》一书（西南交大出版社出版）。我认为：疲劳破坏表现为局部开裂，内因在于该局部有"缺口"，使其在传力时出现应力集中；外因在于该处的名义应力忽高忽低，且重复多次。在表达致伤规律时，要有数理统计知识。在确定对疲劳有重大影响的因素是哪一些时，要用方差分析法。在制订验算规则时，要宏观地制订荷载谱。在从荷载谱推算出应力变化过程之后，要用"泄水法"推算应力谱；并用线性积伤规律推算疲劳致伤度。

在传统的钢桥内，桥面、纵梁、横梁、主梁各自独立，力学行为清晰，较为容易处理。在 50 年代，正交异性板构造开始用于钢桥。到 70 年代，运营中的正交异性板有疲劳开裂的报道。这是一个新课题。解题的捷径，在于检索国外已有的研究成果。英国 1990 年的文献，我手上是有的。在 1996 年《桥梁建设》第二期中，我曾撰文介绍，但所说的论点至今还未受到我国工程界的重视。

四、我们对桥式的研究

对一座桥品头论足，论其得失，论其成就，论其水平，这是多数人情不自禁的习惯。在 20 世纪 40 年代，我曾写了十几篇《桥工史话》，漫论桥梁的历史成就。在 1981—1985 年，中国大百科全书编撰土木工程卷，聘我为桥梁分支主编。我体会到这是代表中国人讲话，所表达的必须是中国人的共识，切忌偏颇，切忌片面。对于每一种桥，都应该在掌握资料的基础上，发掘其本质性特色。再在同其他桥式对比之后，决定每种桥的适用范围和适用跨度，以期经济与合理。对于各历史名桥的叙述，必须恰如其分，不予夸耀，也不予贬低。

　　进入 90 年代，我国迎来了修建悬索桥的一个高潮。为了明确悬索桥的本质特色，必须广搜文献，认真阅读，深入思考，进行发掘。于是，在 1992 年，我与陈仁福合写了《大跨悬索桥的设计与施工》一书（西南交大出版社），讲清楚悬索桥的特色是构造简单（一根大缆就可以取代斜拉桥的若干根斜索，省去了许多接头），施工稳当（大缆可以用作悬吊式脚手架，让施工阶段各梁段的重量由大缆承受），监控方便（只需控制大缆的垂度和吊索长度，不需用千斤顶来调整索力，这就能控制住桥的线形），最适合于大跨（其缆、塔和锚碇的承载力都还有潜力可挖）。

　　目前，《大跨悬索桥的设计与施工》一书正在修订之中，用作依据的文献主要是国内外会议论文集，也设法弄到了一本专门论述大贝耳特桥东桥的丹麦文献。总的感受是：美国陆上交通网在 60 年代业已基本完成，其后就未再修建大跨悬索桥。英国在二次大战后曾经很穷，其 1966 年建成的塞文桥有不少创新（主要是用钢扁箱梁及正交异性板作加劲梁，制造的单价不高，工地连接也是全焊），可惜是节省有些过火，曾留下一些隐患。丹麦为北欧小国，吸取欧洲各国长处，力求提高桥的运营质量，值得我们重视。日本在 20 世纪 60 年代后期已是全世界第二经济大国，对于基本建设的经济性恐怕是重视不够。其本（州）四（国）联络桥包括三条线，仅其中间一线（儿岛—坂出线），便是 4 线汽车加 4 线铁路（其中的 2 线是预留）。但四国岛人口只有 425 万人，该岛对本州岛的交通量能使这三条线都发挥作用吗？似乎值得思考。我国的现代化交通建设起步较晚，到 20 世纪 90 年代方才兴建现代悬索桥，但是劲头很足，进步很快。将《大跨悬索桥的设计与施工》一书修订好，随后再译介丹麦大贝耳特桥东桥情况，对于我国 21 世纪的悬索桥建设，应该是有意义的。

五、我们对桥涵设计规范的研究

　　设规（桥涵设计规范的简称），是一种规矩，它是老的经验（含理论及试验成果）的总结。离开了设规，设计就没有依据。但若只知死抠设规，那又会堵塞设计的一切创新。所以，了解设规，适应科技的发展而及时修订设规，教会工程界能够活用设规，这应是工程管理和教育部门的职责。

　　在 50 年代，我国的设规是用苏联的设规为蓝本。对于设规的研究，当时只限于编写学习心得，印出来，进行交流。在 60 年代，在铁道部科技发展计划之内，我们先承担了极限状态法设规的研究，随后又承担了铁路焊接钢梁设计和制造暂行技术规范的编写。在 1972—1974 年，我们参加了铁路工程技术规范（试行本）的修订工作，对钢压杆稳定和钢结构疲劳进行了研究。在 1980—1984 年，为将规范试行本修订成正式版（即后来颁行的 TBJ2-85），我们对钢压杆承载能力的计算方法做出了改进。这时，我们业已知道国家计委的意图，在所有的结构设规中推广结构可靠度理论，因此，作了一些准备。1985 年 8 月，铁道部原基建总局在吉林召开了设规工作会议，我们曾提出一个《刍议》，但未得到重视。接着，在同地召开的铁道工程学会结构可靠度学组成立大会上，我以《工程和科学的区别和联系》为题，表达了我对于以科研为主导进行桥涵设规修订的一些看法。

在 1985 年之后，围绕着铁路桥涵设规进行了许多专题科研，历时将近 8 年，到 1993 年，对科研成果进行验收并鉴定完毕。1995 年，拿出《铁路桥跨结构设计规范（征求意见修改稿）》。同年 12 月在天津召开评审会议。针对这次会议，我以《广搜信息，摸准当代水平，形成新观点，取得共识，这是搞好铁路桥涵设计规范修订工作的前提》为题，在 1996 年撰文申述了我的观点。不久，编写组提出《铁路桥涵设计规范·上册（送审稿）》，1997 年，我针对该稿写出《一些意见》。

1996 年，我曾以《桥梁絮语》为题写了 6 篇文章，第三段是桥梁规范。首先从设规乃是一项标准出发，论证其在发展经济中的极端重要性。最后是提两点建议，"一是要抓当代水平，抓新观点。对于什么是当代水平、什么是新观点，要论证明白。要允许反复、再三澄清。要将文献保管好，译印好，将其关键数据指出。在全国分存于几处，以便浏览，以利查证。一是要依靠群众，依靠那些有时间有能力将国内外设计规范细致地抠清楚的人。设计规范具有综合性、经验性，是指导设计人员正确处理问题的文件。为将新观点正确地融汇到设规之中，不依靠一些有时间有能力细抠的人，大概是不行的。广大群众是设规的用户，编写者有没有将道理说清楚，条文好不好使用，这需要群众表态。要相信群众，他们是关心科技进步的，也是乐于表态的。"

六、好传统千万不能丢掉

勤学深思，这是学者的本色。老教授、老专家，凭什么能受到尊敬呢？主要还在于其读的书多，对道理理解得透彻，在回答问题时能说得人们心服。

务实求索，这是称职工程师的本色。针对具体工程中的各种问题，提出具体解决方法，而且不断地对解决方法进行改进，不断地提高。

中华人民共和国成立 50 年，我国业已发生翻天覆地的变化。我校的面貌也已彻底改观。现仅就个人所见，回顾钢结构稳定、钢结构疲劳、桥式、设规这 4 个方面的研究在我校所取得的成就，以表示其欢忭之情。世界是不断发展的，这 4 个乃至其他方面的研究永远不会终止。学校承担着教书育人及进行科研的任务，她的老师则是要不断更新的。为了不断提高学校的水平，衷心希望后继者不要丢掉勤学深思、务实求索的好传统。要日积月累，不辞辛劳，汲取前人经验，形成每一个人的真才实学。要重视重要文献的积累，使我校后来人随时有书可读。要重视系统地写书，使受益者兼及校内外。要重视联系实际，使我们的真才实学能够及时地为国家经济建设这个主战场服务。

选自杨树彦主编：《西南（唐山）交通大学校史资料选辑（第十七辑）》（四川成都：西南交通大学校史编辑室，2004 年，第 1~4 页）

罗忠忱传略

黄安基　黄　棠

罗忠忱，字建侯，于 1912 年到唐山铁路学校（西南交通大学前身）任教，是该校教授中第一位中国人。他以教书育人为务，在同一学校连续任教四十年。他为人严肃刚毅，严于律己，又以严格要求学生著称。唐山交大的刻苦钻研、朴素崇实、爱国爱校、不染社会恶习等优良学风，主要是在他多年言传身教影响下逐渐形成的。他以校为家，生活俭朴而乐于奖掖后辈，曾资助多人留学或升学。其学生及子女先后集资设立"建侯奖学基金"以承其志。

终生以教书育人为务

罗忠忱 1880 年 11 月 16 日出生于福建闽侯（今福州市）。其父罗君禄有兄弟 8 人，全家聚居在祖传老宅内。罗君禄终生没有出来工作，全家生活由叔伯们的收入维持。1893 年罗君禄逝世，其后不久罗忠忱随堂兄离家去天津求学。他先入天津水师学堂，读了四个月，因攀桅测验不合格而离校。随即入天津中西书院，学了两年，以成绩优异，为院长丁家立所赏识。1895 年中西书院解散，罗忠忱改入北洋大学机械系，学了五年，到 1990 年（庚子）华北动乱时，他离校回福建完婚，没有毕业。

1902 年丁家立办广平府中学（在今河北省），邀罗去任教。一年后丁家立改办保定高等学堂，又聘罗到保定任教。1905 年丁家立总管北洋官费留美事宜，保送罗忠忱以北洋官费留美。

1906 年罗忠忱到美国，入康奈尔大学土木系，至 1910 年大学本科毕业，又入该校研究院攻读一年，得土木工程师学位。回国后罗忠忱曾在北平交通传习所任教两个月，其后于 1912 年 8 月到唐山铁路学校（西南交通大学前身，下同）任教务长兼土木工程教授。此后学校多次易名乃至搬迁，但罗忠忱一直在同一学校中任教和工作。1952 年改任研究教授后不再讲课。1955 年退休。1972 年 1

月 8 日病逝于河北唐山学校原址内，享年 92 岁。

　　罗忠忱在自传中说，他一生中以在北洋大学读书那几年受时代影响最大，对维新运动和戊戌政变有深刻印象，他的爱国思想即确立于此时。当时他看到许多官场中的腐败现象，极为厌恶反感，遂决定终生不涉足官场而以教书育人为务。在形势需要时他曾几次担任学校主任（校长）或代行校务。此外他还曾担任过教务长及土木系系主任。

　　罗忠忱毕生致力于工科大学教育及力学教学工作，为我国培育了一大批高质量的工程技术人才。当时国内主要铁路及公路的技术骨干大多出其门下。他的学生中有不少人后来成为知名的学者，如中国科学院学部委员、美国国家工程科学院院士及国内外大学的知名教授，他们无不认为罗忠忱这位严师的教导对自己的成长至关重要。

　　罗忠忱自 1912 年到唐山铁路学校任教后，在同一学校连续工作数十年，这在当时是绝无仅有的。（1933 年日军侵入冀东，学校一度南迁，回唐后校舍被汉奸军队强占，无法上课，11 月收回校舍方复课。在停课期间罗忠忱曾去天津为北洋大学义务代课一学期。）当时的教育部和铁道部曾多次褒奖他，1932 年颁发久任教授奖状，1940 年又发一等奖状，1943 年特赠奖金 2 万元。

严格要求学生　严格要求自己

　　罗忠忱讲授多种课程。在广平府中学及保定高等学堂时，他教过数学和英文；在北平交通传习所时，他教过制图；来唐山铁路学校后，他教过基础工程、天文学、河海工程、经济学、图形几何及水力学等课程；而自 1917 年到 1952 年的 35 年中，他长期讲授的是应用力学（即现在的理论力学）和材料力学两门课。这两门力学课是当时大学二年级的重头课，上学期开应用力学，下学期开材料力学，土木工程系与矿冶工程系每周各上课 5 节或 6 节，每次 1 节，长 50 分钟。

　　罗忠忱对教学非常认真、严肃，上课下课都很准时，不浪费每一分钟。学生听讲并不感到紧张，因在遇到难点时，他往往提个问题启发学生思考并停顿一下，然后从容不迫地引导学生求得问题的解决。他讲课英语之优美流利在当时几位教授中很为突出，发音清晰准确，语调抑扬顿挫，引人入胜。他既重视基本理论，又强调灵活应用。一般先把基本概念阐述清楚，再通过演算大量例题说明如何灵活运用基本理论。他经常告诫学生说，工程师要兼顾安全和经济，因之计算必须准确，对具体数字计算必须重视。在课堂上演算例题时，他以身作则，用四位对数表当场得出结果，再用另一种方法加以校核，要两个结果一致才罢手。他还注意通过例题教会学生各种数字计算中的技巧（如在用对数表之前先将各数据列成分式并尽量化简），要求学生养成良好习惯，记住某些基本常数。他对学生要求严格，每周用 1 节课进行测验，不仅要求解题的思路和方法正确，而且要求数值计算准确。每次测验他都亲自评卷，给分极严，计算结果有误时扣分很多。当时学生中流传一种说法，罗要求计算结果准确到三位有效数字，否则该题即判给零分，因而不少学生对罗的测验有畏惧心理。后来有人问过罗是否这样判分，罗说应考虑错误的性质，不能一概而论，但如小数点错了，将在工程中造成事故，因此往往要判给零分。罗忠忱并不布置习题作业，但学生都大量做题并看参考书，普遍重视数字计算的准确性。他的上述做法很好地起了督促引导学生的作用。他以严于律己也严格要求学生闻名于校内外，对唐山交大一代学风的形成，贡献极大，影响深远。

他的学生、美国加州大学林同骅教授说，罗师"对基本力学的深刻了解为全世界所少有，故在讲授力学问题时能从多方面解析，使学生易于了解，大有力学大师铁摩辛科之风"。另一学生，清华大学教授黄万里说，自己"曾在学 19年，承恩中外师长不啻百人，然于教诲恳切、授法精湛，任职认真……盖未有出吾师之右者"。

罗忠忱的严谨作风还表现在讲课时的板书上。他在黑板上画图、写字、演算都一丝不苟，力求整洁，从不东涂西画。他徒手在黑板上画出的圆几乎与圆规画出的圆毫无二致，令人叹服。这不仅是作图技巧问题，主要是体现他对教学的重视和认真。有时他还教给学生某些记住公式的妙法，使人终生难忘。

教子有方　以校为家

罗忠忱富有正义感和爱国心。1935 年抗日救亡运动兴起，罗的次子是丰滦中学（唐山市第一中学前身）学生领导人之一，因而被该中学校长王某所开除。王并要罗的三子写悔过书，当遭拒绝。罗忠忱支持其子的爱国运动，让他们去平津转学。1942 年其三子正在大学二年级学习时，参加空军体检合格。罗忠忱说：去不去空军应由你自己考虑决定。固然入空军有一定生命危险，但国民有保卫国家的义务，如果体检合格者都不去从军，国家由谁来保卫。其三子思考后决定辍学从军。

罗忠忱事母至孝，并常教育其子女都应孝敬祖母。他从不打骂子女，子女犯了错误，只是严厉批评。实践证明，子女受批评后无不悔改，效果很好。自50年代后其三子家在香港，罗忠忱常在信中要求其子重视对小孩的教育，并告以立身求学之道。这些书信从一个侧面反映出罗忠忱自己的观点和品德。原信为英文，兹摘译数则于下：

"应该引导孩子们独立思考，并顺应现实环境而行动。"（1951年11月26日）

"得知你已决定入 B. I. E. T. 求学，我很高兴。晚入学总比永不入学要好些。（学习）要始终有耐心。万一有哪门课不及格，就重修一次，然而要始终有耐心并且快快活活的。要求得知识，一个人必须① 观察，② 记住，③ 比较。"（1954年9月17日）

"你应该教育子女，让他们知道品德和健康的重要性。他们应该懂得人生意味着什么。施人与受施相比较，前者更值得赞扬。孩子们应该少想他们能捞到什么，而要多想他们能奉献什么。这样做后，他们会感到快活，而且不会与他人冲突。"（1958年2月12日）

罗忠忱热爱自己长期任教的学校，做到了以校为家。1937年抗日战争开始时，他因母老子病而滞留唐山。到年底得知学校在湖南复课，他立即只身赴湘。当时因战事交通非常不便，他沿途历经艰险，于1938年5月到达学校当时所在地湘乡杨家滩。此后直到1946年学校迁回唐山，他与家属一直分居两地。老母则于1938年病逝于唐山。1944年12月日军侵入黔南，学校在贵州平越（今福泉县）已无法上课。罗忠忱当时任校长，决定学校解散，师生自行到重庆集中。他主持学校搬迁工作，坚持到最后才离开平越。当时已无汽车可乘，只能坐滑竿经瓮安到遵义，沿途很不安全，他到达重庆时衣物几乎全部丢失。后来学校于1945年2月在四川璧山丁家坳复课，他在校事一切就绪之后，即辞去校长职务而专心从事教学。抗战胜利后迁回唐山，他整理自己的藏书，将100余册图书赠送给学校图书馆。

罗忠忱是唐山交大教授中的第一位中国人，在校中任教时间长且成绩卓著，声望很高。他为人刚直，受到教师们的拥戴。凡有大事要请愿交涉，领衔者非罗忠忱莫属。1933年日军侵入冀东，学校决定南迁上海。师生到达上海后，交通大学总校校长召集他们讲话，说拟让唐校与沪校合并上课，事出意外，众皆惊愕。罗忠忱即质问该校长用意何在，要他"Say what you mean! Mean what you say!"（说出你的真意来！你的用心应该和说的话一致！）其后几经交涉，唐校学生始终独自上课。不久总校校长又决定唐校与沪校统一招生，并减少唐校招生人数。唐校教师多人由罗忠忱领衔，向总校及铁道部力争唐校独立招生，自行命题、阅卷，以保证新生质量。经多次交涉后，问题终于得到圆满解决。

生活俭朴　乐于助人

罗忠忱乐于奖掖后辈，为国家培育人才。他生活俭朴，却尽力帮助经济困难的亲友，曾资助多人留学或升学。1932 年，他连续任教满 20 年时，唐山交大的校友们发起募捐，设立"建侯奖学基金"，以其利息每年约 300 元奖励该年度应用力学及材料力学两门课程成绩优秀的学生。1934 年首次评奖，直至 1943 年，其后因物价飞涨通货贬值而中止。罗忠忱逝世后，其子女 4 人集资 3 万元，重设"建侯奖学基金"以承其志，自 1990 年起每年评奖一次。

一代宗师　后人楷模

罗忠忱为后人树立了一个严师的楷模。有不少学生在学习力学课时认为他要求太严，考试成绩不及格的太多，有畏惧心理，甚至有埋怨情绪，但毕业后工作中则无不感到他严得有理，严得好，自己深受教益，因而对他非常感激。他在唐山交大的校友中享有崇高的威望。他的学生、已故桥梁专家茅以升，于 1980 年在罗忠忱追悼会上敬献的挽联："从学为严师，相知如契友，犹记隔海传书，力促归舟虚左待；无意求闻达，有功在树人，此日高山仰止，长怀遗范悼思深"（按：1920 年茅在美国得博士学位时，罗去信促其回国来唐山，并有意让茅主持校务。1921 年叶恭绰聘罗为交通大学唐山学校主任，茅为副主任兼总教习。上联指此。）道出了唐山交大广大校友的心声，是罗忠忱一生的写照。罗忠忱的高风亮节将永为后人所景仰和怀念。

选自杨树彦主编：《西南（唐山）交通大学校史资料选辑（第四辑）》（四川成都：西南交通大学校史编辑室，1993 年，第 1～4 页）

曹建猷传略

潘启敬

　　曹建猷，我国铁道电气化事业的奠基人，铁道牵引电气化与自动化学科的创始人。长期从事铁道电气化与计算机科学的教学与研究，创办了我国第一个电力牵引方面的专业和系，为我国铁道电气化建设培养了一代新技术骨干。对制定我国铁道电气化采用"单相工频交流制"标准和在牵引供电系统的理论研究上，做出了突出贡献。

　　曹建猷 1917 年 7 月 19 日出生于湖南长沙。在小学上学时，受到爱国主义思想的影响，参加过多次抵制日货的运动与游行。进入初中后，通过姑母曹孟君为他订阅的《生活周刊》，加深了爱国意识。其中，邹韬奋先生的《小言论》对他的影响很大。他看到当时政界的险恶、腐败，厌恶政治，立志学科学，将来当一名科学家，实现科学救国。这期间，红军战士曾路过当地，看到他们街边露宿，秋毫无犯的严明纪律，深受感动。1936 年至 1940 年在上海交通大学电机工程系学习，专心读书。1940 年 6 月毕业后，上海电力公司等单位以优厚的待遇聘任他，出于民族感，曹建猷觉得应该到内陆地区去工作。于是经长途跋涉到达昆明。1940 年 8 月开始在昆明西南联合大学工学院任助教，三年后升为教员，担任过电机学及电力系统方面的教学。1945 年与夫人姚哲明均考取公费留学。1945 年 8 月至 11 月经印度乘船到美国，1945 年 11 月至 1950 年 9 月在美国麻省理工学院当研究生，主要方向是电力系统及自动化。1950 年 9 月获博士学位。博士论文题目是 "MIT 同步电子回旋加速器"（Betatron Characteristics of the MIT Synchrotron），其分析与试验方法曾在麻省理工学院应用。1947 年 8 月至 1950 年 9 月，当研究生期间，曾在麻省理工学院及纽约市立学院兼任过讲师和客座讲师。毕业后，至 1951 年 8 月，在纽约市立学院担任过客座讲师。

　　早在去美国的途中，以及随后在美国的几年中，曹建猷目睹中国人在国外受人歧视的现象，盼望祖国有一天能强大起来。1948 年起开始崇拜中国共产党。1949 年，中国人民解放军的伟大胜利使他深受鼓舞，开始考虑回国。作为深受帝国主义侵略、压迫和国民党统治的中国人民的一员，看到中华人民共和国的成立，曹建猷感到无比激动，他曾写道："忽然看到祖国的光明，那种从死灰中复苏的心理是无法形容的。"美国侵略朝鲜战争爆发后，他毅然摆脱美国的优越生活条件，克服签证等方面的重重困难，与夫人带着小孩全家回国。回国后立即投身到为新中国建设培养技术人才的工作中。从1951年8月开始在唐山工学院担任教授，直到现在，曹建猷一直在这个学校工作（唐山工学院在1952年改名为唐山铁道学院，1971年迁到四川后，又改名为西南交通大学），为我国社会主义教育事业奋斗了四十多年，如今已是桃李满天下。曹建猷曾被选为第六届和第七届全国人民代表大会代表，1978年至1983年曾任西南交通大学副校长，1980年当选为中国科学院学部委员，1981年担任国务院学位委员会学科评议组成员，兼铁路、公路、水运分组组长、顾问。1987年6月参加中国共产党。

我国牵引电气化与自动化学科的创始人

1952年，曹建猷担任唐山铁道学院电机系主任。他认识到我国铁道电气化事业必将发展，当时就着手创办了这方面的专业。开始叫"电气运输"专业，主要是培养铁道电气化供电系统设计、施工、运行和电力机车设计、制造、运行方面的专门工程技术人才。当时我国还没有任何干线电气化铁路，也从来没有人办过这方面的专业。在师资和设备等条件十分困难的情况下，曹建猷带领一批教师，并以身作则，边学边教，艰苦创业。1956年就培养出了第一届毕业生，他们正好赶上我国第一条铁路电气化建设的需要，成为我国铁路电气化的开路先锋和后来的技术骨干及领导。从1959年开始，为了适应我国铁道电气化事业发展的需要，在他的主持下，"电气运输"专业先是在高年级分为两个专门化，后来分为"电力机车"及"电力铁道供电"两个专业，奠定了我国铁道电气化教育的基础。这两个专业，在曹建猷的直接领导和亲自参与教学下，几十年为我国铁道电气化事业培养了大量的工程技术骨干和专家。

1956年，曹建猷开始指导铁道电气化的研究生。

"文化大革命"后，曹建猷继续担任电机系主任，在大好形势的鼓舞下，他精神振奋，干劲倍增。继续在教学第一线讲课、编教材、搞教学改革，在他的主持下原有专业得到新的发展。"电力机车"与"电力铁道供电"分别改名为"牵引传动与自动化"和"铁道电气化"专业，这两个专业均属于"铁道牵引电气化与自动化"学科。

曹建猷十分重视科学研究及学科梯队的建设。除了自己直接从事科研活动外，铁道电气化方面的许多科研成果都是在他的直接领导和鼓励下取得的，并通过各种科研工作培养了一批业务骨干。例如，从1960年开始，他就以高度热情大力支持和亲切指导电气化铁道运动系统的研究课题。电气化铁道远动系统，是由铁路区段的调度所对铁路沿线的变电所、分区亭和其他电气设备进行综合遥控、遥信及遥测的先进技术，对于提高供电质量、保证安全供电有重大意义，是电气化铁道必然的发展方向。曹建猷非常重视这项研究，在研究人员、设备及研究方向各方面都给予极大地支持和指导，使这项研究工作在我国铁道电气化领域一直处于领先地位。1963年完成的宝成铁路宝凤段无接点综合远动装置，获国家新产品二等奖。1975年，他又亲自与铁道部电气化局局长商定，为石太线研究新的晶体管远动装置。该装置1978年投入运行成功，获全国科学大会奖励，铁道部高校科研一等奖及四川省重大科技成果奖，为我国电气化铁道实现远动化打下了基础。后来，他又继续支持和指导多微机远动系统的研制，该项目1987年获四川省科技进步一等奖和国家科技进步三等奖，已发展成为产品，广泛用于我国干线电气化铁路。取得了显著的技术、经济及社会效益。

牵引供电系统计算机仿真及电气化铁道计算机寻优设计等课题，也都是在曹建猷的热情关怀和指导下取得了优异成绩。20世纪60年代，在曹建猷的领导下开始了用模拟电子计算机进行电力牵引计算的研究。以后开始应用数字计算机的研究。已完成的计算机仿真牵引供电系统的实际运行状况，测出牵引网电流、电压等参数，进行电流谐波及对电力系统的影响等方面的分析，处于国内领先水平，其中有些成果在国外尚未见有报道。

在曹建猷的带领下，西南交通大学"铁道牵引电气化与自动化"学科一直处于国内领先地位。1983年，在国务院第一次评定学位授权时，就批准西南交通大学"铁道牵引电气化与自动化"学科有硕士、博士授予权，曹建猷为首批博士导师。现已培养博士生十余名，硕士百余名。

对铁道电气化科研做出了重大贡献

1956年，曹建猷参加了国务院组织的制订我国科技发展12年规划的工作。与我国著名科技专家们一起全面地研究和制定了我国科技发展的蓝图。他敏锐地认识到铁道电气化对我国铁路运输发展的重大意义，决心为这一事业献身。在总结时他曾写道："加速器和自动化方面几次征求我对专业的意见，经过考虑，最后仍决定继续我已开始的铁路电气化专业。原因是这方面的人很少，国外也没有从事这方面工作的人可以回国。如我改行，将对这个新生的专业起不小的影响。"曹建猷有一个特点，看准了的事他就狠抓，一抓到底。他不仅坚持为我国铁道电气化教育事业奋斗了数十年。而且在铁道电气化的科学研究中做出了突出贡献。

曹建猷首先抓准了铁道电气化电流、电压制的研究。这是涉及我国以后铁道电气化发展方向最关键的技术决策问题，关系到电力机车的型式、供电系统的制式和结构、电气化铁道的运能以及经济效益等一系列重大问题。当时电气化铁道线路最长而且有多年运行经验的苏联，采用直流电压制，即电力机车采用直流电力机车，由铁路沿线的变电所 3 千伏的直流电压向电力机车供电。西欧有些国家采用低频（50 赫工业频率的三分之一）交流电压制。工频交流电压制（采用交流电力机车，由 25 千伏的单相交流电压供电）只有法国作试验性运行。曹建猷通过对大量资料的分析，并结合我国的特点，认定我国应选择工频交流电压制。在他亲自主持下，又组织专题组，对此课题进行了全面和深入的研究和试验，提出了强有力的论据。1956 年，曹建猷在《人民日报》上发表文章，对当时国内外争论不下的"交流制"和"直流制"提出了肯定的论据和建议。这是一项非常重要的研究成果。曹建猷的建议被铁道部采用。1957 年经国家正式批准，采用工频交流制为我国电气化铁道从一开始就以世界先进技术水平在发展。几十年来国内外的经验都证明，采用这一标准是正确的、先进的，能节约能耗和减少投资，提高运量。已为我国铁路运输创造了巨大的经济及社会效益。这一标准也更适合发展我国高速及重载电力牵引的需要。

在我国城市及工矿电力牵引制式的确定上，曹建猷也起了重要作用。他认为地下铁道及工矿电力牵引有自己特点，例如受隧道净空及电力牵引对城市通信干扰的限制等，不应像铁路干线那样采用交流电压制，而应采用直流电压制。他的意见最后被采纳。

1957 年，曹建猷参加中国铁路电气化考察团，任副团长，赴苏联、波兰、东德、捷克、匈牙利等国考察。1960 年参加了我国第一条电气化铁路——宝鸡至凤州区段的通电试车工作，任领导小组副组长，提出了许多创造性建议，并亲临第一线指挥，解决了不少关键技术问题，使通电试车获得圆满结果，为我国实现铁路电气化做出了贡献。

曹建猷在理论上对交流牵引供电系统的设计计算方法进行了系统的研究。牵引网是向电力机车供应电力的网络，由于机车是活动的，在起动、制动、上坡、下坡等情况下，电力机车从牵引网上取用的电流大小都不同，而且，线路上同时有多少电力机车，它们如何分布，如何运行，都是随机的。因此，如何计算牵引网的电流、电压、能耗以及设计供电系统，就是一个很复杂的问题。曹建猷采用概率论和随机过程作工具，结合我国实际，提出了一套有自己特色的计算和设计方法在《高等学校自然科学学报》及《铁道电气化专业学术会议报告集》上先后发表了"交流牵引网电计算的普遍公式"及"牵引网电计算的严格公式"等论文，并编著了《电气化铁道供电系统》《电力铁道供电》及《牵引变电所》等著作。为我国在铁道电气化供电系统理论方面的研究做出了贡献。

对新学科具有远见卓识，为开设新专业做出贡献

曹建猷对新的科学技术发展十分关心，具有远见卓识。除创办铁道电气化方面的专业外，在学校开设"计算机应用""自动控制"及"信息工程"等专业上，他都是带头人。

曹建猷早就看到计算机技术会得到发展。1959年，在他任系主任的电机系就增设了计算机专业，1962年第一届计算机专业学生毕业后，在专业调整时，暂停办。1978年，根据形势发展，年已花甲的系主任曹建猷，东山再起，亲自率领三位骨干教师在全国各地进行了计算机专业调查。认真研究和确定计算机专业方向，及时再度办起了计算机专业。他首先抓培养师资，为教师开讲了"电子计算机讲座"，自己编写并亲自刻写油印了"电子计算机技术讲座"讲义（上、下两册）。组织了几位骨干教师，力争朝夕，进行教学和科研。1979年招收了第一批计算机应用专业的硕士研究生7名。他亲自走上教学第一线，带头开新课，为研究生及本科生讲过"算法分析与设计""离散数学""应用代数""结构化程序设计""编译原理"等课程。编著了《离散数学》。在他的直接带领下，计算机学科建设进展很快，1983年就成为我国第一批有权授予"计算机应用"硕士学位的专业，现已毕业了10余届本科学生，培养了100多名计算机应用专业的硕士。

计算机及信息专业方面的许多重大研究成果，也是受曹建猷的启迪、鼓励和支持完成的。

重视培养和提拔青年教师

作为系主任、副校长，曹建猷对中、青年教师的成长极为关心，把这看成是办好学校的最关键的问题。对青年教师的实验技能，他一贯严格要求，常以

老交大严谨治学事例引导青年教师。对他们在学术上的新见解和新思想，他总是给予热情的鼓励和指导，并尽量创造条件，使其尽快成功。在对待人才上，他大度无私，开诚相见，从不怕别人超过自己。看到中、青年的成就，总是如获珍宝，喜形于色，大力支持。

1988 年西南交大力学系青年在全国力学竞赛中取得优异成绩时，他高兴地写道："学校今年喜讯多，新校址开始启用，七名青年人在全国力学竞赛中获奖。"

1981 年在评定教授职称时，他首先推荐电机系的一名副教授提升为教授。这件事像在一潭死水中投入一块大石头，在其他系立即引起回响。接着其他系也推荐了几名早已具备条件的教师提升为教授。从此，学校才出现了中华人民共和国成立后培养的大学毕业生教授。

1988 年在职称评定工作时，第一次没有考虑青年教师的高级职称。后来曹建猷向学校提了建议。十一月，学校决定按省里的指示再补评一次，并把青年教师的职称问题作为一个重点。结果评出了六人，年龄 30 到 40 岁。使中青年教师受到很大的鼓舞。

对于派往国外的留学人员，出国前曹建猷经常向他们介绍情况，帮助他们选择方向。到国外后，曹建猷仍常常通信关心他们的学习及研究工作。对于具备条件的中年教师，曹建猷总是鼓励他们勇挑重担，让他们指导研究生，使他们早日成为学术带头人。

"一匹不赶就跑的马"

1966 年 6 月，"文化大革命"的风暴刮到了学校，曹建猷当时正在铁道兵某师带领学生进行现场教学，一份电报催他回校。到校后，夫人的突然离世、满墙的大字报和还未坐定就立在他面前的大牌子，像晴天霹雳一样，使他不知所措。他曾一时感到绝望。但冷静下来一想，他觉得"党的事业是伟大的，个人，算得了什么呢……想通了，很快便投入了改造，而且劳动很自觉"。在"文化大革命"的后期，他作为一个年过半百的教授，与一群青年教师同住在单身教工宿舍，生活十分融洽，成为青年们的良师益友，他，怀着对党的事业的信心，坚定地，实事求是地，以自我改造的态度，经受过了那一严酷时期的考验。

"文化大革命"后，他继续担任电机系系主任，又担任了副校长及学术委员会主任，热情奔放地投入工作，大抓全校的学科建设、教师队伍建设、研究生培养、科研工作、西南交通大学学报工作等。他还亲自讲课，刻写讲义，在机房上机搞研究，每学期都大大地超过工作量。他要把失去的时间夺回来。他的这种老当益壮、孜孜不倦的精神，受到师生们的一致赞扬，说："曹教授真不简单！"

他还担任了中国科学院学部委员，国务院学科评议组成员，全国人大代表，中国电机工程学会、中国铁道学会、中国电工技术学会的理事等职务。

1985年他被授予"四川省劳动模范""铁道部优秀教师""四川省优秀教师"等光荣称号。他立场坚定，旗帜鲜明，经常以自己在两种社会及两种制度下的亲身经历向青年们说明，只有社会主义才能救中国，起到了很好的作用。在入党申请时他说："应当为党做一些有利于中青年人的工作，并且自己应当首先明白无误地表明自己的政治态度，争取入党。"

1987年，70周岁的曹建猷加入了中国共产党。1988年6月12日，曹建猷经过一年的预备期之后，转为中国共产党正式党员，更加坚定地为社会主义建设继续奋斗。

选自杨树彦主编：《西南（唐山）交通大学校史资料选辑（第四辑）》（四川成都：西南交通大学校史编辑室，1993年，第19～23页）

孙竹生传略

孙 翔

孙竹生，我国著名的机车车辆专家和教育家，长期从事铁路科学技术研究及人才培养工作，创建了我国的机车车辆学科，倡导并推动了我国铁路的牵引动力改革。近年来积极倡导在我国发展铁路重载运输及双层客车，并在铁路牵引理论，重载列车动力学的研究中取得重要成果，为我国铁路的现代化做出了突出贡献。孙竹生坚持理论联系实际，大力培养学术新人，对铁路教育事业的发展有深远的影响。

孙竹生 1914 年 10 月 22 日出生于浙江省绍兴县同康村，六岁时随母进城入县立第二小学读书，因母亲及曾祖母相继病故，十三岁时由父亲孙越崎带往东北，于哈尔滨许寰澄纪念中学（许公中学）住校就读。1929 年初中毕业后考入哈尔滨工业大学预科，1932 年升入哈尔滨工业大学机械系。当时的教师皆为俄人，学生亦多为俄人。1930 年日本强行接管中长铁路，赶走俄人，哈工大由日本人接管，并组织在校的中国学生去日本参观一个月。通过参观，使孙竹生对日本的工业发展有了了解，坚定了科技救国的思想，决心努力学习，以便将来收复东北，建设自己的国家，回校后即开始做毕业设计并准备答辩。这时，日本加紧镇压中国学生的爱国行动，孙竹生已无法继续留在哈尔滨。1937 年春到俄国人办的律师事务所办理了哈工大的毕业证明，并到美国领事馆取得其签证的承认，然后克服重重困难设法进关到了北平。

孙竹生大学毕业进关后，不久便发生"七七"事变，抗日战争爆发，他在武昌机车车辆工厂实习一年，1938 年秋随工厂迁往湖南彬县参与生产的恢复工作，随后又到衡阳机务段实习。1939 年夏季，由衡阳路政司帮办杨毅安排去昆明川滇铁路机务室。由于抗日战争，孙竹生当了两年实习生，辗转数处，但也经受了实际的锻炼，先后在机车、金工、锻造、木模等车间实习，在蒸汽机车上做过看炉、洗炉、烧火及司机等实习工作，并参与了工程的拆迁、组装及生产恢复工作，丰富了他的实际知识，也使他感到了课本知识的不足。奠定了他长期坚持理论结合实际教育思想的雏形。

1939 年秋鉴于孙竹生实习超期，由川滇铁路机务室总工程师程孝刚（我国著名的机车专家，中华人民共和国成立后曾任中国科学院学部委员，上海交通大学副校长）向重庆路政司打报告，将其转为工务员，在川滇铁路机务室，直接在程孝刚领导下工作，帮助翻译英、俄文资料，代抄程孝刚的论著，并经常在程孝刚的领导下与其他同事一起研讨学术，特别是研读了程孝刚主编的考察日本修理机车的调查报告，使他受益殊深。由于资金紧张，叙昆铁路难以建设，程孝刚遂介绍孙竹生去西北公路局任职。临行前，程孝刚交代："因我的介绍，西北公路局可能任命你为帮工程司，你还年轻，最好婉言谢绝，仍当公务员，以便于学习。否则，你有什么问题，诚心下问时，人家还以为你有意考人家呢。"虽然到兰州后仍被委任为帮工程司，但程孝刚的谆谆教诲，使孙竹生悟出了做人的道理，终生未忘。因汽车专业与铁路相差甚远，四个月后，孙竹生回到重庆，到湘桂铁路，工作了几个月。这时程孝刚已调任全国公路局总工程师，当时中国正在筹办滇缅铁路，可派中国留学生赴美实习。通过程孝刚的介绍，1941 年 11 月，孙竹生赴美留学，与程孝刚的相识及在其手下的工作，对孙竹生的一生产生了重要的影响，程孝刚正直朴实的作风，为国为民的高尚情操，对晚辈的虚怀若谷，谆谆教诲，极尽提携，使年轻的孙竹生看到了表率，也成为他一生中严于律己，追求高尚人格的楷模。

孙竹生到美国后，由当时在洛杉矶加州工学院的钱学森代办了入普渡大学研究生院就读的手续和证件。他先到芝加哥通用车辆厂做了一年的设计和实习工作，后去普渡大学就读，一年半后取得硕士学位。又由当时宋子文的代表尹仲容介绍，去费城鲍尔温机车公司实习一年半，当时鲍尔温公司董事康佛司先生介绍孙竹生去纽约通用电气公司任职，但孙竹生急于学到机车车辆技术回国效力，予以回绝。他又去加拿大蒙特利尔机车公司工作了一段时间。这时，德国已经投降，孙竹生急于回国，除在美国考察以外，回国途中又考察了西欧铁路。经中国驻英购料委员会介绍，到英国、法国、比利时、瑞士四国考察学习。1946 年 5 月，由英搭轮回国到上海。在国外的几年经历，使孙竹生接触了国外的先进技术，收集了大量资料，奠定了以后业务发展的基础。

孙竹生回国后，即去沈阳参加接管日本满洲机车株式会社，筹办沈阳机车车辆制造公司，并任该公司总工程师，因恢复生产有功，受到了公司的嘉奖。1948 年，该公司委派孙竹生赴上海创办冷铸车轮厂，并任台湾机械公司顾问，孙竹生因而赴台。那时，其父孙越崎为资源委员会委员长兼经济部长，他准备在香港起义，乃约孙竹生离台赴港。在港期间，除编辑出版铁路机车车辆工程名词外，决定接受当时唐山工学院院长唐振绪的聘任，并于 1950 年初到唐山交通大学任教授，1952 年任机械系主任。

1956 年，孙竹生与程孝刚一起，参加了全国十二年科学规划会议，一起在交通组织进行制定牵引动力发展规划的工作，共同建议国家大力发展大功率蒸汽机车并不断改进蒸汽机车；争取生产内燃机车、电力机车，内燃机车采用电传动及液力传动同时并举；研究开发煤粉燃气机车。1956 年，孙竹生因改造蒸汽机有功，被评为全国铁路先进生产者，并出席了全国先进生产者代表大会。

1957 年，孙竹生在反右派斗争中受到关于"教授治校"的批判，从此经历劫难，但他仍以国家需要为己任，在促进铁路科技发展及人才培养方面坚持不懈。

20 世纪 80 年代以来，孙竹生一方面在西南交大积极组建科研队伍，建立了专职从事科研攻关的机车车辆研究所，一方面大力倡导发展铁路，重载运输及双层客车。他发表了大量文章，并四处奔走呼吁，深入现场调查研究。他还与他的学生孙翔一道，主持进行了重载列车动力学研究，为我国重载列车的开行奠定了理论基础。1990 年 5 月，由孙竹生创建的研究班子作为一支主要力量，参加了大秦铁路万吨单元重载列车纵向动力学试验，取得了圆满成功。1989 年 8 月，我国第一列双层旅客列车在上海—南京间投入运用。目前，大秦铁路的万吨列车，京沪、京广线的 5000 吨列车均已陆续开行，双层客车也得到了越来越多的应用，对我国铁路发展起了重大作用，产生了深远的影响。孙竹生的主张逐渐变成了现实。

近年来，孙竹生参加的"组合列车研究试验推广应用"获 1988 年国家科技进步二等奖；他主持的"重载列车动力学研究"获 1990 年铁道部科技进步二等奖；作为主研人员，"双层旅客列车研制"获 1991 年国家科技进步一等奖；他也于 1991 年获得"全国铁路优秀知识分子"的荣誉称号。

我国内燃机车技术发展的奠基者

先进工业国家牵引动力现代化的高潮始于第二次世界大战以后，孙竹生早在留美期间便关注着汽车发展的这一动向，并考察了酝酿中的牵引动力改革，搜集到了世界第一台燃气轮机车的资料，回国后专程去南京向程孝刚先生汇报了他的想法。

1957 年，孙竹生在唐山铁路学院组建了我国第一个内燃机车专业，开始编写我国第一部"内燃机车总体与机械部分"的教材。

机车的牵引力是通过车轮与钢轨间的黏着力传递的，黏着重量与机车功率必须恰当匹配。孙竹生在我国首次提出了黏着功率的概念，分析了黏着牵引力、持续牵引力、计算牵引力的关系，提出了不同用途汽车关键牵引参数的选择方法，至今仍是我国机车设计的理论基础。

"文化大革命"结束后，我国改变了与世隔绝的状态。孙竹生又率先将国外机车车辆动力学理论的新发展介绍到国内，使机车走行部的设计由单凭经验提高到可利用理论进行现先定量分析的新水平。1980年，他又主持编写了一部新的《内燃机车总体及机车走行部》的教材，汇入了大量反映技术发展的新内容，至今仍是我国铁路高等院校教学中的唯一一本内燃机车总体教材。

倡导发展铁路重载运输

"低装备率、高使用率与高强度运输"是中国铁路面对的现实。工厂以运定产，难以发展，老百姓坐不上车，怨声载道，中国铁路在呻吟。孙竹生意识到自己的责任，饭吃不香，觉睡不着，他在寻求一条使中国铁路摆脱困境的途径。

中国因受限于投资能力难以修建大量新线，既有路线的运输密度也已提高，少有发展余地，而提高运行速度又受到各种条件的限制，只有在提高列车重量上下功夫。20世纪80年代初期，孙竹生与老专家孙宝融一起，提出在我国发展重载运输，大幅提高货物列车重量的建议。重载运输在北美、澳大利亚、南非等幅员较大、散装货物运量大、流向集中的国家已有很大发展，发挥了巨大作用，其发展条件同样适合于中国国情。但传统思想、传统习惯、传统技术束缚着这一新事物的发展，孙竹生一面对重载运输及其在中国的发展前景进行了更为深入的研究，使发展思路逐渐具体化。他在西南交通大学组织多方面的专家主持撰写了《铁路运输发展对策》，对发展重载运输做了深入的阐述；同时四处奔走游说，说服了各级领导，打通各个环节。孙竹生通过认真分析，提出了重载列车开行中必须解决的一些关键问题，包括改造现有车辆并发展新型的车钩、缓冲器、制动装置，研究列车纵向冲动的成因及其各种解决方式（重载列车动力学），并组织西南交通大学及有关研究单位进行了研究。

在孙竹生及一批具有真知灼见的专家及领导的倡导下，大力提高列车重量，明确写入了铁路技术政策，"重载列车成套技术"相继列入"六五"及"七五"的国家重大攻关及国家重大装备项目。

两个五年计划过去了，重载运输技术装备的攻关结出了硕果，我国也建立了第一条双线电气化重载铁路——大秦铁路。1990年5月，铁道部组织在大秦铁路进行了我国第一次万吨单元重载列车试验，对多年来的攻关成果进行了全面检阅。作为高等院校，西南交通大学第一次在这种大规模的综合性实验中承担了重要的试验任务。孙竹生不顾年事已高，风尘仆仆地来到大同，登上了试验列车，这是中国的第一列，获得了圆满的成功，这其中倾注了他多少心血。

孙竹生并没有以此为满足，他提出，除了运煤专线外，中国更应当在其他繁忙干线上大力提高列车重量，并争取在"八五"期间这些线路上较为普遍的开行 5000～6000 吨整列式重载列车，但还有一系列技术问题要解决，孙竹生提出了一个又一个实验方案，不顾近八十的高龄，仍在操劳着。

发展重载运输，终于在我国铁路科技发展的"先行计划"中被列为"中国铁路扩能提效的主体技术"，"八五"期间，"重载运输技术发展的研究"再次列入国家攻关计划。铁道部制定的中国铁路科技"八五"计划——主目标"十二条龙"中大秦铁路万吨级重载运输技术扎根配套及京沪，京广铁路开行 5000 吨级重载列车列为龙头（第一条及第二条龙）。孙竹生，还在思考着开行中可能出现的问题及如何进一步发展。

提出研制双层客车

面对我国铁路旅客买票难，乘车难的问题，孙竹生也在思考着解决方法。他首先提倡扩大旅客列车编组，提出过各种扩编方案，组织进行过扩编后出现技术问题（特别是制动问题）的研究。近年来，我国旅客列车的编组已由过去的 12～14 辆增加到 18 辆，甚至更多，已在一段时间内较有效地缓和了铁路客运的紧张局面。

早在积极推动扩编的同时，孙竹生同时思考着更好的解决方法。1982 年 6 月，他首先向铁道部提出了发展双层客车的建议。但我国在 1958 年"大跃进"中研制的双层客车存在的一些问题，使不少人对他的建议提出了不少疑问及异议。孙竹生方面组织工厂及高校的力量对各种技术问题进行研究，反复探索各种可行的方案，另一方面四处奔波，打通各个环节。经过了不少的曲折与反复，研制短途客运用双层客车被列入国家"七五"科技攻关计划，交由浦镇车辆工厂研制。从总体设计方案到具体实施方法，孙竹生多次到现场指导，为解决每一个技术问题反复查阅资料，分析计算及研究技术方案。1986 年，他利用赴加拿大及美国参加国际会议的机会，特地对国外的双层客车进行了考察。1989 年，我国第一列双层客车在南京—上海间正式投入运用，载客量比普通列车增加了60%以上。座位宽散，乘坐舒适，受到了乘客的热烈欢迎。铁道部决定扩大生产，全面推广。孙竹生并未沉溺在胜利的喜悦中，他又在思考着新的问题，如何将双层客车用于长途运输？他提出发展硬卧车、软卧车，找工程技术人员认真地讨论各个技术环节，现正在投入试制。双层客车现已在我国的一些客运繁忙区段上开行，我国铁路客运的紧张局面有望得到缓和。

教书育人，精心培养科技新人

多年来，孙竹生已是桃李满天下，他们构成了我国铁路机车车辆事业发展的几代技术骨干。孙竹生一再教育他的学生，作为一个中国人，尤其是一个中国的知识分子，要具有高尚的人格。他身体力行，为学生们树立了榜样。早年，他谢绝了国外的高薪挽留，回到了饱受由日本帝国主义摧残的中国，投身于经济的恢复工作。中华人民共和国成立后，又毅然由台湾返回大陆，致力于发展教育事业。1957 年以后，正当他踌躇满志，准备全身心地投入祖国铁路牵引动力改革的时候，却经历了一次又一次的磨难。在各种政治冲击甚至人格侮辱面前，他对国家的忠诚、对事业的追求没有变。他常常说，人是历史长河中的一滴，人类的进步趋势是不可能阻挡的，个人的得失无关轻重，只希望能在短暂的人生中，为社会多做贡献。他积极组建了铁路院校的内燃机车专业，深入工厂，亲自指导了内燃机车的发展。晚年改革开放政策，唤起了他新的热情，为中国铁路重载及双层客车的发展做出了重要的贡献。孙竹生作为一位知名教授，却仍过着俭朴的生活，他的房间中只有简单的陈设，却四处堆满了书籍。年近八旬的他，每日仍然工作不止。他的人格为学生们所传颂，成为他的学生们效仿的榜样。人总是要老的，孙竹生想的不是为自己营造一个安乐窝，安度晚年。他想的是为国家、为学校留下一点更为宝贵的财富，他要推出一代新人。他的学生孙翔曾是唐山铁道学院有名的高才生，学习期间曾受到孙竹生教授多方照顾，但却被划为"白专"，毕业后分配到工厂基层班组"劳动改造"。在工厂工作期间，孙竹生始终关心着他的成长。实践的锻炼使他增长了才干，1982 年他破格晋升，成为铁路系统最年轻的高级工程师。1984 年，经孙竹生力荐及奔波，将孙翔调回西南交通大学，很快做出了明显成绩，并于 1986 年晋升为正教授。孙竹生一方面不断地为孙翔指明方向，循循善诱，一方面四处为孙翔鸣锣开道。近年来，孙翔先后主持了多项国家重点科技攻关项目，多次获得国家级及部级奖励，并被评为国家级有突出贡献的中青年科技专家，并在孙竹生的支持下，组织起了一支几乎全部由年轻人组成的科研队伍，在机车车辆的研究中，获得了明显的进展。西南交通大学的机车车辆学科先后被推为博士点，被评为国家级重点学科，并由国家确定建立"牵引动力国家开放试验室"，一个老学科出现了朝气蓬勃的局面。"西南交大后生可畏"，已给铁路科技界留下了深刻的印象。

执着坚持求实的学风

长期以来，高校的科研工作比较严重地脱离实际，研究工作大多是以个体劳动的方式在纸面上进行，以论文的发表作为其终结。而孙竹生始终倡导面向实际，要求发挥高校的优势，目前与长远相结合，进行一些高水平的研究开发工作，但最后应落实在对国民经济发展的实际效益上。对于机车车辆这样一个产品学科，这一点无疑是十分重要的。

早在五十年代，孙竹生便要求学生首先要掌握基本操作技能，并以身示教，在带领学生去戚墅堰机车车辆工厂实习时，亲自为学生做钳工操作技能示范。

1984年，在孙竹生倡导在我国发展重载运输的同时，为了解决影响重载列车安全运行中首要的纵向冲动问题，他提出进行重载列车动力学的研究，研究冲动机理及其解决措施，并实现冲动过程的计算机模拟。他指出，这一研究应成为重载列车装备及运用技术研究的基础。他的建议，受到了主管部门的重视，将这一课题列入了国家"七五"重点科技攻关项目。西南交通大学的课题组很快完成了理论及软件研究。按照常规，对此课题可以交差了，但孙竹生坚持采用一套理论与实际相结合的研究路线，深入现场，用理论研究结果解决实际问题。郑州铁路局初次开行组合列车断钩以后，他亲赴郑州了解情况，并对断钩全过程进行了计算机模拟，与实际情况十分符合，并指出了断钩原因及解决措施。在他的倡议下，铁道部召开了车辆三大件（车钩、缓冲器、制动装置）研讨会，研究了改进三大件的措施和步骤。他指导研制了司机操纵模拟装置，为培训重载列车司机及提高操纵技术提供了新的手段，并被批准为国家级新产品。西南交通大学主持了"大秦铁路万吨单元重载列车的纵向动力学试验"，成为铁路高校参与的最大规模的综合性科学试验，获得圆满成功。在铁路科技发展的市场上，处处留下了孙竹生的脚印。

选自杨树彦主编：《西南（唐山）交通大学校史资料选辑（第四辑）》（四川成都：西南交通大学校史编辑室，1993年，第24～28页，下转第4页）

任朗传略

朱怀芳　孙圣辉

　　任朗，电磁理论家和天线专家，教授。他在20世纪50年代提出的"线形天线阵辐射图中单位圆上零点分布的一个普遍函数"，应用于雷达天线的设计中，有效地减小了旁瓣，引起国际学术界重视和引用。20世纪80年代他提出的"和差变换"，突破了过去的学术藩篱，解决了旋转抛物面天线和火箭、卫星、航天飞行器上常用的长椭球天线的严格解问题，并为类似的偏微分方程的求解开辟了新途径。他的专著《天线理论基础》总结了他多年的科研成果，为天线理论的发展做出独特贡献。在致力于科学研究的同时，他长期从事高等教育工作，致力于人才的培养。他培养的大量博士、硕士中，有的已成为学术骨干、国内外知名学者。

　　任朗1913年出生于辽宁省沈阳市（原籍山东蓬莱市），父亲以务农为主。幼时他曾协助父亲干些农活，从小体验到老百姓生活之艰辛。1920年进入市立第五小学，就学途中经过日本租界时，见到耀武扬威的日本军人和盛气凌人的日本侨民，也常听到和见到中国老百姓受欺压的事情，逐渐认识到民族灾难之深重。这时他也从师长处受到"知识救国""教育救国"和"工业救国"等爱国思想的影响。他立志努力学习，充实自己，以便报效国家，强国富民。1926年小学毕业后，他考取辽宁省立第二工科学校，一学期后又转考辽宁省立第一工科学校。他之所以都是考工科学校，是受到"工业救国"思想的影响。他了解到当时中国最好的工科大学是南洋大学和北洋大学，于是决心投考这两所大学。为了达到此目的，在辽宁省立第一工科学校读了两年半以后，就转考进入北洋工学院预科。

　　任朗从青少年时代起，学习异常勤奋，肯下苦功夫。在沈阳时，他经常攻读到深夜，学校每晚10时熄灯，他就在路灯下看书到12时才回宿舍就寝，而且每天如此，从不懈怠。在天津北洋大学预科时，他刻苦学习，成绩优异，尤其是数学、物理两门功课，经常得满分。除课堂学习外，他自学了很多参考书，将多年来英国剑桥和牛津大学的入学试题中的数学和物理题目，一一加以收集、演算和解答，并装订成册。为此，他花费两年北洋预科生活的约一半时间，而收获极大，为他日后攀登科学高峰打下了坚实的基础。

1931 年"九一八"事变，日本帝国主义侵占东北三省，家乡沦陷。刚到天津北洋工学院仅一个月的任朗和同学们义愤填膺，疾呼抗日救亡，对于蒋介石的不抵抗主义无不愤慨。当时北洋工学院教务长王继绪教授以绝食来要求蒋介石国民党政府抗日，任朗也随同大批同学卧轨拦火车去南京请愿。预科结束后，他在北洋大学直接进入土木系本科学习，1933 年他又投考了南洋大学（此时已改名为上海交通大学），被电机学院录取。虽在北洋大学土木系已就读一月，由于当时天津形势不稳，于当年 9 月转往上海交通大学读书。

在大学三年级时，任朗和同班的八名同学发起成立了"一社"，宗旨是"发展实业，振兴中华"，走"工业救国"的道路。1936 年暑假，"一社"组织了一个考察中国实业的考察团，申请到了铁路二等免票，沿津浦、北宁两条路线进行参观、考察一个多月。沿途参观和考察了面粉厂、煤矿、铁路机车厂、电报电话局、北京大学、清华大学、北洋工学院、南开大学、交通大学唐山工学院。考察后，他感受颇深，看到中国实业基础之薄弱，百业待兴，专业人才之匮乏，教育待办，从而令他立志将来也要献身于教育事业，以培养专业人才，振兴中华。"一社"后来发展成为有 200 多名成员的社会团体，其成员都是各大学的高才生，遍布国内外。到 20 世纪 60 年代"一社"自行解散。大学毕业前夕，由于成绩优异，交通大学保送任朗报名参加中美庚款的留学考试，但因"七七"事变，抗日战争爆发，考试未能举行。

1937 年任朗从上海交通大学电机学院电信专业毕业，取得工学学士学位，电机学院院长张贡九介绍他去国民党军委工作。1937 年至 1944 年间曾任无线电教员、工程师和技师。1944 年考取机关留美。1945 年取得美国哈佛大学科学硕士学位。任朗在哈佛大学学习时，数学经常满分。有一次考试他获得满分，其他 30 多位研究生的分数都远低于他。教授在课堂上当众表扬他，说任朗对数学难题的解法与众不同，既简捷又清晰，方法之妙教授自己也从未想到过。

当时哈佛大学实行每年两学期制，暑假近三个月，而麻省理工学院（MIT）每年是三个学期，他为了抓紧时间多学一些，暑期去麻省理工学院攻读。主攻该研究院的应用数学课程，如数学系主任 Philips 教的高等矢量分析，Feshback 教授教的理论物理方法以及函数论等。1945 年 10 月开始在哈佛大学攻读博士学位，并获得了哈佛大学奖学金和华美协进社的奖学金（这是管理中美庚款的单位所设的奖学金，其待遇与中美庚款留学生一样）。1946 年初，他以优异成绩学满了 16 门研究生课程（包括在麻省理工学院的课程，两校课程成绩是相互承认的），经过考试通过了博士初试。接着，1946 年秋完成了博士论文的理论部分，仅实验尚未做完，因留美期限已到而归国。

学成归国后，他就以渊博的学识和拳拳报国之心投身于教育事业和研究工作。他先后曾任上海沪江大学物理系教授、系主任，上海交通大学电信研究所教授，中国交通大学唐山工学院电机系教授、系主任，中国科学院电子学研究所研究员，唐山铁道学院电机系教授，西南交通大学物理系教授、电磁研究所所长，西安交通大学兼职博士导师，南京理工大学名誉教授，北京广播学院兼职教授。近五十年来，他悉心培养的博士生、硕士生、大学生多有建树，真是桃李满天下。他潜心研究天线理论，在学术上和科技应用上都有独特的贡献。他是全国铁路优秀知识分子，也是第一批获国务院特殊津贴者。

投身工科高等教育事业，精心培养科学技术人才

1946 年，他回国后担任上海沪江大学物理系教授、系主任兼上海交通大学电信研究所教授期间，除全面主持系的工作外，还给八名硕士生讲授天线课程。在指导硕士研究生撰写论文中一丝不苟，从理论和实验两方面严格要求。第一位硕士生李嗣范（现任东南大学教授、博士导师并指导博士后），在 1948 年经答辩后获得硕士学位。

1949 年 5 月上海解放，不久，全国解放。这时，他才深刻地认识到所谓"工业救国"是救不了中国的，只有在中国共产党领导下打倒反动派，建设新中国，才能使国家富强，人民幸福。1950 年应中国交通大学唐山工学院的邀请，于 8 月来到唐山担任该校电机系教授、系主任。早在 30 年代就已经沿铁路考察过的任朗，对中国交通大学唐山工学院早有了解。这是一所严谨治学、严格要求、培育英才、蜚声中外的高等工科大学。他一到任就抓了两件事，一是筹措经费，购置实验设备；一是从国内外广揽优秀人才，延聘教授。像现为中国科学院学部委员的曹建猷教授和其他几位教授，就是他力聘到校任教的。1952 年全国高校进行院系调整，中国交通大学唐山工学院改名唐山铁道学院，任朗此时辞去系主任职务，专心致力于青年教师的培养、基础理论的教学和指导硕士研究生的工作。

1957 年他兼任中国科学院电子学研究所研究员，并教授全所的电磁理论课和天线课。从 20 世纪 50 年代末起，他在中国科学院和唐山铁道学院指导多名

研究生，在教学和指导研究生过程中严于律己，严谨治学，深受教师和学生的爱戴。他经常鼓励学生多用脑多思维，灵活运用物理概念和数学物理方法，激发灵感，勇于创新。他培养出来的博士、硕士，有些已成为学术界的知名骨干，有的已在国际学术界崭露头角。

1990 年，他受聘为西安交通大学兼职博士导师。目前，在西南交通大学给博士和硕士研究生开出"高等电磁理论"课程，指导 5 名博士生和 2 名硕士生的论文撰写，主持 3 项科研项目，其中一项是中德国际合作项目。

除了繁重的教学、科研工作外，他还积极参加各种学术活动，曾任中国电子学会理事、编委，中国通信学会理事，铁道科学院学术委员，国务院劳动人事部留学生派遣工作顾问，西南交通大学学术委员会委员等。现任西南交通大学教授，中国电子学会会士，天线学会副主任委员，《天线学报》主编。

发展了天线科学理论，取得了应用上的成果

几十年来，任朗潜心于电磁理论和天线学科的研究。1957 年 10 月他组织了接收苏联第一颗人造地球卫星信号的工作，进行了缩小天线尺寸的理论研究和实验工作，服务于远程雷达而减小线形天线阵辐射图中旁瓣的研究工作，研究了广泛应用于雷达、卫星、宇宙飞船、微波接力、通讯、广播、射电望远镜等的旋转抛物面天线和长椭球天线的严格理论以及表面波天线的严格理论等，取得了一系列丰硕成果。例如，他在《中国科学》（外文版）和《物理学报》同时发表的科学论文《线性天线阵辐射图中单位圆上零点分布的一个普遍函数》，被应用于低旁瓣雷达和远程雷达的设计中，取得了令人满意的效果。英、美、苏各国学术刊物上纷纷署名摘登其成果。该普遍分布函数包含了国际上著名科学家 Schelkunoff 和 chebyshev 的分布作为特例。他先后发表在外文版《中国科学》和《物理学报》上具有开创性的学术论文还有：《长旋转椭圆介质球中的半波阵子天线》《表面波天线的一个严格理论》和《长金属椭球体顶点处单极子天线的辐射问题》等。

任朗在电磁理论和天线的研究中的许多创见，系统地总结于他的专著《天线理论基础》中。书中包含了他个人的许多独特贡献，被国内外学术界所推崇和引用。该专著曾获四川省重大科研成果奖、铁路高等院校科研成果和优秀论文特等奖、世界通信年优秀通信类图书奖、电子工业部全国工科电子类专业优秀教材特等奖、国家教委全国高等学校优秀教材奖（国优 75 号），并参加了日

内瓦的国际书展和德国莱比锡的国际书展。目前他正在编写《电磁场中的数学物理方法》一书，最近即将出版。

研究成果突破学术藩篱，学术见解促进国际交流

1980 年，国家对重点项目"长河二号"的选定方案十分重视，薄一波副总理特邀任朗参加在中南海怀仁堂召开的评定会议。在选定六个导航天线塔方案中，他极力主张"单塔绝缘"方案，得到采纳。实践证明，该方案性能稳定可靠，并为国家节省了投资，比美国的"四塔"方案先进。天线塔建成使用一年后，他又应邀参加鉴定会并乘专机去现场观察运行情况，得知美国专家对此有很高的评价，并要向我国订购天线塔。

20 世纪 80 年代，他除精心指导博士、硕士研究生外，他还专心研究卫星、火箭和其他飞行体常用的长椭球天线和应用极为广泛的旋转抛物面天线的理论，取得了重要成果。论文发表在世界性学术刊物 *IEEE Trans.on AP* 和 *Journal of Applied Physics* 上，和美国 IEEE-APS 国际会议的论文集上。他的学术论文中提出了"和差变换"，使矢量亥姆霍兹方程在长椭球坐标下，可以用分离变量法求出严格解。这一项研究不但解决了实用价值很大的天线理论问题，而且更重要的是突破了长期以来公认为不可能用分离变量法求解的学术藩篱，圆满地解决了长椭球天线和旋转抛物面天线的严格理论，并给类似的偏微分方程的解法开辟了新途径。这是任朗最突出的重要贡献。

由于任朗在学术上的成就，1989 年 8 月他应邀去德国斯图加特大学讲学，并与该校高频研究所所长、无线系系主任、西德天线学会主席 F. M. Landstorfev 签订了两校（西南交通大学与斯图加特大学）在天线方面进行科研合作的协议书。我国国家自然科学基金会批准了该协议，并确定为国际科研合作项目。该项目正在执行中。

1989 年，他代表中国电子学会天线专业学会参加了国际无线电科学联盟在瑞典斯德哥尔摩召开的电磁场国际会议的工作会和科学报告会。会上讨论了电磁理论中的一个重要问题，即"等效定理"中的表面 S 是否可以取在两媒质的分界面上？经过讨论和任朗的论证，最后一致同意他的论证，即 S 不能取在两媒质的分界面上。很明显的理由是：如果取在两媒质的分界面上，那么，从等效流计算场时，公式中的媒质参数究竟是用哪边的？再者，如果两媒质都是介质（不同的介质），除需满足场的切向分量边界条件外，还要满足场的法向分量

的边界条件，否则就考虑不到场的折射问题。当时参加讨论的科学家中有矩量法发明者、对积分方程解法有特殊贡献的 R. F. Harrington 教授，国际著名电磁理论家 L. B. Felsen 教授，国际著名天线专家 R. Mittra 教授和 F. Collin 等教授。其中 R. F. Harrington 和 F. Collin 等承认他们的专著中在这个问题上有误。

任朗的学识和研究成果一直受到国内外专家、学者的推崇。他担任过 1985 年在北京召开的第一届天线与电磁场国际会议的技术委员会主席，1989 年在上海召开的第二届天线与电磁场国际会议的组织委员会主席，1993 年将担任在南京召开的第三届天线与电磁场国际会议的大会主席。

任朗年事已高，但仍在教学和科研第一线坚持工作，日夜操劳。他长期坚持体育锻炼，常进行长跑、爬山、游泳等运动。他的业余爱好是欣赏古典音乐。他身心健康，精力充沛，在科学研究中成绩卓著，硕果累累。

选自杨树彦主编：《西南（唐山）交通大学校史资料选辑（第四辑）》（四川成都：西南交通大学校史编辑室，1993 年，第 29～32 页、第 37 页）

"寝馈思当日，菁莪振国风"

——回忆父亲黄寿恒教授

黄　棠

一、校史方面

唐院四十四周年（1940 年）校庆时，我父亲（黄寿恒教授）作过一首五言长律，是讲校史的：

四岁专科制，规模轫始崇，

声名腾冀北，成绩肇华中。

寝馈思当日，菁莪振国风，

分攻路矿学，俱习测量工。

听讲叹幽邃，磋磨悟曲通，

心知殊少少，毕业遂匆匆。

九载漂游倦，重来杏李丛，

庭栽犹半熟，师友甚和融。

设备年增益，讲论岁不同，

芳菲齐结实，培养喜收功。

洙泗坛仍在，弦歌诵忽终，

东隅嗟已失，桑梓恨无穷。

倭寇猾华夏，虾夷据学宫，

图书抛散佚，仪器掷西东。

庭柳迎风绿，池荷过雨红，

驱车由此去，回首罪天公。

复课湘潭畔，避戎黔岭中，

精神异宿昔，物质竟虚空。

建国工程大，同门发愤雄，

匹夫知义愤，岂敢息微躬。

一年后又作：

盛况记当年，重吟倍惘然，

趋跄芜殿里，朝夕对先贤。

头四句"四岁专科制，规模轫始崇，声名腾冀北，成绩肇华中"，说明这个学校四年专科制，在全国是第一个，在别的学校是没有的。当时学校在唐山，我父亲是这个学校第四班的学生。进校一年后，第一班就毕业了，后因粤汉铁路招考工程师，大学毕业不算，要考试，能去考的都去了，包括正式毕业的和同等学力的。五名一等，唐院占四个，三个正式毕业生，一个被开除的考上了一等。因当时粤汉路主要在华中，所以学校的成绩在当时的铁路界，在国内就有了一定的声望。四个考一等的，我知道三个，一个叫吴益铭，一个姓郑（广东人），另一个因闹风潮驱赶教师，被学校开除，姓吴，中华人民共和国成立后在郑州局当局长。听邵福昕教授说，吴在平汉铁路工作，当时平汉铁路有一个不合理的规定，高级工程师要由外国人当，中国人不能当。有一座桥，外国人修不了，他去修，把桥修好了。那个外国人说，你的本领比我好，照这个规定是不合理的，我去替你要求。他是第一个当上了平汉路高级工程师的中国人。

"寝馈思当日，菁莪振国风，分攻路矿学，俱习测量工。"是说我父亲吃饭睡觉总是想着当年学校的历史。"菁莪"即菁莪学子，"菁莪振国风"是说念书的通过学习还要在为国家争一口气。当时学校叫"路矿学堂"，有的人念路，有的人念矿，大家都要学习测量。

"听讲叹幽邃，磋磨悟曲通，心知殊少少，毕业遂匆匆。"是说当时有的课程是比较深的，大家在一起磋磨才能渐渐地懂得了其中的一些道理，但心得不多，四年就毕业离去了。

"九载漂游倦，重来杏李丛，庭栽犹半熟，师友甚和融。"我父亲是1914年毕业。1923年开始在这个学校任教，离开学校九年，又回来了。"庭栽"，当时所种的树还在，果子刚刚结了，比喻时间短，师友都很和气。"师"指罗忠忱教授，好朋友是指顾宜孙教授等。

从1923年到1936年，"设备年增益，讲论岁不同，芳菲齐结实，培养喜收功。"这几年中设备每年有所增加，讲课方面年年有所改进，学生比较好，所以觉得"芳菲齐结实"，培养有一定的功效。

以后是抗战时期。"洙泗坛仍在，弦歌诵忽终，东隅嗟已失，桑梓恨无穷。"学校是一个讲坛，讲坛还在那里，但课是没法再上了，东北丢掉了，桑梓之恨大家是很伤心的。

"倭寇猎华夏，虾夷据学宫，图书抛散佚，仪器掷西东。"日本打到中国来了，占领了我们学校，图书、仪器都损失了。

"庭柳迎风绿，池荷过雨红，驱车由此去，回首罪天公。"是说当时学校里有柳树、荷花，环境很好，但不能不走了，赶着车从这个地方离开，但又回过头来怪罪天公。

"复课湘潭畔，避戎黔岭中，精神异宿昔，物质竟虚空。"学校复课有三个人，有我父亲，有许元启和朱泰信。复课最先是在湘潭杨家巷，后搬湘乡杨家滩。日本打过来，学校原拟搬昆明，我们全家到了昆明，但后来学校迁到贵州平越（今福泉县），我们才由昆明到达贵州。"避戎"即躲避兵戎故事，因为学校在贵州山丘之中开课。"精神异宿昔"句最初用的是"精神犹宿昔"，我父亲觉得此时的精神不如在唐山的精神，因而将"犹"改为"异"，而物质条件差得更多。

"建国工程大，同门发愤雄，匹夫知义愤，岂敢息微躬。"是说建国的工程大，知识分子还应为此出力。这种心情代表着当时老知识分子的心情，后来不断失望。

过了一年（即 1941 年）后，我父亲又作了四句："盛况记当年，重吟倍惘然，趋跄芜殿里，朝夕对先贤。"是说他所写的诗句主要是描绘学习比较兴盛时期的情况。"重吟倍惘然"，过了一年重读此诗，心里更觉惘怅，很不舒服，情况不是越来越好，而是每况愈下。"趋跄芜殿里，朝夕对先贤"。说的是在贵州时学校住在文庙里，一天到晚上课都要在文庙里走来走去，早晚都感觉是在先贤的地方，很惭愧。

二、学风方面

我进这个学校时，一般来说是成绩比较好的学校。当时各个学校有一种竞赛，由教育部统一命题，我上一班的陈莘数学考第一名，倪志锵数学、英文都考第三名，国文第一名是管理系的同学，说明我校成绩是数得上的。

照我父亲的说法，我们那个时候已不如以前要求严格了。他说他在这个学校的时候是 30 分及格，比现在的 60 分要难。他们班的测量课最高是 60 分。他说上课时不像现在那样抄黑板。有个英国教师，学问广博，教土木。他设计了一架飞机，自己试开，但没有上天。从这里看，说明那时的教授与现在就是不同，课余搞科研。他上课不抄黑板，不照课本念，出口成章，记下来就是很好的英语。他讲结构力学中的"二铰拱"，只有一句话，"跨度不变"，现在要讲 1 ~ 2 节课。

课程的面很广。念的是土木系，化学方面有人毕业出去烧石灰，烧水泥。培养好了基础，出去学学就会干，土木里设有造船的课。第一班四年毕业，停课复习三个月，有一个总考，我父亲说粤汉路考第一，与这有关。

当时这些人的国文底子很好，有的人是中过秀才的。稽权是第一班，校内第一名，但粤汉那次考为二等，后来在铁路上很有名，中华人民共和国成立后是土木学报的主要编辑人。

唐院补考及格是相当难的，因补考题比大考题出得难。老唐院还有一种叫"光荣的开除"。道德败坏，考试作弊的开除是"不光荣的开除"。因不及格的次数过多而被开除，大家认为这不是品格的问题，对这个人还是可以尊敬的，称为光荣的开除，这样的人还可以再考进这个学校再念。

老唐院还有一个学生赶教师的风气。假如觉得这个教师教得不好，学生可以在课堂上提问题问他，回答不满意，学生就要罢课。在我父亲任教之前，就赶走几个数学教师。

我父亲教微积分，只在教前看了一个星期的书，算作备课。以后教了三十多年再也没针对这堂课来准备。但他看的数学书多，不断提高自己的水平，他说这就是备课。他上课怎么想就怎么讲，讲到什么地方，画一条线，第二次再接着讲。他的理论是要教好，就要这样。这样就不能很周到，堂上就会讲错话。要是学生指出来了，就一定要讲明白是怎么错的，这个问题应该怎么办？如果在黑板上写错了，写到后面感觉前面有错的地方，他就问学生发现没有？然后讲明如何发现错误，碰到错误怎么处理。他说如果都准备好了，堂上一个错也没有，将来学生出去工作不会没有一个错。他就是这样培养学生发现错误，处理错误的能力。这才是水平。

我父亲所教的不是把关课，是让学生习惯用英语听课。

学校很多同学英文课的成绩是够好的，但听英语讲课很不习惯，有的同学为此要半年到一年才能适应。这一段很吃亏。我父亲说他能用中文讲课，也能用英文讲课。他用英文讲课为的是培养学生的适应能力。他觉得如果用中文讲课，到二年级一下改为用英文讲，学生不能适应。

他开始的时候用一个月时间讲极限理论。当时在全国只有我父亲在微积分里讲极限理论。他说，我教了二十多年极限理论，但觉得这种教法并不是一个很好的办法，学生听不懂。当年我父亲为什么要教？他说极限理论听不懂没有关系，并不影响学生后来学习微积分。先讲一个月，让学生练习听英文讲课。

在数学教学中我父亲认为每 1~2 个星期小考一次，经过严格的判分，多次平均起来，基本上可以代表学生的成绩，这是准确的。

老唐院主要把关教师是罗忠忱老教授。他教的是力学课，一是工程力学，相当于现在的理论力学，一是材料力学。一个学期 8~10 次小考，然后有一次大考。传说学生三分之一不及格，答数第三位小数错了就没有分。我自己觉得不是这样的。问过罗老教授，他说并不是要准到三位小数，而是根据情况该给什么分数就给什么分数，综合判断。这门课不及格就不及格，并不是为了要有多少人不及格。他出的题代表一个水平，到了这个水平就及格。他就把这个关，把的结果，大概就是三分之一不及格。要念四年或五年基本上是由罗老教授这两门课决定的。

罗河教授测量课，他说我们中国人的聪明才智不在外国人之下，外国人写的教科书，我们中国人要是看不懂，我认为很可耻。你们应该自己看这些英文测量书，一点问题没有。你们要多看书，我只讲一些重要的思路。你们要快，我在黑板上不等你们。他说，现在世界上什么都要手疾眼快，不然就要吃亏。如果现在没有这个本事，要练习练习。

他说测量可以算一门科学，也可以算一种艺术，有合理与不合理之分。合理的意思是各处的精确度是配合的，如果别的地方量得准确，一个地方有漏洞，整个的精确度就被破坏了，这就是不合理。

一次讲天文课，罗河教授提问：站在北极看地球是反时针逆转，还是顺时针旋转？第一个问到的同学答对了，罗教授让他站着，再问第二个，答错了，让他坐下。再问下去，十多人答错，都坐下，后来又有两个答对，也站着，再问第一个，要不要改，他说他认为原答案对，这才让大家都坐下，说，有的时候，并不一定人多的就是答案正确。这件事对我印象很深。这不单是个业务问题。还有一次讲天文课，他说现在有的科学家说宇宙有一定大小，大概是指爱因斯坦，导出一种公式，说，光从这边射出去，过多少亿万年它会从那边回来，宇宙有一定的圈子。罗河教授说，我看宇宙不能有大小；如果宇宙有范围，宇宙范围之外是什么东西呢？立刻就会成为问题。罗河教授在课堂上发这样的议论，带有哲学性，对学生是一个启发。我认为我们应该走这样的路，走这样的路，自己要有一定的修养。

这个学校有一定的淘汰率，同一年级进来的学生，有一半降班，但大多并不离校。虽然四年制，但有一部分四年不能毕业，要念五年。

唐院招生的比例比较高，报名 25 人只能取一个，清华报名 20 人取一个。在华北唐院最高。全国是上海交大最难考，第二是唐山。取最好的学生进来，实际有近一半的学生不能在四年毕业。这不是太严，是保持一定的水平。我们为要办好一个学校，就应设法保证学生达到一定水平。这水平可高些可低些，但达不到，就不能毕业。

采访人：孙雨亭　李学诗

1984 年 11 月 30 日于成都分部黄宅

注：本文根据录音整理，已经本人审阅。

选自杨树彦主编：《西南（唐山）交通大学校史资料选辑（第五辑）》（四川成都：西南交通大学校史编辑室，1993 年，第 13～16 页）

回忆家父顾宜孙

顾耀祖

西南交大校庆百周年即将来临。应校方之约，撰文回忆我父亲顾宜孙。校方提到他任唐院（唐山工学院、唐山铁道学院的简称）院长的时间最长，应将他的事迹写出来。他可以算作唐院的"三朝元老"。抗日战争时，他任交大贵州分校校长。当时唐院和北京铁道管理学院在贵州合并。抗日胜利后，他任唐山工学院院长。解放初任命他为唐院院长，1965 年又改任副院长。现将他的经历和事迹简述如下。

一、努力求学，认真办学

他是上海交大毕业，通过公费留学考试进入康奈尔大学，并取得博士学位。因学习优异，获得金钥匙的荣誉。回国后，就在唐院执教直至终身。后来唐院的出国留学生，都由他推荐去康奈尔大学。原先指导他的导师雅各比称赞唐院毕业生的质量很高。此后，唐院生去该校学习就更加容易。久而久之，唐院就有"东方康奈尔"之美称。

他执教认真，学生交来的作业他都记上交作业的日期。因此学生们都不敢迟交作业。哪一门课缺教师，他就教哪一门课。他还要兼系主任、教务长等职。"文化大革命"初，他得了"当权派""祖师爷""权威" 三顶帽子。称作"祖师爷"是因为他的徒孙已当了教授。他的学生中林同炎、林同骅、张维、黄万里、严恺等都比较出名。称作"权威"是因为中华人民共和国成立前他兼任中国土木工程学会理事长，后来兼任武汉长江大桥的顾问。但这又恰好从侧面反映出他认真办学的成绩。

二、热爱唐院，患难中不离去

当日军侵占华北、华东后，他只好从上海的租界区乘船经越南进入昆明。龙云要他在云南大学执教。他教了一年，得知唐院学生已流亡到贵州平越。便离别了风景优美的云大赶到平越的破庙里。他和罗忠忱、伍镜湖、黄寿恒、林炳贤、范治纶等齐心协力苦撑唐院，把教学继续下去。因为缺乏合适的校长人选，他受命出任交大贵州分校校长于患难之中。当日本骑兵突袭广西独山时，师生们仓皇逃到四川璧山丁家坳。璧山离重庆较近，复员军人三青团的影响较大，他仍以无党派人士身份出任校长，但要应付的问题就比以往复杂。抗日胜利后，他和总务主任等拟把教学设备运回唐山，但当时的运输工具优先供应接收大员和政府部门，要老汉备经川江武汉转运唐山，实属不易。1947 年唐院借上海交大的教室上课。这时候他经常与茅以升、赵祖康、朱国洗等校友联系，以便取得更多的帮助。由于他当院长不贪污，未加入国民党，又未迫害进步学生，所以没有脱离大陆的念头。1948 年，蒋介石下令解散上海交大，他把伍镜湖、范治纶和他们的子女接到家中来住，共患难等待解放。

三、不以权谋私，宁愿吃亏

过年时曾有职工提物来赠，他急忙关门，在窗上向来者拱手谢绝。在校友处落实好就职的位置后，就让毕业生抽签。抽到的签可以自相交换。他不从中渔利。黄棠教授的弟弟在 1948 年抽签去了台湾，现在美国执教。

有一次女生宿舍失火，有些女生的行李被焚，要求学校补偿。他认为财务上不应开支此费，最后自己掏钱补偿了事。他常说："吃亏就是便宜。"

四、不图名，只知苦干实干

他经常身兼数职，埋头苦干。唐山临近战场，教授们按河北省公教人员的标准领薪，不易请到教授。他除了任院长外还要兼系主任和教课。在上海招生时，他和杨耀乾教授两人在淮海中路青年中学的小屋里油印考题。

他喜欢实干，但对官衔并不热衷。他曾五次去南京的教育部请辞唐院院长，每次都因挽留而未能辞去。上海交大程孝刚辞去校长时，校友会推荐他继任，他坚决谢绝。解放初发布了他任唐院院长的任命，他急忙去铁道部请辞，并表示愿当教务长。后来又推荐罗河教授任教务长，自任系主任。他任系主任时，认真地向自己的学生罗河汇报工作，不计较职位之高低。

五、艰苦朴素，认真改造思想

1951年思想改造运动中，他检讨了任命他当院长不就职的错误，又认真检查了崇美、亲美、恐美的思想。此后，他就以艰苦朴素的实际行动为人师表。国庆十周年时，他仍穿了旧衣服去北京参加国宴；门卫对他的证件反复端详。后来他对我说，他要做一套新衣服免得把他的证件仔细检查。

六、爱国爱党直至终身

他爱国爱党也爱唐院。解放初，他写信到美国请自己的学生回唐院执教；并以自身的情况为例，打消他们的顾虑。当时刘恢先已在美国当了教授，他表示愿来唐院，后因他夫人的工作问题，终于去了燕京大学。但高渠清、胡春农等都来了唐院。

他以无党派人士身份选为全国政协委员，后又当选全国人民代表。在一次会上曾昭抡把他介绍给周总理说："顾教授在交大教改中做出了很大的成绩。"接着周总理问："你是在上海交大还是唐山交大执教？"此后他还和毛主席握了手。通过和党和国家领导人的接触，更加强了他爱党的决心。

"文化大革命"初，他经成都去峨眉山接受斗批改。我到成都火车站送帐子给他，这时他仍无任何怨言。他回唐山去斗批改时，一个肾脏有了癌变。他来信说树终是要枯的，人终是要离去的，但应该有苏东坡降职到海南岛仍努力工作的态度。我阅信后深受感动，禁不住泪如泉涌。

选自杨树彦主编：《西南（唐山）交通大学校史资料选辑（第五辑）》（四川成都：西南交通大学校史编辑室，1993年，第17～18页）

西南交大"90后"沈志云院士的高铁情

沈志云，生于1929年，西南交通大学教授，中国科学院院士、中国工程院院士，机车车辆动力学专家，中国高铁领域的先驱科学家之一。

1983年，发表了至今仍在国际上被广泛引用的非线性轮轨蠕滑力计算理论（沈氏理论），为高速列车大系统动力学的创建奠定了基础。

1988年，筹建中国铁路系统第一个国家重点实验室——西南交通大学牵引动力国家重点实验室，建成能模拟时速400 km高速列车运行的机车车辆整车滚动振动试验台。曾担任中国自主研发的世界第三代高铁CRH380车型评审专家组组长，并先后参与武广高铁、沪杭高铁、京沪高铁、京武高铁等重大工程的评估验收工作。参与、推动和见证了中国高铁技术从无到有的全部发展历程。

中国首批卸甲荣休的资深院士

沈志云院士的别墅，坐落在著名的峨眉山脚下，屋后可见山冈起伏，据说，天气晴朗的时候，峨眉金顶也能遥遥在望。

楼上的落地窗前架有一台望远镜，镜头正对山中。沈院士说，那里即将开建一个野生动物园，透过望远镜，可以观察山园中狮虎等景象。

说这话的时候，老人显得怡然自得。

1971年，响应学校西迁决定，沈志云从唐山举家入川，算起来，沈家定居峨眉已经30年以上。

院士把峨眉当作自己的终老归宿之地。今年五月，他即满90岁了。百年之后，他要埋骨于此。

在这里，老人率性生活，把自己的晚景也打点得颇有气象。

学校半补贴性质地单独盖了两栋院士别墅，电梯、地暖、壁炉、音响、车库，一应俱全，他把多年积蓄都用上，买下其中一栋，作为自己养老的"安乐窝"。岁数大了，出行不方便，他又掏钱专门买了一辆车子，雇了一位专职司机。

过去时常骑三轮车出门，人们夸赞他好风格。去年，学校把他评为感动交大年度人物，还想提提这事，沈志云叫他们打住。

"我这么高级的别墅住着，还说什么节俭呢？现在是提倡消费，尤其中产阶级的消费要提倡，促进经济发展。所以我拿着钱干什么，又不能带到棺材里面去，当然就花喽。"

这是他的态度。

院士应该从本单位退下来、不能终身待在岗位上的呼声，在国内屡屡响起，2018 年 5 月，国家发文，提出要稳妥有序地推进这项工作。

以 5 岁一间隔，满 80 岁的资深院士，是国家实行"分批办理退休手续"机制的首批院士群体。

去年夏天，沈院士正式办理了光荣退休的手续。除了不再过问本单位的事，不再享有增选院士的选举权，其他都是终身制：资深院士的荣誉终身保留，在职时的一应工资待遇终身不变。另外，作为对头一批退休院士的激励性福利，今后每月国家还给一笔高于在职院士的"院士津贴"，这也是终身享受的。

老朋友关心退下来的沈院士寂寞否，耐得住冷清否。自认平生脾性火爆的老先生说，在这个天然氧吧里，他是抱定了修身养性的首位宗旨，要向陶渊明看齐。

沈院士对自己的状况感到适意，除了听力功能退化，气色身心上表现得都很健朗。唯独去年肠道手术后引发呼吸衰竭，住进重症监护室，医院领导一看，老先生是我们国家的双院士、大科学家，十分重视，马上组织医疗小组会商抢救，硬是把他从危亡边缘拉了回来。

濒死过一回，胸腹上留下一道手术"拉链"，沈院士语言轻快风趣，说起这件事，就像普通家常一样，并没有生死闯关的凝重和惊怖。

这与他所效慕的佛家那种心无一物、拿得起放得下的人生观，风格上似有几分相似。

四川当地媒体多年前找上门，报道沈院士的退休生活，他一口气讲了四点不符主流的理念。第一，不同意"老当益壮"，这不符合自然规律。第二，不同意"发挥余热"，老同志发挥余热越多，年轻人发展空间越小。第三，自己得过几次奖，奖金都用来买房了，并没捐出去。第四，自己的子女长期住在国外。

据说媒体报道后，反响很好。中央电视台知道了，也找上门去，要给他做一期节目，这倒把沈院士给"吓倒了"，觉得自己的那番不合常规的奇谈怪论还是不上央视为妙，没有答应。

沈院士家的客厅里，陈列着可以刻度他一生主要历程的几件东西，除了退休证书，还有 1990 年代当选中国科学院院士和中国工程院院士的两本证书，以及几个高铁车辆模型。

他是中国铁路运输工程领域唯一的一位双院士，也是中国高铁发展的主要推手之一。40 年来，他以一个主力科学家的身份，投身到高铁的鼓呼、决策、论证、试验、技术研发之中，在少有人知的一些重要关头、重大项目上，甚至是挑大梁的"硬角色"。

生理上的衰老，并不能叫思维停摆。高铁下一步怎么走，依然是沈志云上心的事情。

高铁高速的坚定捍卫者

临退下来，对于高铁今后的发展念念不忘，沈志云提出了两条院士建言。

其中之一是，要有计划地探索轮轨高速列车最高运营速度，应该在 2020 年后的十五年之内，研制设计速度 500 km/h、运营时速 400 km 及以上的高速列车；探索、研制设计速度 600 km/h 的高铁，进而实现上述目标。

用沈志云的话说，这叫"突破速度极限，进行颠覆性创新"。

"随着交通科技的迅猛发展，上千公里时速的地面交通呼之欲出，我国高铁引领世界格局，如不奋起直追，不断提高运营速度，就有技术落后的风险，更谈不上继续引领世界发展的设想了。"

沈志云这一喊，动静不小，很快传到了北京，被报送中央领导参阅。

实现最高商业运营时速 350 km 的技术突破，是沈志云总结的中国高铁三大突破之首（其他两大突破是理论突破和试验突破），他的依据是世界上迄今还没有国家能超过 320 km 运营时速的现实。

但这并不是他最感到满足的时速，他追问：轮轨高铁的速度极限在哪里，最高可以达到什么程度？

目前中国的高铁 CRH380 在试验中充分跑起来的设计时速可以达到 400 km，这是一个极限。根据沈院士团队的试验来看，跑上 600 km，技术上也是没有问题的，关键是轮轨高铁在开敞的稠密空气中极速飞驰，会产生高阻力、高噪音和高污染。

"要回答轮轨高铁最高极限速度这个世界难题，就必须采用最新技术，对已处世界顶峰、达到 350 km/h 运营速度的复兴号 CR400 高速列车进行颠覆性技术创新，继续提高运营速度。"

沈志云告诉网易科技《科学大师》记者，他认为可以先研究智慧复兴号

CR500，使运营速度提高到 400～450 km/h。再尝试 CR600，看能否达到 500 km 运营时速。

据他看，500 km 时速会是轮轨高速列车运营的极限。

沈志云的第二条建议，重点就在于求解怎样让速度跨过 600km/h。

他提出的对策是不用轮轨，改用真空管道磁悬浮，通俗来讲就是让磁悬浮列车在全封闭的真空管道里面运行。

早在 2010 年，他们就从技术可行性、成本、能耗等方面进行了研究。当时提到要为下一步开发 600～1000 km/h 的磁悬浮列车开辟道路，报告公开后，被媒体解读为项目已经启动上马，引起舆论风波。最后通过正式声明澄清，才把风暴平息。

在由沈志云一手打造的铁道系统第一个国家重点实验室——西南交通大学牵引动力国家重点实验室里，2014 年搭建了一条"多功能高温超导磁悬浮环形实验线"，这条室内实验线全长 45 m，在为下一步研究 450 km 时速的大型试验台和达到时速 1 500 km 的实车试验线打基础。

"好多反对的说，有那个必要吗，搞那么高速度？"沈志云注意到了外间的非议，"我讲的是技术水平要提高到这个程度。基础性研究跟新技术的开发实验必须要走在前头。就是先要搞前瞻性基础研究，引领性原创成果的重大突破，突破了以后再去搞工程化"。

相关部门给他的学校写了感谢信，告知，他的建议已经被呈送进北京了。沈志云将此当作一件很值得纪念的事情，特意把盖了官方红印戳的感谢信和自己的建议全文一并拿镜框装起来，摆在客厅的壁炉上。

痴迷于速度的沈志云，曾为速度这个事心情低落过、黯淡过。

2011 年 7 月 23 日，两列动车组列车在甬温线浙江省温州市境内发生追尾。事后查明，雷击和车站设备控制缺陷等原因导致绿灯一直保持，发生了事故。

受此影响，高铁运营速度普遍被调低，350 km 时速降到 300 km，300 km 降到 250 km，降速以 50 km 间隔依次类推。后续在建和拟建的高铁项目也被暂时叫停，重新评估。

两个月后，沈志云在华东交通大学的一场学术大会上公开发言，主张只有一个，必须继续发展高铁，不能因噎废食、自废武功。

"提高速度是交通运输永恒的主题，研究开发时速 350 km 及以上的高速铁路是 21 世纪世界共同的趋势，我们已经先于别人在这个高地上安全站了两三年，为什么不继续站下去？""检讨高铁的安全保障技术体系，才是根本之途，不是降低速度就能解决问题的，不确保安全，就是降到绿皮车的水平，照样要发生重大事故。"

沈志云把报告名称定为"退一步，进两步"，意指暂时的退步，是为将来的大跨步蓄力。

先后在不同场合做了 8 次报告，听者挤满门口，他这种逆向而动的做法，也被网友骂成脸皮厚，不识时务。沈志云当时也很迷茫，眼见高铁"前景未卜，了犹未了"，"心中的郁闷，只有自己知道"。

直到一年后，形势反转，媒体报道当年新通车高铁里程将进一步大幅增加，数千亿巨额基建投资恢复，35 条高铁重新开工，沈志云形容，自己焦灼的心里点燃了一束希望之光。

从四纵四横到八纵八横，高铁网建设不断推进，中国高铁运营里程迄今已达 2.9 万 km，累计运输 90 亿人次，先有和谐号，后有复兴号，每天 4000 多列的开行，在广袤的国土上飞奔呼啸，来去穿梭。

"高速铁路的优点越来越深入人心，现在说高速铁路坏话的人不多了。我想，是到了'进两步'的时候了。"

沈志云于七年前说过的这一番话，今天正被现实逐渐印证。

核心科学家都做了什么

"一生之中最重者，莫过于高速铁路。"

这是沈志云对自己人生的界定。

1983 年，沈志云在美国麻省理工的国际会议上，发表轮轨蠕滑的"沈氏理论"，为团队此后发展高速列车大系统动力学打下基础。

1988 年申报国家重点实验室时，集中申报了 450 km/h 的高速试验台，获得国家批准，在高铁研发上又先行一步。

这个实验室后又经过多年多次实践，已可对高速机车车辆进行时速高达 600 km 的试验，和谐号 CRH380 和复兴号 CR400 都曾在他们的滚动振动试验台上试验时速到 600 km。

1991 年，铁道部召开高速铁路工作会议，沈志云首度以专家身份与会，提出中国建设高速铁路必须同时研制自己的高速列车，应该着手研制 250 km 时速的高速列车转向架。

第二年，沈志云在自己主持的西南交大牵引动力国家重点实验室里，正式着手与长春客车厂联合开展中国第一台高速转向架的自主研制，五年后用于长客出厂的全部高速列车和准高速列车，这是中国第一次掌握高速技术最完整的尝试。

1994 年，参加铁道部京沪高铁可行性研究办公室，为京沪高铁的上马奔走呼吁。此后又卷入长达六年之久的京沪高铁宜采用磁浮高速还是轮轨高速的争论，成为轮轨技术派代表人物之一，并最终胜出——全国高铁目前采用的都是轮轨列车。

2003 年，中国新建的第一条高速铁路秦沈客运线正式开通运营，沈志云团队参加设计研制的"中华之星"和"先锋号"高速列车上路试验。

这一时期，沈志云的实验室异常忙碌，各种高速车都需要去他那里做试验，绝大多数型号都没有通过他们那一关，夭折了。直到今天，这个实验室依然是中国高铁关键技术参数的把关者。目前公众能够乘坐到的高铁动车组各个车型，事先都要到这里接受稳定性测试，通过了，才能正式投入运营。

2006 年，沈志云向铁道部建言，高铁技术发展，在引进的同时，要注重消化吸收再创新，铁道部很快拨给他们实验室两台引进车的转向架，供他们试验分析参数和性能。沈同时出任铁道部引进消化吸收再创新工作组专家组组长，这个起顾问作用的专家组汇集了一大批来自焊接、航空、军工、材料工程等领域的顶级技术专家。

立足于中国市场的绝对优势，中方在高铁技术引进过程中，坚持"必须转让关键技术，价格要有足够竞争力，产品必须使用中国品牌"的立场，和国外技术公司多有交锋。

沈志云记得，2004 年针对 200 公里时速及以上动车组的第一次招标，有外国公司向中方开出技术转让费 3.9 亿欧元、每列 3.5 亿人民币的"天价"，把身段抬得过高，丧失中标机会。

第二次再来中国投标，这家公司放低身段，以 8000 万欧元技术转让费和每列 2.5 亿人民币造价成交，中方节省了近 90 亿采购费不说，还先后和外方互派技术人员学习、合作，实现了车企的现代化改造。

招标引进完成，在吸收消化的自研发阶段，沈志云先后受聘出任两家与外方厂商谈判的车企"四方股份"和"长客股份"的总顾问、第一顾问。

2008 年，科技部和铁道部签署《中国高速列车自主创新联合行动计划》，一共出资 30 亿，宣布推动三个重大计划项目落地。铁道部成立 226 办公室，专门负责项目管理。

对于中国高铁来讲，这是又一个关键年份。京津城际高铁开通，在引进基础上自主研发的 CRH2C 及 CRH3-300 动车组上路运营，实验室模拟试验中，前者的最高时速可达 410 km。在 226 办公室专职管理下，后又结合京津城铁 300 ～ 350 km 时速实际运营经验，数度改进试验，为最后上马的京沪高铁 CRH380 车做技术准备。

京津城铁运营中，在沈志云团队的建议下，中国设立了跟踪试验机制，观察测试运营车性能及参数变化规律，继续为改进提升积累资料。有国外公司曾想跟随上车测试，但被中方拒绝。沈志云说，高速动车运行的原始资料，只能为我国所用，外国人可望而不可即。

目前的高铁运营跟踪试验里程，已达到 6000 多万 km，获得海量原始数据。这是沈志云向我们透露的。他说，这对中国高速列车安全监控和今后技术改进提供了重大支撑，在全球高速列车技术管理中，是独一无二的重大突破。

此后，2009 年武广高铁、2010 年沪杭高铁、2011 年京沪高铁通车运营，沈志云都是专家组成员，实地参加了工程的检查评估和验收工作，他也是标志性的世界第三代高铁 CRH380 车型评审专家组组长，这个车型曾创下了 486.1 km 的世界最高运营试验速度。

高铁车型研发，是综合技术与工艺的集合。

动车组上路后，舆论亲切地将之称作"子弹头列车"，光这个头型设计，就聚集了相当的人力物力，尤其是智力。它与沈志云的提议有直接关系。沈志云说，头型在行车中减阻降噪起重大作用，需要借用飞机、导弹经验，航空航天专家陆续被吸纳为顾问。他又提出，头型还应有中国特色的艺术风格，并推荐了本校一位绘画专业的教授参与研究，提供美术方案。

2011 年 5 月下旬，京沪高铁即将正式通车的最后一个月，国家组织大规模检查验收工作，一支 30 人的评估组从北京集体搭乘 CRH380AL 型高铁，以时速 300 km 飞驰南下上海。时年 82 岁的沈志云携老伴一道踏上了这一趟"要载入史册"的行程。车子一路上走走停停，沿途进行隧道、桥梁等线路设施考察，沈志云和老伴心情愉悦，照了好几张相片。

从出行效率超低的农耕旧社会走过来的沈志云叹道，"千里江山一日还，在北京开会，坐车到上海考察，一日往返，这在以前是怎么也想象不到的。"

沈志云数次提到了高铁"公交化"运行的概念，京沪高铁目前已经成为中国发车频次最高的线路，间隔五分钟就会和南京对发一趟。另有资料称，由于高铁车次的增加，在一些城市群里，乘高铁上班，高铁通勤化的现象也出现了。

集大家之所成，没什么不好

出生于民国年代的沈志云，见证、亲历过很多重大的风云变迁，抗日烽火、国共内战、中华人民共和国建立、改革开放，历历可数。

最早接触铁路，是 62 年前从长沙到衡山就读国立师范学院附中，150 km 路程，看到机车飞速行进，机车厂一片片盖起来，沈志云感到十分憧憬。

1949 年全国解放，沈志云参加升大学考试，连考了唐山工学院（现西南交大）、清华大学、武汉大学三场，同时被三所学校录取。听长兄说，中国当时铁路是纺织系统之外唯一能称工业的行业，进铁路学机械是最有前途的，沈志云立定志向，选择了唐山工学院。

几十年后，清华大学成了中国最高学府之一，有人问他，对当年的选择后悔不？沈志云的反应是：清华大学的高速铁路技术中心还请我当学术委员会委员，铁路方面的国家级研究机构我校就有三个，清华哪里比得了？搞铁路，进唐山一定比清华强。"上大学只是人生事业的起点，择校定终身的说法是没有根据的。"

1956 年公派留苏，沈志云选择的是车辆修理专业，这个专业就是放到今天，也不被社会承认有多么"高大上"，中国科学界"三钱"之一的钱伟长先生是他的评审，既不同意，又不忍反对，放他过去，批了一句话："以后不要再派这样的专业出国留学。"

1981 年，沈志云出国访问，在英国头一次看到了 160 km 时速的快铁，听了高速列车动力学术报告，坐了磁浮试验车，他感到心情无法平静，意识到，中国一定要有高铁，这代表了铁路技术最高水平。

对这事上了心，他计划侧重高铁科研，有意了解和收集高铁、重载运输方面的资料，先期积累。这个过程中，他既感到新鲜，又得到启发。比如在伦敦参观无人驾驶地铁，研究人员告诉他，高速安全要靠技术保障，人的保障是有限而靠不住的，他们通过传感器来提升安全水准。

1988 年申报设立牵引动力国家重点实验室，当时高铁在国际上很热，国内却还没见动静。沈志云考虑，推动高铁研究，只能通过国家实验室层面来做，他主张建 450 km 时速的轮轨滚动振动试验台。申报通过后，由最初一根轮对计划调整扩大到两轴、三轴，最终四轴整车试验台，一次次向国家伸手追加经费，最后，总投入 5000 万的国家重点实验室落成。

2010 年，这个试验台模拟速度提升到了 600 km 时速。在全世界范围内，目前这也是速度最高的、可以同时进行滚动和振动相结合的试验台。

"像我们现在高铁 350 km 时速，你坐在车厢里，感觉不到它在那么快的速度下运行，前提就是有列车运行的平稳性来作为先决的保障。"实验室一位姜姓老师说道："如果它参数不稳定，会出现失稳的情况，这就非常可怕了。"

当初起意建这么一个试验台，投入那么大，构造那么复杂，大家都不免捏一把汗，有人提醒沈志云当心风险，说他是在干一件把脑袋别在裤腰带上的事。

如今这一切都成了事后谈笑，在美国、德国、法国、日本等先行国家的基础上，中国毕竟是迈上了高铁发展的新高度。记者了解到，业界存在的一个说法是，中国目前在高铁上已经形成"九大关键技术"和"十大辅助技术"等体系。

"我们用十年工夫，成为从 1950 年代开始全世界范围铁路技术颠覆活动的最后集大成者，是集大家之所成。"沈志云说，中国高铁实现了 100%自主知识产权、85%国产化率，并开始走向出口，这得益于兼容并蓄、开放合作的理念，"比如整体道床的螺丝钉，用的是瑞典生产的，全世界都用它的螺丝钉，他那个东西不松。你说非得我们自己造一个螺丝钉吗？要国际化，不是闭门造车，而是开门造车，汇总全世界的颠覆性创新成果，不降低我们的资格。"

退归小家后，挑上另一副担子

完成了历史使命的沈志云，现在又肩负起另一个使命——照顾老伴儿。

这是一项需要他全身心投入的工作。老伴身患重症卧床不起，只能靠鼻饲维持生命，24 小时需人看护。90 岁的沈院士和雇请的护工两班倒，轮流照料同样 90 岁的老伴。天意垂顾，老先生身体硬朗，还能挑起看管老伴的担子。

年轻时奔波不定，又是出国深造又是受运动冲击，顾不上家，妻子一力把两个孩子拉扯大，担惊受怕，吃了不少苦。沈志云很珍视这一段难得的姻缘，早些年还会带着妻子一道出去访问和讲学。

纵论完高铁大事，他又回到病房中，坐在床前，看护老妻。结缡一个甲子，一路风雨相携，走到日暮时分，沈院士决定要对妻子尽到最后的责任——伴她终生。

那个场景下，他是一个丈夫，一个普通老人，一个小小家庭的支柱，而不是什么纵横捭阖、指点江山的科学家。

岁月流逝，白发霜雪，澎湃激荡的人生历程渐成如烟往事，历尽光环的杰出人物，依旧还是在生活之中。

内容来源：网易科技
本期编辑：交大新媒体中心 刘中慧

点赞交大人！"布衣教授"黄楠

崔　健

　　根据 4 月 1 日四川省教育厅发布的《四川省教育厅关于 2018 年"四川教师风采"典型代表的通报》（川教函〔2019〕153 号），西南交大黄楠教授获 2018 年"四川教师风采"典型代表称号。

　　为选树先进典型，激励广大教师执着于教书育人，有热爱教育的定力、淡泊名利的坚守，弘扬尊师重教的社会新风尚，提振师道尊严，在四川省教育厅指导下，四川省教育报刊社组织开展了"四川教师风采"2018 年度典型代表展评活动。经学校报送推荐，媒体记者深入采访，《教育导报》、"川教之声"等媒体开设专栏宣传报道，集中网络展评候选教师先进事迹，评选出西南交通大学黄楠等 10 名教师为"四川教师风采"2018 年度典型代表。

　　黄楠，男，1956 年 6 月出生，西南交通大学教授、博士生导师，国际生物材料科学与工程 Fellow，国务院特殊津贴获得者，全国优秀教师，曾任西南交通大学材料科学与工程学院院长、先进材料技术教育部重点实验室常务副主任、四川省人工器官表面工程重点实验室主任、西南交通大学材料学院生物材料与表面工程研究所所长。因其身形瘦削、衣着简朴、低调随和，媒体称其为"布衣教授"。

"人无志不成事" ——潜心科研，业内领航

　　黄楠教授是中国最早开展心血管生物材料研究的学者之一。20 世纪 90 年代初黄楠从德国留学归国后在西南交通大学任教，率先开拓了心血管生物材料与表面改性方向、氧化钛抗凝血薄膜原始创新研究。当时的科研环境，可谓一穷二白，西南交通大学在生物材料与工程领域，处于无钱、无人、无设备的"三无"状态。但黄楠坚信"人无志不成事、事无恒不成功"，为了能够坚持自己的研究，有条件要干，没有条件创造条件也干。由于设备缺乏，黄楠用电炉加

热制备氧化膜。缺乏监测分析仪器，他自己动手，搭建了一台凝血时间测定仪。进行钛氧薄膜血液相容性评价时，需要使用人类血液，当时血液很难买，血袋剂量也不合适，也为了节省经费，黄楠做出惊人决定，抽自己的血做实验，每次 30 ~ 50 毫升，一年累计抽血 10 余次，这样一直持续了 3 年。

一路砥砺前行，一路收获硕果，20 余年风雨，在他的带领下，实验室从跑单帮发展至今，已经成长为拥有近 20 位教授、40 余位教职工的强大团队，在西南交通大学创建了包含心血管生物材料、骨材料、组织工程、药物释放及生物传感器等前沿方向的生物医学工程的交叉学科，成为材料先进技术教育部重点实验室的支柱学科。黄楠所带领的团队，在心血管生物材料与器械领域，是我国的领导团队，在国际上也享有崇高声誉、占有重要地位。

20 多年来，黄楠教授先后主持承担"973""863"、国家自然科学基金等 20 余项国家级科研项目，发展出具有自主知识产权的系列心血管材料表面改性的先进技术和心血管植入介入器械的关键技术。所研究的具有我国自有知识产权的血管支架，经临床应用证实优于国内外现有产品。他申请及获得专利 40 余项，先后获得教育部、四川省、海南省、生物医学工程学会等省部级科技进步奖 6 项，发表 SCI 收录论文 300 余篇，先后被评为全国优秀教师、铁道部优秀教师、部级有突出贡献的优秀中青年专家、国务院特殊津贴获得者、教育部优秀骨干教师等。媒体誉其为西南交大的王牌教授。

黄楠发起的生物材料表面与界面国际会议，已在国际上连续举办 10 余年，对该领域的国际学术交流起到了积极地推动和引领作用。黄楠本人也在国际等离子体物理大会（ICPP）、表面工程国际会议、亚洲生物材料国际会议等多个国际会议组委、学术组织任职。2008 年，由于他在心血管生物材料领域取得的巨大成就，被国际生物材料科学与工程学会联合会授予国际生物材料科学与工程领域杰出科学家（世界生物材料联合会会士）终身荣誉。

"产学研势在必得"——成果转化，成绩斐然

面对全国高校专利转化率仅为 0.3% 的现状，黄楠教授痛心疾首。他认为，高校科研成果不转化，将是国家的一大损失，他不想看到实验成果仅停留在实验室里，所以他一直竭力把科研成果转化为临床应用。

经过 20 多年的不懈探索，由黄楠领头开发出的、原创性的、国际上首个同时具有抗血栓、抗凝血性的钛-氧膜表面改性的心血管支架，已于 2012 年投入

临床使用，迄今为止已经应用 5 万病例。第三方随访评价结果表明，该血管支架几乎所有指标都优于国内外现有产品，而对于视为国际难题的晚期血栓发生率，仅为全球同类产品的 1/3 至 1/10，是迄今为止世界血管支架领域内病变发生率最低的。这种由我国自有知识产权的心血管支架，是国际国内生物材料应用的一大突破，也是高校科研成果对社会的一大贡献。这种抗凝血材料研究被收入"中国学科发展蓝皮书"、美国"生物材料与生物医学工程百科全书"。黄楠在研究中提出"血管支架时序功能性"的创新设计思想受到国际学术界的高度重视，多次应邀在国际会议上做大会报告。《科技中国》评价他为生物材料科学领军人物，给予很高赞誉。央视经济半小时对他进行了专访。

2016 年西南交大启动"职务科技成果混合所有制"改革，黄楠 20 多年来潜心研究的成果，与一家投资公司"搭伙"成功，成为这种成果转化的典例，被誉为"小岗村"式的成功试验。

然而该项研究耗时之长、其中艰辛，常人几乎难以想象。在"钛-氧薄膜"技术的血管支架临床试验结束，获得产品许可证后，黄楠教授才说出自己的心里话，他说："20 年前，没有人看好我的研究，很多领导和教授出于好心劝我不要再做下去了，风险太高，很有可能多少年做下来的结果就是一事无成。但不论能不能成功我都愿意闯一次，因为这项研究同时具有重要的科学意义、重大的应用价值、又具有重大的社会意义，值得我去试！"就是这种对科学无限热爱、渴望对人类对社会奉献价值的精神促使他在科研以及成果转化方面孜孜以求，不断开拓，才有了今天足以改变国内心血管支架应用格局的钛-氧膜表面改性的新型心血管支架的成功问世。

"固执，只为真理" ——追求真理，只为科学

1989 年，黄楠作为西南交大硕士毕业的年轻教师被委派到德国 Erlangen 大学物理系生物医学工程研究所从事心脏瓣膜材料的学习和研究，导师让他从力学的角度去证明玻璃碳材料到底能不能用于心脏瓣膜的研究。对于这种碳材料，导师和他的团队已经进行了很长时间的研究，已被证明具有很好的生物相容性，但是黄楠在接下来的研究中却发现尽管这种材料具有很好的生物相容性，理论上适用于心脏瓣膜材料，但是这个材料里面有非常细微的空穴，在变形的情况下就会断裂，而且这个材料的脆性就跟玻璃一样脆。于是他和导师进行了激烈的争辩，他坚持这样的材料不能作为心血管材料引入人体，最终实验证明他的

想法是正确的。作为一个刚毕业的年轻学者在国外的访问经历中对对方试验项目提出根本性颠覆的想法，这不止需要扎实的学术功底和勇气还需要对科学和真理毫无保留的坚持才能做到。他固执，但是只为真理！

"仁心，仁术，仁者爱人" ——以德树人，以才育人

黄楠如今已经年逾花甲，已于三年前卸任西南交大材料科学与工程学院院长及材料先进技术教育部重点实验室常务副主任，对这些黄楠并不看重，他说："我就是一个普通的交大老师，我只想教好学生，搞好研究。""竢实扬华奖章"是西南交通大学学生最高荣誉，每年仅 10 名获奖者。近 5 年黄楠教授的学生，每年都有人获得这一最高荣誉或该奖项提名。

"竢实扬华奖章"获得者杨志禄，是黄楠教授指导的优秀博士研究生之一。经过黄楠教授 5 年精心培养后，由于科研成果突出，科研思路开阔，博士毕业后，通过西南交通大学严苛的人才引进遴选，被破格以副教授引进到材料学院。在他人眼中，杨志禄看似科研路途顺畅，殊不知其中艰难重重、困苦万分，这其中也倾注了黄老师数年的心血和关怀。

杨志禄在博士研究生三年级的时候，顺利拿到了德国亥姆赫兹研究所博士后奖学金，就在他还没来得及和家人、女友分享这一好消息时，陪伴多年的女友被诊断出"右心黏液瘤"，需要立即进行开胸手术，并且有极大的凶险。此时，杨志禄方寸大乱，一段时间内无心学业，言谈举止间显露出种种悲观情绪。这一切被细心关怀学生的黄楠教授所发觉，主动找到杨志禄谈心，在了解具体情况之后，黄楠教授一方面安抚和开导杨志禄，不要以消极的态度去面对突发情况。另一方面为了让杨志禄能够安心学业，不耽误一直以来坚持进行的科学研究，黄楠教授带着他找到学校研究生院的领导，给他争取进一步的优秀博士培育计划资助。

在杨志禄博士答辩后，由于他当时的科研工作有了原创性的发现，但是工作进行的还不够系统，黄楠教授找到杨志禄，希望他能够延迟一年进行博士学位授位，同时为了让他能够在今后的一年内安心科研，黄楠教授再次找到研究生院领导，争取到给予杨志禄优秀博士研究生培育计划的继续资助资格。与此同时，黄楠教授还克服阻力从课题组中调配经费给予杨志禄持续的资助。在黄楠教授前瞻性的科研视野和无私帮助下，如今成为西南交大教师一分子的杨志禄，在原创性的科研课题上取得了突破性的进展，在国际上发表高水平论文 20

余篇，申请及获得 12 项发明专利，由于科研成果突出，在入职头一年内，获得了 2 项国家自然科学基金的资助和四川省杰出青年科学基金的资助，同时进入国家自然基金委优青答辩及中组部青年拔尖人才答辩。

　　黄楠教授另外一名优秀的博士研究生王娟，在体检时发现患了肝病，医生强烈建议她休学，此外该学生家中还有位身患精神病的父亲，当时她面临着巨大的身心压力。黄老师闻悉便主动承担了这份责任，不仅亲自带着学生探医看病，而且还趁着出国开会期间帮她求医问药，让王娟博士的身体得到了及时有效的治疗。随后，黄楠教授大力支持她公派留学，还在其留学期间不远千里探访其父。在黄楠教授的关心和帮助下，该生不负众望，研究论文被国际标准采纳，顺利完成西南交通大学首例国际网络联合博士论文答辩，获得了来自五国的 7 位知名答辩委员的高度评价，其博士论文随后被评选为西南交通大学优秀博士论文。作为黄楠教授精心呵护的科研苗子，王娟不仅没有一天休学，而且以优异的成绩回报黄楠教授的悉心培养，成了西南交大学子们中口口相传的学习榜样，还相继获得了西南交通大学"竢实扬华奖章"、中国生物材料协会和牛津大学出版社联合授予青年科学家奖、世界生物材料大会授予学术新人奖等一系列国际国内奖项，目前，王娟博士在耶鲁大学国际顶尖团队从事博士后研究工作。

　　黄楠教授不仅悉心培养其研究团队的学生，还把这种对学生无私的爱传播到材料学院的每一个学生。他创立生物材料表面工程奖学金，鼓励品学兼优的学生，20 余年来已有约 200 名学生获得资助。在任西南交通大学材料学院院长期间，有个非本团队的学生因父亲病逝向他请假。他了解到该生贫困的家中还有位盲人母亲，便给学生提供了路费，并持续资助她完成硕士学业。这些都不是个例，30 多年来，他把学生的困难，学生家里的困难，当成自己的责任。对学生而言，他是良师，更如慈父。仁者爱人，黄楠教授一直以一颗仁心来引导学生，于科研、于人生。

　　在 30 多年的教学科研工作中，黄楠教授培养了 200 余名博士、硕士及本科生，这些毕业生成了中国医疗器械研发的主力军。30 多年来，他几乎没有休息过周末，几乎每天他都是最后一个离开实验楼，甚至工作到除夕。从他的身上，能不断看到感动、坚持不懈这样的字眼，他的喜怒关乎科研，关乎学生，关乎科研成果转化成生产力。他瘦削的身躯，却总能让人感到壁立千仞的伟岸，给人勇往直前的力量。他的学生对他充满爱戴，2016 年 6 月，时逢他 60 华诞，在全国各地的 200 余名毕业研究生自发回来，举行学术与工作报告会，向他汇报自己的事业发展，再次聆听他的教诲。

　　竢实扬华、自强不息——百年交大人的精神、追求和梦想，黄楠教授身体力行，率先垂范，感染和教育着一代又一代交大学子。黄楠作为一名教育一线的工作者，长期以来培养出类拔萃的人才，在国际科学舞台一展风采，推动原创性科学发展，使我国在国际科技新领域拥有话语权，实乃育人者之大幸，交大之幸，国家之幸！

本期编辑：交大新媒体中心曾蕙心
来源：党委教师工作部（教师发展中心）

麦倜曾

冷　彪

　　麦倜曾，西南交通大学教授，隧道专家，土木工程教育家。在西南交大从事科研、教学工作多年。主编、主审过多种本科教材，编著了我国最早的一批隧道工程书籍，为国家培养了大批隧道技术人才。曾兼任《土木工程学报》编委和中国铁道学会隧道学组秘书等职位。1953 年与几位同事协助高渠清教授一起创建了当时全国唯一的隧道专业。1960 年与高教授合编了我国第一本山岭隧道教科书。为我国铁路隧道的发展做出了巨大贡献。

　　麦倜曾祖籍广东顺德，1924 年 5 月生于北京，1948 年北大工学院土木系毕业。出于对音乐的热爱，毕业之后，到北京师范大学音乐系学习深造。1949 年参加铁道部工作。1950 年调太原铁路局，1951 年调哈尔滨铁道学院，1952 年调唐山交大任教至今。

工作经历

　　1952 年秋季，为迎接即将开始的大规模铁道建设，铁道部令我校开设各专业的二年制专修科，其生源由当年本科新生中择优选拔，以便两年后即可培养出众多优秀技术人才，去支援建设。隧道专修课就应运而生，并指定由结构系（后改称桥隧系）负责。当年 11 月下旬，系主任顾宜孙教授指定麦倜曾和关宝树二人负责有关隧道专业课的一切事务，要求在 1953 年秋开出隧道设计和隧道施工两门专业课及有关的全部教学环节（设计和实习）当时系中关于隧道的情况，可用一句话概括为教材和教具一概阙如。于是麦、关二人一方面翻译苏联资料，编写讲义和教学文件，另一方面还要抓紧时间去现场实习和收集资料。此外，麦还有一个任务，就是设计和制造教学模型。这方面他走了好运，因为通过教学总务科，请到了一位能做精致家具的刘师傅，靠平、立、侧三面投影图和补充的手势说明，他就能把想象中的模型造出来。但由于出图仓促，三面图有时存在矛盾，尺寸对不上号。那时学校中电话甚少上班时间找人困难，所以刘师傅经常在中午到西楼单身宿舍找麦，麦总是放下饭碗，二话不说，马上跟刘到木工房，当场商讨解决问题，然后再回来继续吃那份早已凉了的午饭。麦说好在他1950年时参加过测量队外业工作，早已练就中午啃冷馒头的本领（因怕引燃山火，不敢烤馒头吃）。就这样，在给隧专同学开课时，全套模型都制出来了。其中最能显示出刘师傅高超技术的是一台比例尺为1：4的盾构模型，其造型逼真，在支承环的整个圆周空间安装了24台盾构千斤顶，其带有靴座的顶杆可用手动显示伸缩动作，学生一看就清楚了解盾构推进的原理。这台模型反映了二十世纪三四十年代的国际水平，它一直到学校迁蓉前还在峨眉校区4号教学楼的模型室内展示。多年来对培养地铁人才起到了一定的作用。隧道专修科学生1954年秋毕业后，大部分都到全路各设计院和施工单位工作。他们学到的新知识和新技能对我国铁路隧道工程的发展起了明显的推动作用。有些同学成了这方面的专家。例如，一直在铁道部专业设计院工作的王效良已成隧道定型设计方面的"活字典"，在隧道界享有很高的声誉。另外，有的毕业生因精通隧道某一领域的内容而被人用专业内容尊称，如在铁道部第二设计院的姚成惠被尊称为姚明洞，刘茂被尊称为刘通风。

隧道专业的建设初见成效，但随着我国铁路向内地发展，以及大城市对工程技术人才的需要量将猛增，为了适应社会需求，学校在1953年7月决定成立下铁道教研室，由高渠清教授担任教研室主任。麦、关两位大力协助教研室的建设工作。在1953—1955年间包下了隧道的讲课、课程设计、认识实习和生产实习各环节的教学工作和教材建设工作，使高教授和新调入的同志能全身心地投入调研、进修和组织建设工作。

到1955年，教研室开始正常运转，于是，麦向最后一项大型教学环节进军——试做毕业设计。上半年只做收集和整理资料工作，下半年半脱产专搞毕业设计的试做。1956年初，毕业设计成型，于2月1日随学校代表团赴沪，参加高教部在同济大学召开的铁道、道路专业毕业设计经验交流座谈会。回校后，对设计做了局部补正。于同年2月25日进行了答辩，答辩委员会由铁道部组织，主任委员为铁道部第四工程局（当时正负责丰沙线施工，该线隧道很多）。欧阳诚工程师，我校苏联专家雅科米列夫担任顾问，委员有铁道部工程总局隧道专家赵家檀工程师、高渠清教授等。麦觉得这份设计不够理想，所以答辩前很紧张，当时有位同事递给他半杯"味美思"，他喝下之后才鼓起勇气走入考场。这份试做的毕业设计以优秀成绩通过答辩。麦从这次答辩得到的主要收获就是理解了发给学生的学习资料（如教科书）内容必须是成熟的，但在教学时则应该讲述一些先进的内容甚至是不成熟的设想。这对后来他编教材和讲课都起到了指导作用。

麦在本校工作期间，曾发表过科技论文八篇（其中两篇被国际隧道学会收录为年会论文）；正式出版过编译书 15 种，其中如与关宝树等合译的丹都洛夫著的《隧道》出来，解决了 1953 年急需专业教材的问题。1960 年与高渠清合作主编的《山岭隧道》成为我国第一本自编的隧道专业本科教材。

1985 年学校成立出版社，麦兼任了第一任总编辑。在出版工作中，麦大力支持学术自由做法，同时又主张严把质量关，对国家负责，更对读者负责。他曾和第一任社长蔡梦贤大力支持编辑张蔚河组稿出版纪念牛顿《原理》出版 300 周年大会论文集《〈原理〉——时代的巨著》。为加拿大华裔梁明任女士加工编辑出版英文版《艺术国宝》。而在这 20 年时间中，仅与他人合译过两本隧道方面的著作。

发现、培养优秀学生

麦倜曾认为高等教育最重要的任务就是培养学生热爱祖国、热爱专业。而最好的动员办法就是把课程中实际存在问题全面如实地告诉学生，引导他们对问题进行探索。这种以真诚信任和学生相处的做法是我校优良传统之一，许多校友对母校的老师非常怀念，是和这种优良传统分不开的。2004 年 5 月 19 日，校友王梦恕（工程院院士）给麦老师的祝寿信中写道："他精辟地总结当年隧道工程的落后，带着感情描述隧道工人的艰辛和危险，又充满希望，预见隧道和地下铁道工程发展的宏伟蓝图，鼓励有志之士应投入到这个专业中去，并殷切地给予众望，他呼吁祖国的需要，就是青年学生的志向。我在麦教授动情的讲课中建立了为隧道事业奋斗一生的信念。"他这段话虽然是为祝贺麦老师 80 大寿而写下的，却有普遍意义，他表达了广大校友对母校教师所反映出的学校优良传统的眷念之情在教育工作中，麦曾认为教师应善于发现和培养学生中的佼佼者，他们将对社会做出很大贡献，从而也就提高了学校的声誉。要做到这点，教师就需要和学生多接触，帮助学生认识自己，不但认识自己的长处和潜力，更要看到自己的不足，扬长避短，起到辩证发展的效果。在这种思想的指导下，麦发现并培养了学生中的多名尖子，使他们在社会上做出了巨大的贡献。王建宇和李荫广便是其中的两位。

1962 年，隧 1958 班地下工程课程考试发生了一件有趣的事情。地下结构属于超静定结构，解算比较繁杂，为缩短计算时间，麦将结构的计算图示由教科书采用的正 16 边形简化为正 8 边形，使计算量大为减少，本以为这样一来，可简化对该题的计算，谁知这一变化反而难住了学生，全班只有两位学生做了出来，他们是王建宇和李荫广。王建宇是杭州人，一向以思维敏捷著称，事后麦问及此事，他说："这题目比教科书的例题容易得多，但我没有能一眼就看出来，这说明平时看的书太少了。"从此他发奋博览群书，成绩比以前更加突出。1963年秋，王毕业后分配到铁道部水利研院，在这年例行的新人入院考试中他的高等数学和外语都考出第一名的好成绩，使学校声誉大增。王最后荣任铁研院西南分院院长，直到退休。

李荫广是唐山人，是学校有名的撑竿跳高运动员。他说见题目与例题不同，有点奇怪，但没有发慌，经冷静分析比较，发现二者原理相同，于是很快做了出来。他认为这种考题出得非常好，对每个人都是一种锻炼，从中可以发现自己的不足之处。他毕业后到铁道部第三设计院工作。20 世纪 70 年代，他在第一总队工作时曾自己动手制造了一台炭粉复印机，当时美国施乐牌复印机刚在我国市场上出现，售价高昂令人咋舌，而李这台简单实用的复印机只用了 2000 元。李此举为学校在弱项上争得荣誉。李后来多次出国做外援工作，退休前任第三设计院副总工程师。

指而不牵的教育方法

麦偶曾对学生要求很严格，非常注意锻炼学生干实事的能力，少在理论情况下"过家家"。同时还培养学生们的责任感。他认为做任何事情都要有责任感，然后再谈严格要求的问题，否则没有实际意义。他的指导原则是"尽早做应该做的事"。

隧道教研室成立五十多年来，曾培养出两位工程院院士——施仲衡、王梦恕，和一位设计大师——史玉新，他们都曾接受过麦偶曾的指导。

史玉新是本校 1964 届毕业生，应届考上高渠清教授的研究生，高教授邀麦负责其专业外语的培养。麦认为这门课程的目的就是能够阅读外语专业文献，史能否达标，应当由社会上的专家来评定。于是便把手头上的俄语技术月刊《建设工程》摘要的内容转交给史，他要求史先把俄语文章译成中文，再从中文全文中归纳总结成文摘发表。翻译时不能避重就轻，遇到看不懂或难译之处就绕过去，这是一种对自己和读者都不负责任的做法。史玉新是河北保定人，秉承燕赵遗风，做事认真踏实，他按照麦的要求，规范地做了多篇很有参考价值的隧道工程文摘。麦叫他直接投稿，史要署上麦的名字，麦不同意，说这是史玉新的劳动成果，应只写史的姓名。后来，《铁路文摘》陆续发表了史玉新投寄文摘，史见自己的成果得到肯定，非常高兴，积极性越来越高，于是在《铁路文摘》上发表的文摘也越来越多。麦认为文摘的发表已经足够证明史的外语水平了，已无必要再进行考试，因此直接向学校报了成绩"优秀"（5分）。史玉新"真刀真枪"地做文章这件事令麦倜曾感到欣慰，同时也让他领悟到只有充分调学生的积极性，才能让他们在学习中变被动为主动，提高学习效率。

　　1979年秋，负责隧1977班专业英语课时，麦倜曾又将这种调动学生积极性的教学方法作了应用。麦认为，互换师生在课堂上的角色，请学生讲课是让学生产生责任感的一种比较可行的方法。之所以可行，是由于三年级的学生已学完大学英语课，并已具备了相当建设工程的知识。本来，有了这样的背景条件，他们自己费点精力和时间，也能大致看懂专业英语读本中的文章，但这远不如课堂上来得深刻。如今在课堂上让学生讲课，再由教师把关，做必要的补正，其效果只会更好。上课时采取由学生依次讲一段（长）或两段（短）课文，然后由麦给出评价并指正，如无必要一般就不再重新讲授。这种方式使学生在课前主动预习，从而使课堂上气氛生动活泼，有时还能展开小型讨论，这充分调动了学生的积极性。学生反映收获较大。最后期终考试普遍取得了较好成绩，全班仅有一位同学不及格。事后才了解到这位学生在东北农村上中学时，因地方太穷苦，请不到外语老师，是全班唯一一位在中学未学过外语的学生，所以期终考试没考及格情有可原。如今这位校友在辽宁朝阳工作，是位独当一面的工程师。

素质教育试点

　　麦倜曾酷爱音乐，曾在北京师范大学音乐系学习过一段时间。

　　1979年，由于他的建议，在当时常务副校长沈正光和教务处长王刚的热情支持下，学校开设"欧洲古典音乐欣赏"选修课，由麦准备和执教。此事得到学校电教室及该室韩立平等几位年轻同志的大力协助，为该课程提供了全校最好的音响设备，于是在峨眉山脚飘荡起巴赫严谨且浪漫的复调音乐、贝多芬辉煌且奔放的交响曲……它们使年轻人热血沸腾，使年长者（如任朗教授，时已65岁，每次必提前到，以便找最好位置来录音）更加深入哲理的探求。有位学生曾对麦说："贝多芬的爱格蒙特序曲给我勇气，使我一往无前，现在每当进入考场之前，我都要默哼一遍《胜利进行曲》的旋律。"

　　由于反应强烈，音乐课又开了一次，为使学生能学点乐理知识，麦倜曾把时间分出一半来讲乐理，课程名称也就改为"乐理及欣赏"。学期末进行了一次测验，及格的人数正好是参加测验总人数的 60%，这个比例数与唐山老交大平均淘汰率（1/3）很接近，说明该课程的严谨程度符合老传统的要求。但由于开课的目的是普及而非提高，而测验目的则是检查教学效果而非淘汰顽劣，因此凡选择并参加了测验的学生都拿到该课的学分。这两次选修课的开设，是我国理工学院较早的两次大胆尝试（后来，麦见到来峨眉开会的大连理工学院结构专家唐立民教授，唐说他在大连也开过音乐欣赏课）。

1986 年，某高校一位音乐专业研究生，到四川用抽查的办法调查各高校音乐普及程度，发现在峨眉山沟中有一所西南交通大学，其学生的音乐水平竟高于其他城市中的高校，就以《可喜的倾向》为题在当年第 14 期《北京音乐报》上加以报道。麦读后给该报写了回应如下："贵报今年第 14 期第 3 版《可喜的倾向》中举我校为例说明当代大学生的音乐欣赏活动在逐步倾向高层次，看后高兴之余还希望能补充一点：即这种倾向是经过教育的结果，我校在 1979、1980 及 1985 年各开过一次全校性的选修课（包括《欧洲古典音乐欣赏》《乐理及欣赏》等）。选课的学生非常踊跃，听课的效果很有说服力：不少学生把原来录制的流行歌曲抹掉改录交响曲、协奏曲，甚至有录西方歌剧的。因此我们希望全社会都注意对青年引导和教育。"该报在第 16 期（1986 年 8 月 25 日）第三版全文刊载了此回应。

到现在 20 年过去了，最近笔者问麦教授对学校开设古典音乐等文化课有何看法。他说"我以前一直希望学校能多开设一些高雅的艺术课程，不应当考虑太多商业化。现在仍然是这种观点，人虽退休，但初衷未改。"

1990 年麦偶曾光荣退休。退休后的他并没有闲着，被学校任命为出版社顾问，时时对出版社的工作给予指导和帮助。回顾其在西南交通大学的工作生涯，勤勤恳恳，几十年如一日，为学校的建设和发展做出了不可磨灭的贡献。

选自杨树彦主编：《西南（唐山）交通大学校史资料选辑（第二十九辑）》（四川成都：西南交通大学校史编辑室，2006 年，第 15～18 页）

严良田

马　骊　李国芳　黄　莺

　　严良田教授，1926 年 6 月出生于河北省乐亭县芍榆坨，1941 年、1947 年先后在乐亭进修中学和河北高中读书，1947 年以优异成绩考入唐山铁道学院铁道系。由于时局动荡，1948 年 11 月、1949 年 9 月随学校南迁，辗转于江西萍乡和上海等地，期间参加了爱国学生运动，迎来了上海的解放。1952 年毕业后留校任教，先后承担铁路站场、铁路线路、铁路施工预算、铁路选线等课程的教学辅导工作，1956 年晋升讲师。1958 年调入铁道运输系，先后主讲铁路车站与枢纽、自动化驼峰等专业课程。1971 年参加了唐山—遵化铁路的勘察设计工作，1972 年、1973 年参加了铁道部组织的驼峰调查工作，1974 年、1975 年参加由铁道部铁道科学研究院组织的全国编组站调查研究课题，参与了我国铁路编组站驼峰调速设备——减速顶的设计和应用工作。由于在我国铁路驼峰自动化研究中的突出贡献，1978 年获西南交通大学颁发的特等奖表彰。

严谨治学的铁路运输教育者

　　自从 1952 年 7 月留校工作以来，严良田教授就下定决心扎根教育事业。他说："我一开始就下定决心，要在此长期或永远安营扎寨"。他认为"铁路各部门工作，多需专门技术或经验，而能够整合这些的管理者非常重要。"因此，他特别重视铁路管理人才的培养与训练工作。严良田教授对教学认真严谨，上课下课都很准时，不浪费每一分钟。他注意教学方法，在遇到难点时，他往往提个问题启发学生思考并停顿一下，然后循序渐进地引导学生求得问题的解决。他既重视基本理论，又强调灵活应用。一般先把基本概念阐述清楚，再通过演算大量例题说明如何灵活运用基本理论，要求学生养成良好习惯。有不少学生在上课时认为他要求太严，考试成绩不及格的太多，有畏惧心理，甚至有埋怨情绪，但在毕业后的工作中则无不感到他严得有理，严得好，自己深受教益，因而对他非常感激。

新时代的到来为严良田教授的思想提供了实现的土壤。他在教育改革这个大舞台上，实行因材施教，重视学生实践教学，提倡理论联系实际。对待学生、青年教师，他以身作则，亲自讲授治学严谨，倡导身教、言传并重，促使许多优秀教师迅速成长，走上讲台。他还以自己深厚的理论基础和丰富的实践经验，诲人不倦、循循善诱的治学精神，使全系树立了学习勤奋、考核严格、理论与实践相结合的优良学风，使经过这个熔炉的学生大多能获得较扎实的基础知识和分析问题、解决问题的能力。任教期间，严良田教授十分重视学生的品德培养。他经常告学生，要专心致力于基层段工作，老老实实做人，踏踏实实做事，只有不断加强基层工作实践，才可承担铁路运输管理工作的重任。

严良田教授在教育战线上勤奋工作了近 40 年，培养出一大批铁路运输领域的高级专门人才和中、高层管理人才，其中很多人已成了铁路运输界知名的专家、教授。

杰出的铁路站场专家

严良田教授长期致力于铁路站场、驼峰自动化和减速顶设备的研究，是铁路站场设计领域的著名专家，多次参加中国铁道学会减速顶调速委员会的学术研讨，为我国铁路驼峰自动化发展以及减速顶设备的应用推广做出了突出贡献。

严良田教授长期潜心于铁路站场领域的研究工作，对驼峰设计、驼峰自动化、减速顶的应用等有很深的造诣。80、90 年代，严良田教授先后发表了多篇高水平的科研论文，《减速顶驼峰车场设计原理及方法》（1981）、《论驼峰虚拟纵断面》（1981）、《全减速顶驼峰减速区设计及顶段布局探讨》（1986）、《全顶驼峰加速坡段设计原理》（1987）《全顶驼峰减速区设计原理及顶群减速顶系列》（1987）、《我国驼峰自动化的道路》（1990）、《减速顶源流考》（1994）等。

严良田教授不愧是一位既有的理论知识又有丰富的实践经验、视野开阔，勤奋开拓的铁路运输专家。他对工作认真负责，精益求精。一生俭朴，克己奉公，为铁路运输事业的发展做出了重要贡献。

选自杨树彦主编：《西南（唐山）交通大学校史资料选辑（第二十九辑）》（四川成都：西南交通大学校史编辑室，2006 年，第 23～24 页）

学海无涯　探索不止

焦善庆

　　我 1928 年生于云南省南涧县，1949 年在大理州五台高中入盟参加了地下党和地下民盟联合领导的反白色恐怖斗争，为宣传组长，因未转关系而中断，1988 年二次入盟。1953 年毕业于云南大学物理系，分配到唐山铁道学院工作。历任普通物理教研室主任，理论物理教研室主任，物理研究室主任。1978—1994 年为四川省物理学会常务理事，先后建立了理论物理、应用物理两个专业委员会，兼任主任委员。1978 年在中央七个部联合召开的《零部件结构强度研究》莫干山会议上为大会四人核心组成员兼《热负荷》大组组长。

　　1986 年创立了"全国数学、物理、力学、高新技术讨论会"。1998 年改为"中国数学物理、力学、高新技术交叉科学研究学会"，任理事长兼学术委员会主任至今。主编《M. P. M. H 研究进展》十一卷，共约七百多万字，培养了一批跨地域、跨行业、跨学科的科技人才，已有一定影响，本会成绩已被中国科协肯定。目前已向国外延伸，加拿大工程师学会常务副理事长祖武争教授出任本会副理事长职务，认为"这种集智力集团优势的交叉研究，完全符合当代高科技发展的潮流"。为表彰理事长对本会的长期努力贡献，鼓励年轻科技工作者取得的丰硕成果，大家提议于 2000 年成立"焦善庆交叉科学研究奖"，2000 年、2002 年、2004 年三次共 10 人获奖，2006 年获奖人员正在推荐中。

　　1986—1996 年被国家基金会材料科学学部、物理科学学聘为评审专家系统成员；聘为国家教委科技进步奖评审专家系统成员；先后评审了清华大学、天津大学东南大学、西安交大等申报的国家科学基金 13 项。评审了清华大学现代物理系的"电子结构与材料结构设计与计算"；"原子分子层次的灵敏谱学与原子分子高激发态谱学研究"；北京大学的"分子外延技术与海洋物理"；上海交通大学的"瞬态测温控温的研究和应用"；浙江大学的"电控喷嘴雾化场及油气双向流场的研究"及"城市车辆噪声强度的分析计算及其削弱方法的研究"等六项申报材料，都给出了恰当合理的评价。

1996—2002 年被聘为中国工程物理研究院工学院科学技术执行指导，先后完成工物院基金指南中的"三次维里对比状态方程、维里系数及其应用""重核结构、结构函数及其应用"两个课题。前者需热力学、统计物理的复杂计算和实验数据校核。后者需要量子力学、量子场等理论才能完成，进展顺利，结果满意。前者获中物院二等奖，后者获三等奖。

20 世纪 80 年代末，掀起建立超高能天文地面阵列的热潮，在国家"八五"重点基金资助下，与中科院高能所等单位创建了西藏羊八井"超高能 γ 天文"国际合作实验基地，任中方合作委员会副主任兼西南交大组组长，在任期间两次获国家重点基金资助。

我所从事的科研工作分为理论物理和应用物理两方面。

理论方面

1. 亚夸克理论：1965 年在"北京国际粒子物理会议"上提出"基本粒子的亚夸克结构模型"。指出 1964 年国外提出的"夸克"，即稍后国内提出的"层子"，均为静态模型，"夸克"绝不是点模型，而是由亚夸克组成的动态模型。分析计算了一些事例，与实验数据相符很好。但在会上受到强烈的攻击和压制。发生激烈争论。"文化大革命"后，此文于 1975 年 3 月在《兰州大学学报》上发表，又一次引起围攻与打击。但国外于 1975 年 11 月也有人提出夸克的亚夸克结构观点，1978 年中科院理论物理研究所也提出夸克由亚夸克构成的论文，1979 年国际著名物理学家萨拉姆号召研究亚夸克理论，1980 年朱洪元在"全国粒子物理会议"的总结发言中称："亚夸克理论是我国首先提出的，不能拱手让人，要立即研究夸克谱和轻子谱"。

与此同时，与合作者一起对国际一些有争议的问题如"味变中性流""EMC效应""中微子质量、混合和振荡""光子的静质量和结构""重核结构函数"等进行了研究。虽然当前尚未见到自由夸克，更未见到自由亚夸克，但一些实验迹象是十分激动人心的。如康奈尔大学的"味变中性流的夸克转换"实验；费米实验室的"高能 PP 对撞大横能喷注"实验，显示夸克可能有结构。日本神冈的"中微子质量、混合和振荡"实验；西欧中心的"反轻子-夸克共振态实验"等，认为可能是下一层次的新力作用才能导致这种共振，这种新力与下一层次的粒子"小夸克"有关。另外实验已明确显示"光子的夸克-胶子结构"等。20世纪末，21 世纪初的这些实验对亚夸克理论是十分有利的。

我经过 30 年努力在国内、外发表论文七十余篇，据此写出专著《亚夸克理论》于 1996 年在科学学术著作出版基金资助下，由重庆出版社出版。评委会认为：是具有国内、外先进水平的自然科学学术著作。

2. 粒子、天体物理：是 20 世纪 90 年代中期的新兴学科，是把粒子（最小）与天体（最大）融合在一起的新领域。以亚夸克理论为基础，于 1995 年开始对天体演化理论进行探索。利用天体演化自由流阻尼标度、宇宙早期粒子及现时粒子概念把天体演化与粒子结构结合起来，首次导出天体、粒子质量和半径的统一计算式，对宇宙、黑洞、Plamck 粒子、宇宙暴胀中产生的原生黑洞，现时核子、电子、中微子、光子的计算结果与现有的实验数据相符。讨论了中微子、光子的静质量，则它们有结构的实验事实就不难理解。首次讨论了超越 Plamck 尺度的宇宙及早期的物理问题，认为宇宙不是起源于点大爆炸，而是源于 $t=10^{-62}$，$T=10K$，$r=10^{-52}$ cm 的"超微黑洞"的大爆炸。分析了 Plamck 粒子的电磁性质，给出了原初单磁子的质量和半径，提出了宇宙暴胀和重新加热的物理根源。当前普遍认为"中性微子"是暗物质的最佳候选者，实验估计质量约为 350Gev，我们算得 320Gev。进而给出未来宇宙的命运不是大分裂，而是大坍塌，这将有待两个超新星探测实验的结果才能做出判定。"超对称"理论是否成立？一直争论不休。据 1990 年我们导出的一个不能被现时三代费米子容纳的三代玻色型反粒子族系，并命名为"编外"粒子。看来它们正是三代费米子的超对称伴子。它们有很大质标，从"中性微子"的 320GeV 延伸到 T 夸克伴子的 10^{14} GeV，填充了所谓"大沙漠"区的空白。算得"编外"质子的质量为 10^{12} GeV，与地面探测阵列给出的"原初质子质量 $m>10^{20}$ GeV"相符，看来超对称理论并不是一场梦。据所发表的有关论文总结了另一本约 25 万字的专著《粒子天体物理》，将由上海出版社出版。

3. 用分子外延技术，可生成各种不同应用的超晶格材料。是 20 世纪 80 年代的新兴学科。一般采用三维计算，但烦琐复杂，近似处理困难。于是提出了超晶格理论与低维物理相结合的计算方法，80 年代中期全国只有少数人开展这项研究，东北一人，清华一人，我校有两名教师，两名研究生进行低维化研究。据知有人认为：工科院校不可能培养突出的理科人才，但他进所一年半左右，就发表了三篇受国内、外关注的论文，改变了人们的看法，为学校争了光。另外，我和江老师的论文也在交大学报上发表。

应用方面

1958 年唐院接受了河北省下达的四个月内制作三万块磁铁的任务。当时国内正处于用电炉进行试制阶段。在一无原材料，二无设备的情况下，白手起家，自建立体加热反射炉，生产原料 FeO，仿照瓷厂的烧结炉设计加以缩小到可容纳四个人的高温烧结炉，以唐院的大烟囱为依托，借来测温设备，资质充磁机日夜苦战，经多次实验最终获得成功超额完成省下达的任务各地纷纷前来取经我因此出席了河北省群英会，获"红色钢铁突击手"称号，获省级二等奖。

1977 年初至 1978 年，完成了铁道部的"柴油机热负荷研究"任务，驻资阳厂一年多，也是白手起家，从买零件、组织实验测试系统，制定理论，实验研究方案，根据热流分布规律提出改型方案，经多次反复试验分析，单缸台架实验，10 万 km 行车检测，达到下达的指标要求。工作中指出现行国内外计算边界条件方法的缺点，给出较合理的放热系数计算方法，"边界条件反求方法""组合模拟法""绝热近似法"等。在《大连内燃机车》《上海内燃机》《大功率内燃机》《内燃机工程》等杂志上发表论文 10 余篇。

1987 年为大连内燃机厂研究了"排气阀断裂"的课题分别在大连厂、资阳厂进行了大量试验，又用红外热像方法测出排气阀交变温度场，算出交变热应力场。采用电镜技术探测在交变厂作用线的裂纹形状，给出排气阀断裂的热力学判据。一组文章在内燃工程上发表后收到国内外关注。

西南交大是红外热像技术在工程上的首家应用单位，1981 年底，一名大学生的毕业论文就是《红外热像技术对国产功能材料的热图研究》，此文曾在"全国高校第一届工程热物理大会"上由学生舒琳宣读。后被《中国工程热物理学报》发表。另两名大学生的毕业论文则分别在《西南交通大学学报》《湖南师范大学学报》上发表。我在理论、应用两方面共发表文章近一百多篇，其中被国外检索的十余篇。从 1958 年—2002 年获省部级二等奖两项、三等奖三项。

教学工作

我对学生严格要求，要他们一生爱国爱校，要努力拼搏、搞好教学科研为国家争光为母校争光。包括普通物理、物理试验、李群李代数、数理方法、量子场、相对论、格林函数、晶格动力学等，共开课十九门。主要课程都由自己主讲，为他们直达前沿领域打好基础。开题前还要开一门"前沿课题选讲"，包含讲授和师生共同分析讨论，发扬学术民主，要求要对导师敢于提出不同的观点。我与学生既是师生，又是朋友，他们没有辜负祖国对他们的培养，在工作中做出了卓越的成就。

李树琛：1990 年毕业，任中国科学院半导体物理研究所所长兼国家开放实验室主任、研究员、博导。十五年来一直研究超晶格低维物理理论和应用，开展国际合作，频繁出国讲学交流。在国际杂志上发表大量重要论文，有较显著国际影响，是国家优秀青年带头人。曾领导中国科学院半导体所、物理所、清华、南京大学等单位合作完成"863"课题两项，完成国家科技部大型课题一项，获国家优秀青年基金，为国家培养了十多名博士和博士后，由于成果丰硕卓著，2004年获国家二等奖。

胡海明：1989年毕业，中科院高能物理所学术部部长、研究员、博导。毕业论文为《量子色动力学中渐进自由原理的研究》，此题太难，太大，需要很大毅力和勇气进行理论计算，要有一流的测试系统，经过努力，可能取得成功，也可能一无所获。经过十多年的理论计算，发表了一系列文章，证明了"渐进自由原理"在理论上完全成立。实验则与美国著名物理学家安德森合作完成，成果引起较大国际反响，2004年获国际科学二等奖。

又如潘留仙：现为辽宁大学副校长，在高能物理及分子、原子领域的研究中也不断取得很好成绩。值得一提的是在行政工作繁忙的情况下，一直坚持给学生讲课，挤时间进行科研，不断发表高水平论文，实在难能可贵。

在英国剑桥大学工作的张铭、在美国的徐勇、在加拿大的赵华，现受聘为重庆大学凝聚态物理研究所所长……他们都在国际上站稳了脚跟，对各自研究的领域做出了较好的成绩。

值得欣慰的是一些留校工作的研究生、大学生，近半个世纪以来一直是交大物理系的中坚力量，为物理系的发展壮大起了重要作用，是教学科研的主力。

我现已年近八十，体弱多病，但思路仍较清晰，思考与分析能力、记忆力还好，在校内、外一些合作者的协助下，将继续发挥余热，为科技事业奋斗一生。

2005年8月8日

选自杨树彦主编：《西南（唐山）交通大学校史资料选辑（第二十九辑）》（四川成都：西南交通大学校史编辑室，2006年，第30~32页，第47页）

求索地学十数春

蒋爵光，1929 年 7 月 24 日生，四川德阳人。1953 年唐山铁道学院桥梁隧道系毕业。西南交通大学土木工程学院地质工程系教授，从事工程地质学、岩石力学教学和岩体稳定、节理岩体力学特性等方面的研究，参与了一些铁路长大隧道和桥梁基础以及公路、水电、地铁等有关工程建设的工程地质、岩土工程问题的分析和论证。主持和参与了国家和部级科研十余项，主持的"铁路岩土边坡坡度的确定及稳定性分析"项目获铁道部科技进步二等奖，作为参加研究人员，获"大瑶山长大铁路隧道修建新技术"铁道部科技进步特等奖荣誉证书。主编的著作有《隧道工程地质》《铁路工程地质学》(获铁道部优秀教材一等奖)，和《铁路岩石边坡》等，在国内外发表论文 30 余篇，其中多篇获奖。曾任中国地质学会常务理事、科技顾问，中国岩石力学与工程学会地面岩石工程委员会委员、教育委员会委员，四川岩石力学与工程学会副理事长，中国铁道学会铁道工程委员会地路专委会副主任委员，铁路地质和路基工程科技情报中心顾问，中科院地质所力学开放实验室学术委员会委员，地矿部教学指导委员会委员，四川省科技杰出贡献奖第三届评委会评委，成都理工大学地质灾害防治与工程地质环境博湖国家专业实验室学术委员会委员、开放基金评委会副主任。被评为"全国优秀教师"和四川省教委"优秀研究生指导教师"，享受政府特殊津贴。

新的起点

1953 年 8 月，我从母校唐山铁道学院桥梁隧道系毕业后，留校任教，被安排到工程地质教研组工作。服从分配，服从工作安排，对那时我们绝大多数青年学生来说，已成为自己的自觉行为，因此，并未感到不解，只是考虑到从事地质教学与我所学的专业相比，显然在理论基础和专业知识等方面有着很大的差异，要做好工作，必须重新学习，加强实践，尽快进行并实现知识结构的调整。由此开始，工程地质也就成了我终生的事业。

漫游地学

教研室主任王继光教授为我创造了很好的学习条件，派我到长春地质学院随苏联工程地质专家诺沃日洛夫学习工程地质。为了充分利用一年进修时间，我还随水文地质专家克利门托夫学习水文地质，随地院老师学习地质基础理论等课程，并参加相关实验、室内外实习等环节。还参与研究生的科研实验，尽力收集有关工程地质方面的资料和信息。通过学习，完成了工程地质专业几门主要基础理论课和专业课程的学业，对地质学科有了进一步了解，特别是通过一个多月野外地质填图实习，使我第一次直接观察到大规模的地层断裂等地质构造形迹，惊叹自然界的巨大地质动力。这次实习中，由自己填绘的地质图件，至今还保存完好。

我有机会多次参与了野外地质实践。不同地质地貌单元，有着不同的地质地貌景观，置身其中，深感大自然的多姿和神奇。

在宝成、宝天、成昆等铁路通过的深山峡谷地区，基岩裸露、地层岩性多样，地质现象类型繁多，地貌千姿百态，地质灾害频繁，显示出漫长地质历史过程中，地质动力的巨大和沧海桑田的变迁。

在兰（州）银（川）、天（水）兰（州）等线通过的黄土高原地区，其地质地貌则又是另一番景观。地表覆盖着厚厚的黄土层，形成"原""梁""峁"地貌形态，其中分布着大量深切直立冲沟和形态多样且难于探测的陷穴，这一地质地貌特征记录了黄土的形成、变化及其在地表地下水流等地质作用下的历史过程。

而青藏铁路跨越的青藏高原，在地质上则是第四纪期间迅速隆升的地块，在它的周围，呈现出强烈而复杂的地质动力特征。登上高原五千米高程的高台后，几百公里的高原地带，地形舒缓，广阔无垠。在覆盖层中却广泛分布着厚厚的冻土层，它与一般土层相比，有着许多独特的性质。在高原冻土层地带，常见有冰椎、冰丘、冰层爆炸等独特景观。

总之，野外地质实践扩大了眼界，丰富了知识，深化了认识，也给自己提出了许多思考和探索的问题。更感受和体会到地质与工程建设间的密切联系，曾学过的一些工程知识不是无用，而是对做好工程地质工作有很裨益。

在野外地质工作中，为了获取有关信息和资料，往往必须爬陡坡、下深谷、登山涉水；有时突遇暴雨，有时冒着风雪野餐。一次，我独自一人，在空旷山谷摸黑行走了十多里才返回住地。登山青藏高原5000米高台，空气稀薄，高原反应更为明显，我血压升高成为全队最高者，但为了能实地考察试验路基地段，了解由于冻土热融引起的路堑边坡滑塌现象和路基冻胀，以及盐湖土质对混凝土材料的腐蚀等高寒地带的问题，仍坚持走完全程，越过唐古拉山进入西藏境内。不但完成了考察任务，而且还见到了晶莹剔透巨大的冰椎和冰层爆炸后残留的大范围的冰层块体。在西藏境内见到了海拔约 4000 多米山梁上分布着的 7 处彩色石灰华形成的泉水池，石灰华呈现黄白红绿等色彩，池水清澈见底，这难于遇到的绚丽的景观，我们给它命名为"七珍泉"。野外地质工作是辛苦的，但也是有收获的、愉快的。

执教耕耘

工程地质教研组当时仅承担土木类专业一门基础地质课《地质学及水文地质》。1958 年在王继光教授主持下，根据铁路建设对地质人员的需求，申报并经批准，创办了工程地质专业。申办时，教研组仅教师 7 人，但大家齐心协力、分头工作，做好向各级汇报、制订专业教学计划、规划师资、筹划设备等准备工作。批准后大家根据需要，承担教学。后续来的教师也是克服困难，勇挑重担，使专业能顺利运行。专页成立至今，已走过了 48 年，培养了数以千计毕业生，他（她）们在工作岗位上受到了好评，不少人已成为单位的技术骨干，有的走上领导岗位。工程地质专业创办至今，历届的毕业生，都是供不应求。

专业成立前的教研组，在教学中非常重视教学方法的研究和改进，王继光教授的教学效果就很好，引来其他教研组教师前来听课，他在教学法改革中非常认真，有的工作做得很仔细，例如，在编写实习指导书时，要求我做到文字简练、易于理解，学生能在 10 分钟内看完读懂，并能独立进行实习。为达此要求，我让几位同学预先试用，经反复修改，直到符合要求后才加以采用，以使学生能在规定时间内真正收到实习效果。

在专业课教学中，我仍注意教学方法的改进，讲述"土质学"时，在实验课外增添土质试验研究作业，学生自己取样，自己制定试验研究方案，对土的某一特质进行多组试验比较，写出研究报告，这对培养学生独立工作和分析思考的能力起到了很好的作用，受到师生的赞许。

对于专业的工程地质课，根据铁道工程建设的实际，结合为铁路建设培养工程地质人员及学时安排等的要求，我和同事们对其进行了较大的改革。编写体系上，首先阐述密切关系铁路建设的主要工程地质问题，着重分析其相关工程地质条件、形成机制和发生发展规律，介绍相应分析原理和方法，然后按照铁路路基、桥梁和隧道工程的特点，论述设计、施工和运营阶段工程地质研究的主要内容，最后介绍铁路工程地质勘测方法和特点。形成一本适用于教学和铁路系统应用的《铁路工程地质学》教材，经多年使用，补充修改，并正式出版。这本新体系的《铁路工程地质学》便于教学和自学，在提高专业教学质量方面起到了很好的作用，受到专业师生和铁道部门的好评。

研究生是我国科技、教育事业的重要后备力量，将会在我国四化建设中发挥积极的作用。对于研究生的培养，在基础理论、专业知识培养过程中，应更加重视能力的培养，并关心他们的思想品德，这也是研究生指导教师应尽的职责。

我在工程地质研究生工作中，重点在开出学位课和培养研究生能力方面做了一些工作。

根据对研究生的培养方向，为工程地质专业研究生开出了在工程地质和岩体力学方面具有特色的学位课程"裂隙岩体力学"。由于有关岩体裂隙性等问题的研究室国内外一个重要研究领域，当时又尚无系统专门论述，因此，"裂隙岩体力学"既符合专业方向的教学需求，其许多内容在该领域又具有前沿性，因而此项工作是有意义的探索，也在教学中取得了较好的效果。

在教学中，通过各种形式和途径，加强对研究生能力的培养，特别注意在思维创新，科学试验和野外地质实践方面能力的培养。鼓励他们在论文选题等方面的开拓创新，创造条件让他们在研究中开展室内外科学试验，支持他们尽可能在野外地质实践中把握研究问题的地质原型和获取相应的实际资料等。实践证明，他们的能力得到了较快的提高。有的研究生主动承担并完成了我校"扬华公司"关于"污水处理方案可行性研究"，有的研究生设计加工的试验设备至今还在专业试验研究中使用。我培养的硕士、博士生，他们现正在国内外自己的岗位上显示出聪明才智，在工作中做出了成绩，有的已成为骨干力量，或成为中青年专家学者。

科海探秘

在岩体地区进行工程建设，岩体的特征及稳定性关系着工程的设计、施工和安全，而自然界的岩体又包含着许多成因不同的裂隙结构面，裂隙面的存在及其属性必然影响着岩体的工程性质。因此，研究生裂隙岩体的基本特性及稳定性既有实际价值又具有理论意义，国内外都对此仍在进行着深入的探索。

20世纪60年代，我根据野外对岩体的实际观察和认识以及一些研究报道的启示，曾拟过一份研究节理裂隙岩体及其稳定性内容的目录，但由于各种原因却未能开展，直到1979年，才有条件开始逐步进行一些研究工作。为此，我和同事们组成了围绕裂隙岩体基本特征及其稳定性分析这一研究方向的科研组，开展研究工作，在研究中重视岩体的裂隙性，在分析方法上考虑岩体力学性质等的随机性。多年来，结合工程建设、理论研究和试验分析等国家省部级十余项科研项目，取得了一些进展。

在裂隙岩体基本特征方面有：确定节理岩体抗剪强度的结构影响函数分析方法，非贯通裂隙岩体经验强度准则，非贯通裂隙岩体考虑损伤的强度准则，地质不连续面对岩体应力分布的影响，节理岩体强度、变形和结构面抗剪强度的受控因素等，深化了对裂隙岩体特征，特别是一定条件下的变形、破坏和强度特征有了进一步和新的认识。

在岩石边坡的稳定性研究方面，主要研究了：边坡楔形体的破坏分析方法，开挖边坡的应力及变形破坏特征，确定铁路岩石边坡的岩体质量分析方法，河谷岸坡稳定性及桥基设置位置的综合分析方法，铁路特殊路基岩石边坡岩土工程分析系统，温度作用对红层边坡影响的规律，用半球投影分析节理岩体稳定性的全空间赤平投影方法等，为铁路岩石边坡的坡度确定和稳定性分析，以及对河谷岸坡的桥基稳定性分析，提供了有效的分析评价方法。

我们完成的以岩体质量分析确定边坡的"铁路岩石边坡坡度的确定及稳定性分析"，是一项用于新建铁路路基岩石边坡工程地质勘测和定量设计边坡坡度，以及对既有的铁路路基岩石边坡稳定性分析和预测的新技术。其成果在西溪田线和图珲线 15 处代表性边坡应用表明，这一技术使用方便和快速完成，不仅有很好实用效果，而且具有较显著经济效益，后经铁道部工程总公司组织向设计院、大桥局、隧道局作了技术培训推广。

"河谷岸坡稳定性及桥基设置位置的综合分析方法"是一项用于设有桥梁墩台的河谷基岩岸坡的稳定性及相应桥基最佳位置的综合分析方法。通过对南昆线清水河大桥等的应用，取得了良好应用效果，为桥基岸坡的稳定性评价及桥基位置的设置提供了科学的依据。

回忆收获，深感科研团队的重要，更赞叹那协作、钻研、吃苦、谦让的可贵精神，研究的许多情景，使我回味、难忘。

学无止境

随着自己阅历的增长和科技交流的开展，我有机会参与了一些铁路长大隧道和桥梁基础以及公路、水电、地铁等有关工程建设的工程地质、岩土工程问题的分析和论证。

例如秦岭隧道初测阶段工程地质分析和科研项目及内容的论证；军都山隧道涌突"泥石流"的论证；海滩隧道变形破坏的调查研究；百家岭隧道腐蚀变形的分析；堡子梁隧道的山体稳定性论证；园梁山隧道的工程地质问题及岩溶水预测、防治的分析；北盘江桥基稳定分析；江阴长江公路大桥南锚碇的基坑、基底稳定及加固方案的分析；厦门海沧大桥工程地质条件及桥基承载力的确定；向家坝水电站坝轴线的工程地质条件和马步坎高边坡的稳定性论证；溪洛渡水电站有关土木工指标的选择；三峡水电站船闸高边坡稳定性论证；南京地铁工程地质可行性的分析论证；广州地铁一号线工程技术咨询以及攀钢斜坡岩体宿舍地基的稳定性分析、峨眉山水泥厂矿山边坡稳定的分析等。

其中水（城）小（云尚）铁路，在跨越北盘江峡谷，采用单孔拱 180 m 跨度的大桥方案，谷坡近于垂直，谷深 250 m，桥面距谷底江水面达 305 m，桥基距谷坡边缘较近，因而峡谷岸坡的稳定性及桥基的设置位置需要进一步论证。经我们深入调查和研究，得出了该桥位方案可行，但西端桥基位置须作调整的论证意见，受到设计单位铁二院好评，现该桥早已运营。

军都山隧道在开挖中的涌突"地下泥石流"灾害后，施工单位关心尚未开挖地段是否有再次发生灾害的可能，在论证会上，我根据酸性岩脉特征及隧道岩体储水、排泄的具体条件，做出了不大可能再次发生的判断，后经开挖证实，虽岩脉宽达 20 m，但仅表现为岩体破碎，而并未出现涌水。

又如攀钢一综合楼拟建在裂隙岩体上，其基础稳定性受到质疑，经我们研究分析后，提出的局部修改的建议，保证了该建筑基础的稳定性，勘测单位认为解决了他们长达二三年悬而未决的问题。

在关系到这些工程建设的科技实践活动，自己做了一些工作，但面对丰富的地学领域，仍深感自己知识的不足。我们完成的科研成果，有的还需进一步完善和验证，遇到的许多工程地质问题，也尚待努力去探索。对于自己来说，精力是有限的，但对于事物的认识过程，学无止境，确是至理名言。

2005 年 12 月

选自杨树彦主编：《西南（唐山）交通大学校史资料选辑（第二十九辑）》（四川成都：西南交通大学校史编辑室，2006 年，第 39~42 页）

张进思

张进思教授，我国电气化铁道牵引供电系统自身技术专家和教育家，九三学社社员，湖北省礼山县（现大悟县）人，生于 1929 年 1 月 24 日。1956 年毕业于唐山铁道学院电机系、西南交通大学电气工程学院知名教授。长期致力于电力系统与电气化铁路牵引供电系统、牵引变电所综合补偿及优化设计，电牵引负荷及行为过程仿真，随机过程仿真等方面的教学与科学研究工作培养了大批铁道电气化的技术骨干、专业人才，为发展我国自己的铁道电气化做出了重大贡献。

漫漫求学路

张进思教授这一代人，经历了国民党统治日寇入侵时期无数的磨难。小学阶段他先在湖北省黄岗小学学习，后因日本侵华战争爆发，武汉面临沦陷，当时社会民主人士为了拯救儿童，成立了战时儿童保育总会，在各地招收流浪儿童进入战时儿童保育院学习，他也跟随姐姐及书博兄长一起进入四川泸州，在第七战时儿童保育院继续小学学习，后来在四川荣昌暴雨中学完成初中阶段学习。以后受其二哥的支持，考入四川重庆青木关中央大学附中的高中部学习二年，因二哥调南京工作，而进入南京中央大学附中完成高中阶段学习。

张进思在 1948 年高中毕业后，考入南京中央大学农化系学习一年多，当时已临近解放。当 1949 年 4 月 23 日南京解放，他看到国民党政府的无能与腐败，又受到共产党、解放军的宣传教育，毅然放弃大一学习，投笔从戎，参加了中国人民解放军，走上了革命的道路，自此从一个爱国志士青年逐步成长为具有坚定共产主义信仰的革命战士。

1949 年 5 月至 1952 年 7 月，在中国人民解放军 35 军文工团期间，张进思经常深入连队，向战士们教文化，教唱歌，参加文艺演出，接受共产党革命教育，政治觉悟不断提高。这一段部队经历，对张进思人生观和世界观形成具有重要意义。

由于张进思从小离开家庭，较早地进入独立生活，在十几年的学生部队生活中，都是在艰苦环境中经受磨炼，从而养成了艰苦朴素的作风，勤奋努力、积极向上、勇于进取、坚持不懈的学习作风，为以后进入大学的学习，以及后来几十年的教学、科研工作打下了良好的坚实基础。

中华人民共和国成立后，随着我国大规模建设的开展，急需大量现代化建设人才，国家于1952年在部队中抽调高中以上学历的参军人员进入高等学府继续深造，因而张进思被抽调到唐山铁道学院进行预备学习，后经考试正式进入唐山铁道学院电机系学习四年。在大学期间学习成绩优异，并参加学生会群众文化部领导工作。

在实践之中锻炼成长

1956年张进思大学毕业后，正值唐山铁道学院电机系请来苏联专家，招收我国第一批供电专业的研究生。他也成为第一批供电专业的研究生之一，1958年，因苏联专家提前回国，而提前毕业，后分配到铁道部天津第三设计院电化处工作。

1958年至1972年张进思一直在天津第三设计院电化处从事电气化铁道设计和科学研究工作，在设计院期间，他参加宝成线风城段的电气化供电设计，经常深入现场，在实践中积累宝贵的设计经验。

1958年至1959年期间张进思与唐山铁道学院师生一起研制成"电子牵引模拟计算机"。他较早地涉足计算机领域，为以后进行电子计算机应用的研究打下基础。还参加部颁"108""109"专题分析研究工作。

更要值得一提的是，当时成都铁路局绵阳段沿线严重缺乏照明和养路机械化的用电电源，铁道部委托第三设计院电化处研制一套实用化设备，张进思受电化处委派到成都局绵阳段进行现场调查分析，这为以后研制出更完善的新型单三相变压器铺平了道路。

在第三设计院工作期间，使张进思具有较长时间去现场接触实践，取得现场实践经验，更进一步了解了电气化的现状和未来发展趋势。

献身教育事业

考虑到张进思的设计经验和科研成就，因教学工作需要，他于1972年由第三设计院调到西南交通大学电机系供电教研室任教。从此，张进思以充沛的精力，火一样的热情投入到教学和科研中来。在西南交通大学工作的 23 年期间是他工作业绩最多的 23 年。在西南交通大学电机系供电教研室工作时，学校具有良好的教学和科研环境，又有一支从事科学研究素质较高的师资队伍，影响和促进他尽快适应高等学校的工作，积极参加各项政治活动，忠诚于党的教育事业。

在校期间，张进思先后担任供电 1974 级"短路计算"课程，供电 1976 级"电气化铁道供电系统"课程，第一设计院职工学院"供电系统"课程，供电 1977 级"专业外语"和"供电系统"课程，指导供电 1974 级电机课的课程设计，指导 1972 级、1974 级毕业设计及专业实习，编写了实践指导书中供电部分，并负责指导工作。他用较快的时间对教学工作的全过程进行了实践，并且在教学工作中能认真负责，热心辅导学生，受到学生的好评。

张进思结合教材的编写工作，完成了"AT 供电回路等效电路及其电压损失的简化计算方法"一文，结合教学的需要，文中对国外已提出的结论式公式，自己又进行了详细的推导，并用当时较先进的自编大型电算程序反复上机调试并直至通过，根据电算程序的结果进一步论证了电化计算方法的实用性。该文也已收入 1979 年教学科研论文集。

此外，张进思还完成了《概率论在单相交流牵引负荷在外部供电系统中所引起不对称计算上的应用》一文初稿。

随着计算机的普及和推广，计算机的应用技术已更加被重视，张进思敏锐地认识到在铁路电气化供电计算的数学模型和计算方法都较为复杂的情况下，引入计算机程序来解决人们难以实现的大量复杂的数学方程式的计算工作，必是未来研究工作的方向。因此一方面积极投入供电专业的日常教学工作中，并抽出更多的时间，苦心钻研计算机的硬件和软件，以及如何用程序来实现供电系统中复杂的计算，他亲自探索计算方法，亲自编程上机调试，经过无数次的修改调试通过，几乎所有的节假日都在计算机机房度过。终于取得了丰硕的成果。

1984 年撰写了《电牵引负荷谐波在电力系统中的分布》刊登于《西南交通大学学报》1984 年第 4 期。

1986 年撰写了《电气化铁道负荷过程及负荷行为的计算机仿真》刊登于《西南交通大学学报》1986 年第 4 期。

1986 年撰写了《电牵引负荷负序分量在电力系统的动态分布》刊登于《西南交通大学学报》1988 年第 3 期。

张进思还善于吸收新的知识，通过他的努力，掌握了英语、俄语等几门外语，均能阅读和翻译本专业的科技文献，使他能经常了解和掌握国外科技动向。在教学与科研工作之余，与他人合译《电气化铁道交流电容补偿装置》一书（俄文），1982 年由人民铁道出版社出版。

随着我校教学形式的飞速发展，我校于 1982 年开始招收研究生，张进思在教学、科研方面都取得了较大进展，先后培养名硕士毕业生。

科学研究求实创新

在科研方面，张进思以主持研究"电气化铁道养路机械化电源"工作经验为基础，提出了"高压单圈—低压侧移相"单三相变压器主电路的革新方案，当时与同事们一起并带领 1972 级学生在毕业设计时进行新型单三相变压器的研制试验工作。于 1976 年首次研制试验成功，并投入现场运行，该新型单三相变压器先后生产 28 台，投入到宝成和阳勉两条电气化铁道区段实践运用，收到现场欢迎，并多次接待国外有关人员学习参观，受到现场重视和好评。

张进思具有丰富的实践经验外，更可贵的是在实践的基础上，从理论上对单三相变压器中的电磁关系进行了分析总结，写出了《单三相变压器中的电磁关系及其实验》一文，并公开发表。

张进思主持和研制的新型单三相变压器于 1985 年获第二届国家发明银质奖。这是他多年重视实践，理论联系实际的最好例证。1981 年被评为西南交通大学优秀科技工作者。

张进思通过在现场工作和学校教学科研的几十年实践中，充分认识到铁道电气化存在的问题和需要解决的问题，并充分认识到必须在供电系统中大量引入大量的计算机应用。这段时间，他的主要精力放在带领供电教研室走上科研工作走上创新，求实的道路接受铁道部多项科研项目带领研究生、开发、攻克铁道电气化供电系统中计算机软件包等科研项目。他带领的研究生研究的方向和课题都是当今铁道电气化供电系统中最为关心和最需要解决的技术问题。

这期间，他又完成了《交流电气化铁道自耦变压器供电系统通用动态电算程序》《关于电气化铁道自耦变压器供电系统中电压损失的简化计算问题》《多维代码指令数组及其在无序复数集运算中的应用》等多篇文章。

在张进思教授带领下，供电系统教研室相继完成了铁道部下达的：

"电力机车运行过程仿真软件""牵引供电系统计算机寻优设计""电气化铁道负荷及其行为过程计算机仿真""电牵引负荷谐波分布计算软件"等多项课题，并通过鉴定或验收。

在张进思教授的带领及参与下，供电教研室供电系统教学与科研工作日趋完善，为供电系统及其相关理论以后更大发展打下了坚实的基础。

　　张进思教授为人诚恳，和善，从不摆架子，生活简朴，不图虚荣。在科研中又锲而不舍的钉子精神，能理论联系实际，脚踏实地，百折不挠。工作中刻苦，耐心，细心，能高质量地完成各项任务，几十年如一日，都是勤勤恳恳学习和工作，认认真真教书和科研，不断进取，学到老，干到老，将毕生的精力用于铁道电气化事业。

　　张进思教授培养的多名研究生都以高质量完成相关课题和硕士论文，他们在毕业后都成为各自单位的教学主力和科研骨干，并继承导师创新、求实，不断进取的工作作风，在电力系统和铁道电气化供电专业的发展中发挥着重要的作用。

　　选自杨树彦主编:《西南（唐山）交通大学校史资料选辑（第二十九辑）》（四川成都：西南交通大学校史编辑室，2006 年，第 43～47 页）

关宝树

关宝树，教授，博士生导师，"桥梁与隧道"国家级重点学科的学术带头人之一，是我国著名的隧道和地下工程专家。长期从事各种类型隧道及地下工程的基础理论、工程实践、科研和教学工作。从 1951 年参加工作至今，56 年始终活跃在教学、科研工作第一线。为我国隧道及地下工程的技术进步和发展，为地下工程学科发简历做出了一定的贡献，在隧道及地下工程界中享有较高的威望。

工作经历

关宝树幼时随父亲的工作变动而动荡不定。在历经小学、中学的学习生活后，1948 年考入沈阳的一所大学。1948 年沈阳解放，该校由东北特派员办事处接管，并迁往哈尔滨，改为东北铁路学院，第一任校长是当时的铁道兵司令员滕代远、副校长是吕正操。关宝树于 1951 年 7 月毕业于该校土木工程专业并留校任教。1952 年由于院系调整，随该校的土木工程专业调入唐山铁道学院。从这时开始关宝树的一生，就与唐山铁道学院联系在一起，共命运，同呼吸。从助教、讲师、副教授到教授，直到 1993 年被国务院学办批转为博士生导师。2002 年年满 70，正是离休。关宝树平凡的一生，56 年如一日，贡献给了我国的教育事业，贡献给了培育他的西南交通大学和他所热爱的、投入了大量心血的隧道及地下工程事业。

东渡日本

1985 年 12 月，作为访问学者，关宝树踏上了去日本访问的路程。非常荣幸的是，一个研究所——东京竹中技术研究所接受了他的访问。然而，对于关宝树则是一个例外。在一年的时间内，关宝树走访了日本土木技术、日本电力、铁道、公路等研究机构也访问了东京都立、京都、神户、早稻田等著名大学以及日本一些与土木关系密切的"大手"公社，如竹中工务店、鹿岛、熊谷、前田等。还参观了隧道博物馆、地下原子能发电设施、正在施工的公路隧道、铁道隧道及一些地下设施，如东京、大阪等地的地下街等。在研究所关宝树还与同行们一起进行相关的科学研究。这是一次名副其实的访问，受益匪浅。既开阔了眼界增强了知识，也结识一批新老朋友。1986 年 12 月关宝树结束了日本的访问回国。

开拓性的贡献

1972 年铁道部决定修改铁路隧道设计规范，由铁道部第二设计院主持，许多单位参与了这项工作。我校选派高渠清教授和关宝树讲师参加。规范编写组成立了围岩分级小组，由关宝树任组长。在小组共同努力下，1975 年提出了以围岩稳定性为基础的铁路隧道围岩分级方法。在当时的历史条件下，新方法打破了苏联普氏围岩分级方法在我国一统天下的局面，也开创了我国围岩分级方法研究的新局面。实践证明：在之后修建的近 3000 km 的铁路隧道，近 1000 km 的公路隧道和部分地下铁道都是按照这个分级方法进行设计和施工的。这个方法就是关宝树带领的一批年轻人，通过大量的现场调查、分析研究而建立起来的。曾被誉为"关氏分级法"，成为我国地下工程围岩分级方法的奠基人之一。在围岩分级方法建立的同时，开创性地提出了铁路隧道设计荷载的统计计算方式，一直沿用至今，在山岭隧道的设计中起了重要的规范性作用。分级方法为以后的许多围岩分级方法（如水工隧洞的围岩分级、工程兵系统的围岩分级、喷锚支护设计规范的围岩分级等）和《工程岩体分级标准》（GB 50218—94）的形成奠定了良好的基础。之后，1987 年又根据数量化理论，提出围岩分级的量化方法，并作为《铁路隧道喷锚构筑法技术规则》（TBJ 108—1992）规定的方法，而在实践中得到应用，进一步推动和提高了为我国地下工程围岩分级的研究水平。目前，在关宝树的关心和支持下，王明年教授正在对公路隧道围岩分级方法进行创新性的研究。

一个不脱离实践的"教书匠"

"知识来自实践"是关宝树生活、工作的座右铭。他认为作为一个"教书匠"容易，但作为一个好的"教书匠"就不那么容易了。他认为人们所能接受的"教书匠"，必须是一个永远不脱离实践的人。实践出真知，百炼成好钢。从关宝树所能接受的为数众多的聘书如：北京地下铁道建设公司、铁道部隧道工程局、铁二局、铁四局、铁十二局、铁十六局二郎山隧道专家组组长，四川重点公路建设指挥部咨询专家，铁四院、铁三院、广州地下铁道设计院、终南山公路隧道等工程设计单位的专家组成员、技术顾问等，对其深入工程现场的经历和实践之丰富，就可以窥见一斑了。这生动的说明，关宝树与现场联系是极为密切的。他经常深入工地，在宝成、渝怀、西康、青藏等铁路、公路线上，在大瑶山隧道、秦岭隧道、二滩水电站、乌鞘岭隧道、武汉越江隧道、厦门海底隧道、锦屏交通洞等工地上，在广州、深圳、南京、北京的地下铁道工地上都留下了他的足迹。他经常参加和主持各种工程的评审、鉴定、研讨会。他多次到我国第一座海底隧道——翔安隧道，接受国外海底工程实践，进行技术咨询和指导；曾数次去我国最长的乌鞘岭铁路隧道（20.5 km）施工现场，协助解决技术难题；数次奔波到我国最长的公路隧道——终南山隧道啊（18.2 km）工地，参加专家组的历次会议。他经常告诫他的学生，"我离开工程实践，将一事无成"，"我的任务就是把在实践中积累点知识，通过教学、研究，再服务于实践"。

接触实践，说起来容易，但做起来就不那么简单了，尤其要把时间提升到理论高度，进一步指导工程建设，同时向学生"传道、授业"培养复合型工程技术人才，其难度就更大了。在这方面关宝树付出了巨大的努力，力求求实、做好，并持之以恒。许多接触过关教授的工程技术人员都几乎异口同声地说"关教授是一个永远不脱离实践的教书匠"。

硕果累累

关宝树为我国隧道及地下工程的技术进步和发展，为地下工程学科的建立和发展做出了重要的贡献。在他主持和参加的 50 余项涉及铁路隧道、公路隧道、地下铁道、水工隧洞、城市地下空间利用等多方面的科研、教学课题中，多次获省部级的各种奖励，其中国家级三等奖 1 次、部级一等奖 1 次、部级二等奖 3 次，部级三等奖 4 次。1994 年获得铁道部火车头奖章，1998 年获得四川省学科带头人称号，1999 年获得四川省首届优秀科技工作者称号，2000 年获得茅以升铁道科学技术奖，2004 年又获得詹天佑科技成就奖。

编写出版了《隧道力学概论》《地下空间利用》《地下工程概论》《铁路隧道》《国外隧道中的新奥法》《隧道及地下工程》《城市有轨交通系统》《铁路隧道围岩分类》《铁路隧道围岩分级方法》等教材和专著。翻译出版了《隧道》（俄语）、《隧道力学》（日语）、《隧道技术规范》（日语）、《新奥法设计施工指南》（日语）等出版物。

为了满足现场技术人员的"求知欲"和"读书难"的问题，又大量编写了适合现场技术人员学习的专题参考资料，内部出版，共达 300 余万字，颇受现场欢迎。

铺路的石子

从恢复研究生培养制度以来，为国家培养 50 余位硕士生、博士生和博士后。这些人有的已经是博士生导师、教授，有的是工程局和设计院的总工程师、总经济师、教授级高级工程师，有的但是国家级突出贡献的中青年专家、学术带头人，有点成为全国劳动模范，有点被评为十佳科技人才等。为地下空间利用学科的发展，打下了良好的人才基础，奠定了学科可持续发展的基础。

在人才的培养中，他强调在实践中学，在实践中应用，在实践中创新与提高。他身体力行，为青年人的成长做出了榜样。他培养研究生的一个特点就是论文一定要有实验的验证，要与工程实践相结合。

他对青年人的成长提出了"发现、探索、创新"的三部曲。鼓励青年人在实践和学习中发现问题，不断地思索和寻找解决问题的途径和方法，而后通过努力去探索创新，解决问题。站在学科的前沿是关宝树培养人才另一个重要的指导思想。科学技术是不断发展与更新的，知识领域也是不断扩大和深化的。在这种背景下不管是教学还是科学研究，都应该站在学科的前沿。他为研究生和学科梯队成员选定的研究领域，很多是属于这方面的课题。如地下结构物的减震技术、地下结构的耐久性设计方法、悬浮隧道的基础理论、近接施工的理论和应用、新型防水技术、围岩分级方法、高速铁路隧道空气动力学特性等，无一不是当前亟待解决的，涉及地下工程的重大科学技术前沿课题。应该说这是培养高质量人才的关键。关宝树每年都应邀到设计院、工程局以及工程指挥部、高等学校、科研机构去讲课，传经送宝。把国内外在隧道工程中的一些新技术、新经验、新方法、新材料介绍给他们，使他们能够增强解决实际问题的能力。关宝树经常说，在学校教书是"教书育人"，到现场讲课也是"教书育人"，这也是作为一个"教书匠"的职责。

闲不住的离休生活

关宝树，2002 年，满 70 岁，正是离休。离休后的他反而比离休前更忙了。离休前因有教学和指导研究生的任务，许多外出的工作，如：开会、讲课、到工地解决疑难问题等只能量力而行。离休后，就比较自由了。

首先，应出版社的邀请，利用 2 年的时间，根据国内外隧道工程的实践及个人的体会，编写出版了"隧道工程三部曲"，即《隧道工程施工要点集》《隧道工程设计要点集》和《隧道工程维修管理要点集》3 部约 150 万字的专著，获得现场工程技术人员的好评。《隧道工程施工要点集》一书在出版社不到 4 年的时间就已经印刷了 4 次。

到工程局，设计院等单位讲课，也占去了很多时间，关教授非常愿意把自己在隧道工程中的体会知识介绍给那些战斗在生产第一线的工程技术人员。尽到一个"教书匠"解惑释疑的职能，让他们能够在繁忙生产的同时，扩大视野、增长才干、多做贡献。铁路跨越式发展的标志性工程——客运专线投入建设后，由于隧道工程的大量涌现，特别是长大隧道的涌现，关教授显得更为急迫。为解决客运专线隧道工程中的大量关键技术问题，关教授与许多专家一道，在各种研讨会、评审会、鉴定会、调查组之间奔忙，为工程决策献策献计。

为了增强体质以便更好地服务于实践，关宝树在老伴的带动下开始坚持健身运动，如游泳锻炼、打太极拳等。喜欢看武侠学说是他的一个嗜好，也是用以调节身心疲劳的一种消遣。锻炼、看书和开会，是离休后的关宝树教授目前生活的写照。锻炼是保护自己、看书是充实自己，而开会则是一种"实践"。

闲不住的离休生活，丰富多彩的离休生活，能够发挥余热的离休生活，是关宝树坚持的一个生活目标。

选自杨树彦主编：《西南（唐山）交通大学校史资料选辑（第二十九辑）》（四川成都：西南交通大学校史编辑室，2006 年，第 48～51 页）

连级三

胡基士

连级三，男，出生于 1933 年 10 月 10 日，浙江省上虞市崧厦镇上湖头村人，中共党员。他年幼时在农村渡过，上过几年私塾，9 岁到上海求学。从小受母亲章氏影响很大。家中他是长子，弟妹 6 人，家庭不富裕，母亲虽是文盲，但依靠勤俭持家，养育子女，子女都受到良好的教育。他 1952 考入上海交通大学电机与电器制造专业，1956 年毕业后考入留苏预备部学习俄文，1957 年 11 月～1962 年 2 月在苏联列宁格勒铁道学院电力机车专业读研究生，导师是全苏联科学院通信院士阿列克塞夫。1962 年获副博士学位后回国，在唐山铁道学院（现西南交通大学）电机系电力机车教研室工作，从事牵引电器的教学和科研工作。1965 年底赴四川省眉山县莲花公社参加社教工作半年，1966 年夏调回峨眉西南交通大学参加教学工作，不久开始"文化大革命"。1977 年高等学校恢复全国统一考试招生，1979 年恢复高校职称评审后，他首批晋升为副教授。为了改变高等教育教材短缺的状况，1980 年，他和上海铁道学院邵丙衡，北京交通大学（原北方交通大学）卢肇铨一起主编了《电传动机车控制》教材。从 1977 级学生开始使用，取得较好效果。该教材获铁道部第一届优秀教材三等奖（1983 年）。

1983 年 4 月他赴加拿大多伦多大学电机系学习进修，在 S.B.Dewan 教授的指导下，从事电力电子器件应用的研究工作，了解并掌握了与电力电子实验教学与科研相关的最新技术和装备。1984 年 7 月回国后在西南交通大学电机系筹建电力牵引试验室，主持研制成功"组合式电力电子实验装置"，并在铁道部高校内推广使用，获得良好的教学效果。该装置获 1994 年度铁道部科技进步四等奖。1986 年他晋升为教授，自此开始筹划磁浮轨道交通研究工作，至今已历时 20 年，表现出坚韧不拔的意志。他始终坚信以铁路为主业的西南交通大学对磁浮轨道交通技术研究开发责无旁贷，他看准了方向，就利用自己课题有限的经费开始前期研究，同时积极争取工厂企业的支持。终于在 1994 年研制成功中国第一辆可载人 4 吨磁浮车，试验线长 43 m，在国内外引起较大反响。该项成果获得 1996 年铁道部科技进步二等奖和 1997 年度国家科技进步三等奖。这充分体现了他作为一名科技工作者，对事业的执着追求，同时也显示出他不计名利和乐于奉献的精神。

为了实现将科技成果转化为生产力，在省、市、政府、学校和企业的支持下，1996 年成立了"交大青城磁浮列车工程发展有限责任公司"，他任总工程师，并兼任西南交通大学磁浮列车与磁浮技术研究所所长。

磁浮铁路是一项系统工程，它包括磁浮车辆、供电、线路轨道和运行控制四大部分，从科技成果到实现工程化，要经过漫长的历程。连级三教授认为必须进行足尺磁浮列车和工程试验线的建设。为此他进行了多方的努力，着手解决资金来源、足尺磁浮车研制和试验线选址等关键问题。在他和他的同事们共同努力之下，四川省计委于 1998 年立项，批准建设青城山磁浮列车工程试验示范线项目，科技部也于 1999 年以科技攻关项目的形式予以立项，支持工程关键技术研究。但是经费远远不够，连级三教授就亲自走访工厂企业，由于他长期从事电力牵引教学和科研工作，在铁道部的工厂企业内享有较高的声誉，一些工厂企业在他的精神感召下，纷纷出力相助。例如用于青城山的磁浮车辆是由长春客车厂和株洲电力机车研究所分别承担车辆的机械和电气部件的制造和出资入股，线路的钢枕和钢轨由宝鸡桥梁厂生产和出资入股，因此缓解了资金压力。

除了资金以外，他还遇到了许多意想不到的难题，例如青城山试验线的原定方案为 2 km 的商业试验线，由于青城山申报"双遗"而中途停止，损失了不少时间和金钱，最终选在目前青城山牌楼东侧的 420 m 试验线。该线于 2001 年开工建设，占地 38 亩，工程还包括一个变电所、一个维修车库。这是我国第一条面向应用设计的城轨磁浮铁路。

在建设青城山线路的同时，连级三教授对于磁浮车的研制十分谨慎小心，深知这是磁浮铁路成败的关键。在他的带领下，磁浮列车研究所一批中青年教师对磁浮车辆的一些关键技术进行长期攻关研究。遇到了不少困难和挫折，磨炼了他本人和他的研究队伍。他认为，困难和挫折可以锻炼这支队伍，使中青年专家更加成熟，以便将来面对各种技术的挑战。这一点确实在以后"十五"期间科技部"863"重大攻关项目顺利进行而得到验证。

在研制磁浮车的过程中，连教授采取了顺序渐进的技术线路。4 吨载人磁浮车仅仅是个模型车，距离工程化的足尺磁浮车还很远。他认为应该进行中等规模的磁浮车试验，该车应与将来工程化试用车有基本相同的技术参数，即具有三个磁转向架和悬浮能力更强的磁浮车。就在这时，即 1997 年 5 月，四川省委决定将西南交大的磁浮车作为省的代表参加 1997 年 9 月在北京举办的"十四大以来物质文明与精神文明建设成就展"（简称辉煌的五年成就展）和 1999 年的"中华人民共和国建国五十周年成就展"。要在 9 月份参展，在不到半年的时间内研制出一辆新一代的磁浮车，这是极大的考验。连教授毅然决定接受这一挑战，他认为借此机会可以为青城山工程试验用车的研制做好准备，可以进一步锻炼队伍，另外还可以争取到一部分经费的资助。虽然省委重视，但工厂生产加工都需要时间，最终剩下总调试时间并不多，只得加班加点，可以说赴京前 2 两周内在夜以继日地工作，他和他的研究队伍每天只能睡 3 ~ 4 个小时，连教授在回忆这段经历时，都感到后怕，他这把年纪能顶过来，真是奇迹。其实别人哪里知道，这次参展他不但在精力上，而且在精神上受到很大的压力，因为如果参展失败，不但给学校而且给四川省都将带来难以挽回的损失。值得庆幸的是，在大家共同努力下，北京参展终于获得成功。展后被四川省筹展领导小组授予最佳组织奖和最佳设计奖。

从连教授 1961 年参加工作以来，前 20 年他主要是从事电力机车的教学与科研工作，曾为本科生和研究生主讲"牵引电器""电传动机车控制""电力牵引控制系统""变流与控制""电力电子学""机车电传动""特殊电机"和"磁浮列车动力学"等课程。其中"电传动机车控制"和"电力牵引控制系统"两门课程影响广泛，他所主编的《电力牵引控制系统》教材在铁道部内高校被广泛采用，因此获铁道部第三届优秀教材一等奖（1996 年）。他屡次被评为校优秀教师，1999 年被授予全国优秀教师称号。

在电力机车和磁浮列车科研方面，连教授撰写了数十篇学术论文，培养了一批硕士和博士生，目前都已成长为电力机车和磁浮列车领域的骨干力量。他参加了国家计委"八五"期间重大攻关项目"交—直—交电力机车 AC4000 的研制"，并在西南交通大学国家牵引动力国家重点实验室内主持完成该台电力机车 AC4000 的性能试验。该项目曾获"八五"国家计委科技攻关重大成果奖。

从 1961 年至今的 45 年工作历程,连教授的前 20 年时献身于电力机车事业，而后 20 年，则是献身于磁浮列车开发和研究工作。前期他是我国电力机车事业成长期间的中坚人物，而后期又成为我国磁浮铁路起步的开创人物。他对我国磁浮铁路的发展做出了不可磨灭的贡献。连教授所领导的磁浮列车开发研究队伍和成果，给西南交通大学要办成有特色的一流大学增添了浓重一笔，对西南交通大学电气工程学院增加博士学位点和获得电气工程一级学科博士学位授予权都起到了重要支撑作用。最近被教育部批准立项建设的"磁浮技术和磁浮列车"教育部重点实验室充分证明了我校在磁浮列车研究的领先地位，为今后发展开拓了广阔的前景。

连教授的业绩曾受到国家和社会的广泛关注，中央电视台的《东方之子》栏目对他的业绩予以报道，香港文汇报曾以整版的篇幅报道。连教授为人谦虚，不计名利，最初他接受这些采访和报道主要是想通过媒体宣传他所热爱的磁浮列车事业，希望通过宣传让社会接受这种新的交通工具。但宣传中过分突出个人他是反对的，例如中央电视台曾为他制作了节目，他看了后认为不妥，就坚决不同意播出。

从1956年大学毕业，连教授就与铁路结下了不解之缘，他以他渊博的学识和执着的精神，始终引领着学科方向。开始时他从事电力机车教学和科研，当时电力机车并没有像今天这样受到重视，但他坚信，电力机车是我国牵引动力改造的重要方向，后来的发展历程证明了他的判断。后来他引领我国磁浮列车研究的道路。现在也说明了他的判断。他始终认为，随着国家经济的发展，人民生活水平的提高，市场需要高速和超高速陆上客运轨道交通体系。高速电力机车或电动车组和超高速磁浮列车是最节能、最快捷、最环保的交通模式，尤其是磁浮列车，不管是超高速的还是中、低速城轨磁浮列车，必然会在中国推广应用。我们祝愿连教授的梦想成真。

选自杨树彦主编：《西南（唐山）交通大学校史资料选辑（第二十九辑）》（四川成都：西南交通大学校史编辑室，2006年，第55～58页）

沈本荫

谭永东

沈本荫，1933 年 11 月出生于安徽合肥。自幼家境贫寒，读完初中后，于1950 年参加铁路工作，在合肥工务段从事建筑材料管理工作。由于工作积极、好学上进，1952 年被组织保送至哈尔滨铁道学院预备班学习。1953 年哈尔滨铁道学院并入北京铁道学院，随之转入北京铁道学院预备班学习。1954 年考入唐山铁道学院电气运输系铁道电气化专业，1958 年毕业并留校任教。

自 1958 年 8 月毕业任教后，沈本荫一直在电机系电力机车专业和电气工程电力传动及控制专业任专业教师，在牵引电机和电力传动控制两个学科领域承担教学、科研和研究生培养等各项任务。

为配合和支援我国第一台电力机车的建造，于 1958 年 9 月至 1959 年 9 月，代表学校赴湘潭电机厂参加了由一机部和铁道部组成的联合设计处的设计工作。

1959 年联合设计处的工作结束转回学校工作。

1959 年至 1964 年先后担任"牵引电机""牵引电机设计"及"变压器设计"等课程的教学工作，并承担了电机系"脉流牵引电机"试验室的筹建及设备安装工作，同时承担了"对称结构劈相机负载试验"等科研任务。

1965 年和 1966 年先后两次带领学生赴湘潭电机厂参加现场课题的毕业设计，每次为期半年，至"文化大革命"开始。

1972 年学校迁峨眉后，沈本荫仍坚守在教学、科研第一线。在 1973 年至1978 年间除承担正常的教学任务外，还多次带领学生赴机务段和工厂进行现场教学和毕业设计，同时肩负新建专业实验室任务。

改革开放以来，高校恢复统一招生，一切工作百废待兴，沈本荫仍孜孜不倦的工作，承担着更为繁重的人才培养和学科建设工作。1983 年晋升为副教授，开始指导培养硕士研究生工作，1984 年加入中国共产党，1987 年晋升为教授。连续三届担任（1982—1994 年）铁道部专业教学指导委员会委员，为教学改革及教材规划出版做了大量工作。任四川省电机工程学会理事及铁道部牵引动力学会电机学组理事。

沈本荫 1995 年退休后仍时刻关心学科的发展及研究生的培养工作，并继续为青年教师的尽快成长而辛勤工作着。

实践先行，重点工程挑重担

沈本荫 1958 年大学毕业留校任教后，为配合和支援我国第一台电力机车的建造，于 1958 年 9 月至 1959 年 9 月，代表学校赴湘潭电机厂参加由一机部和铁道部组成的联合设计处的设计工作。主要任务是进行韶山型电力机车的设计，具体负责牵引电机电压和极数合理搭配的新方案设计、牵引电动机电磁设计校核、关键参数论证以及牵引电动机的改型设计等，并定期去车间跟班劳动了解生产设备情况，拟定合理的工艺流程，实践能力得到很大锻炼。在此期间，还参加了湘潭电机厂第一台脉流牵引电机试验站的筹建工作，并进行了脉流牵引电机的型式试验。通过现场完整的一整套设计、生产、试验的实际锻炼，工作能力和专业水平得到很大的提高。

面对专业性强且时间紧的实际生产任务，深感理论知识的不足和实践经验的欠缺。在这一段时间内，除了勤奋工作外，一方面精读了《电机学》的经典原著，彻底弄清各种电磁机构的原理和它们的专门特性行为；另一方面，利用现场条件，深入掌握了牵引电机的结构特点、设计时的结构分析和强度计算方法。在现场的这一段工作，主要是从实践中获取知识，把理论与实践结合起来，业务水平和工作能力均得到了很大的提高，对后来的教学和科研工作帮助甚大。

1969 年，唐山化工厂进行扩建，其主要任务是在铁芯结构尺寸破坏的条件下将一台大型电力变压器改造成低电压大电流的整流变压器，沈本荫承担了这次改型设计工作的重任。在缺少原始资料的情况下，采取现场尺寸实测、参数判定等一切手段，经过精心分析比较，提出了新的绕组排列及绕制方案，后经工厂生产施工和产品检验，其主要性能和限制参数——短路电抗完全达到厂方要求，这是利用基础理论知识分析问题和实践能力解决问题一次非常成功的尝试。

著书立说，实践功底显威力

沈本荫最初确定的专业方向是牵引电机。牵引电机是电力机车的关键部件，其特性决定电力机车的性能，它被列为电机系列的一个单独类别，有特殊的结构形式、设计概念和方法。沈本荫在这一专业方向上辛勤工作了近 30 年，包括系统的理论教学、产品的工程设计、应用中的故障分析、试验设备建造以及技术标准的拟定。对牵引电机的电磁理论、结构特点、设计理念、运行特性以及试验方法等都有精深的研究。

沈本荫先后编写出版了《直流牵引电机原理、设计及试验》《牵引电机》等教材，这是我国自己编写的有关牵引动力装备方面最早的书籍，对推动学校理论教学和现场工程设计发挥了重要的作用。80 年代后期根据科学技术的发展及教学经验的积累，对《牵引电机》一书进行修订，增写了许多新的内容，更全面深入地介绍了牵引电机的基本理论、运行特性、设计概念及试验方法。这两本教材，突破了苏联教材的体系，被铁路高校教学委员会认定为铁路高校电力机车及电传动专业的统一教材。对提高培养人才的质量、推动牵引传动学科的发展做出了积极贡献。

20 世纪 60—70 年代，工业电气传动和铁道机车牵引业已采用硅整流或晶闸管变流装置，它是一种含有脉动电压的脉流电源，在脉动电压下工作的牵引电机还出现许多新的问题，特别突出的问题是电机的"换向"进一步恶化和"环火"的经常发生，已经成为这一类电机发展的"瓶颈"。为了进一步弄清换向问题的本质，从技术上提出降低火花的措施，在 1980 年之后的一段时间里，沈本荫孜孜不倦地对"现代评价换向强度准则"进行了潜心研究，并用大量实际电机参数进行了验证，研究了直、脉流电机的电压特性及其解析计算方法，研究了脉流电机的电磁关系、试验方法以及无火花区分析等许多专门问题。为适应现代交直流整流器机车的发展，在综合理论研究成果、教学经验和现场设计问题的基础上，编写出版了《直流、脉流电机换向》专著，这本书是面向工程实际的，对现场工程设计人员的工作帮助很大。其中有关评价"换向"的内容，被现场设计电机时引用，并列入设计程序。

由于大功率电力半导体变流技术的迅速发展，三相交流电传动系统在技术上取得了关键性突破，成为现代电气传动的主要发展方向，沈本荫主要精力转向这一新学科领域的研究。自 1985 年，主要从事该学科领域的研究生教学和科研工作，并承担了"牵引电机试验设备计算机测控系统"等科研项目。经过精心准备，开设了《交流传动系统》研究生课程，指导研究生撰写论文，并陆续发表了变频电机设计特点，变频电机特性分析等多篇论文，对交流传动系统及其发展进行了深入的研究。同时编写出版了《现代交流传动及其控制系统》一书。该教材为研究生材料（获铁道部优秀教材二等奖），内容充实、取材新颖，给出了交流传动学科一个完整的论述，反映了交流传动发展的水平和跨学科特点。通过教学实践和科学研究，沈本荫对交流传动系统中的专门问题有较精深的研究，擅长分析解决控制系统设计和控制特性分析等问题。

教书育人，先进理念结硕果

沈本荫在教学岗位上孜孜不倦地工作了 40 多年。他热爱教育工作，数十年如一日，对工作勤勤恳恳，认真负责，很好地完成多个阶段教学和科研任务。

特别是改革开放以来，高校恢复统一招生，一切工作百废待兴，沈本荫承担了更为繁重的人才培养和学科建设工作。

沈本荫 1983 年晋升为副教授，开始指导培养硕士研究生的工作，1984 年加入中国共产党，1987 年晋升为教授。在这一段时间内，连续担任过三届（1982—1994 年）铁道部专业教学指导委员会委员，为教学改革及教材规划出版做了大量工作，同时兼任四川省电机工程学会理事及铁道部牵引动力学会电机学组理事。

根据亲身体会，他经常强调学习基本理论的重要性，对于从事的专业，一定要有深厚的理论作为支撑，一门课的内容要放到整个学科的层面上来掌握，只有这样才能找到分析复杂问题的思路；他还特别重视实践环节，善于从实践中获取知识，根据教学需要多次到制造工厂了解设计经验、产品结构和工艺流程；并多次去运用部门进行调研，了解产品的运行情况、发生故障原因以及检修设备情况。把这些实践知识提到理论高度，再贯穿到教材和课堂教学环节中去，使教学目的性更强，内容更为充实，深受学生欢迎，对提高学生分析问题和解决问题的能力大有裨益。

我国在 20 世纪 50 年代设立的"电力机车"专业是以苏联专业目录为依据设置的，专业面太窄，课程内容陈旧，跟不上科学技术飞速发展的形势，也限制了所培养的学生在实际工作中的创造能力。教育要改革，学科要发展，这是时代赋予的历史使命。80 年代后期，为了学科的发展，沈本荫深入调查研究、勇于创新思路，提出了专业新教学大纲的建议，规划了以"传动"为主线，以电力电子、自动控制、电机传动、故障诊断和计算机控制等为一体的培养方案。在此期间还领衔申报并被批准设立了"电力传动及其自动化"专业硕士学位点。他还积极准备素材，为研究生开设变频调速课程，同时编写出版了能反映学科发展水平的研究生教材，经过一段时期的努力，该学科后备人才齐备，所培养的研究生在现在都成为各单位的骨干力量。

沈本荫担任多门专业课的教学，勇于接受新任务，从不计较个人得失。在教学上勤勤恳恳，一丝不苟，锲而不舍。在教学过程中严于律己，认真备课，每次讲课的讲稿，都要进行修改并补充新的内容，力争做到有特点、有见解、信息量大、内容精深，给学生留下深刻印象。特别重视理论联系实际，常用生产中的实际例子来启发学生的思考能力，培养学生解决实际问题的能力。沈本荫还特别重视学生的思想品德，率先垂范，为人师表。

沈本荫待人诚恳，乐于助人，曾多次赴工厂调查研究，为现场工程技术人员和工人讲课，对生产中出现的问题进行理论分析，并相互交流探讨，热心解答问题，深受现场工程技术人员的欢迎。

沈本荫1995年退休后仍时刻关心学科的发展及研究生的培养工作，并继续为青年教师的尽快成长而辛勤工作着。

选自杨树彦主编:《西南（唐山）交通大学校史资料选辑（第二十九辑）》（四川成都：西南交通大学校史编辑室，2006年，第59～61页）

水力学教学四十年

——黄宽渊自述

我留校水力学教研室工作，从 1953 年至 1993 年退休整四十年，几个片段记忆较深，基本上依时间次序简述如下。

一、在教学工作中成长

我的教学工作从水力学的习题课和实验课开始，每学期总是 4～8 个班，实验每一班分两大组，因教学工作重复性大，同一内容在多次进行中，方式总会逐步改进。在这一过程中，自然学会了"教学法"。

小桥孔径的水力计算，有土木工程专业特点，一般水力学书籍很少涉及。我记忆中首先是当时苏联工程部门的简单估算办法。在准备这一内容的习题课过程中，教研室教师间的讨论和自己多次试算，逐渐体会到计算的关键，使教学得到改善。过了一些时间，发现苏联对宽顶堰理论有了改进，在实验室里，也仔细观测了小桥水流，在原来小桥孔径水力计算的基础上，根据小桥实际水流情况，改进小桥孔径水力计算。

在教学过程中，教研室感到有必要编写一本适合本国情况的水力学教材，总结教学经验，由范治纶教授主编，1960 年由人民铁道出版社出版。上述小桥孔径水力计算出现在由我编写的一章中。此教材在教学教程中，又修改了两版，转由人民教育出版社出版。

1983 年，根据 1980 年通过的高等工业学校《水力学教学大纲》，更新内容，由高教出版社出版《水力学（第三版）》，供全国土木工程专业应用。

在 1985 年的水力学教学经验交流会上，提出《教材内容更新和教学内容更新的几种处理方式》，此文也在《西南交通大学教学研究》1985 年第 3 期刊出。

总之，在教学实践中总结提高，以满足客观要求。

二、在科研中逐步拓宽知识

我在 1960 年参加了铁道部科研专题"桥渡冲刷的观测和研究"，该专题由铁道科学研究院牵头，四个设计院和有关工程局及我校参加。我校在参加河流单宽流量计算的研究中，涉及河流动力学中的有关问题。

单宽流量沿河宽的分布是很不均匀的，而最大单宽流量是计算桥梁冲刷计算的基础。在研究的学习过程从河流学中的河相理论里受到了启发，深入学习有关专著后，搜集了桥梁冲刷和水文站水文资料，发现单宽流量沿河宽分布与泥沙运动关系很大。根据 M. A. 维里卡洛夫河流理论推论，可以说是猜想，认为河流宽度与平均水深在河流造床流量作用下，是被河床泥沙决定的。这样把原有的河相关系从定向方面推向定量方面。

1960 年和专题组其他单位同意这种观点的同志一起，分析了八个桥渡水文观测资料，得到最大单宽流量与河相关系的统计公式。这种公式成了以后铁道部使用的桥渡冲刷公式。

我于 1963 年在校学报上发表《单宽流量沿河宽分布规律的初步探讨》。该文与另一文《游荡性河流上桥渡冲刷模型试验》经学校上报国家科委，刊登在《科学技术研究成果公报》上。关于河相关系的思考，到 1985 年还从明渠实用性经济断面方面考虑，是"湿周上不同糙率渠道的水力特性"一文的部分内容。

三、水力学中的数值计算

1972 年，我参加了铁道部科研专题"小流域暴雨洪水研究"，制定了中国四大片区（华北与东北、西北、中南、西南）的小流域暴雨洪水计算办法，1978 年获全国科学大会奖。我们的主要任务是协助二院完成西南片区的计算方法。

我在工作中感到有必要从严格的流体力学基本方程出发，用以比较分析现用的水文方法。从杂志上了解到国外也正在开始这种研究。

采用一维沿程变量不稳定明渠的 Saint-Venat 方程组，对山坡流进行了计算，在 DJS-6 电子计算机用 DJS-6 的 ALGOL 语言及 441-B 电子计算机手编程序进行，用国外实验室山坡流的实验结果校核流量过渡线，表明计算可行。也计算了山坡蓄水量与出口流量的关系，而因实验室山坡水深很小而无法量测，在计算中由水面曲线可得出这种结果，从而提出了改进水文计算方法的途径。这一成果在 1976 年全国第二次小流域径流会议上宣读。

同时，从基本方程出发，论证了只有忽略流速惯性项及雨滴冲击的影响，并认为水流是"均匀流"的条件下山坡出口水深与雨强及时间才呈线性关系，线性关系是水文计算中的普遍认识。

这些成果以《小流域汇流的水力分析》一文刊于"文化大革命"后复刊的《西南交通大学学报》1977 年第 1 期。继续此思想，又完成了《明渠沿程变质量非恒定流水动力学模型及其数值解》，刊于 1979 年第 1 期校学报上，并在 1980 年全国第二届流体力学学术会议上宣读，刊于《中国力学学会第二届全国流体力学学术会议论文集》。

对雨强随时间非均匀分布对径流的影响计算结果，在 1978 年全国第三次小流域径流会议上宣读。

关于数值计算还在以后的科研中，在研究生的学位论文工作中，涉及有限元、边界元、彷边界坐标计算、黏弹性流体非线性有限元等。

四、洪水演算

1. 对流域汇流数学模型的讨论

1980 年《水利学报》在两期上发表了《论流域汇流数学模型》，分"线性模型"及"非线性模型"两部分。参加讨论的文章刊于该学报 1982 年第 3 期。

我们的讨论文章涉及汇流的线性与非线性的关系。一般认为雨强是引起汇流非线性现象的重要因子。我们从侧入流为雨强流的坡面流圣维南方程简化为二阶非线性对流——扩散方程，表征了汇流的传播和衰减，其非线性表现在传播速度和衰减系数上，二者都与单宽流量有关，只有与单宽流量无关时才是线性的。进一步分析得出雨强对汇流非线性的作用不是直接的，而是经过流域下垫面的作用形成断面平均流速而使传播速度和衰减系数发生变化来影响其非线性现象。

2. 对流—扩散洪水波

在上文的基础上，完成了《对流—扩散洪水波模型及其计算》一文，刊于校学报 1983 年第 2 期。该文分析了洪水波模型在水流特征弗洛德数远小于一的条件下可行。

采用两加权因子的差分格式解此方程，得出与水文洪水计算中类似 Muskinum 的公式，只有不考虑侧入流时才只含两个参数，而与 Muskingum 法相同；考虑侧入流后，则有三个参数。引用《中国湿润地区洪水预报方法》一书中的沅水沅陵至王家河河段 1968 年 6 月 20 日的洪水进行计算，比较了参数变化对洪水过程的符合程度，还分析了加权因子对差分计算定性的影响。

以后还对洪水水位的对流扩散议程进行了工作，其方程是具有扰动源的对流扩散方程。

五、明渠水力学

明渠水力学有悠久的历史。我在考虑多种糙率渠道时，发现些有趣的结果，对实用也有好处，工作成果有三：

1. 设渠底及两侧边坡上的糙率不等时，当边坡的糙率较渠底光滑时，可能不存在水力最优断面，当边坡比渠底更粗糙时，水力最优断是较宽浅的。至于实用经济断面对糙率的不均匀使宽深比变化很大，这也可用以解释河岸糙率较大时冲积河流河床呈宽浅性的原因。这些观点刊于《水利水电技术》1986 年第 10 期《多种糙率渠道的水力分析》上。

2. 河流糙率与水深的关系。水文测验资料表明，天然河流糙率随洪水水深的变化，有不随水深变化、随水深增大而减少和随水深增大而增大三种基本情况。利用河道综合糙率概念，分析由河床和河岸糙率的差异使河流综合糙率变化有以下规律：当岸与床的糙率基本一致时，综合糙率不随水深变化；当岸比床粗糙时，综合糙率随水深增大而增大；当岸比床光滑时，综合糙率随水深增大而减小。

利用铁道及公路系统于 1960—1964 年间，搜集全国 300 多个水文测站近二万测次资料，编制的河流糙率表（见《桥涵水文》一书），选用河道平面顺直及略有冲淤资料，而略去河段弯曲及严重冲淤的资料，除个别情况外，能分清岸与床不同糙率的情况，基本上都与上述分析符合。当然，泥沙运动和流路轮廓等因素使综合糙率随水深变化更复杂化。

这些分析刊于校学报 1985 年第 4 期《河流糙率与水深关系的分析准则》。

3. 冰塞水流。冰塞是河中冰的集聚，使河流堵塞，桥渡是冰块集聚的有利条件，冰塞对桥墩起危险作用。首先，分析开河时冰塞对桥墩的作用力和雍水的关系，其关系中包含水深及水流对冰块的剪力。冰塞底层与水流相互作用，使冰盖底为糙率很大的水上覆盖。因此冰盖水流可概化为上下壁面不同糙率的渠道。由此提出了计算水深及冰厚和水位的公式。

这些观点在 1989 年全国铁路水文学术会议提出，相关文章刊于《铁道工程学报》1989 年第 4 期。

其他方面研究还有：

1. 水库回水终点计算。《人民长江》1979 年第 2 期上刊登了《关于水库回水终点问题的见解》的论文，该文的见解主要是：

以水库坝上水深标高起的水平直线与河流底面相交间的距离为 L，该文见解认为回水长度应小于 L。从水面曲线微分方程沿程积分，当用上游水深为正常水深时，回水长度无限大，无实用意义，因此常采用上游水深为正常水深 1.01 倍，该文认为这有一定的任意性。这是一种权宜之方法。我们认为定义回水长度和分析方法都离不开水面曲线本身，为克服通常积分得回水长度为无限大的缺点，考虑到实测水面曲线应含有误差，在水面曲线微分方程中引入误差项，仍用水力指数法积分，仍用上游水深为正常水深，得回水长度与 L 之比为坝首水深与正常水深之比和水力指数间的积分式，克服了原积分回长度无限大的缺点。所得回水长度$<L$，且指明原文认为不含水力指数即没有考虑到河流断面形状的影响。

该成果刊于《人民长江》1986 年第 6 期。

2. 平面突缩段水深的实验研究。此文是为庆祝校庆 85 周年科学报告会而写的，刊于会议报告论文集。

实验突缩段过水断面分梯形和矩形两种。过水断面上水深变化很大，若试用断面平均水深，即将水深二维分布一维化，只得到一些定性方面的认识。也可以说，用宽顶堰理论不能完善表征突缩段水流特性，需发展二维水力学理论及其计算办法。

六、长隧道通风

控制漏风量是保证长隧道管道式通风成败的关键，20 世纪 50 年代苏联调查一些煤矿管道通风，发现由进风井至采煤区途中漏风量常超过 65% ~ 70%，或高达 75 ~ 80%，70 年代日本青函隧道在 3.5 km 长的单口坑道中，当坑道口风量为 500 m³/min，掌子面有效风量不到 50 m³/min，国内外其他隧道亦有不同程度的漏风问题。当然，长隧道或长坑道通风亦有不少成功的例子，如我国枣庄煤矿独头通风长度达 3795 m。当时通用的漏风管计算只适用于较短隧道。因此，需要提出也适用于较长隧道通风的计算办法。

把漏风处的管段连接缝隙，引用国外通风管法兰接头和漏水孔的试验资料，作为孔口处理。由此视漏风管道为管段与孔口连续串联的计算模型。将方程组无量纲化，得到一个漏缝特性与管段特性一起组成的无量纲"综合漏风参数" x。以大瑶山隧道研制的 Φ1.2 m，长 4 m 的加固圈钢风管，管道阻力系数 $\lambda=0.013$，若漏缝平均宽度 0.15 mm 时，$x=0.165\times10^{-4}$。

计算表明：（1）当管段数小于 250 时，可称为"短"通风管，计算结果与通用漏风管计算结果基本一致，且综合漏风系数 x 的影响不大。（2）当管段数大于 500 时，可称"长"隧道，综合漏风参数 x 对计算结果影响巨大，尤其是当 $x>0.615\times10^{-4}$ 后，漏风急剧增大，比通行计算结果大得不可比拟，这就是通用计算方法设计失败的原因。

根据计算结果分析，可以认为提高管道式通风有效长度的措施，最有效的方法是分散串联风机，使通风管内风压较小，从而漏风较小。这可称为"长洞短作"。在分散串联风机的基础上，也应控制减小综合漏风参数 x，其途径是减小管道阻力系数和增大管径，更主要的是控制漏缝平均宽度。另一类措施是增大管段长，以减小管段数。

此文刊于《铁道学报》1989 年第 4 期，题目为《长隧道施工管道式的漏风管数学模型及其应用》。

七、结语

从上述在教学及科研工作的几个片段，可以说是在教研室集体中，在参加科研和科研讨论会的过程中，在与时代科学的进步中（如计算机的普遍运用和数学的推广），在祖国文化教育的蓬勃发展中，走过了自己的青年、中年和老年时期。

选自杨树彦主编：《西南（唐山）交通大学校史资料选辑（第二十九辑）》（四川成都：西南交通大学校史编辑室，2006 年，第 65~68 页）

与时俱进风雨兼程

吴敬业

1933 年我出生在四川省资中县，父亲是西医，家道中等。中华人民共和国成立前夕，毕业于私立岭南中学，后考入重庆大学铁道系，1952 年院系调整到唐山铁道学院铁道系。

三年半的大学生活留给我最深刻的印象是：轰轰烈烈的社会政治运动伴随着断断续续的教学过程。1951 年春我被调往重庆市，作为重庆市土改工程队队员参加重庆市南岸大兴场土地改革运动，打土豪分田地，四个月时间经历土改的全过程；1952 年春随学校参加重庆市"五反"运动，在竹木行业工作了三个月。直到 1952 年 8 月，院系调整并到唐院铁道系，学习环境得到改善。回忆起来我的大学教育，社会政治活动是很充分的，而专业教育是不够的，特别是基础课丢掉的那一块。

从原始森林到大戈壁滩

1954 年春我毕业分配到大连铁道部东北设计局，第一项工作就是参加牙林线勘测，在零下 30 多度的严寒下，步行五天才到达工作地点。进入大兴安岭的原始森林，环顾四周皑皑白雪，参天大树密不见光，空气格外清新，心情舒畅，两年中我三进兴安岭，工作的十分开心。

1956 年随东北设计局一总队支援铁道部西北设计局，从事兰新线酒泉玉门段和哈密乌鲁木齐段是勘测设计。西出阳关，再进大戈壁滩，战严寒斗风沙，直至新疆乌鲁木齐。

1958 年我被调至武汉铁道部第四设计院大型处从事车站建筑物、构筑物设计工作，在郑州、洛阳、南京、武汉等各大车站留下了足迹。

那些年我随单位从东北到西北，从西北到中南。跟着铁路发展方向走，横跨了天山、秦岭、兴安岭，踏勘了黄河、长江、松花江，开了眼界，长了经验，接触了社会，也慢慢地成熟起来。

走进工民建专业教学课堂

学校新建立工民建专业，1959 年底我被调回学校任教，先去同济大学随苏联专家赛特尼克学习施工组织计划与建筑经济，回校后即开始讲这两门课，以及专业的生产学习、毕业设计等教学工作，工民建专业的教学一直持续到 1965 年，到 1966 年"文化大革命"开始，教学全面停了下来。

齐心协力创办管理专业

正当我在彷徨、徘徊、目标模糊、信息不足，不知道该干什么，也不知道能干什么之际，党的十一届三中全会发出来一个令人振奋的信号，党的工作重心要从抓阶级斗争转移到经济建设上来。当时我想，如果这个指导思想是真的，我们这些教书的还会有用武之地，大规模的经济建设必然带来大规模的管理需求，在我的知识结构中管理知识含量还是较高的，换句话说，这是对我的强势是社会需求。我和毛子涧同志交换看法，他也有同感，看来我们想到一起去了。既然如此还等什么，应当紧跟形势抓住现实发展机遇有所突破，这就是发展管理学科，传播先进管理知识，建立管理类专业，探索中国的科学管理理论。于是经过反复讨论，说服阻力，周密计划，提出了有步骤的申请。

1981 年学校批准了建立跨学科、跨专业的管理工程教研室，张震教授任主任，毛子涧我担任副主任，由教务处代管，这就开始了紧锣密鼓的管理教学准备，为全校开出若干门选课，同时积极物色和培养管理专业师资队伍。

1983 年学校批准建立管理工程系筹建组，原班人马正式摆开了建立管理专业的准备。1984 年学校批准正式建立管理工程系，我担任副系主任，负责教学和科研管理工作。回过头来看，我校管理专业的建立在全国还是较早的，处在西南地区之前，但如果当时决心更大一些，再早建 2～3 年，人员多集中一些，今天我校的管理学科将会有更好的面貌。

从 1981 年算起，到 1995 年退休，以及退休后的若干年，一共 20 多年时光，我主要从事管理教学。这段时间里，目标明确，精力集中，多年积累的能量完全释放出来，形成了我一生中工作的主要时段，社会大环境和周围的小环境都展现生机勃勃的景象，我校的管理教育也发展十分迅速，一年一个模样。

我在教学管理中主要抓教学计划、教学质量，并在本科、研究生干部班及双学位等多个层次展开。同时为增进全校学生管理知识，相继开出多门选课。

我本人在教学中也陆续为本科生、研究生首次开出运筹学决策科学、证券投资分析，管理科学基础等多门新课。这期间我主持编写出版了《工程系统决策分析》和《管理科学基础》两本书，分别由铁道出版社和西南交大出版社出版发行。社会对管理知识需求很旺，我们除办一些短训班来满足外，也应邀外出做一些报告普及管理知识，那几年这种活动特别多。

通过教学和教学管理，我的教学理念和教学观点也得到了发展和提高。比如以前我常想，如果教材好，学生又能看懂为什么还要讲课?怎样的讲课算是讲得好?我常常得出自相矛盾的解释。我现在有了新的理解，首先肯定自学也能成材，然而既然上学校念书，听老师讲课就必然是主要环节，老师是专业人员，领会肯定更深些，而更主要的讲课是一种"精要，破难，创见，逻辑，概括"的过程，它是在点点滴滴、反反复复的较长过程中，使学生拓宽理解、抽象理解、加深理解、加速理解，因此讲课这个环节特别重要。至于什么样的讲课是讲得好，我的理解是有两个基本点：一是信息最大，二是难点分析破解透彻。当然除此之外，还需按逻辑、层次、观点、流畅等许多要素。必须明白，我们的教学特别是讲课不只是传授知识，而是通过传授知识，让学生树立正确科学的观点，学会正确的科学思维方法，后两者应该是更重要的目的。所以说好的讲课应当是：不仅以知识教人，而更要以观点教人，以思维方法教人。

成立软科学研究所和搞科研

从1987年以后我的精力逐渐转移到科研上去。学校成立了"软科学研究所"，我担任所长。面临的现实问题就是争取课题，拿不到课题就没有经费，也没有成果，一切都将是白搭。我首先瞄准了国家自然科学基金，该基金1987年开始全国公开申报，我以"评价技术的理论应用"一题申报落选，1988年再以同题申报，取得了成功。这是我的第一个国家课题。也是我校第一个管理类国家课题。继后十年间，我连续从国家自然科学基金项目取得了五个国家自然科学基金项目，其中四项是关于评价理论和方法研究的，一项是关于假冒伪劣商品市场控制理论研究的。这样的命中率在全国是领先的，但美中不足的是课题的研究报告水平一般，发表的相关论文水平不高。科研的本质创新，科研的核心也是创新，是探索范围内核心问题的理论解决方法，单是课题有新意是不够的，还需要深度和水平。

这期间除了自然科学基金之外我还以"教育与人口系统的相关分析"为题取得我校首项国家社会科学基金，还取得铁道部多项课题，其中"铁路建设项目波及效应理论及应用研究"代表了我这段时间科研上的心得。在这个课题中，研究了经济体制转轨时期，某些产品由于只有法定价格没有市场价格，在编制有关可行性分析时遇到困难，我提出波及效应理论，就是通过该项产品的下游产品的市场价格的层层波及影响来确定市场价格，通过一定模型的层层选拔，基本上可实现计划价格产品建设项目的可行性研究，并以铁路运输产品作了实证。

创办《软科学》杂志

怎样能把管理工程系搞大搞强，站到全国的前列，我认为办一个杂志是一条路子，有了杂志，增加了文章发表的空间和机会，管理系的知名度就会提高。单独办一个杂志是不可能的，我想到了与四川科委合办，一拍即合，当即全力以赴。1987年，双方合办的、向全国正式发行的《软科学》季刊出版了。我任主编，当时发行仅几千册，杂志困难是显而易见的，学校没有经费支持，全由科委补充经费的不足。更重要的是杂志编辑路线的矛盾，我主张以提高文章学术水平为主，最终科委把西南交大管理系"挤"出了《软科学》。至今想起还真有些遗憾，可惜了这块科研阵地。

退休以后

1995年在我满62岁时退休，退休后断断续续做了一些教学和科研工作，打打停停又工作了十年，这算是弥补了"文化大革命"期间的部分光阴损失。我最后一项国家自然科学基金"假冒伪劣商品的适度控制研究"就是退休后取得和完成的。我一共带过50多名硕士研究生，其中近半数是退休后招收培养的。

我一生喜欢运动，乒乓球、排球、网球、桥牌等。排球打过重庆大学校队、唐院校队、武汉市队，代表武汉市得过湖北省冠军，桥牌水平一般，前年在网上成绩是1500分左右，胜率53%。近年来我的活动改为散步、唱歌、钓鱼，这些活动改善了我睡眠的质量。

看着国家日渐强盛，看着社会经济高速发展，看着学校不断扩大，看着管理学院日渐兴旺，心中确实充满着很好的感觉，虽然，不管从哪方面看都还存在许多问题，但值得庆幸的是，我们取得的更多的是发展和进步，我们存在的问题是发展中国家在高速发展社会经济中必然会产生的，既然如此，我相信这些问题也必然会在进一步发展中得到解决。

科研成果

1. 主持完成科学研究课题：国家自然科学基金项目五项；省部级项目两项；横向科研项目若干项。

2. 获四川省科技进步三等奖两项；获铁道部干部培训优秀教材奖一项。

3. 主编管理著作：主编《工程系统决策分》，人民铁道部出版社，1986 年；主编《管理科学基础》，西南交通大学出版社，1987 年。

4. 在《系统工程理论与实践》《系统工程》《西南交通大学学报》等全国性刊物上发表论文十多篇。

选自杨树彦主编：《西南（唐山）交通大学校史资料选辑（第二十九辑）》（四川成都：西南交通大学校史编辑室，2006 年，第 69～72 页）

于万聚

吴积钦　方　岩

　　于万聚，1935 年 5 月 10 日生，安徽省亳州市人。初中就读于亳州中学，高中入安徽省阜阳一中。1956 年考入唐山铁道学院电机系。毕业后留校任教，1966 年随学校迁往四川。曾任电力铁道供电教研室秘书、副主任、电气工程系副系主任、中国铁道学会电气化委员会理事、专委会组长、铁道电气化教材编委会委员、电工学科教学指导委员会委员、西南交通大学电工学科评审委员会委员、西南交通大学地铁及城市交通研究中心副主任、四川电气化委员会秘书、国际（英国）IEE 杂志评审委员等职，现为西南交通大学电气工程学院教授。三十多年来，一直从事电气化铁道接触网学术领域的教学和研究工作，包括：高速接触网受流理论；电气化铁道接触网设计的 CAD 系统；接触网检测和控制系统及地下铁道的受流结构等。

艰苦奋斗　自强不息

　　于万聚出身于书香世家，曾祖父是清朝进士，祖父于怀珍是清朝秀才，空恨不得志，弃官归田，成为远近有名的于秀才，虽然乐善好施，但这时家业已开始没落。到了父辈，更是江河日下，父亲于长庚学而无成，主要管理农业并经营实业，开过酒坊、油坊及粮站，但是伯父于子明乃是国民党军官。

　　于万聚从记事起目睹了日本侵略者的暴行，日本兵的烧、杀、抢、掠在他幼小心灵里打下了深深的烙印。

　　1942—1947 年，于万聚先后在亳州县城魏里镇小学及商丘道德小学读书，其间还在家乡读了近两年的私塾。1947—1950 年失去上学条件，回家乡种地。1950 年考入亳州中学读初中，由于在农村经受过锻炼，能刻苦学习、诚恳待人、不怕吃苦、热爱劳动，被选为校学生会主席，经受了工作的磨炼。1953 年初中毕业，因家庭生活困难，未能如愿就读师范学校，后因成绩优异被优先录取到全专区重点中学——阜阳第一中学读书。在高中学习期间曾兼任学生会学习部部长、社会宣传部部长等职务，服务了同学、锻炼了自己。

1956 年于万聚以第一志愿考入唐山铁道学院电机系电力铁道供电专业。在学习期间除兼任校学生会的工作以外，还担任班级团支部书记。他处处身先士卒，到公社、工厂参加劳动，曾响应号召到农村深翻土地，把土地深刨半米多深，经受的苦难是现在的人们难以想象的。

1960 年 2 月，因教师缺乏，于万聚还未毕业就被提前抽调留校任教。被抽调任教时，正处在生活困难时期，学生没法正常上课，老师很多人浮肿，为了搞好生活，学校决定分系办食堂。系党总支提出系办食堂用人的三个条件：一、忠诚、可靠；二、吃苦、耐劳；三、能干、肯干。经过党总支的反复研究，决定派于万聚老师去当电系系办食堂的管理员。他以艰辛的劳动，采取多种措施改善伙食，提高质量，终于和大家一起渡过难关，保证了正常的教学秩序。

1961 年接任 1957 级电力铁道供电班及电力机车班的年级主任，之后又接任电力铁道供电教研室秘书，同时辅导"接触网"及"电力铁道首供电装置"两门课，从师刘润田教授，一直到 1966 年"文化大革命"开始。

深入实际　服务生产

在宝（鸡）—凤（州）段电气化铁路建成之后的新线建设中，因软横跨施工无固定计算方法，接触网工程质量长期达不到技术要求，影响了新线建设的进度，软横跨施工成为接触网施工工程的关键难题。为此，于万聚深入工程现场，较长时间参加工程施工，在总结了施工现场广泛采用的抛物线计算法、图解法和实测法的缺点之后，提出简单而可行的"接触网软横跨调整的经验计算公式"，这种调整方法避免了复杂的数学计算，又能满足施工标准的技术要求，受到现场工人的广泛欢迎。但是，它只适于 3~4 股道的小型站场，对于 5~8 股道的大型站场产生较大误差，造成上、下部定位索不水平。为解决这一问题，他又提出了"软横跨预制计算的负载计算法"，这种方法从根本上解决了接触网工程建设中的难题，提高了软横跨施工功效和接触网工程质量，加快了接触网的施工进度，缩短了施工工人高空作业的时间，特别是对于既有线电气化改造具有重大意义，是接触网建设中的一大突破，这种方法在全国范围得到广泛应用。

1972 年于万聚应邀代表学校参加了铁道部组织的规程改革组，在"规程改革"开始后，首先对电气化设备进行全国性的调研，深入了解既有电气化铁路运行状态、存在问题以及所用设备性能和技术状态。在长达一年多的"规程改革"工作中，他真正深层次了解到接触网设计施工及运营等方面在技术层面存在的问题与症结，达到了运用知识学习技术、增长才干的目的。

在"文化大革命"后期，于万聚利用带实习和在现场"工大"教学的机会，长期深入工程现场，和工人同吃同住同劳动，并在劳动中学习生产技能。他对数十种接触网零件的名称型号和性能倒背如流，同时，对接触网施工流程和施工方法也非常熟悉，这为他日后从事教学工作打下了坚实的基础。

打倒"四人帮"以后，中国逐渐由政治斗争转入经济建设的轨道。这时业界有识之士的纷纷议论：电气化铁路的发展遇到"三无"境况：一无人才、二无技术、三无资料，甚至连一本培训教材都没有。于万聚经过一年多的努力，于1980年版了《交流电气化铁路接触网设计基础》一书，1980—1991年，此书一直被用作电气化铁道专业本科学生的基本教材，同时也被相关院校的电大、职大、函大以及高等专科学校的同类专业选作专业教材，还被用作铁道电气化专业工程技术人员的培训教材，是全国铁路电气化工程的主要参考书，是电气化专业用量最大，涉及面面最广的一本专业性科技书。

因材施教　教书育人

于万聚热爱教育事业，热爱接触网课程，在30多年的教学生涯里，他悉心钻研、严谨治学、认真负责、教书育人。先后讲授了《电气化铁路接触网》《电气化铁道》《电力铁道供电装置》《接触网课程设计》及《微型计算机原理及应用》等多门课程，除了完成本科生的教学以外，他还完成了各种类型的大专班、干部班、工人大学班等的授课任务，他在教学中贯彻的是因材施教的思想，执行的是严格要求的原则。他始终掌握一个基本原则，让学生学到基本专业技能和知识，走出校门以后能顺利打开工作局面。他常对学生说："学不好功课毕业以后就做不好工作，第一害了自己，第二坏了学校名声，第三辜负了父母期望。""你们学习不好，当老师的心里难受。"

于万聚把教书育人贯彻于教学始终。在他担任电气工程系副系主任期间，结合入学教育和毕业教育，引导学生德智体全面发展、奋发学习。在毕业分配中更是掌握每一位同学的学习、家庭及个人情况，使他们都他找到适合发挥自己聪明才智的天地，使每一位学生舒心、顺心、安心。

加强学科建设　提高教学质量

20世纪80年代以后，高等教育步入良性发展阶段，入学新生的水平逐年提高，这一时期，于万聚被任命为电气工程系副系主任，主管教学和学科建设，他主要做了以下几项工作：第一，狠抓教学工作，大力提高教学质量，要求年长教师及优秀教师到本科教学第一线；第二，搞好实验室建设，积极培养学生的动手能力。除了完善实验设备以外，还调入了一批优秀毕业生充实实验人员队伍；第三，强化学科建设。除了创办"应用电子技术"专业外，还设法让一批优秀博士毕业生留校和调入，充实教学和科研实力。第四，多层次开办干部班、接触网专业班以及电化教育班等，以适应当时国家对不同层次电气化人才的需求。第五，结合从峨眉向成都总校的迁建，搞好实验室建设规划和设备投资计划。以上这些工作，事实证明是有效的、正确的。

远见卓识　图谋发展

20 世纪 70 年代，曾产生了"电气化铁路不利于战备""我国是产油大国应优先发展内燃牵引"等论调，致使电气化铁路建设处于停顿状态。在以后的发展中虽然制定了内燃、电力牵引并举的方针，实际上执行的仍然是内燃牵引优于电力牵引的技术政策。在这种形势下，于万聚对世界电气化铁路发展趋势进行了研究和分析，并结合中国国情，撰写了"中国电气化铁路发展战略设想"的论文，明确提出自己的观点：第一，中国电气化铁路的发展已初具规模，应该继续连成网，连成片，发挥电力牵引的最大效益；第二，铁路电气化是铁路现代化的总趋势，国外的经验是把繁忙的大干线改造成电力牵引，内燃牵引用于次要线路和调车作业，而中国是把京—广、京—沪、京—沈等大干线由蒸汽牵引改为内燃牵引，是反其道而行之；第三，提出了中国电气化铁路的发展战略设想。这篇论文在中国电气化铁路建设处于徘徊、停滞、举步艰难的时期，对于促进中国电气化铁路建设具有重要意义。

1991 年，于万聚提出应将京—沪、京—广、京—沈（哈）三大主要干线实行电气化改造的设想以后，1993 年，又代表学校又发表了《关于京沪线 250～300 km/h 高速电气化铁路接触网悬挂方式及受流特性的论证研究报告》。该研究报告的主要内容为高速铁路接触网的技术特征、高速电气化铁路接触网及其受流。这篇论证报告对京—沪铁路实行电气化改造的意义、目的、经济价值、结构形式、悬挂特点以至于连线材、设备等都做了系统、详细的分析与说明。

在 20 世纪 90 年代后期，高速电气化铁路的发展已提到议事日程，于万聚适时提出了"中国高速电气化铁路接触网悬挂类型及模式"的建议：

结合中国电气化铁路提速决策，于 1998 年 3 月 18 日在郑—武线 200 km/h

以上试验段接触网改造参数标准及改造方案技术审查会上，作为专家组组长，主持制定了"中国电气化铁路接触网提速理论模式及决策依据"，为中国电气化铁路提速提出了创造性的结论意见，开创了电气化铁路提速先河，实现了电气化铁路的自主提速，在国际上产生了重大影响，也为国家创造了巨大的社会效益及经济效益。

立足创新　为国争光

1990 年，中国电气化铁路已发展到近 10000 km，由于受检测手段的限制，电气化铁路接触网运营质量较低，运营事故层出不穷，无法遏制。1990—1993 年，以于万聚为首的科研团队，在郑武线、鹰厦线及宝中线接触网检测车的投标中中标。在研制接触网检测车过程中，他带领科研人员立足创新呕心沥血地工作。经过多年努力，解决了硬点（加速度）检测、接触网压力检测、定位器坡度检测、列车振动检测等多项关键性技术。该项目已被国家科委、国家技术监督总局等五部委评审为国家级重点新产品。JJC-1 型接触网检测车于 1998 年 12 月通过铁道部鉴定。

具有自主知识产权的接触网检测车的研制成功，排除了对进口产品的依赖性，完成了整体设备的国产化，直接为国家创汇和节汇约 9000 万元。JJC-1 型接触网检测车投入运行以后，基本上消灭了恶性事故，对于保证电气化铁路的安全运营具有重要意义。

在 JCC-1 型接触网检测车的基础上，还开发了 JJC-2 型小型检测车以及 JJC-3 型的检测车组，以适应不同档次的用户需要。这些接触网检测车的投入运营，保证了电气化铁路的安全运营，使我国的管理水平和检测手段迅速接近世界先进国家的水平。

扩大交流　加强合作

随着中国改革开放政策的实施，本着学习国外先进技术，扩大交流合作，传递友情的宗旨，于万聚广泛地活跃在国内外学术交流舞台上。在国内，除了指导研究生以外，每年都多次应邀到有关单位做学术报告或进行学术讲座、鉴定科研成果等活动。1992 年及 1995 年，两次应邀到美国访问。1994 年赴印度考察印度的高速电气化铁路及相关设备。1992 年应邀去香港大学进行学术交流，并获英国 IEE 学会香港中心授予的奖牌。1996 年和 1998 年两次应邀到香港地铁进行学术讲座。1998 年及 2000 年分别应德国专家和西门子公司的邀请到德国进行了访问。

千钧重负　一片丹心

进入 21 世纪后，于万聚应西南交通大学出版社邀约，结合几十年的教学成果和科研成果，并联系国内外的电气化铁路接触网技术，出版了一本适应中国高速电气化铁路发展的《高速电气化铁路接触网》一书。该书 2003 年初出版发行，并于 2005 再版。这本书以接触网的基本原理为核心，分析了高速接触网的结构特征，阐述了高速接触网的受流理论，总结了中国电气化铁路接触网方面的技术成就，论述了接触网领域的理论成果，介绍了国外高速接触网的先进技术，是集理论性、学术性和实用性于一体的专业性专著，体现了接触网领域内的前沿。

于万聚的处世准则是：严于律己、宽以待人、身先士卒、为人师表。任教40 余年，热爱教育事业。他严谨治学、悉心钻研，认真负责，教书育人，培养了一批优秀专业技术人才，完成了多项重要的科研课题，为电气化铁路的发展做出了重要贡献，是中国著名的接触网技术、理论专家。

2006 年 3 月

选自杨树彦主编：《西南（唐山）交通大学校史资料选辑（第二十九辑）》（四川成都：西南交通大学校史编辑室，2006 年，第 83～88 页）